普通高等教育"十二五"规划教材

# 经济数学实验与建模

## （第 2 版）

吴礼斌　　李柏年　　闫云侠　　编著

国防工业出版社

·北京·

# 内 容 简 介

本书是依据全国经济与管理类高等教育数学课程教学改革的研究成果,以及"十二五"国家级规划教材建设要求编写的。

本书共分9章,第1章是MATLAB软件的基础知识介绍,第2章~第9章分别是MATLAB绘图、微积分运算、线性代数、概率分布与统计推断、数据分析、回归分析、优化方法和建模实例。每章中的实验按背景知识与实验的内容编写,其中包括经济问题的简单数学模型的建立。

本书文字简明通顺、背景知识信息量大、渗透现代数学思想与数学模型方法,突出解决实际问题过程中的数学建模与使用软件命令进行模型求解的方法,很有启发性。

本书可以作为信息与计算科学、经济管理类专业、本科生实验课程的教材,也可作为数学建模竞赛,相关科研和教学人员的参考书。

**图书在版编目(CIP)数据**

经济数学实验与建模/吴礼斌等编著.—2版.—北京:
国防工业出版社,2013.6
ISBN 978-7-118-08777-2

Ⅰ.①经… Ⅱ.①吴… Ⅲ.①经济数学–高等学
校–教材 Ⅳ.①F224.0

中国版本图书馆 CIP 数据核字(2013)第 113308 号

※

*国防工业出版社*出版发行

(北京市海淀区紫竹院南路 23 号 邮政编码 100048)
北京奥鑫印刷厂印刷
新华书店经售

*

开本 787×1092 1/16 印张 16¾ 字数 381 千字
2013 年 6 月第 2 版第 1 次印刷 印数 1—4000 册 定价 38.00 元

**(本书如有印装错误,我社负责调换)**

国防书店:(010)88540777 发行邮购:(010)88540776
发行传真:(010)88540755 发行业务:(010)88540717

# 前　言

2007 年 9 月,我们出版了《数学实验与建模》一书,同年以该书为申报材料基础,申报安徽省高等学校"十一五"省级规划教材选题《经济数学实验与建模》,获得立项。之所以在原书名前要加上"经济"二字,一是突出经济数学的特点,二是体现财经院校的财经管理学科优势,三是包含经济数学教学实践成果。我们按照规划教材建设的要求,对原书作了修订,增加了线性代数的实验与建模。实例主要介绍经济问题中的数学模型,这样使本书的特色更加鲜明。

计算机技术和网络技术的飞速发展将我们带入了信息时代,科学技术的进步在改变着我们的生活方式的同时,也改变着我们的思维方式和科学研究手段。

数学实验以问题为载体,应用数学知识建立数学模型,以计算机为手段,以数学软件为工具,以学生为主体,通过实验解决实际问题。数学实验是数学模型方法的初步实践,而数学模型方法是用数学模型解决实际问题的一般数学方法,它根据实际问题的特点和要求,做出合理的假设,使问题简化,并进行抽象概括建立数学模型,然后研究求解所建的数学模型方法与算法,利用数学软件求解数学模型,最后将所得的结果运用到实践中。

经济数学实验与建模通过将经济数学知识、数学建模与计算机应用三者融为一体。通过实验课程的教学,可提高学生学习经济数学的积极性,增强学生对数学的应用意识,并培养学生用所学的数学知识、经济学知识和计算机技术去认识问题和解决问题的能力。学生通过自己动手建立模型,体验解决实际问题的全过程,不仅了解了数学软件的使用,也培养了科学精神与创新精神。

本书编写时力求做到以下几点。

(1) 数学软件命令的介绍符合学生的知识水平,浅显易懂。本书以 MATLAB 数学软件为平台,将数学理论介绍与软件命令介绍有机地结合,使学生学会数学软件的使用方法,培养学生运用软件求解实际问题的能力。

(2) 注重数学实验背景知识介绍。实验背景知识介绍可以开拓学生的知识面,开阔学生的视野,增强学生对实验目的的认识,这就有利于调动学生的积极性,提高学生的学习的兴趣。

(3) 适应财经类院校学生的学习特点。财经类院校学生的学习特点不同于工科院校,他们要解决的是经济管理中的定量分析问题,因此本书设计的数学实验问题主要是经济领域中的定量分析问题。

（4）与数学建模教学相结合,促进学生的个性发展。数学建模教学能培养学生解决实际问题的能力,发挥学生的创造性。本教材中涉及到建立经济领域中的简单数学模型问题,以期开阔学生的眼界,培养学生的科学精神和创新精神。

本书的第1章、第2章、第4章、第8章和第9章由吴礼斌撰写,第3章由杨凌撰写,第6章、第7章和第9章由李柏年撰写,第5章由闫云侠撰写,最后由吴礼斌统一审阅定稿。在编写过程中,李柏年教授提出了本书写作的指导思想和写作大纲,各成员通力合作,才得以完成本书。

由于编著者水平有限,书中难免有不足之处,恳请读者批评指正。在这里也期望我们的真诚努力,艰苦探索,能让读者学有所得,学有所用。

编著者

2013 年 4 月

# 目　录

# 第1章　MATLAB 基础

本章主要介绍 MATLAB 软件的一些入门知识,包括 MATLAB 界面及其基本操作、变量与函数、运算符与操作符、数值数组的输入与输出、符号运算、M 文件与编程等内容,为读者学习后面各章打下软件基础。

## 1.1　MATLAB 简介

### 1.1.1　MATLAB 概述

MATLAB 源于 Matrix Laboratory,即矩阵实验室,是由美国 Mathworks 公司发布的主要面对科学计算、数据可视化、系统仿真,以及交互式程序设计的高科技计算环境。自 1984 年该软件推向市场以来,历经近 30 年的发展与竞争,现已成为适合多学科、多种工作平台的功能强大的大型软件。在国际学术界,MATLAB 已经被确认为是准确、可靠的科学计算标准软件。在许多国际一流学术期刊上,都可以看到 MATLAB 的应用文章。在欧美各高等院校,MATLAB 已经成为线性代数、数字信号处理、金融数据分析、动态系统仿真等课程的基本教学工具,成为大学生必须掌握的基本技能。MATLAB 软件的官方网站为 http://www.mathworks.com,中国网站为 http://www.mathworks.cn。

### 1.1.2　MATLAB 的特点与主要功能

从 2006 年以来,MATLAB 在每年的 3 月与 9 月推出当年的 a 版本与 b 版本。在 MATLAB 当前版本的命令行窗口中只要输入 whatsnew,就会在 MATLAB 的帮助浏览器中显示比上一个版本增加的新功能。尽管 MATLAB 的功能越来越强大,但它的一些基本特点与功能变化不大。本书采用 MATLAB 7.11(2010b)版本介绍其特点与主要功能。

(1)交互式命令环境。一般输入一条命令,立即就可得出该命令的执行结果。

(2)数值计算功能。以矩阵作为基本单位,但无需预先指定维数(动态定维);按照 IEEE 的数值计算标准进行计算;提供丰富的数值计算函数,方便计算,提高效率;命令与数学中的符号、公式非常接近,可读性强,容易掌握。

(3)符号运算功能。具有强大的符号计算功能,能进行代数式与微积分运算等。

(4)绘图功能。提供了丰富的绘图命令,能实现一系列可视化操作。

(5)编程功能。具有程序结构控制、函数调用、数据结构、输入/输出(I/O)、面向对象等程序语言特征,而且简单易学、编程效率高。

(6)丰富的工具箱。工具箱实际上是用 MATLAB 的基本语句编成的各种子程序集,用于解决某一方面的专门问题或实现某一类的新算法。工具箱可分为功能型工具箱和领域型工具箱。功能型工具箱主要用来扩充 MATLAB 的符号计算功能、图形建模仿真功能、文字处理功能以及与硬件实时交互功能,能用于多种学科。领域型工具箱专业性很强,如控制系统工具箱(Control System Toolbox)、信号处理工具箱(Signal Processing Toolbox)、符号数学工具箱(Symbolic Math Toolbox)、统计工具箱(Statistics Toolbox)、优化工具箱(Optimization Toolbox)、金融工具箱(Financial Toolbox)、小波分析工具箱(Wavele Toolbox)、神经网络工具箱(Neural Network Toolbox)等。

### 1.1.3 MATLAB7.11 启动界面与常用窗口简介

#### 1. 启动界面

在安装有 MATLAB 7.11 的计算机上,有以下三种启动方法:①双击 Windows 桌面上的快捷图标 ;②从"开始"菜单的"程序"子菜单中选择"MATLAB 2010b";③在 MATLAB 目录中搜索到可执行程序的"MATLAB.exe",双击该程序使之启动。启动后的界面如图 1.1 所示。

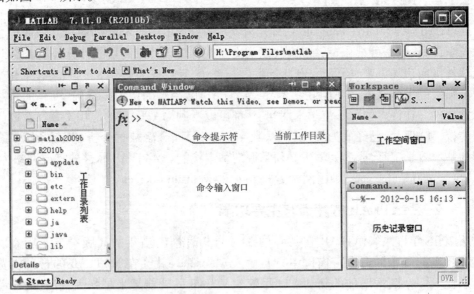

图 1.1　MATLAB7.11 的默认操作界面

图 1.1 包括以下几个部分:菜单项;工具栏;"Command Window"命令窗口(指令窗口);"Workspace"工作空间管理窗口;"Command History"历史命令记录窗口(指令的历史记录);"Current Directory"当前路径列表窗口(当前目录选项)。

(1) 主菜单包括"File"、"Edit"、"Debug"、"Parallel"、"Desktop"、"Window"和"Help"菜单。

①"File"(文件)菜单(图 1.2)。文件菜单除了具有 Windows 一般应用程序所具有的"新建"、"打开"、"关闭"、"退出"、"打印"选项外,还包括如下选项:

- "Import Data…"导入有关数据;
- "Save Workspace As …"保存工作平台;
- "Set Path…" 设置当前工作路径;

2

- "Preferences…"设置部分 MATLAB 工作环境的交互性;
- "Exit MATLAB"退出 MATLAB。也可单击图 1.1 所示窗口右上角的"×"退出。

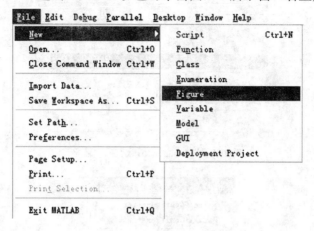

图 1.2 "File"(文件)的下拉菜单

②"Edit"(编辑)菜单(图 1.3)。编辑菜单除了具有 Windows 一般应用程序所具有的"撤消操作"、"重复操作"、"复制"、"粘贴"、"全选"等选项外,还包括常用的如下选项:
- "Clear Command Window"清除指令窗口;
- "Clear Command History"清除指令的历史记录;
- "Clear Workspace"清除工作空间。

图 1.3 "Edit"(编辑)的下拉菜单

③"Debug"(调试)菜单(图 1.4)。调试菜单包括在程序调试时打开 M 文件、单步执行等选项。

④"Parallel"(并行运算)菜单(图 1.5)。并行运算菜单用于并行处理等。

⑤"Desktop"(桌面)菜单(图 1.6)。为了改动 MATLAB 工作环境的外观,桌面菜单

3

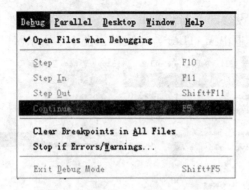

图 1.4 "Debug"(调试)下拉菜单

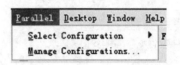

图 1.5 "Parallel"(并行运算) 下拉菜单

可以决定是否显示界面上摆布的一些窗口(界面布局)。可以对菜单中的每个选项操作一下,看分别会出现怎样的界面布局效果。

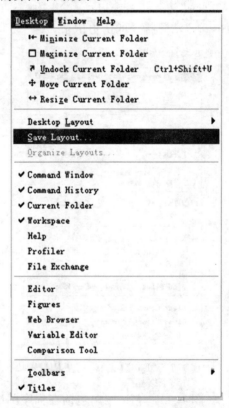

图 1.6 "Desktop"(桌面)下拉菜单

⑥ "Window"(窗口)菜单(图 1.7)。窗口菜单用于显示当前打开的 M 文件的文件名以及在已打开的窗口之间进行切换。

4

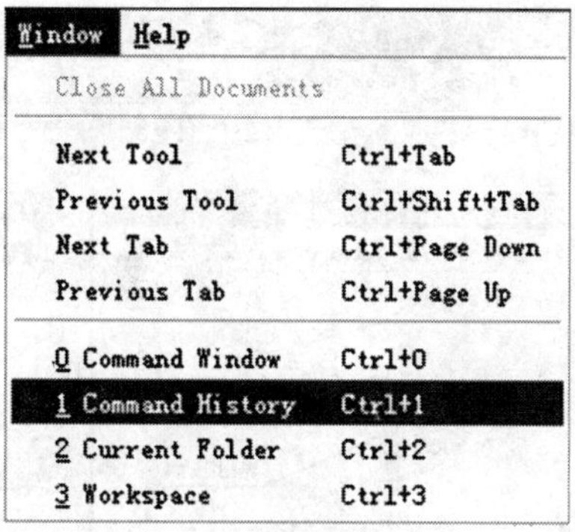

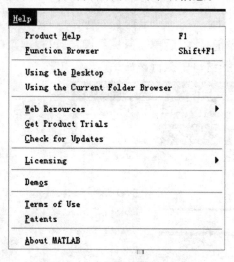

图 1.7 "Window"(窗口)的下拉菜单

⑦ "Help"(帮助)菜单(图 1.8) 帮助菜单能为用户提供进入各类帮助系统的方法,通过菜单项打开帮助窗口,将显示各部分所需要的帮助信息。

图 1.8 "Help"(帮助) 的下拉菜单

## 2. 常用窗口简介

(1) Command Window(命令窗口):命令窗口是对 MATLAB 进行操作的主要载体,默认的情况下,启动 MATLAB 时就会打开命令窗口,显示形式如图 1.1 所示。一般来说,MATLAB 的所有函数和命令都可以在命令窗口中执行。在 MATLAB 命令窗口中,命令不仅可以由菜单操作来实现,也可以由命令行操作来执行。

例如,在命令窗口中输入 $y = \sin(pi/6)$,然后按【Enter】键,则会得到输出 $y = 0.5000$ (图 1.9)。其中" >> "符号所在的行可输入命令,没有" >> "符号的行显示结果。

注:在 MATLAB 命令行操作中,有一些键盘按键可以提供特殊而方便的编辑操作。例如,【↑】可用于调出前一个命令行,【↓】可调出后一个命令行,这样避免了重新输入的麻烦。当然下面讲到的历史窗口也具有此功能。

(2) Command History(历史命令记录窗口):该窗口记录着用户每一次开启 MATLAB 的时间,以及每一次开启 MATLAB 后,在 MATLAB 指令窗口中运行过的所有指令行(图 1.9)。这些指令行记录可以被复制到指令窗口中再运行,从而减少了重新输入的麻烦。

5

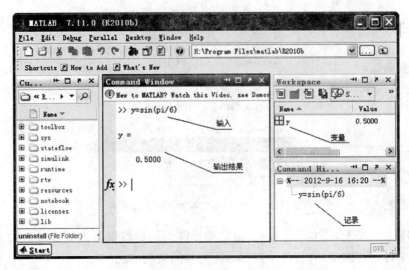

图 1.9  命令窗口中输入命令与命令执行结果

选中该窗口中的任一指令记录,然后单击鼠标右键,则可根据菜单进行相应操作。或者双击某一行命令,也可在命令窗口中执行该命令(图 1.10)。

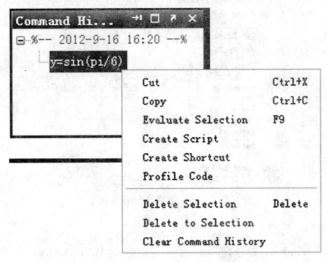

图 1.10  历史命令窗口的操作

(3) Workspace(工作空间管理窗口):在工作空间管理窗口中将显示所有目前保存在内存中的 MATLAB 变量的变量名及其对应的数据结构、字节数以及类型,而不同的变量类型分别对应不同的变量名图标(图 1.11)。选中一个变量,单击鼠标右键则可根据菜单进行相应的操作(图 1.11)。如在弹出的快捷菜单中执行 Save As…命令,则可把当前工作空间中选中的变量保存为外存中的数据文件。

(4) Current Folder(当前文件夹目录窗口):在当前文件夹目录窗口中可显示或改变当前目录,还可以显示当前目录下的文件夹,包括文件名、文件类型、最后修改时间以及该文件的说明信息等并提供搜索功能(图 1.12)。

MATLAB 只执行当前目录或搜索路径下的命令、函数与文件。当前目录是指 MAT-

6

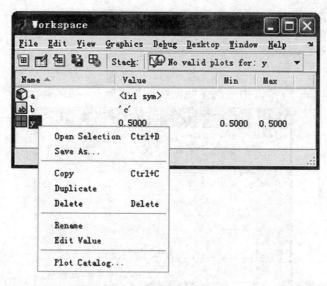

图 1.11　工作空间管理窗口的操作

图 1.12　当前目录浏览器窗口

LAB 运行文件时的工作目录,在当前目录窗口中可以显示或改变当前目录,还可以显示当前目录下的文件并进行搜索。当用户在 MATLAB 命令窗口输入一条命令后,MATLAB 按照一定次序寻找相关的文件。基本的搜索过程:①检查该命令是不是一个变量;②检查该命令是不是一个内部函数;③检查该命令是否当前目录下的 M 文件;④检查该命令是否是 MATLAB 搜索路径中其他目录下的 M 文件。

　　用户可以将自己的工作目录列入 MATLAB 搜索路径,从而将用户目录纳入 MATLAB 系统统一管理。用对话框设置搜索路径的操作过程:在 MATLAB 的"File"菜单中选择"Set Path"或在命令窗口执行"pathtool"命令,将出现搜索路径设置对话框通过"Add Folder"或"Add with Subfolder"按钮将指定路径添加到搜索路径列表中。在修改完搜索路径后,需要将其保存。

　　(5) Figure(图形窗口):在命令窗口输入 figure,可产生一个与命令窗口隔离的图形窗口。如在命令窗口输入如下命令:

```
T=0:pi/100:2*pi;
Y=sin(T);
plot(T,Y)
grid on
```
则在图形(Figure 1)窗口中绘制正弦曲线图形,如图1.13所示。

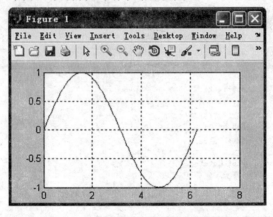

图1.13　图形窗口

图形窗口和其他 Windows 窗口类似,有菜单栏与工具栏,能实现图形的编辑、修饰、存储等功能。

### 1.1.4　MATLAB 的联机帮助

MATLAB 和其他高级语言一样,具有完善的帮助系统。MATLAB 提供了相当丰富的帮助信息,同时也提供了获得帮助的方法。首先,可以通过桌面平台的"Help"菜单来获得帮助,也可以通过工具栏的帮助选项获得帮助。如在"Help"菜单下选择"Product Help"项(图1.4),则进入如图1.14所示的帮助导航窗口,在该窗口中可按需要查询一切命令的帮助信息。

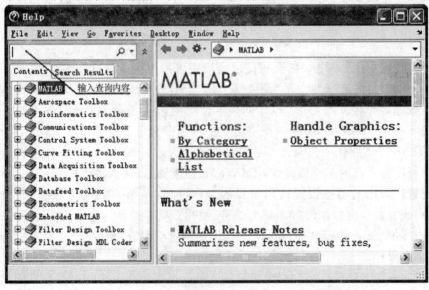

图1.14　帮助导航/浏览器窗口

MATLAB 还可以在命令窗口中输入帮助的命令以获取帮助。在命令窗口中获得 MATLAB 帮助的命令及说明见表 1.1,其调用格式为

命令 + 指定参数

例如,在命令窗口中输入 help sin,即得到"sin"的相关信息和更多的用法介绍。

```
>> help sin
SIN   Sine of argument in radians.
    SIN(X) is the sine of the elements of X.
    See also asin, sind.
    Overloaded methods:
      sym/sin
      codistributed/sin
    Reference page in Help browser
      doc sin
```

表 1.1 命令窗口中获得 MATLAB 帮助的命令

| 命　令 | 说　　　明 |
|---|---|
| help | 在命令窗口中显示 M 文件帮助 |
| lookfor | 在命令窗口中显示具有指定参数特征函数的 M 文件帮助 |
| doc | 在帮助浏览器中显示指定函数的参考信息 |
| helpwin | 打开帮助浏览器,并且将初始界面置于 MATLAB 函数的 M 文件帮助信息 |
| helpdesk | 打开一个名为"help"的帮助窗口 |
| demo | 打开一个"help"的演示模型界面,从而方便地了解 MATLAB 的基本功能 |

另外,MATLAB 支持模糊查询,用户只需要输入命令的前几个字母,然后按【Tab】键,系统就会列出所有以这几个字母开头的命令。

# 1.2  变量与 MATLAB 命令(函数)

## 1.2.1  变量类型

MATLAB 的变量数据类型主要包括数值型、字符串型、逻辑型、单元数组型、结构体类型和函数句柄等,其中数值型又分为整型、单精度浮点型与双数精度浮点型据。限于篇幅本书将重点介绍数值类型。

1. 数值常量

MATLAB 中的数据有常量与变量之分,常量也称为数值。数值量包括实数和复数,具体形式上包括标量、向量、数组和矩阵等一切可以用数表示的量。例如,实数一般采用十进制表示,可以带小数点和正负号,下面的数值都是合法的:

$5$、$+5$、$-5.55$、$0.0056$、$6.5e-5$、$100e60$、$-0.060e-0123$

可以对数值量进行各种算术运算、关系运算和逻辑运算。

MATLAB 的计算都是以双精度(double)格式进行的,且所有数值量在内存中也都是以双精度保存的,但其显示格式却有不同形式,通常用户可在命令窗口中用 format 命令临

时改变显示方式。如果用户希望以有理数(rational)形式显示,则可在命令窗口中输入命令:format rational。例如,在命令窗口中输入以下命令:

```
>> a = 0.25
a =
    0.2500            % 显示为含小数点的实数
>> format rational    % 改变显示格式为有理显示形式
>> a = 0.25
a =
    1/4               % 显示为分数形式
```

其他常用格式还有短格式(short,缺省格式)和长格式(long),更多格式见表1.2。

表 1.2　数据的输出格式控制

| 格　式 | 中文解释 | 说　　明 |
|---|---|---|
| format | 短格式(缺省格式) | 缺省时为默认短格式方式与 format short 相同 |
| format short | 短格式 | 显示 5 位定点十进制数 |
| format long | 长格式 | 显示 15 位定点十进制数 |
| format short e | 短格式 e 方式 | 显示 5 位浮点十进制数 |
| format long e | 长格式 e 方式 | 显示 15 位浮点十进制数 |
| format short g | 短格式 g 方式 | 显示 5 位定点或 5 位浮点十进制数 |
| format long g | 长格式 g 方式 | 显示 15 位定点或 15 位浮点十进制数 |
| format hex | 16 进制格式 | 以 16 进制格式显示 |
| format + | +格式 | 以 + , - 和空格分别表示矩阵中的正数,负数和零元素 |
| format bank | 银行格式 | 按元、角、分(小数点后具有两位)的固定格式显示 |
| format rat | 有理数格式 | 用有理数逼近显示数据 |
| format compact | 压缩格式 | 数据之间无空行 |
| format loose | 自由格式 | 数据之间有空行 |

读者可在命令窗口中输入

$$x = 1.2345e - 6$$

然后在不同的输出格式下输出 x 的结果,观察结果显示的不同。

2. 变量

MATLAB 中的变量可用来存放数据,也可用来存放向量或矩阵,并进行各种运算。

变量的命名的规则:①变量名区分大小写;②变量名以字母开头,可以由字母、数字、下画线组成,但不能使用标点;③变量名长度不超过 63 位,最多只能含有 63 个字符,后面的字符无效。

为了阅读程序的方便,对变量可作注释,"%"是注释符,"%"后面的内容为注释,对 MATLAB 的计算不产生任何影响。

MATLAB 将所有变量均保存为双精度的形式,在"Command Window"的状态下,所有的变量均存在于工作空间中。

### 3. 永久变量

永久变量是变量的一种特殊情况,又称为 MATLAB 系统常量。它在工作空间中看不到,但是使用者可直接调用。表1.3 列出了永久变量。

表1.3　永久变量表

| 名称 | 取　值 |
|---|---|
| ans | 用于结果的缺省变量名,保存最后一次运算的结果 |
| pi | 圆周率 π 的近似值(3.1416) |
| eps | 容差变量,当某量的绝对值小于 eps 时,可认为此量为零,数学中无穷小(epsilon)的近似值(2.2204e − 016) |
| inf | 无穷大,如 1/0 = inf (infinity) |
| NaN | 不定值,如 0/0 = NaN (Not a Number),inf / inf = NaN |
| i,j | 虚数单位:$i = j = \sqrt{-1}$ |
| realmax | 系统所能表示的最大数值(1.7977e +308) |
| realmin | 系统所能表示的最小数值(2.2251e −308) |
| nargin | 函数的输入参数个数 |
| nargout | 函数的输出参数个数 |

在 MATLAB 中,定义变量时应避免与 MATLAB 常量名重复,以免改变这些常量的值,如果已改变了某个常量的值,可以通过"clear + 常量名"命令恢复该常量的初始设定值(当然,也可通过重新启动 MATLAB 系统来恢复这些常量值)。

### 4. 符号变量

在 MATLAB 中进行符号运算时需要先用 syms 命令创建符号变量和表达式,例如:

```
>> syms a  b  c     % 声明三个符号变量a,b,c
```

syms 不仅可以声明一个变量,还可以指定这个变量的数学特性,例如:

声明变量 x,y 为实数类型,可用命令 >> syms x y real

声明变量 x,y 为整数类型,可用命令 >> syms x y positive

### 5. 变量的查询与清除

在命令窗口中,只要输入"who",就可以看到工作空间中所有曾经设定并至今有效的变量。如果输入"whos",不但会显示所有的变量,而且会将该变量的名称、性质等都显示出来,即显示变量的详细资料。输入"clear",就清除工作空间中的所有变量。如果输入"clear + 变量名",只清除工作空间中指定变量名的变量。

## 1.2.2　MATLAB 命令(函数)

MATLAB 系统提供了近20类基本命令(也称 MATLAB 函数),它们有一部分是 MATLAB 的内部命令,有一部分是以 M 文件形式出现的函数。这些 M 文件形式的命令函数扩展了 MATLAB 的功能,对于这些命令函数可以通过在命令行里面输入

Help fun

来获得有关这个命令函数使用的详细说明,这里 fun 是要查询的命令函数的名字。或者在帮助窗口的搜索栏中输入命令名。例如,在搜索栏中输入计算标准差的命令"std",则在帮助窗口中显示了如图 1.15 所示的帮助信息。

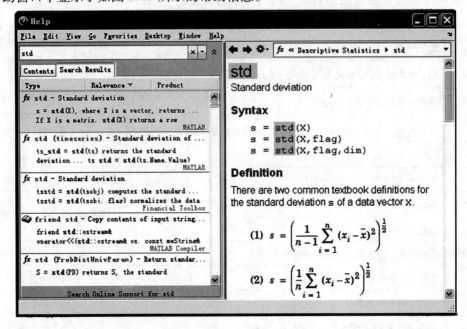

图 1.15　MATLAB 命令的在线帮助信息

对于初学者,表 1.4 列出了基本的数学函数的 MATLAB 命令,表 1.5 列出了其他一些数学运算或特殊函数的 MATLAB 命令。

表 1.4　数学基本函数的 MATLAB 命令

| 名　称 | 数学函数表达式 | MTALAB 命令 | 计 算 功 能 |
|---|---|---|---|
| 正弦函数 | $\sin x$ | sin( x ) | x 弧度的正弦值 |
| 余弦函数 | $\cos x$ | cos( x ) | x 弧度的余弦值 |
| 正切函数 | $\tan x$ | tan( x ) | x 弧度的正切值 |
| 反正弦函数 | $\operatorname{asin} x$ | asin( x ) | x 的反正弦值 |
| 反余弦函数 | $\operatorname{acos} x$ | acos( x ) | x 的反余弦值 |
| 反正切函数 | $\operatorname{atan} x$ | atan( x ) | x 的反正切值 |
| 自然指数函数 | $e^x$ | exp( x ) | x 的以 e 为底的指数 |
| 自然对数函数 | $\ln x$ | log( x ) | x 的以 e 为底的对数 |
| 10 为底对数函数 | $\log_{10} x$ | log10( x ) | x 的以 10 为底的对数 |
| 开平方函数 | $\sqrt{x}$ | sqrt( x ) | x 的算数平方根 |
| 绝对值函数 | $|x|$ | abs( x ) | x 的绝对值 |

表 1.5    其他一些数学运算或特殊函数的 MATLAB 命令

| MATLAB 命令 | 功能说明 | MATLAB 命令 | 功能说明 |
|---|---|---|---|
| min(x) | 最小值 | max(x) | 最大值 |
| sign(x) | 符号函数 | sum(x) | 元素求和 |
| ceil(x) | 朝正无穷方向取整 | round(x) | 四舍五入到最近的整数 |
| fix(x) | 朝零方向取整 | floor(x) | 朝负无穷方向取整 |
| besselj | 第一类贝塞尔函数 | gamma | γ 函数 |
| bessely | 第二类贝塞尔函数 | gammainc | 不完全的 γ 函数 |
| besselh | 第三类贝塞尔函数 | ellipj | Jacobi 椭圆函数 |
| legendre | 联合勒让德函数 | ellipke | 第一种完全椭圆积分 |
| beta | β 函数 | erf | 误差函数 |
| betainc | 不完全的 β 函数 | rat | 有理逼近 |

数学函数的 MATLAB 命令有一个共同的特点：若自变量 x 为矩阵，则函数值也为 x 的同阶矩阵，即对 x 的每一元素分别求函数值；若自变量 x 为通常情况下的一个数值，则函数值是对应于 x 的一个数值。例如：

```
>> x = pi/3;              % x 是一个数
>> sin(x)
ans = 0.8660             % 输出一个数
>> x = 0:pi/3:2*pi;       % x 是一个数组
>> sin(x)                 % 输出一个数组
ans = 0    0.8660    0.8660    0.0000    -0.8660    -0.8660    -0.0000
```

# 1.3    操作符与运算符

## 1.3.1    操作符

在编辑程序或命令中，当标点符号或其他符号表示特定的操作功能时就称其为操作符。表 1.6 列出了 MATLAB 语句中常用的操作符及其作用。注意在向命令窗口输入语句时，一定要在英文输入状态下输入操作符。

表 1.6    MATLAB 语句中常用操作符的作用

| 名称 | 符号 | 作用 |
|---|---|---|
| 空格 | | 变量分隔符；矩阵一行中各元素间的分隔符；程序语句关键词分隔符 |
| 逗号 | , | 分隔欲显示计算结果的各语句；变量分隔符；矩阵一行中各元素间的分隔符 |
| 点号 | . | 数值中的小数点；结构数组的域访问符 |
| 分号 | ; | ①在矩阵定义中表示一行的结束；②在命令语句的结尾表示不显示这行语句的执行结果 |
| 冒号 | : | ①m:n 产生一个数组[m,m+1,…,n]；②m:k:n 产生一个数组[m,m+k,…,n]；③A(:,j)取矩阵 A 的第 j 列；④A(k,:)取矩阵 A 的第 k 行 |
| 百分号 | % | 注释语句说明符，凡在其后的字符视为注释性内容而不被执行 |

| 名称 | 符号 | 作　用 |
|---|---|---|
| 单引号 | ' ' | 字符串标识符 |
| 圆括号 | ( ) | 用于矩阵元素引用;用于函数输入变量列表;确定运算的先后次序 |
| 方括号 | [ ] | 向量和矩阵标识符;用于函数输出列表 |
| 花括号 | \| \| | 标识细胞数组 |
| 续行号 | … | 一个命令语句非常长一行写不完,可以分几行写,此时在行的末尾加上连续点,表示是一个命令语句 |
| 赋值号 | = | 将表达式赋值给一个变量 |

### 1.3.2　运算符

算术运算符是构成运算的最基本的操作命令,可以在 MATLAB 的命令窗口中直接运行。运算符可分为三类:算术运算符、关系运算符与逻辑运算符。不同的运算符及功能说明见表 1.7、表 1.8 和表 1.9。

表 1.7　算术运算符

| 运算符 | 功　能　说　明 |
|---|---|
| + | 加法运算。两个数相加或两个同阶矩阵相加,如果是一个矩阵和一个数字相加,则这个数字自动扩展为与矩阵同维的一个矩阵 |
| − | 减法运算。两个数相加或两个同阶矩阵相减 |
| * | 乘法运算。两个数相乘或两个可乘矩阵相乘 |
| / | 除法运算。两个数或两个可除矩阵相除(A/B 表示 A 乘以 B 的逆) |
| ^ | 乘幂运算。数的方幂或一个方阵的多少次方 |
| \ | 左除运算。两个数 a\b 表示 b÷a,两个可除矩阵相除(A\B 表示 B 乘以 A 的逆) |
| .* | 点乘运算。两个同阶矩阵对应元素相乘 |
| ./ | 点除运算。两个同阶矩阵对应元素相除 |
| .^ | 点乘幂运算。一个矩阵中各个元素的方幂 |
| .\ | 点左除运算。两个同阶矩阵对应元素左除 |
| 注:在 MATLAB 中,点".　"与运算符" * ,/,^,\ "构所谓的点运算符". * ,./,.^,.\",其功能是实现同阶矩阵中的中逐个元素进行的算术运算 | |

表 1.8　关系运算符

| 运算符 | 功能说明 | 运算符 | 功能说明 |
|---|---|---|---|
| > | 判断大于关系 | > = | 判断大于等于关系 |
| < | 判断小于关系 | < = | 判断小于等于关系 |
| = = | 判断等于关系 | ~ = | 判断不等于关系 |

关系运算符主要用于比较数、字符串、矩阵之间的大小或不等关系,其返回值是 0 或 1。

14

表 1.9　逻辑运算符

| 运算符 | 功能说明 | 运算符 | 功能说明 |
|---|---|---|---|
| & | 与运算 | ~ | 非运算 |
| \| | 或运算 | Xor(a,b) | 异或运算 |

逻辑运算符主要用于逻辑表达式和进行逻辑运算,参与运算的逻辑量以"0"代表"假",以任意"非0"数代表"真"。逻辑表达式和逻辑函数的值以"0"表示"假",以"1"表示"真"。

### 1.3.3　运算符的优先级

和其他高级语言一样,当用多个运算符和运算量写出一个 MATLAB 表达式时,运算符的优先次序是一个必须明确的问题。表 1.10 列出了运算符的优先次序。

表 1.10　MATLAB 运算符的优先次序

| 优先次序 | 运 算 符 |
|---|---|
| 最　高 | '(转置共轭)、^(矩阵乘幂)、.'(转置)、.^(数组乘幂) |
| | ~(逻辑非) |
| | *、/(右除)、\(左除)、.*(数组乘)、./(数组右除)、.\(数组左除) |
| | +、- |
| | :(冒号运算) |
| | <、<=、>、>=、==(恒等于)、~=(不等于) |
| | &(逻辑与) |
| | \|(逻辑或) |
| | &&(先决与) |
| 最低 | \|\|(先决或) |

MATLAB 运算符的优先次序在表 1.10 中依从上到下的顺序,分别由高到低。表中同一行的各运算符具有相同的优先级,在同一级别中又遵循有括号的先括号运算原则。

## 1.4　数组与矩阵运算

数组是有序数据的集合。数组中的每一个元素都属于同一个数据类型。用一个统一的数组名和下标来唯一地确定数组中的元素。在 MATLAB 中一般用方括号"[ ]"、逗号","、空格及分号";"来创建数组。一维数组在数学上也称为行向量或列向量。二维数组在数学上也称为矩阵。矩阵是 MATLAB 数据存储的基本单元,而矩阵的运算是 MATLAB 语言的核心,在 MATLAB 语言系统中几乎一切运算均是以对矩阵的操作为基础的。矩阵的运算是按一定的运算规则进行的,其规则是由操作符与运算符或命令函数决定的。

### 1.4.1　一维数组的输入与运算

**1. 一维数组的输入**

创建一维数组的方法见表 1.11。

表 1.11　创建简单数组的方法

| 命　令 | 用　途 |
|---|---|
| $x = [a, b, c, d]$ | 用"[ ]"创建包含指定元素的行向量 |
| $x = first : last$ | 创建从 first 开始,加 1 计数,到 last 结束的行向量 |
| $x = first : increment : last$ | 创建从 first 开始,加 increment 计数,以 last 结束的行向量 |
| $x = linspace(first, last, n)$ | 创建从 first 开始,到 last 结束,有 n 个元素的行向量 |
| $x = logspace(first, last, n)$ | 创建从 first 开始,到 last 结束,有 n 个元素的对数分隔行向量 |
| $x = [y, z, 1, 2, 3]$ | y 和 z 都是行向量 |

**2. 一维数组元素的访问**

访问一个元素:$x(i)$ 表示访问数组 x 的第 i 个元素。

访问一块元素:$x(s : h : t)$ 表示访问数组 x 的从第 s 个元素开始,以步长 h 到第 t 个(但不超过 t)的这些元素,h 可以为负数,h 缺省时为 1。

直接使用元素编址序号:$x([a, b, c, d])$ 表示提取数组 x 的第 a、b、c、d 个元素构成一个新的数组 $[x(a)\ x(b)\ x(c)\ x(d)]$。例如:

```
>>x = [-1,0,3,5,7,9,10]        % 输入数组 x
>>y = x(2);                    % 提取数组 x 的第二个元素 x(2)并赋给变量 y
>>z = x([1,3,5,7])             % 提取数组 x 中的第 1,3,5,7 项
z =
    -1    3    7    10         % 输出数组 x 中第 1,3,5,7 位元素的结果
```

**3. 标量与数组的运算**

标量与数组的加、减、乘、除、乘方运算是数组的每个元素与该标量施加相应的加、减、乘、除、乘方运算,其表达式见表 1.12。

表 1.12　标量与数组的运算

| 表达式 | 运算结果说明 |
|---|---|
| $a + c$ | $= [a1 + c, a2 + c, \cdots, an + c]$,即数组 a 的每个元素加上 c |
| $a * c$ 或 $a. * c$ | $= [a1 * c, a2 * c, \cdots, an * c]$,即数组 a 的每个元素乘以 c |
| $a/c$ 或 $a./c$ | $= [a1/c, a2/c, \cdots, an/c]$,即数组 a 的每个元素除以 c |
| $a. \backslash c$ | $= [c/a1, c/a2, \cdots, c/an]$,即 c 除以数组 a 的每个元素 |
| $a.\hat{\ }c$ | $= [a1\hat{\ }c, a2\hat{\ }c, \cdots, an\hat{\ }c]$,即数组 a 的每个元素的 c 次幂 |
| $c.\hat{\ }a$ | $= [c\hat{\ }a1, c\hat{\ }a2, \cdots, c\hat{\ }an]$,即以 c 为底,以 a 的每个元素为指数的幂 |

其中 $a = [a1, a2, \cdots, an]$ 是数组,c 为标量。例如:

```
>> a = [1 2 3 4];              % 输入数组 a
>> c = 4;                      % 输入数 c
```

```
>> d1 = a + c                          %计算[a1 + c, a2 + c, ..., an + c]
d1 =
     5      6      7      8
>> d2 = a * c                          %计算[a1 * c, a2 * c, ..., an * c]
d2 =
     4      8     12     16
>> d3 = a / c                          %计算[a1/c, a2/c, ..., an/c]
d3 =
   0.2500    0.5000    0.7500    1.0000
>> d4 = a. \c                          %计算[c/a1, c/a2, ..., c/an]
d4 =
   4.0000    2.0000    1.3333    1.0000
>> d5 = a. ^c                          %计算[a1^c, a2^c, ..., an^c]
d5 =
     1     16     81    256
>> d6 = c. ^a                          %计算[c^a1, c^a2, ..., c^an]
d6 =
     4     16     64    256
```

**4. 数组与数组的运算**

数组与数组的运算要求数组维数是相同的,其加、减、乘、除、幂运算按元素对元素方式进行,不同维数的数组不能进行运算,其表达式见表1.13。

表 1.13  数组与数组的运算

| 表达式 | 运算结果与规则 |
|---|---|
| a + b | = [a1 + b1, a2 + b2, ..., an + bn],即数组 a 与 b 的对应元素相加 |
| a. * b | = [a1 * b1, a2 * b2, ..., an * bn],即数组 a 与 b 的对应元素相乘 |
| a. /b | = [a1/b1, a2/b2, ..., an/bn],即数组 a 与 b 的对应元素相除 |
| a. \b | = [b1/a1, b2/a2, ..., bn/an],即数组 b 与 a 的对应元素相除 |
| a. ^b | = [a1^b1, a2^b2, ..., an^bn],即数组 a 与 b 的对应元素的幂 |
| dot(a,b) | = a1 * b1 + a2 * b2 + ... + an * bn,即数组 a 与 b 的数量积 |
| 注:a = [a1, a2, ..., an], b = [b1, b2, ..., bn] | |

注意:数组的乘除法是指两同维数组对应元素之间的乘除法,它们的运算符只能为
". * "、". /"或". \",而表达式 a * b、a/b、a^b 是没有意义的。例如:

```
>> b = [2 4 6 8];                      % 输入数组 b
>> d1 = a + b                          % 计算[a1 + b1, a2 + b2, ..., an + bn]
d1 =
     3      6      9     12
>> d2 = a. * b                         % 计算[a1 * b1, a2 * b2, ..., an * bn]
d2 =
```

17

```
      2      8     18     32
>> d3 = a./b                              % 计算[a1/b1,a2/b2,...,an/bn]
d3 =
    0.5000    0.5000    0.5000    0.5000
>> d4 = a.\b                              % 计算[b1/a1,b2/a2,...,bn/an]
d4 =
      2      2      2      2
>> d5 = a.^b                              % 计算[a1^b1,a2^b2,...,an^bn]
d5 =
      1     16    729    65536
```

### 1.4.2　二维数组与矩阵运算

二维数组是按列行顺序保存的数据集合,数学上称为矩阵。

1. 矩阵的输入

(1)直接输入法。从键盘直接输入矩阵的每一个元素,具体方法如下:将矩阵的所有元素用方括号括起来,在方括号括内按矩阵行的顺序输入各元素,同一行的各元素之间用空格或逗号分隔,不同行的元素之间用分号或回车键分隔。例如:

```
>> A = [2,3,5;1,3,5;6,9,4]          % 输入矩阵 A
A =
      2      3      5
      1      3      5
      6      9      4
```

(2)外部文件读入法。MATLAB 语言允许用户调用在 MATLAB 环境之外定义矩阵。可以利用任意的文本编辑器编辑所要使用的矩阵,矩阵元素之间以特定分断符分开,并按行列布置。load 命令用于调用数据文件,其调用方法为

load + 文件名[参数]

例如:事先在记事本中编辑以下数据,保存为文件 data1.txt,文件放在当前目录下:

```
      1      2      3
      7      8      9
      2      4      6
```

在 MATLAB 命令窗口中输入

```
>> load data1.txt
>> data1            % 显示数据
data1 =
      1      2      3
      7      8      9
      2      4      6
```

load 函数将会从文件名所指定的文件中读取数据,并将输入的数据赋给以文件名命名的变量,如果不给定文件名,则系统将自动认为 MATLAB. mat 文件为操作对象,如果该文件在 MATLAB 搜索路径中不存在,系统将会报错。

(3)复制粘贴法。首先在命令窗口中输入矩阵名等于空的方括号(注意不要按回车

键),例如:

$$A = [\ ];$$

其次,打开数据文件(如 WORD,EXCEL),复制文件中的数据,然后,返回命令窗口,将光标置于方括号内,右击选择粘贴,这样数据就输入了。

读者若对 Microsoft Excel 有一定的使用经验,可使用 MATLAB Excel Builder 实现 MATLAB 和 Microsoft Excel 的连接,从而实现两者数据的无缝接口,更详细的操作请参考有关文献。

2. 特殊矩阵的建立

对于一些比较特殊的矩阵(如单位阵或元素中含 1 或 0 较多的矩阵),由于其具有特殊的结构,MATLAB 提供了一些函数用于生成这些矩阵,见表 1.14。

表 1.14　生成特殊矩阵的命令函数

| 命令函数 | 功　能　说　明 |
| --- | --- |
| a = [　] | 生成空矩阵,当对一项操作无结果时,返回空矩阵,空矩阵的大小为零 |
| b = zeros(m,n) | 生成一个 m 行、n 列的零矩阵 |
| c = ones(m,n) | 生成一个 m 行、n 列的元素全为 1 的矩阵 |
| d = eye(m,n) | 生成一个 m 行、n 列的单位矩阵 |
| rand(m) | 生成 m 阶均匀分布的随机矩阵 |
| randn(m) | 生成 m 阶正态分布的随机矩阵 |
| magic(n) | 魔方矩阵是每行、每列和两对角线上的元素之和各等于 $(n^3 + n)/2$ |
| pascal(n) | 生成 n 阶帕斯卡矩阵,也即杨辉三角变化规律的矩阵 |
| vander(v) | 生成 n = length(v) 阶的范德蒙矩阵, 矩阵的第 j 列是向量 v 的 n − j 次幂 |
| hilb(n) | 生成 n 阶的希尔伯特矩阵,即矩阵的 $(i,j)$ 元为 $(i+j-1)^{-1}$ |
| toeplitz(X) | 用向量 X 生成一个对称的托普利兹矩阵 |

例如:
```
>> magic(3)        % 建立 3 阶魔方矩阵
ans =
     8    1    6
     3    5    7
     4    9    2
```

3. 矩阵中元素或块的操作

对矩阵中元素或块的常用操作见表 1.15。

表 1.15　矩阵中元素或块的常用操作

| 表达式或命令函数 | 功　能　说　明 |
| --- | --- |
| A(k,:) | 提取矩阵 A 的第 k 行 |
| A(:,k) | 提取矩阵 A 的第 k 列 |
| A(:) | 依次提取矩阵 A 的每一列,将 A 拉伸为一个列向量 |
| A(i1:i2, j1:j2) | 提取矩阵 A 的第 i1 ~ i2 行、第 j1 ~ j2 列,构成新矩阵 |

| 表达式或命令函数 | 功 能 说 明 |
|---|---|
| A([a b c d],:) | 提取矩阵 A 的指定的第 a、b、c、d 行,构成新矩阵 |
| A(:,[e f g h]) | 提取矩阵 A 的指定的第 e、f、g、h 列,构成新矩阵 |
| A(i2: -1:i1,:) | 以逆序提取矩阵 A 的第 i1 ~ i2 行,构成新矩阵 |
| A(:, j2: -1:j1) | 以逆序提取矩阵 A 的第 j1 ~ j2 列,构成新矩阵 |
| A(i1:i2,:) = [ ] | 删除 A 的第 i1 ~ i2 行,构成新矩阵 |
| A(:,j1:j2) = [ ] | 删除 A 的第 j1 ~ j2 列,构成新矩阵 |
| [A B]或[A;B] | 将矩阵 A 和 B 拼接成新矩阵 |
| diag(A,k) | 抽取矩阵 A 的第 k 条对角线元素向量 |
| tril(A,k) | 抽取矩阵 A 的第 k 条对角线下面的部分 |
| triu(A,k) | 抽取矩阵 A 的第 k 条对角线上面的部分 |
| flipud(A) | 矩阵 A 进行上下行翻转 |
| fliplr(A) | 矩阵 A 进行左右翻转 |
| A' | 矩阵 A 的转置 |
| rot90(A) | 矩阵 A 逆时针旋转 90° |
| cat(dim, A, B) | 将矩阵 A,B 按行"dim = 1"或列"dim = 2"拼接成大矩阵 |
| repmat(A,m,n) | 将矩阵 A 当作元素产生 m 行 n 列的大矩阵 |
| blkdiag(A,B) | 将矩阵 A,B 作为对角块产生准对角矩阵 |
| kron(A,B) | 生成矩阵 A,B 的卡罗尔乘积矩阵 |
| reshape(A,m,n) | 将矩阵 A 的元素按新的行列数 $m \times n$ 要求重排得新矩阵 |

例如:

```
A = [1,2,3;4,5,6;7,8,9]
A =

    1    2    3
    4    5    6
    7    8    9

>> A(2,:)                    % 取出矩阵 A 的第 2 行的所有元素

ans =
    4    5    6

>> A([1 3],[2,3])            % 取出矩阵 A 的 1,3 行与 2,3 列交叉的元素

ans =
    2    3
    8    9

>>A(2,:) = [ ]               % 删除矩阵 A 的第 2 行,":"可表示所有行或列

A =
    1    2    3
    7    8    9

A =
```

20

```
    0 0 0
    0 2 2
>> A(1:2) = [ ]              % 删除新矩阵 A 的前两个单下标元素,矩阵变成向量
A =
    2   8   3   9
>> A = [ ]                   % 删除所有元素
A =
    [ ]
>>A = 1:8;                   % 输入矩阵 A
>>A = reshape(A,2,4)         % 将矩阵 A 重排为 2 行 4 列的矩阵
A =
    1   3   5   7
    2   4   6   8
```

4. 矩阵的运算

（1）矩阵间的运算。矩阵间的运算表达式与运算法则见表 1.16。

表 1.16   矩阵间的运算法则

| 表达式 | 功　能　说　明 |
|---|---|
| A + B | A 与 B 为同型矩阵,对应元素相加 |
| A * B | A 的列数要等于 B 的行数,按代数学中定义的矩阵乘法则计算 |
| A/B | X = A/B 是线性方程组 XA = B 的解,当 A 是可逆的矩阵时,A/B = A * B$^{-1}$ |
| A\B | X = A\B 是线性方程组 AX = B 的解,当 A 是可逆的矩阵时,A\B = A$^{-1}$ * B |
| A.* B | A 与 B 为同型矩阵,对应元素相乘 |
| A./B | A 与 B 为同型矩阵,对应元素相除 |
| A.^B | A 与 B 为同型矩阵,A 中元素对应 B 中元素乘方运算 |

（2）矩阵与标量的运算。

表 1.17   矩阵与标量的运算

| 表达式 | 功能说明（设 A 为矩阵,c 为标量） |
|---|---|
| A + c（A − c） | A 中每个元素加(减)常数 c |
| A * c（c * A） | A 中每个元素乘常数 c |
| A/c | A 中每个元素除常数 c |
| c./ A | 常数 c 分别被 A 中对应每个元素相除 |
| c.^A | 常数 c 的对应与 A 中对应每个元素的乘方运算 |
| A.^ c | 对应与 A 中每个元素对应常数的 c 次乘方运算 |
| A^ c | A 是方阵,当 c > 0 时表示矩阵的方幂,当 c < 0 时表示 A 逆的方幂 |

（3）矩阵的基本函数运算。矩阵的函数运算是矩阵运算中最实用的部分,常用的主要有以下几个,见表 1.18。

表 1.18　矩阵的函数运算命令

| 命　令 | 功　能 | 命　令 | 功　能 |
|---|---|---|---|
| det(A) | 求矩阵 A 的行列式 | orth(A) | 将非奇异矩阵 A 正交规范化 |
| inv(A) | 求方阵的逆矩阵 | rref(A) | 求矩阵 A 的阶梯形的行最简形式 |
| size(A) | 求矩阵 A 的阶数 | rank(A) | 求矩阵 A 的秩 |
| length(A) | 求向量所含元素个数 | trace(A) | 求矩阵 A 的迹 |
| eig(A) | 求 A 的特征值及特征向量 | [Q,R] = qr(A) | 正交矩阵 Q 和上三角阵 R 满足 A = QR. |

例如：

```
>>A = [2 1 -3 -1;3 1 0 7;-1 2 4 -2;1 0 -1 5];
>> det(A)              % 计算 a 的行列式
ans = -85
>> inv(A)              % 计算 a 的逆矩阵
ans =
    -0.0471      0.5882     -0.2706     -0.9412
     0.3882     -0.3529      0.4824      0.7647
    -0.2235      0.2941     -0.0353     -0.4706
    -0.0353     -0.0588      0.0471      0.2941
>> [v,d] = eig(A)      % 计算 a 的特征值与相应的特征向量
v =
    -0.5843      0.9223     -0.1387 - 0.2449i     -0.1387 + 0.2449i
     0.7160      0.0904     -0.7828               -0.7828
    -0.3806     -0.0066     -0.0803 +0.3491i      -0.0803 - 0.3491i
     0.0333     -0.3756     -0.4212 - 0.0489i     -0.4212 +0.0489i
d =
    -1.1228      0           0                     0
     0           2.5266      0                     0
     0           0           5.2981 + 1.3755i      0
     0           0           0                     5.2981 - 1.3755i
```

（4）数据处理。MATLAB 具有强大的数据处理功能,例如,数据的排序、求最大值、求和、求均值等。本书第 6 章将详细地介绍一些数据分析方法。常用数据处理的命令见表 1.19。

表 1.19　常用数据处理的命令表

| 命　令 | 功　能 | 命　令 | 功　能 |
|---|---|---|---|
| max(A) | 求向量或矩阵列的最大值 | min(A) | 求向量或矩阵列的最小值 |
| mean(A) | 求向量或矩阵列的平均值 | median(A) | 求向量或矩阵列的中间值 |
| sum(A) | 求向量或矩阵列的元素和 | prod(A) | 求向量或矩阵列的元素乘积 |
| cumsum(A) | 矩阵列的元素的逐行累加和 | std(A) | 求向量或矩阵列的标准差 |
| var(A) | 求向量或矩阵列的方差 | corrcoef(A) | 矩阵列向量之间的相关系数矩阵 |
| cov(A) | 矩阵列向量之间的协方差矩阵 | find(A) | 求向量中满足条件的元素 |

另外,矩阵的运算中还有幂运算(运算符为 .^ )、指数运算(exp)、对数运算(log)和开方运算(sqrt)等,这里不一一说明。

### 1.4.3 高维数组

三维及以上维数的数组称为高维数组。以下仅以三维数组为例说明数组的创建与引用。

一个 $m \times n \times p$ 的三维数组 A,考虑到它是由多个 $m \times n$ 的二维数组(表)叠放而成的,如果用符号 $i$ 表示每个二维数组(表)的行下标,用符号 $j$ 表示每个二维数组(表)的列下标,另外再用符号 $k$ 表示数组 A 的另一维(称为页的)下标,那么数组 $A$ 中第 $i$ 行、第 $j$ 列、第 $k$ 页的元素就可表示为 $A(i,j,k)$。

(1)"全下标"元素赋值方式。例如:

```
>> C(2,3,2) = 2        % 创建 2 行 3 列 2 页的数组,其中第 2 页的第 2 行 3 列的元素为 2
C(:,:,1) =
        0    0    0
        0    0    0
C(:,:,2) =
        0    0    0
        0    0    2
```

(2)低维数组合成高维数组。例如:

```
>> A1 = ones(2,3);A2 = ones(2,3)*2;A3 = ones(2,3)*3 % 输入 3 个 2 行 3 列矩阵
>> A(:,:,1) = A1                  % 输入 A 的第一页
A(:,:,1) =
    1    1    1
    1    1    1
>> A(:,:,2) = A2                  % 输入 A 的第二页
A(:,:,1) =
    2    2    2
    2    2    2
>> A(:,:,3) = A3                  % 输入 A 的第三页
A(:,:,1) =
    3    3    3
    3    3    3
```

(3)由函数 ones, zeros, rand, randn 直接创建标准高维数组。例如:

```
>> A = rand(2,4,3)          % 生成[0,1]区间的均匀分布随机数数组 A
A(:,:,1) =
      0.6278    0.9748    0.2585    0.6949
      0.2544    0.2305    0.0313    0.1223
A(:,:,2) =
      0.4889    0.3898    0.8489    0.0587
      0.9138    0.3071    0.4260    0.6331
A(:,:,3) =
```

```
0.2802    0.2073    0.7438    0.2714
0.4051    0.2033    0.4566    0.2421
```

在引用高维数组时,高维数组的每一页就是矩阵,可以像矩阵一样参与各种矩阵运算。

# 1.5　符号运算介绍

MATLAB 符号运算是通过集成在 MATLAB 中的符号数学工具箱(Symbolic Math Tool-box)来实现的。该工具箱不进行基于矩阵的数值分析,而是使用字符串来进行符号分析与运算。

MATLAB 的符号数学工具箱的功能主要包括符号表达式的运算、符号表达式的复合与化简、符号矩阵的运算、符号微积分、符号函数画图、符号代数方程与微分方程求解等。此外,工具箱还支持可变精度运算,即支持符号运算并以指定的精度返回结果。

## 1.5.1　符号对象建立

符号对象是用字符串形式表示的,但又不同于普通的全由字母组成的字符串,它很像数学中的表达式,事实上 MATLAB 的变量与表达式都可为符号对象。

符号对象由 sym( ) 和 syms 建立。

(1) 符号变量的建立。建立符号变量有以下两种方法。

① >> syms x y z　　　　 %建立符号变量 x,y,z

② >> t = sym('t');　　　 %建立符号变量 t

sym 与 syms 的区别在于:syms 可以建立多个变量,而 sym( ) 只建立一个符号变量。两者有时可以相互替代。例如:

>> syms　x y z

等价于下面的三条语句。

>> x = sym('x');

>> y = sym('y');

>> z = sym('z');

(2)符号表达式的建立。由符号对象参与运算的表达式即是符号表达式。与数值表达式不同,符号表达式中的变量不要求有预先确定的值。符号方程式是含有等号的符号表达式。

符号表达式的建立有以下三种方法。

① >> syms x y

z = x^3 + 2*y^2 - 5　　　　　　　　 %建立符号表达式

② >> f = sym('x^2 + 3*x + 2');　 %建立符号表达式 f = x^2 + 3*x + 2

③ >> f = 'x^2 + 3*x + 2';　　　　 %用单引号创建的符号表达式对空格很敏感,

　　　　　　　　　　　　　　　　　 %不要在字符间随意添加空格!

表 1.20 对数学表达式与 MATLAB 表达形式之间的差异进行了比较。

24

表 1.20　数学表达式与 MATLAB 符号表达式比较

| 数学表达式 | MATLAB 符号表达式 |
|---|---|
| $x^2 + 3x + 2$ | $x\hat{}2 + 3 * x + 2$ |
| $x\sin x - 4e^x$ | $x * \sin(x) - 4 * \exp(x)$ |
| $\sqrt{x(1-x)}$ | $\mathrm{sqrt}(x * (1-x))$ 或 $(x * (1-x))\hat{}(1/2)$ |
| $\dfrac{x+y}{x^2+y^2}$ | $(x+y)/(x\hat{}2 + y\hat{}2)$ |

（3）符号矩阵的建立。建立符号矩阵有以下两种方法。

① 使用 sym 函数直接生成：

`>> A = sym('[1 + x, sin(x); 5, exp(x)]')`

② 将数值矩阵转化成符号矩阵：

`>> B = [2/3, sqrt(2); 5.2, log(3)]`

`>> C = sym(B)`

最后指出一点,符号对象建立时可以附加属性 real、positive 和 unreal,例如：

`>> x = sym('x','real')`　　　　% 表明 x 是实的

`>> k = sym('k','positive')`　　% 表明 k 是正的

`>> x = sym('x','unreal')`　　　% 去掉 x 的附加属性

## 1.5.2　符号运算函数

表 1.21 中列出一些常用的符号运算函数的名称和功能,其参数设置读者可借助 MATLAB 的帮助系统自己研读。函数 funtool 是一个直观的图形化函数计算器,可以很方便地进行代数运算和微积分运算。

表 1.21　符号运算函数

| 函　数 | 功　　能 |
|---|---|
| factor(f) | 因式分解,也可用于正整数的分解 |
| expand(f) | 展开函数,常用于多项式、三角函数、指数函数和对数函数的展开 |
| collect(f,v)： | 合并同类项.按指定变量 v 的次数合并系数 |
| simple 或 simplify | 化简函数 |
| pretty(S) | 用数学上习惯的形式显示 S |
| subs(f) | 符号替换,用当前工作空间中存在的变量值,替换 f 中所有出现的相同的变量,并进行简化计算 |
| double(S) | 若 S 是字符变量,转换为 S 中相应字符的 ASCII 值;若 S 是符号变量,转换为数值形式,若有非数字符号(除 m,n,i,j),则给出错误信息 |
| sym(f) | 将 f 转换为符号变量 |
| digits(d) | 设置返回有效数字个数为 d 的近似解精度 |
| vpa(S,d) | 求符号表达式 S 在精度 digits(d) 下的数值解 |
| funtool | 函数计算器 |

例如,对数学多项式 $-15x^3 + 40x^2 - 45x + 14$ 进行因式分解。

输入如下命令:

```
>> syms x                          % 建立符号变量 x
>> f = -15*x^3 + 46*x^2 - 45*x + 14;    % 建立符号表达式
>> factor(f)                       % 因式分解
ans =
    -(x-1)*(3*x-2)*(5*x-7)          % 输出因式分解的结果
```

## 1.6  M 文件与编程

### 1.6.1  M 文件编辑/调试器窗口(Editor/Debugger)

在默认状态下,M 文件编辑/调试器窗口不随 MATLAB 界面的出现而启动。只有需要编写 M 文件时,才启动该窗口,如图 1.16 所示。

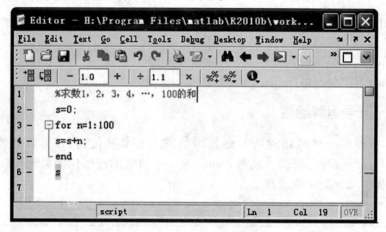

图 1.16  M 文件编辑/调试器窗口

M 文件编辑/调试器的菜单与工具栏请参考帮助选项。

启动该窗口有如下三种方法:①菜单操作。选择 MATLAB 主窗口的"File"菜单中的"New"菜单项单击"Script"命令。②命令操作。在 MATLAB 命令窗口输入命令 edit。③命令按钮操作。单击 MATLAB 命令窗口工具栏上的"新建"命令按钮。

### 1.6.2  M 文件

M 文件是由 MATLAB 语句(命令或函数)构成的 ASCII 码文本文件,文件名必须以".m"为扩展名。M 文件通过 M 文件编辑/调试器生成。在命令窗口调用 M 文件,可实现一次执行多条 MATLAB 语句的功能。M 文件有以下两种形式。

1. 命令文件

命令文件是 MATLAB 命令或函数的组合,没有输入/输出参数,执行命令文件只需在命令窗口中键入文件名按回车或在 M 文件编辑/调试器窗口激活状态下按【F5】键。

当用户要运行的指令较多时,可以直接从键盘上逐行输入指令,但这样做显得很麻烦,而命令文件则可以较好的解决这一问题。用户可以将一组相关命令编辑在同一个 ASCII 码命令中,运行时只需输入文件名,MATLAB 就会自动按顺序执行文件中的命令。这类似于批处理文件。命令文件中的语句可以访问 MATLAB 工作空间(Workspace)中的所有数据。在运行的过程中所产生的变量均是全局变量。这些变量一旦生成,就一直保存在内存空间中,除非用户将它们清除(如 clear 命令)。

如求数 $1,2,3,4,\cdots,100$ 的和。

在编辑器中写出程序如下:

```
s = 0;
for n = 1:100
s = s + n;
end
s
```

保存为 wlb_1(这是文件名),然后在命令窗口中执行,即输入文件名:

```
>> wlb_1
>> s = 5050          % 这是程序运行的结果
```

2. 函数文件

新建函数文件可选择 MATLAB 主窗口的"File"菜单中的"New"菜单项单击"Function"命令。函数文件是另一种形式的 M 文件,可以有输入参数和返回输出参数,函数在自己的工作空间中操作局部变量,它的第一句可执行语句是以 function 引导的定义语句。在函数文件中的变量都是局部变量,它们在函数执行过程中驻留在内存中,在函数执行结束时自动消失。函数文件不单单具有命令文件的功能,更重要的是它提供了与其他 MATLAB 函数和程序的接口,因此功能更强大。

MATLAB 函数文件的组成:文件第一行是函数定义行,格式为

```
function [返回参数 1,参数 2,...] = 函数名(输入参数 1,参数 2,...)
                            函数体
end                         % 函数体结束句
```

注意:第一行的有无,是区分命令文件与函数文件的重要标志;函数体包含所有函数程序代码,是函数的主体部分;函数文件保存的文件名应与用户定义的函数名一致。在命令窗口中以固定格式调用函数。

例如,定义函数 $f(x,y) = x^3 + y^3 - 3xy$,并计算 $f(2,3)$。

在编辑器中写出如下程序:

```
function f = wlb_2(x,y)          % 函数名为 wlb_2,返回值为 f
f = x.^3 + y.^3 - 3*x.*y;        % 这是函数主体
end
```

保存为 wlb_2(这是文件名,与函数名一致),然后在命令窗口中执行

```
>> wlb_2(2,3)
ans = 17
```

### 1.6.3　MATLAB 的编程

1. 程序的三种基本结构

1966 年,Bohra 和 Jacopini 提出了程序的以下三种基本结构,用这三种基本结构作为

表示一个良好结构化程序设计的基本单元。

（1）顺序结构。顺序执行每个操作，即先执行 A 操作，再执行 B 操作，两者之间是顺序执行的关系。图 2.17 是顺序结构的流程图。顺序结构是最简单的一种基本结构。

（2）选择结构。设 P 代表一个判断条件，当 P 成立（或称"为真"）时，执行 A 操作，否则执行 B 操作。即 A 和 B 中只能选择其一。图 2.18 是选择结构的流程图。A 或 B 两个框中可以有一个是空的，即不执行任何操作。

（3）循环结构。它又称为重复结构，即反复执行某一部分的操作。循环结构有如下两类。

① 当型循环结构：当条件 P 成立时，反复执行 A 操作，直到条件 P 不再成立时才跳出循环。图 2.19(a)是当型循环结构的流程图。

② 直到型循环结构：先执行 A 操作，再判断条件 P 是否成立，若 P 成立，则再执行 A 操作，如此反复，直到条件 P 不成立时跳出循环。图 2.19(b)是直到型(Until 型)循环的流程图。

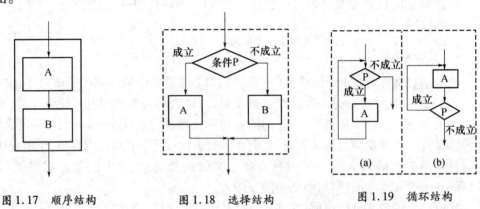

图 1.17　顺序结构　　　　图 1.18　选择结构　　　　图 1.19　循环结构

已经证明，由以上三种基本结构顺序组成的算法结构，可以解决任何复杂的问题。由基本结构所构成的算法属于"结构化"的算法，它不存在无规律的转向，只在这个基本结构内才允许存在分支和向前或向后的跳转。

2. 循环语句

MATLAB 提供了 2 种循环方式：for...end 循环和 while...end 循环。

（1）for 循环语句（计数循环方式），其调用格式如下：

```
for   循环变量 = 初值:步长:终值
          循环体
end
```

执行过程：将初值赋给循环变量，执行循环体；执行完一次循环之后，循环变量自增一个步长的值，然后再判断循环变量的值是否介于初值和终值之间，如果满足仍然执行循环体，直至不满足为止。

（2）while 循环语句（条件循环方式），其一般调用格式为

```
while 表达式
          循环体
end
```

执行过程：若表达式的值为真，则执行循环体语句，执行后再判断表达式的值是否为

28

真,直到表达式的值为假时跳出循环。

while 语句一般用于事先不能确定循环次数的情况。

3. 条件控制语句

（1）if...else...end 语句,其调用格式如下:

```
if 表达式
        语句体1;
else
    语句体2;
end
```

执行过程:当表达式的值为真时,执行语句体1,否则执行语句体2;语句体1或语句体2执行后,再执行 if 语句的后继语句。

（2）switch 分支结构语句,其调用格式如下:

```
switch 表达式
    case 表达式1
            语句体1
    case 表达式2
            语句体2
        ……
    case 表达式m
            语句体m
    otherwise
            语句体m+1
end
```

执行过程:控制表达式的值与每一个 case 后面表达式的值比较,若与第 k(k 的取值为 1~m)个 case 后面的表达式 k 的值相等,就执行语句体 k;若都不相同,则执行 otherwise 下的语句体 m+1。

（3）其他流程控制语句。包括 continue 语句、break 语句和 return 语句。

① continue 语句用于 for 循环和 while 循环中,其作用就是终止一次循环的执行,跳过循环体中所有剩余的未被执行的语句,去执行下一次循环。

② break 语句也常用于 for 循环和 while 循环中,其作用就是终止当前循环的执行,跳出循环体,去执行循环体外的下一行语句。

③ return 语句用于终止当前的命令序列,并返回到调用的函数或键盘,也用于终止 keyboard 方式。

例如:已知函数

$$y = \begin{cases} x & (x < -1) \\ x^3 & (-1 \leqslant x < 1) \\ e^{-x+1} & (1 \leqslant x) \end{cases}$$

编写能对任意一组输入 x 值求相应 y 值的程序。

打开 M 文件编辑窗口,编辑如下的命令函数程序并保存为"wlb_3.m"文件。

```
function y = wlb_3(x)
```

```
n = length(x);                          % 赋值语句
for k = 1:n                             % 循环结构 for …end
    if x(k) < -1                        % 选择结构 if …else …end
        y(k) = x(k);
    elseif x(k) > =1
        y(k) = exp(1 - x(k));
    else
        y(k) = x(k)^3;
    end
end
end                                      % 函数结束句
```

在命令窗口输入：

```
>>x = [ -2, -1.2, -0.4,0.8,1,6];        % 输入 x 的一组数据
>>y = wlb_3(x)                          % 调用函数 wlb_3
y =
  -2.0000   -1.2000   -0.0640   0.5120   1.0000   0.0067
```

# 1.7  MATLAB 通用操作实例

下面通过 1 个操作实例，说明 MATLAB 的通用操作界面的使用方法，使读者对软件环境更加熟悉，并且掌握如何在命令窗口中使用简单命令。

按照以下步骤进行。

（1）启动 MATLAB。

（2）在命令窗口中输入以下几行命令：

```
>> A = [1,2,3;4,5,6;7,8,9];             % 输入 A 矩阵
>> B = magic(3);                        % 输入三阶魔方矩阵 B
>> C = A + B;                           % 计算 A 与 B 的和矩阵
>> D = A*B;                             % 计算 A 与 B 的乘积矩阵
>> d = det(B);                          % 计算 B 的行列式
```

（3）打开工作空间窗口查看变量，共有 5 个变量，如图 1.20 所示为 MATLAB 界面右上侧的工作空间窗口。

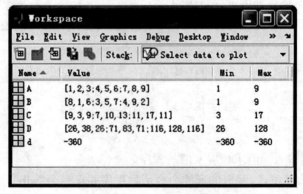

图 1.20　工作空间窗口

（4）双击其中的变量"A"，出现数组编辑器窗口（Array Editor），如图 1.21 所示为该变量的详细信息。

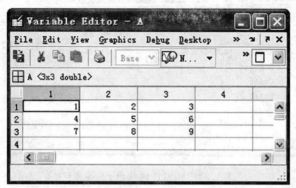

图 1.21　数组编辑器窗口

（5）打开历史命令窗口（Command History），如图 1.22 所示，用光标选中上面的 6 行命令，单击鼠标右键，在快捷菜单中选择"Create Script"命令生成 M 文件。

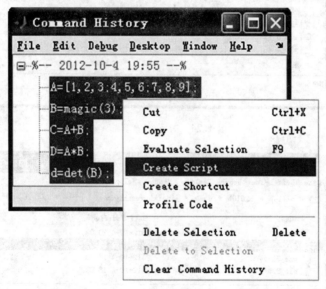

图 1.22　历史窗口与右键快捷操作

（6）出现 M 文件编辑/调试器窗口（Editor/Debugger），如图 1.23 所示。单击工具栏的"Save"按钮，给文件取名为"shili01. m"，保存在目录"I:\Program Files\matlab\R2010b\work\jinjishuxueshiyan"下（读者可根据自己的计算机设定目录路径）。

（7）打开当前目录浏览器窗口（Current Directory Browser），将当前目录设置为"I:\Program Files\matlab\R2010b\work\jinjishuxueshiyan"，可以看到刚保存的"shili01. m"文件，如图 1.24 所示。在命令窗口中输入"shili01"运行文件。

（8）在命令窗口中输入"save shili01"命令，从当前目录目录浏览器窗口可以看到在当前目录下生成了一个"shili01. mat"数据文件，如图 1.25 所示。

（9）在命令窗口中输入"exit"命令退出 MATLAB。

31

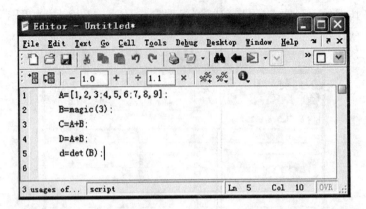

图 1.23　M 文件编辑/调试器窗口

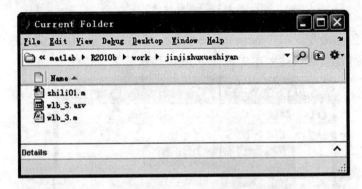

图 1.24　目录浏览器窗口

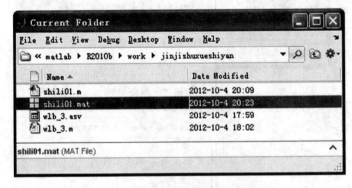

图 1.25　目录浏览器窗口

（10）重新启动 MATLAB，在命令窗口中输入"shili01"，此时不能运行该文件，因为该文件不在 MATLAB 的搜索路径中。单击界面的菜单"File"→"Set Path"，打开设置对话框，选择"Add Folder"按钮，将"I:\Program Files\matlab\R2010b\work\jinjishuxue shiyan"目录添加到搜索路径中，如图 1.26 所示，单击"Save"按钮关闭该对话框，重新在命令窗口中输入"shili01"则可以运行该文件。

（11）退出 MATLAB 后重新启动，打开工作空间窗口，此时将看到没有内存变量。如果要将"shili01.mat"数据文件的变量导入，可选择菜单"File"→"Import Data"命令，然后

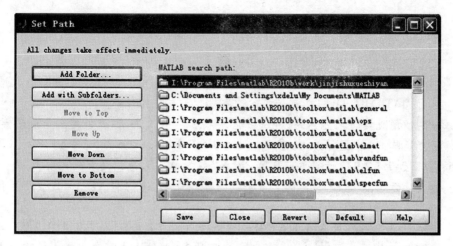

图 1.26　路径设置对话框

选择"I:\Program Files\matlab\R2010b\work\jinjishuxueshiyan \ shili01. mat"文件,打开得如图 1.27 所示的"Import Wizard"窗口。

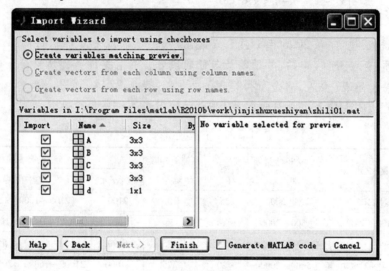

图 1.27　数据导入对话框

在该窗口中将要导入的变量前的复选框选中,如选中"A","B","C","D","d"5 个变量,然后单击 "Finish"按钮,查看工作空间中出现的 5 个变量。

(12) 如果要查看文件"shili01. m"的内容,只要在 MATLAB 命令窗口中输入"type shiyan101"命令,则可看到文件的内容如下:

```
>> type shili01
A = [1,2,3;4,5,6;7,8,9];
B = magic(3);
C = A + B;
D = A* B;
d = det(B);
```

33

# 习题 1

1. 练习 MATLAB7.11 的桌面平台的菜单栏和工具栏操作。

2. 分别使用直接输入元素法、外部数据调入法和 M 文件法,来创建数组或矩阵。

3. 研究矩阵的".."运算规则,若 A = [3 6 9 5;2 4 8 3;1 2 3 7;5 1 4 8],B = [1 2 3 2; 2 4 1 5;1 4 7 2;7 4 2 9],计算 A. *B、A.^B、A. \B 和 A./B,总结运算规则。

4. 输入任意矩阵 A,B(它们的元素个数相等),命令 A(:)和 A(:) = B 会产生什么结果?

5. 设 A = [1,3,5;5,8,3;6,1,6],B = [3,6,9;3;4,7],C = [3,7,9,4,0,7],D = 2:6, 体会表达式[A,B],[A;C],[A,B;D]所产生的结果,总结由小矩阵生成大矩阵的方法。

6. 设 $f(x,y) = x^2 + \sin xy + 2y$,在 M 文件编辑/调试器中创建一个名为 wlb_4 的 M 函数文件并保存,在命令窗口中调用 M 文件,实现输入自变量的值时输出函数值。

7. 设 $f(x) = \begin{cases} x^2 - x, & -1 < x < <0 \\ x^2 + x, & 0 \leqslant x < 1 \end{cases}$ 编写程序求函数值。

8. 我国税法规定:从 2006 年 1 月 1 日起,个人因任职或受雇而取得的工资、薪金、奖金、年终加薪、劳动分红、津贴、补贴以及与任职或者受雇有关的其他所得应上交个人所得税,个人所得税率表(个人、薪金所得适用)如下表(表 1.22)。试用 switch...case...end 分支结构编程,实现输入个人月收入数,则自动输出应纳税所得税数目。

表 1.22　个人所得税率表

| 序号 | 全月收入/元 | 全月应纳税所得额/元 | 税率/% | 速算扣除数/元 | 举例说明 | |
|---|---|---|---|---|---|---|
| | | | | | 收入/元 | 应纳税额/元 |
| 1 | 不超过 2100 | 不超过 500 | 5 | 0 | 2100 | (2100 − 1600)×5% − 0 = 25 |
| 2 | 超过 2100 ~ 3600 | 超过 500 ~ 2000 | 10 | 25 | 3600 | (3600 − 1600)×10% − 25 = 175 |
| 3 | 超过 3600 ~ 6600 | 超过 2000 ~ 5000 | 15 | 125 | 6600 | (6600 − 1600)×15% − 125 = 625 |
| 4 | 超过 6600 ~ 21600 | 超过 5000 ~ 20000 | 20 | 375 | 21600 | (21600 − 1600)×20% − 375 = 3625 |

# 第 2 章　MATLAB 绘图

MATLAB 提供了一系列的绘图命令函数,具有很方便的绘制图形功能,用户不需要过多考虑绘图细节,只需要给出一些基本参数就能得到所需图形。本章主要介绍平面曲线、空间曲面与曲线等图形的绘图命令使用方法。

## 实验 2.1　一元函数的作图

### 2.1.1　实验背景知识介绍

函数是数学中最基本的概念。通常,一元函数记为 $y = f(x)$ ,二元函数记为 $z = f(x,y)$ ,$\cdots$ ,$n$ 元函数记为 $y = f(x_1, x_2, \cdots, x_n)$ 。

如果函数 $y = f(x)$ 在数集 $D$ 上有定义,那么在平面直角坐标系 $oxy$ 中,满足函数 $y = f(x)$ 的全体点 $(x,y)$ 构成的平面点集

$$\{(x,y) \mid y = f(x), x \in D\}$$

称为函数 $y = f(x)$ 在 $D$ 上的图像,简称函数 $f(x)$ 的图像。

函数的图像能直观地说明函数的一些性质。在解决问题过程中,函数表达式和函数图像结合使用,可以使分析既直观又深入。

1. MATLAB 函数的定义

函数的定义是指将数学函数用 MATLAB 语言编写成可在 MATLAB 软件环境下运行的程序源代码。MATLAB 函数的定义有三种方法:①基本的数学函数可直接写出(表1.4);②用命令 sym 或 syms 生成符号对象;③建立 M 文件,M 文件是由 MATLAB 命令或函数构成的文本文件,以".m"为扩展名。

2. 作图命令

MATLAB 的作图是通过描点、连线来实现的,故在画一个曲线图形之前,必须先取得图形上一系列点的坐标,即横坐标与纵坐标,然后将点的坐标传给作图命令(也称为图函数)画图。常用的作图命令有以下三种。

(1) 数据点绘图命令:plot(X,Y,S),其中 X、Y 是同维向量,分别表示点集的横坐标与纵坐标;S 指定线型、颜色等(表 2.1)。

plot(X,Y)是画实线;

plot(X,$Y_1$,$S_1$, X,$Y_2$,$S_2$, $\cdots$, X,$Y_n$,$S_n$)是将多条线画在一起。

(2) 函数绘图命令:fplot('function',limits),其中 function 是要画图的函数名,limits = [a,b,c,d] 是指定画图的范围,a、b 是设定绘图横轴的下限及上限。c、d 是纵轴的下限及上限。

注意 fplot 与 plot 的区别:fplot 指令可以用来自动地画一个已定义的函数图形,而无

须产生绘图所需要的一组数据作为变数;fplot 采用自适应步长控制来画出函数 function 的示意图,在函数变化激烈的区间,采用小的步长,反之则采用大的步长;能使计算量与时间运行最小,图形尽可能精确。

(3) 符号函数的绘图命令,常用的有如下三个。

ezplot('f(x)', [a,b]),绘出函数 f(x) 在区间[a,b]上的图形;

ezplot('f(x,y)', [a,b,c,d]),绘出由方程 f(x,y) =0 确定的隐函数 y = y(x) 在 $x \in$ [a,b],$y \in$ [c,d]区间上的图形;

ezplot('x(t)','y(t)', [t1,t2]) 绘出由参数方程 x = x(t),y = y(t) 确定的函数 y = g(x) 的图形,其中参数 $t \in$ [t1,t2]。

表 2.1 参数 S 取值的含义

| 颜　色 | | 线　型 | | 标　记　类　型 | |
| --- | --- | --- | --- | --- | --- |
| r(red) | 红色 | － 实线(默认) | | + | 加号 |
| g(green) | 绿色 | － － 双画线 | | * | 星号 |
| b(blue) | 蓝色 | : 虚线 | | . | 实点 |
| y(yellow) | 黄色 | -. 点画线 | | o | 小圆圈(字母) |
| k(black) | 黑色 | | | x | 交叉号 |
| w(white) | 白色 | | | d | 棱形 |
| c(cyan) | 青色 | | | s | 正方形 |
| m(magenta) | 品红 | | | p | 正五角形 |
| | | | | h | 正六角形 |

### 3. 图形的保存

作图命令绘出的图形显示在 MATLAB 图形窗口中,图形窗口和其他的窗口有类似的界面。选择"File"→"Save as"选项,将打开图形输出对话框,在该对话框中可以把图形以 emf、bmp、jpg、pgm 等格式保存。

在数学建模中,往往需要将由 MATLAB 绘出的图形插入 Word 文档。通常可采用下述方法:打开 Word 文档,将光标置于插入图形的位置,在该文档菜单中选择"插入"菜单中的"图片"选项,插入相应的图片文件即可。

### 4. 其他平面绘图命令

其他平面绘图命令见表 2.2。

表 2.2 其他平面绘图命令

| 命令 | 二维图的形状 | 参 数 说 明 |
| --- | --- | --- |
| bar(x,y) | 条形图 | x 是横坐标,y 是纵坐标 |
| polar(θ,r) | 极坐标图 | θ 是角度,r 代表以 θ 为变量的函数 |
| stairs(x,y) | 阶梯图 | x 是横坐标,y 是纵坐标 |
| stem(x,y) | 针状图 | x 是横坐标,y 是纵坐标 |
| fill(x,y,'b') | 实心图 | x 是横坐标,y 是纵坐标,'b' 代表颜色 |
| scatter(x,y,s,c) | 散点图 | s 是圆圈标记点的面积,c 是标记点颜色 |
| pie(x) | 饼图 | x 为向量 |

5. 图形标注与坐标控制等命令

用作图命令画出图形,往往还要给图形适当的标注,增强图形的可读性。表 2.3 列出了部分与绘图相关的命令。

表 2.3　图形标注与坐标控制等命令

| 命　　令 | 功　　能 |
| --- | --- |
| title('abc') | 给图形取名为"abc"名称 |
| xlabel('x')或 ylabel('y') | x 轴说明或 y 轴说明 |
| text(x,y,'abc') | 在图面(x, y)坐标处书写字符注释 |
| legend('a1','a2',…) | 图例1,图例2,… |
| axis([a b c d]) | 纵、横坐标取值范围[a b]x[c d] |
| axis equal | 纵、横坐标轴采用等长刻度 |
| axis on /off | 显示/取消坐标轴 |
| grid off / on | 控制坐标网格线关/开 |
| box off / on | 控制给坐标边框用关/开 |
| hold on/off | 控制保持原有图形还是刷新原有图形窗口 |
| figure(k) | 新开第 k 个作图窗口 |
| subplot(m,n,p) | 将当前图形窗口分成 m × n 个绘图区,即每行 n 个,共 m 行,区号按行优先编号,且选定第 p 个区为当前活动区 |

## 2.1.2　实验内容

### 1. 基本作图命令

**例 2.1.1**　分别用不同的作图命令,画出函数 $y = x^3 - 3x$ 的图形。

解:(1)用 plot 作图命令,程序如下:

```
x = -2:0.1:2;              % 生成横坐标 x 数组
y = x.^3 - 3*x;            % 计算由 y = x³ - 3x 确定的纵坐标 y 数组
plot(x,y)                  % 绘图
grid on                    % 给图形加上网格线
axis equal                 % 使 x,y 轴单位刻度相等
```

运行结果如图 2.1 所示。

(2)用 fplot 作图命令,程序如下:

```
fplot('x^3 - 3*x',[-2,2])   % 字符串 'x^3 - 3*x'表示函数 y = x³ - 3x
axis equal
grid on
```

运行结果如图 2.1 所示。

(3)用 ezplot 作图命令,程序如下:

```
ezplot('x^3 - 3*x',[-2,2])
axis equal
grid on
```

运行结果如图2.1所示。

说明:①三种方法得到相同的图形,但不能认为三个命令的功能完全相同。②plot 与 fplot 绘图可对图形的线形、颜色作出控制,但 ezplot 则不能。

**例 2.1.2** 绘出函数 $y = \sin x, x \in [-\pi, \pi]$ 的函数图像及其反函数的图像。

**分析:** 函数 $y = f(x)$ 的图像与其反函数 $x = f^{-1}(y)$ 的图像是同一图像,而 $y = f^{-1}(x)$ 是反函数 $x = f^{-1}(y)$ 中的 $x$ 与 $y$ 交换得到的,因此绘 $y = f^{-1}(x)$ 的图像时,只要将绘制 $y = f(x)$ 图像时生成的横坐标向量 x 与纵坐标向量 y 交换即可。

**解:** 选用 plot 作图命令,程序如下:

```
clear                                % 清除内存中的变量
x = -pi:0.05:pi;
y = sin(x);
plot(x,y,'-',y,x,'*')                % 在同一坐标系中画出两图形
legend('y = sinx','x = arcsiny')     % 给图形加标注
grid on
axis equal
```

运行结果如图2.2所示。

说明:注意 plot(x,y,'-',y,x,'*') 中的 x 与 y 的次序,其中"y,x,'*'"是画出 $y = f^{-1}(x)$ 的图像。

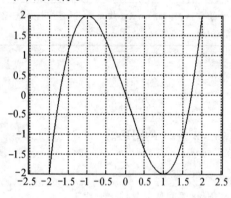

图2.1　$y = x^3 - 3x$ 的图形

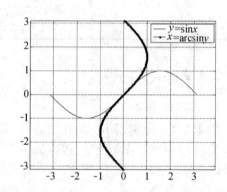

图2.2　正弦与反正弦曲线

**例 2.1.3** 绘出函数 $y = \dfrac{\sin x}{x}, x \in [-20, 20]$ 的函数图像。

**分析:** 函数 $y = \dfrac{\sin x}{x}, x \in [-20, 20]$ 是由数学表达式表示的函数,可考虑选用 fplot 作图命令。

**解:** 选用 fplot 作图命令,程序如下:

```
clear
fplot('sin(x)./x',[-20 20 -0.5 1.5])   % 设定 x 的变化区间为[-20,20],
                                        % y 坐标轴的显示范围为[-0.5,1.5]
grid on
xlabel('x轴');                          % 给 x 轴标注"x 轴"
```

38

```
ylabel('y 轴');                          % 给 y 轴标注"y 轴"
title('y = sinx/x 的图形');              % 给图形加标题"y = sinx/x 的图形"
```
运行结果如图2.3所示。

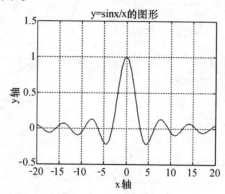

图 2.3  $y = \sin x / x$ 的图形

说明:①用 fplot 命令作图,可以绘出比较精确的图形,特别对那些变化比较剧烈的函数。②程序中对函数图形的属性作了一些处理,如添加数轴名、标题等。

**例 2.1.4**  分别绘出参数函数 $\begin{cases} x = \cos 3t \\ y = \sin 5t \end{cases}$ $(t \in [0, 2\pi])$ 与隐函数 $4x^2 + 16y^2 = 3$ 图像。

分析:对参数函数与隐函数的作图,可考虑选用 ezplot 命令作图。

解:选用 ezplot 命令作图,程序如下:

```
clear
subplot(2,1,1);                         % 窗口分割为二行一列,且在第一行显示图形
ezplot('cos(3*t)','sin(5*t)',[0,2*pi])
grid on
subplot(2,1,2);                         % 在窗口第二行显示图形
ezplot('4*x^2+16*y^2-3',[-1.5,1.5,-1,1])
grid on
```
运行结果如图2.4所示。

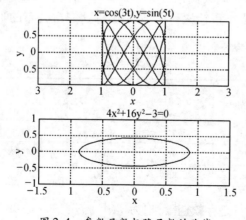

图 2.4  参数函数与隐函数的曲线

说明:①图形窗口的分割一般用命令 subplot(m,n,k),表示将窗口分割成 m*n 块,并在第 k 块中显示当前图形。②对隐函数作图要注意将二元关系式化成 $F(x,y)=0$ 的形式。③ezplot 作图命令一般较适合画不太精确的图形。

**例 2.1.5** 绘制极坐标方程 $r_1=5\cos^3 3.5\theta(-\pi\leqslant\theta\leqslant\pi)$ 与 $r_2=1+\theta(0\leqslant\theta\leqslant4\pi)$ 的图形。

分析:由表 2.2 的作图命令,可考虑选用命令 ploar 作图。

解:选用 polar 作图命令,程序如下:

```
clear all
theta1 = -pi:0.01:pi;
r1 =5*cos(3.5*theta1).^3;
subplot(1,2,1);
polar(theta1,r1,'--')          % 绘制 r₁=5cos³3.5θ(-π≤θ≤π)的图形
theta2 = 0:pi/40:4*pi;
r2 =1 +theta2;
subplot(1,2,2);
polar(theta2,r2,'-or')         % 绘制渐开线图
```

运行结果如图 2.5 所示。

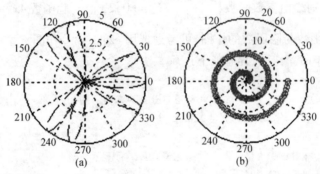

图 2.5　花瓣与渐开线图

**例 2.1.6** 表 2.4 是中国人民银行分别于 2008 年 10 月 9 日、2008 年 12 月 23 日与 2011 年 2 月 9 日公布的人民币存款利率,分别画出这三次公布的不同存款期限的利率变化曲线图。

表 2.4　人民币存款年利率　　　　　　　　　　　　　（单位:%）

| 日期 ＼ 存期 | 3 个月 | 6 个月 | 1 年 | 2 年 | 3 年 | 5 年 |
|---|---|---|---|---|---|---|
| 2008 - 10 - 09 | 3.15 | 3.51 | 3.87 | 4.41 | 5.13 | 5.58 |
| 2008 - 12 - 23 | 1.71 | 1.98 | 2.25 | 2.79 | 3.33 | 3.60 |
| 2011 - 02 - 09 | 2.60 | 2.80 | 3.00 | 3.90 | 4.50 | 5.00 |

分析:表 2.4 中第一行是存款期限,记为 $T$(年),第二行是 08 年 10 月 9 日公布的对应存期的利率,记为 y1,第三行是 08 年 12 月 23 日公布的对应存期的利率,记为 y2,第四行是 2011 年 2 月 9 日公布的对应存期的利率,记为 y3,这样,以第一行作为横坐标向量,

以第二、三行作为纵坐标向量,选用 plot 命令作图即可。

解:选用 plot 作图命令,程序如下:

```
clear
T=[3,6,12,24,36,60]/12;                  % 存款期限(年)
y1=[3.15,3.51,3.87,4.41,5.13,5.58];      % 2008 年 10 月存款年利率(%)
y2=[1.71,1.98,2.25,2.79,3.33,3.60];      % 2008 年 12 月存款年利率(%)
y3=[2.60 2.80 3.00 3.90 4.50 5.00];      % 2011 年 2 月存款年利率(%)
plot(T,y1,'-*',T,y2,'-o', T,y3,'-x')
grid on
xlabel('存期 t(年)');ylabel('年利率(%)');title('利率变化曲线图');
gtext('2008 年 10 月 9 日公布')
gtext('2008 年 12 月 23 日公布')
gtext('2011 年 2 月 9 日公布')
```

运行结果如图 2.6 所示。

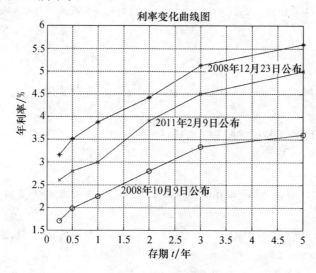

图 2.6　不同年份不同存款期限的利率曲线

说明:①plot(T,y1,'-*')对图形的线形作了控制,'-o'表示以"O"表示数据点,且点与点之间用短线连结。②gtext('2008 年 10 月 9 日公布')用来给图形增加标注,以便意义更直观明确。③图形表明 2008 年 12 月 23 日公布的存款年利率比 2008 年 10 月 9 日公布利率有较大幅度的降低,而 2011 年 2 月 9 日公布的存款年利率比 2008 年 12 月 23 日公布利率有一定幅度的提高。

2. 图形的应用

**例 2.1.7**　(二阶线性系统冲激响应曲线)设

$$y(t) = \begin{cases} \dfrac{1}{\beta}e^{-\alpha t}\sin(\beta t) & 0 \leqslant \alpha < 1 \\ te^{-t} & \alpha = 1, t > 0 \\ \dfrac{1}{2\beta}\left[e^{-(\alpha-\beta)t} - e^{-(\alpha+\beta)t}\right] & \alpha > 1 \end{cases}$$

式中:$\beta = \sqrt{|1 - \alpha^2|}$,$\alpha$ 为阻尼系数。在同一张图上,绘制 $t \in [0,18]$ 区间内 $\alpha = 0.2, 0.4,$
$0.6, 0.8, 1.0, 1.2, 1.4$ 不同取值时的各条曲线。在此图上,$\alpha < 1$ 的各条曲线为细蓝线;$\alpha$
$= 1$ 为粗黑线;$\alpha > 1$ 为细红线;并且对最上方及最下方的两条曲线给出 $\alpha = 0.2$ 和 $\alpha = 1.4$
的标记。

　　分析:由于系统中含有阻尼系数 $\alpha$,给定 $\alpha$(如 $\alpha = 0.4$)时就对应一条曲线,且由于不
同范围的 $\alpha$ 对应的曲线方程不同,故可考虑用选择语句实现对曲线方程的选择。

　　解:选用 plot 作图命令,程序如下:

```
clear;                                          % 清除工作空间
t = (0:0.05:18)';                               % 系统自变量的赋值
N = length(t);                                   % 自变量值的个数
alpha = [0.2,0.4,0.6,0.8,1,1.2,1.4]';           % 阻尼系数 α 的赋值
L = length(alpha);                              % α 赋值的个数
y = zeros(N,L);                                 % 定义一个 N×L 的零矩阵
hold on                                         % 设置在同一个坐标系中绘图
for k = 1:L                                     % 循环结构
    zk = alpha(k);
    beta = sqrt(abs(1 - zk*zk));                % 计算 β
    if zk < 1                                   % 绘蓝色线
        y = 1/beta*exp(-zk*t).*sin(beta*t);
        plot(t,y,'b')
        if zk < 0.4
          text(2.2,0.63,'\alpha = 0.2')         % 给出 α = 0.2 时曲线标记
        end
    elseif zk = =1                              % 满足 α = 1 时,绘黑色线
      y = t.*exp(-t);
      plot(t,y,'k','LineWidth',2)
    else                                        % 满足 α > 1 的各条曲线,绘红色线
      y = (exp(-(zk-beta)*t) - exp(-(zk+beta)*t))/(2*beta);  % 选择曲线方程
      plot(t,y,'r')
        if zk > 1.2
          text(0.3,0.14,'\alpha = 1.4')         % 曲线标记
        end
    end
end
text(10,0.7,'\Delta \alpha = 0.2')              % 标记 α 的改变量为 0.2
axis([0,18,-0.4,0.8])                           % 坐标轴范围
hold off                                        % 坐标轴范围
grid on
```

　　运行结果如图 2.7 所示。

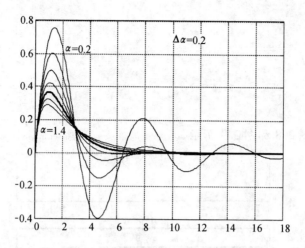

图 2.7　二阶线性系统冲激响应曲线

**例 2.1.8**　（序列分枝与混沌模型）设

$$x_1 = 0.8, x_{k+1} = ax_k(1 - x_k) \quad a \in [0,4](k = 1,2,\cdots,)$$

分别绘制当 $a = 0.5, 1.5, 3.5$ 时的 $\{x_n\}_{n=1}^{100}$ 的图形，将参数 $a$ 视为自变量，在坐标系 $Oax$ 中绘制出序列 $\{x_n\}$ 的取值（取 $x_{51} \sim x_{100}$）点。

分析：序列 $\{x_n\}$ 满足的方程 $x_{k+1} = ax_k(1 - x_k)$ 也称为差分方程，又是函数 $f(x) = ax(1 - x)$ 的迭代方程，对这一类问题的探讨形成了当今一个重要的研究模型——分枝与混沌。

解：选用 plot 作图命令，程序如下：

```
clear
x(1) =0.8;
a1 =[0.5,2.5,3.5];       % 绘制当 a =0.5,1.5,3.5 时的{xn}₁₀₀ 的图形
for m =1:3
    for k =1:100
        x(k +1) =a1(m)*x(k)*(1 -x(k));
    end
    subplot(3,1,m)
    plot(x)
    title(['a1 = ',num2str(a1(m))])
end
figure(2)                 % 新打开第二个作图窗口
for a =linspace(0,4,100);
    y =x(1);
    for j =1:100;
        y =a*y*(1 -y);
        if j >50
            plot(a,y,'.b');% 在坐标系 Oax 中绘制出序列{xn}的取值点
            hold on
        end
```

```
      end
  end
xlabel('a');
ylabel('xn');
grid on
hold off
```

运行结果如图 2.8 和图 2.9 所示。

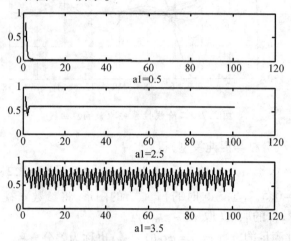

图 2.8　不同参数 $a$ 时的序列 $\{x_n\}$ 图形

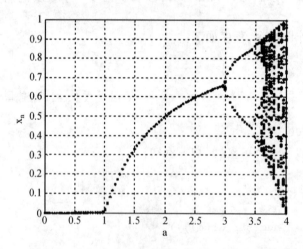

图 2.9　坐标系 $Oax$ 中绘制出序列 $\{x_n\}$ 的取值点

从图形来看,参数 $a$ 影响差分方程系统的性质。由例题可知,要善于从不同的角度观察问题,从而揭示问题的本质特性。

**例 2.1.9**　(基本作图命令的综合运用)绘制 $y = \cos t \cdot e^{-0.4t}\,(0 \leqslant t \leqslant 2\pi)$ 的图形,以及将区间 $[0, 2\pi]$ 分割成 20 等分时的阶梯状的长条形图。

分析:利用表 2.2 的作图命令综合绘图,选用 plot、stem、stairs 作图命令。

解:程序如下:

```
clear
```

44

```
t = 2*pi*(0:20)/20;
y = cos(t).*exp(-0.4*t);
plot(t,y)                                % 绘图
hold on
stem(t,y,'g','Color','k');               % 绘针状图
hold on
stairs(t,y,'-r','LineWidth',2)           % 绘阶梯状图
hold off
legend('\it cos(t)*exp(-0.4t)','\it stem','\it stairs')
box on
```

不同作图命令所绘的同一函数图形如图 2.10 所示。

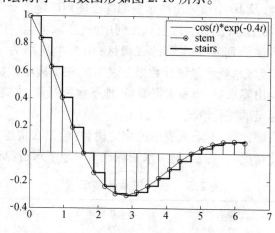

图 2.10　不同作图命令所绘的同一函数图形

## 2.1.3　练习

1. 分别绘制下列函数图形,并根据图形讨论函数的一些简单几何特性。

（1）$y = x^4 - x^2$;　　　　（2）$y = \ln(x + \sqrt{x^2 + 1})$;　　　　（3）$y = xe^{-x}$

（4）$y = x\sin\dfrac{1}{x}$;　　　　（5）$y = x + \sin x$;　　　　（6）$y = x\sin x$

（7）$y = e^{-\frac{t}{3}}\sin 3t$, $t \in [0, 6\pi]$。

2. 绘制下列参数方程表示的函数图形。

（1）$\begin{cases} x = \cos^3 t \\ y = \sin^3 t \end{cases}$　　$(t \in [0, 2\pi])$;　　（2）$\begin{cases} x = \cos t + 5\cos 3t \\ y = 6\cos t - 5\sin 3t \end{cases}$　　$(t \in [0, 2\pi])$

（3）$\begin{cases} x = \sin 3\cos t \\ y = \sin 3t \sin t \end{cases}$　　$(t \in [0, \pi])$　　（4）$\begin{cases} x = \cos t - \sin 3t \\ y = \sin t \cos t - \cos 3t \end{cases}$　　$(t \in [0, 2\pi])$

3. 绘制下列隐函数的图形。

（1）$x^3 + y^3 - 5xy = 1$;　　　　（2）$y = 1 + xe^y$。

4. 根据极坐标方程 $r = 1 - \cos\theta$ 绘制心脏线。

5. 如图 2.11 所示,AB = 0.5m,BC = 1m,设 B 在平面上以 A 为圆心作圆周运动,C

可沿着 $x$ 轴平移运动,连杆 1(连杆 AB)与 $x$ 轴的夹角为 $\phi$,建立连杆 2(连杆 BC)的中心点 $C_2$ 平面运动方程,并绘出图形。

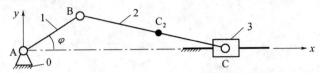

图 2.11　连杆结构运动示意图

6. 淮河片包括淮河流域和山东半岛沿海诸河,总面积约 33 万 $km^2$。其中淮河流域面积约 27 万 $km^2$,地跨湖北、河南、安徽、江苏、山东 5 省 40 市;山东半岛面积约 6 万 $km^2$,全部在山东省境内,范围涉及 10 个市。全国水资源综合规划确定了淮河片水资源的分区和面积,淮河流域分为淮河上游(王家坝以上)、淮河中游(王家坝至洪泽湖出口)、淮河下游(洪泽湖出口以下)、沂沭泗河 4 个水资源二级区;山东半岛单为一个水资源二级区。1999 年至 2005 年淮河流域水资源量统计数据见表 2.5,根据表中数据,请解决以下问题:

(1)在坐标系中绘出降水量、地表水资源量、地下水资源量、水资源总量的散点图,并由图形说明每年水资源量的变化情况。

(2)计算地下水资源比重,并填入表中的相应栏目,绘出水资源比重变化的散点图,说明水资源比重的变化情况。(提示:地下水资源比重 = 地下水资源/水资源总量)

表 2.5　淮河流域水资源量

| 水量<br>年份/年 | 降水量<br>/亿 $m^3$ | 地表水资源量<br>/亿 $m^3$ | 地下水资源量<br>/亿 $m^3$ | 水资源总量<br>/亿 $m^3$ | 地下水资源比重 |
|---|---|---|---|---|---|
| 1999 | 1881.6 | 292.27 | 285.62 | 514.7 | |
| 2000 | 2745.8 | 828.85 | 458.29 | 1164.66 | |
| 2001 | 1698.82 | 288.61 | 264.68 | 482.96 | |
| 2002 | 2099.12 | 414.37 | 317.25 | 656.58 | |
| 2003 | 3462.91 | 1400.69 | 519.65 | 1695.04 | |
| 2004 | 2145.62 | 440.43 | 330.31 | 653.20 | |
| 2005 | 2923.55 | 1009.72 | 439.06 | 1265.89 | |

注:资料来源《淮河水利委员年度统计报告》

# 实验 2.2　二元函数的作图

## 2.2.1　实验背景知识介绍

1. 三维图形的基本概念

三维图形包括空间曲面、空间曲线、等高线图等图形,下面依次进行介绍。

(1)空间曲面:如果二元函数 $z = f(x, y)$ 在平面数集 $D$ 上有定义,那么在空间直角坐标系 $Oxyz$ 中,满足函数 $z = f(x, y)$ 的全体点 $(x, y, z)$ 构成的空间点集

$$\{(x,y,z) \mid z = f(x,y),(x,y) \in D\}$$

称为函数 $z = f(x,y)$ 在 $D$ 上的图像。

函数 $z = f(x,y)$ 的图像一般是一张空间曲面。

空间曲面的参数形式一般可表示为

$$\begin{cases} x = x(s,t) \\ y = y(s,t) \\ z = z(s,t) \end{cases} \quad ((s,t) \in D \subseteq R^2)$$

式中:$s,t$ 为参数。

（2）空间曲线：一般说来,参数方程组

$$\begin{cases} x = x(t) \\ y = y(t) \\ z = z(t) \end{cases} \quad (t \in T \subseteq R)$$

的图像是空间一条曲线。

式中:$t$ 为参数。

（3）等高线图：如果二元函数 $z = f(x,y)$ 在平面数集 $D$ 上有定义,空间曲线

$$\begin{cases} z = c(\text{常数}) \\ f(x,y) = z \end{cases}$$

称为函数 $z = f(x,y)$ 的等高线。

2. 作图命令

（1）plot3( ):绘制空间曲线命令,常用调用格式:

```
plot3(x,y,z,S)
```

其中,x,y,z 是 n 维向量,分别表示曲线上点集的横坐标、纵坐标、与竖坐标;S 是可选的字符串,用来指定颜色、标记符号或线形。

（2）meshgrid( ):产生平面或空间区域内的网格坐标矩阵,调用格式:

```
[X,Y]=meshgrid(x,y)
```

其中,x 是横坐标取值向量,y 是纵坐标取值向量,输出值 X 与 Y 是矩阵,X 的每一行是向量 x,且 X 的行数等于 y 的维数;Y 的每一列是向量 y,且 Y 的列数等于 x 的维数。

同样,调用

```
[X,Y,Z]=meshgrid(x,y,z)
```

产生横坐标向量 x、纵坐标向量 y、竖坐标向量 z 的三维网格矩阵 X,Y,Z。

（3）**surf**( ):绘制二元函数 $z = f(x,y)$ 的曲面命令,常用调用格式:

$$\textbf{surf}(X,Y,Z)$$

其中,X,Y 是由 meshgrid 产生的网格坐标矩阵;Z 是由 Z = f(X,Y)确定的 z 轴数据。

此外,在 MATLAB 中还用 **surfc**( )绘制带有等高线的三维曲面图,**surfl**( )添加三维曲面图的光照效果,调用格式同 **surf**( )。

（4）mesh( ):绘制空间网格曲面命令,常用调用格式:

```
mesh(X,Y,Z)
```

其中,X,Y 是由 meshgrid 产生的网格坐标矩阵;Z 是由 Z = f(X,Y)确定的 z 轴数据。

（5）contour()或 contour3()：曲面的等高线图命令，常用调用格式：

$$contour(z,n) 或 contour3(x,y,z)$$

其中，contour(z,n)绘制矩阵 z 的 n 条等高线；contour3(x,y,z)绘制矩阵 z 的空间等高线。

（6）cylinder()：生成旋转圆柱面网格矩阵，常用调用格式：

$$[X,Y,Z] = cylinder(r,n)$$

其中，r 是一个向量，存放柱面各等间隔高度上的母线半径；n 表示圆柱圆周上有 n 个等间隔点，默认值为 20。mesh(X,Y,Z)或 surf(X,Y,Z)显示单位高度柱面。

（7）sphere()：产生单位球面网格数据矩阵，常用调用格式：

$$[x,y,z] = sphere(n)$$

其中，n 为子午线条数，默认为 20。产生三个(n+1)×(n+1)矩阵 x,y,z。mesh(x,y,z)或 surf(x,y,z) 绘制圆心位于原点，半径为 1 的球体。

（8）其他一些三维绘图命令。MATLAB 还提供了一些简易绘图与统计图命令，如表 2.6 所列。

表 2.6 简易与统计三维绘图命令

| 命 令 | 说 明 |
|---|---|
| ezplot3(x,y,z) | 绘制由 x=x(t),y=y(t),z=z(t)描述的空间曲线 |
| ezmesh(x,y,z) | 绘制 x=x(s,t),y=y(s,t),z=z(s,t)描述的网格曲面图 |
| ezmeshc(x,y,z) | 绘制带等高线的 x=x(s,t),y=y(s,t),z=z(s,t)描述的网格曲面 |
| ezsurf(x,y,z) | 绘制由 x=x(s,t),y=y(s,t),z=z(s,t)描述的曲面 |
| ezsurfc(x,y,z) | 绘制带等高线的曲面 |
| bar3(y) | 绘制三维条形图 |
| stem3(z) | 绘制离散序列数据的三维杆图 |
| pie3(x) | 绘制三维饼图 |
| fill3(x,y,z,c) | 绘制出三维空间内填充过的多边形 |

## 2.2.2　实验内容

1. 空间曲线的作图

**例 2.2.1**　分别绘制下列两参数方程

$$\begin{cases} x = \sin t \\ y = \cos t \\ z = t \end{cases} (t \in [0,10\pi]) \quad 与 \quad \begin{cases} x = \sin t \\ y = \cos t \\ z = \cos 2t \end{cases} (t \in [0,2\pi])$$

所确定的空间曲线。

式中：$t$ 为参数。

分析：由于参数方程表示的是空间曲线，所以可选用 plot3 命令画图形，根据 plot3 命令的格式要求，先产生参数 $t$ 向量，再生成坐标向量 $X$、$Y$、$Z$。

解：用 plot3 作图命令，程序如下：

```
clear
```

```
t = 0:pi/50:10*pi;
plot3(sin(t),cos(t),t)                                  % 绘制第一个参数方程的曲线
title('螺旋线'),xlabel('sint(t)'),ylabel('cos(t)'),zlabel('t');
text(0,0,0,'原点')                                      % 在坐标原点O(0,0,0)处注解
grid on
figure(2)                                               % 新建图形窗口
plot3(sin(t),cos(t),cos(2*t),'-db')                     % 绘制第二个参数方程的曲线
view([-82,58]),box on                                   % 设定视角
xlabel('x'),ylabel('y'),zlabel('z')
legend('宝石链')                                        % 标注图例说明
```

运行结果如图 2.12 与图 2.13 所示。

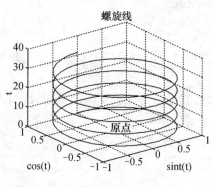

图 2.12　弹簧型曲线

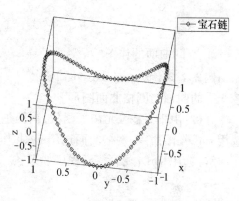

图 2.13　宝石链型曲线

说明:①从例中可明显看出,二维图形的所有基本特性在三维中仍都存在,如坐标网格、标题等。②plot3 命令可将多条曲线画在一起。

**例 2.2.2**　设曲面 $z = x^2 + y^2$,画出与平面 $x = 0$,$\pm 0.5$,$\pm 1$,$\pm 1.5$ 相交的多条曲线。

分析:平面 $x = 0$,$\pm 0.5$,$\pm 1$,$\pm 1.5$ 与 $x$ 轴的交点坐标构成向量

$$x = (-1.5, -1.0, -0.5, 0, 0.5, 1.0, 1.5)$$

由命令 meshgrid 的用法可知,可以用该命令生成二元函数 $z = f(x,y)$ 中 $Oxy$ 平面上的矩形定义域中数据点矩阵 $X$ 和 $Y$。

解:选用 plot3 作图命令,程序如下:

```
clear
x = -1.5:0.5:1.5;
y = -2:0.5:2;
[X,Y] = meshgrid(x,y);                      % 生成数据点矩阵 X 和 Y
Z = X.^2 + Y.^2;                            % 计算曲面上点的 z 坐标
plot3(X,Y,Z)                                % 用 plot3 命令绘平面与曲面的交线图
title('截痕线'),xlabel('x'),ylabel('y'),zlabel('z')
grid on
```

运行结果如图 2.14 所示。

说明:从图形容易看出这些曲线是抛物线。

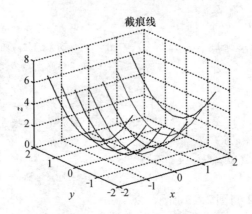

图 2.14　平面与曲面的交线图

**2.　空间曲面的作图**

**例 2.2.3**　设 $z = (\cos x \cos y) e^{-(x^2 + y^2)/4}$，$\{(x,y) \mid -5 \leqslant x \leqslant 5, -5 \leqslant y \leqslant 5\}$ 分别画出其较光滑的曲面与网格曲面图形。

分析：由于 $z$ 是二元初等函数，因而是连续函数，其图形是比较平滑的曲面，故可考虑选用 surf 作图命令，网格曲面选用 mesh 作图命令。

解：选用 surf 作图命令，程序如下：

```
x = -5:0.1:5;
y = -5:0.1:5;
[X,Y] = meshgrid(x,y);              % 生成数据点矩阵 X 和 Y
Z = cos(X).*cos(Y).*exp(-sqrt(X.^2 + Y.^2)/4);
surf(X,Y,Z);                        % 绘制曲面图形
shading interp;                     % 将当前的图形变平滑
figure(2)
mesh(X,Y,Z)                         % 绘制曲面网格图形
```

运行结果如图 2.15、图 2.16 所示。

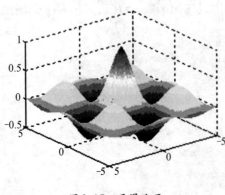

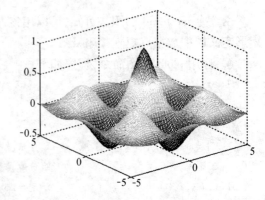

图 2.15　平滑曲面　　　　　　　　图 2.16　网格曲面

说明：(1)程序中对函数图形的属性作了一些处理，如使当前的图形变平滑等。(2)利用在 $Oxy$ 平面的矩形网格点上的 $z$ 轴坐标值，MATLAB 定义了一个网格曲面。MAT-

LAB 通过将邻接的点用直线连接起来形成网状曲面,其结果好象在数据点有节点的鱼网。

**例 2.2.4** 设 $z = xe^{-x^2-y^2}$,$-2 < x < 2$,$-2 < y < 3$,绘制其曲面与等值线图。

分析:由题目的要求,选用 contour 作图命令。

解:程序如下:

```
clear
x = -2:0.2:2; y = -2:0.2:3;
[X,Y] = meshgrid(x,y);
Z = X.*exp( -X.^2 - Y.^2);
subplot(2,1,1);
mesh(X,Y,Z);                % 画出立体网状图(图2.17)
subplot(2,1,2);
surf(X,Y,Z);                % 画出立体曲面图(图2.17)
shading flat
figure(2);                  % 新建图形窗口(2),以显示下面的所作图形
[C,h] = contour(X,Y,Z);
clabel(C,h);                % 给等值线图标上高度值(图2.18)
colorma Pcool;              % 图形窗口的色图
```

运行结果如图 2.17、图 2.18 所示。

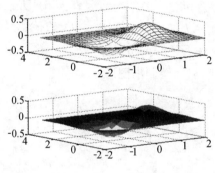

图 2.17　立体曲面

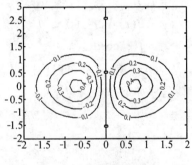

图 2.18　等值线图

说明:函数 clabel 给等值线图标上高度值。不过这样做时,函数 clabel 需要函数 contour 等值线矩阵的输出。

**例 2.2.5** 设 $z = \sin(x + y)$,绘制其在 $(0,0,0)$ 点附近的曲面图。

分析:我们可以选用 ezsurf( ) 命令绘图。

解:程序如下:

```
clear
clf
ezsurf('sin(x + y)',[ -12,12, -12,12])        % 绘图
shading interp
view([ -130,60])                              % 设置视角
```

运行结果如图 2.19 所示。

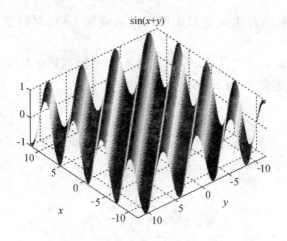

图 2.19 符号函数绘图命令绘制的曲面图

3. 作图命令的应用

**例 2.2.6** （旋转曲面）分别绘制出双曲线 $x^2 - y^2 = 1$ 绕 $y$ 轴与 $x$ 轴旋转得到的旋转曲面。

分析：由平面曲线 $y = f(x)(a < x < b)$ 分别绕 $x$ 与 $y$ 轴得到的曲面，可用参数方程分别表示为

$$\begin{cases} x = t & (a < t < b) \\ y = f(t)\sin\theta & (0 \leqslant \theta \leqslant 2\pi) \\ z = f(t)\cos\theta \end{cases} \quad 与 \quad \begin{cases} y = h & (c < h < d) \\ x = f^{-1}(h)\sin\theta & (0 \leqslant \theta \leqslant 2\pi) \\ z = f^{-1}(h)\cos\theta \end{cases}$$

式中：$t$、$h$、$\theta$ 为参数，这样可以构造曲面上的网格点，从而绘制出图形。

解：程序如下：

```
clear
clf
y = -2:0.1:2;
a = 0:pi/30:2*pi;
[y1,a1] = meshgrid(y,a);
x1 = sqrt(1 + y1.^2).*sin(a1);
z1 = sqrt(1 + y1.^2).*cos(a1);
surf(z1,x1,y1);
shading flat;
xlabel('z'),ylabel('x'),zlabel('旋转轴 y')
figure(2)
x = 1:0.05:3;
[x2,a2] = meshgrid(x,a);
y2 = sqrt(x2.^2 - 1).*sin(a2);
z2 = sqrt(x2.^2 - 1).*cos(a2);
surf(x2,y2,z2);
xlabel('z'),ylabel('旋转轴 x'),zlabel('y')
hold on
```

52

```
surf( -x2,y2,z2);
shading flat;
view([ -20,30])
```
运行结果如图 2.20、图 2.21 所示。

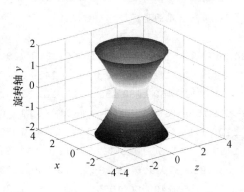

图 2.20　绕 $y$ 轴旋转曲面

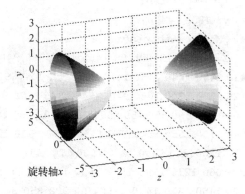

图 2.21　绕 $x$ 轴旋转曲面

**例 2.2.7**　(1994 年全国大学生数学建模竞赛 A 题)要在一山区修建公路,首先测得一些地点的高程,数据见表 2.7(平面区域 $0 \leqslant x \leqslant 5600, 0 \leqslant y \leqslant 4800$;表中数据为坐标点的高程,单位:m;$y$ 轴正向为北)。试利用表中的数据,绘制这一山区的地貌网格图、平滑地貌图、等高线图。

表 2.7　山区网格点的高程数据

| $y/x$ | 0 | 400 | 800 | 1200 | 1600 | 2000 | 2400 | 2800 | 3200 | 3600 | 4000 | 4400 | 4800 | 5200 | 5600 |
|---|---|---|---|---|---|---|---|---|---|---|---|---|---|---|---|
| 4800 | 1350 | 1370 | 1390 | 1400 | 1410 | 960 | 940 | 880 | 800 | 690 | 570 | 430 | 290 | 210 | 150 |
| 4400 | 1370 | 1390 | 1410 | 1430 | 1440 | 1140 | 1110 | 1050 | 950 | 820 | 690 | 540 | 380 | 300 | 210 |
| 4000 | 1380 | 1410 | 1430 | 1450 | 1470 | 1320 | 1280 | 1200 | 1080 | 940 | 780 | 620 | 460 | 370 | 350 |
| 3600 | 1420 | 1430 | 1450 | 1480 | 1500 | 1550 | 1510 | 1430 | 1300 | 1200 | 980 | 850 | 750 | 550 | 500 |
| 3200 | 1430 | 1450 | 1460 | 1500 | 1550 | 1600 | 1550 | 1600 | 1600 | 1600 | 1550 | 1500 | 1500 | 1550 | 1500 |
| 2800 | 8950 | 1190 | 1370 | 1500 | 1200 | 1100 | 1550 | 1600 | 1550 | 1380 | 1070 | 900 | 1050 | 1150 | 1200 |
| 2400 | 910 | 1090 | 1270 | 1500 | 1200 | 1100 | 1350 | 1450 | 1200 | 1150 | 1010 | 880 | 1000 | 1050 | 1100 |
| 2000 | 880 | 1060 | 1230 | 1390 | 1500 | 1500 | 1400 | 900 | 1100 | 1060 | 950 | 870 | 900 | 930 | 950 |
| 1600 | 830 | 980 | 1180 | 1320 | 1450 | 1420 | 1400 | 1300 | 700 | 900 | 850 | 840 | 380 | 780 | 750 |
| 1200 | 740 | 880 | 1080 | 1130 | 1250 | 1280 | 1230 | 1040 | 900 | 500 | 700 | 780 | 750 | 650 | 550 |
| 800 | 650 | 760 | 880 | 970 | 1020 | 1050 | 1020 | 830 | 800 | 700 | 300 | 500 | 550 | 480 | 350 |
| 400 | 510 | 620 | 730 | 800 | 850 | 870 | 850 | 780 | 720 | 650 | 500 | 200 | 300 | 350 | 320 |
| 0 | 370 | 470 | 550 | 600 | 670 | 690 | 670 | 620 | 580 | 450 | 400 | 300 | 100 | 150 | 250 |
| $y/x$ | 0 | 400 | 800 | 1200 | 1600 | 2000 | 2400 | 2800 | 3200 | 3600 | 4000 | 4400 | 4800 | 5200 | 5600 |

**分析**:山区地貌可视为空间曲面,根据表中的测量数据,可建立空间直角坐标系,坐标系的原点位于 $Oxy$ 面的起始测量位置。利用 meshgrid 命令建立起 $Oxy$ 平面上的矩形定义域 $\{(x,y) \mid 0 \leqslant x \leqslant 5600, 0 \leqslant y \leqslant 4800\}$ 中数据点矩阵 $\boldsymbol{X}$ 和 $\boldsymbol{Y}$,若将表中高程数据按原来的行列顺序作为地貌的纵坐标,此时给出 $y$ 轴的坐标的顺序是 $4800, 4400, 4000, \cdots, 0$。由于测量的数据间隔较大,直接作出较平滑的地貌图是不精确的,若假设地貌的变化是连续

的,则可用插值的方法画出较平滑的地貌图。

解:程序如下:

```
clear
x = 0:400:5600;                          % 给出 x 轴的坐标
y = 4800: - 400:0;                       % 给出 y 轴的坐标
[X,Y] = meshgrid(x,y);
Z = [1350 1370 1390 1400 1410 960 940 880 800 690 570 430 290 210 50;1370 1390
1410 1430 1440 1140 1110 1050 950 820 690 540 380 300 210;1380 1410 1430 1450 1470
1320 1280 1200 1080 940 780 620 460 370 350;1420 1430 1450 1480 1500 1550 1510 1430
1300 1200 980 850 750 550 500;1430 1450 1460 1500 1550 1600 1550 1600 1600 1600 1550
1500 1550 1500;950 1190 1370 1500 1200 1100 1550 1600 1550 1380 1070 900 1050
1150 1200;910 1090 1270 1500 1200 1100 1350 1450 1200 1150 1010 880 1000 1050 1100;
880 1060 1230 1390 1500 1500 1400 900 1100 1060 950 870 900 930 950;830 980 1180
1320 1450 1420 1400 1300 700 900 850 840 380 780 750;740 880 1080 1130 1250 1280
1230 1040 900 500 700 780 750 650 550;650 760 880 970 1020 1050 1020 830 800 700 300
500 550 480 350;510 620 730 800 850 870 850 780 720 650 500 200 300 350 320;370 470
550 600 670 690 670 620 580 450 400 300 100 150 250];% 给出(x,y)点的高程
surf(X,Y,Z);                             % 网格阴影图(图2.22)
figure(2);                               % 新开一窗口
contour(X,Y,Z,20);                       % 画平面等高线(图2.23)
figure(3);                               % 再新开一窗口
contour3(X,Y,Z,20);                      % 画三维等高线(图2.24)
xi = linspace(0,5600,50);yi = linspace(0,4800,50);% 给出新的插值坐标
[XI,YI] = meshgrid(xi,yi);
ZI = interp2(X,Y,Z,XI,YI,'*cubic');      % 对数据(XI,YI,ZI)使用样条在网格{X,
                                           Y}上插值。

figure(4);
surf(XI,YI,ZI);                          % 用网格画出插值的结果(图2.25)
figure(5);
surf(XI,YI,ZI);
shading interp                           % 采用插补明暗处理(图2.26)
```

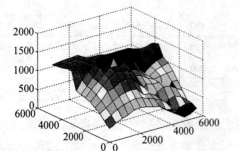

图2.22　网格阴影图

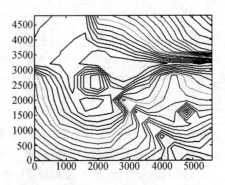

图2.23　等高线

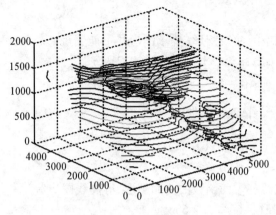

图 2.24　三维等高线

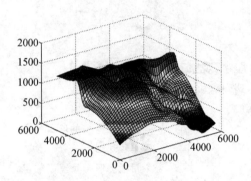

图 2.25　经插值的网格曲面

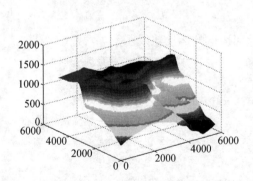

图 2.26　经插补明暗处理效果图

说明：①图形显示在 $y = 3200m$ 处有一东西走向的山峰；从坐标$(2400,2400)$～$(4800,0)$有一西北—东南走向的山谷；在$(2000,4800)$附近有一山峰口。②在 MATLAB 中，除命令 interp2$(X,Y,Z,XI,YI,'*cubic')$ 对数据$(X,Y,Z)$使用样条在网格 $\{XI,YI\}$ 上插值外，函数 griddata 也用来产生经插值后的均匀间隔数据以作图，其格式为 ZI = grid-data$(X,Y,Z,XI,YI)$，功能是由三个原始矩阵 X，Y，Z 和需要插值的方格矩阵 XI，YI，创建一个新的因变量矩阵 ZI。

### 2.2.3 练习

1. 分别绘制下列空间曲线图形(要求图形尽可能美观)。

(1) $x = \sin t; y = \cos 2t; z = \cos 3t$ $\quad(t \in [0, 2\pi])$

(2) $x = t\sin t; y = t\cos t; z = t$ $\quad(t \in [0, 20\pi])$

(3) $x = e^{-0.2t}\cos\left(\dfrac{\pi}{2}t\right); y = e^{-0.2t}\sin\left(\dfrac{\pi}{2}t\right); z = t$ $\quad(t \in [0, 6\pi])$

(4) $z = \sqrt{1 - x^2 - y^2}; y = \sqrt{x(1 - x)}$

(5) $x^2 + y^2 = 1; z = 3$

2. 用不同的方式绘制下面函数的曲面图形、等高线图形等。

(1) $z = x^2 - y^2$ $\quad(-6 < x, y < 6)$

(2) $z = \sin(|xy|)$ $\quad(-3\pi < x, y < 3\pi)$

(3) $y = 3(1 - x)^2 e^{-x^2 - (y+1)^2} - 10\left(\dfrac{x}{5} - x^3 - y^5\right)e^{-x^2 - y^2} - \dfrac{1}{3}e^{-(x+1)^2 - y^2}$ $(-3 < x < 3, -3 < y < 3)$

4. 编辑运行下面的程序,观察其图形。

(1) 程序一:剔透玲珑球。

```
[X0,Y0,Z0] = sphere(30);        % 产生单位球面的三维坐标
X = 2*X0;Y = 2*Y0;Z = 2*Z0;     % 产生半径为 2 的球面的三维坐标
surf(X0,Y0,Z0);                 % 画单位球面
shading interp                  % 采用插补明暗处理
hold on; mesh(X,Y,Z);hold off   % 画外球面
hidden off                      % 产生透视效果
axis off                        % 不显示坐标轴
```

(2) 程序二:卫星返回地球的运动轨线示意。

```
R0 = 1;                         % 以地球半径为一个单位
a = 12*R0;b = 9*R0;T0 = 2*pi;   % T0 是轨道周期
T = 5*T0;dt = pi/100;t = [0:dt:T]';
f = sqrt(a2 - b2);              % 地球与另一焦点的距离
th = 12.5*pi/180;               % 卫星轨道与 Oxy 平面的倾角
E = exp(-t/20);                 % 轨道收缩率
x = E.*(a*cos(t) - f);y = E.*(b*cos(th)*sin(t));z = E.*(b*sin(th)*sin(t));
plot3(x,y,z,'g')                % 画全程轨线
[X,Y,Z] = sphere(30);X = R0*X;Y = R0*Y;Z = R0*Z;      % 获得单位球坐标
grid on,hold on,surf(X,Y,Z),shading interp            % 画地球
x1 = -18*R0;x2 = 6*R0;y1 = -12*R0;y2 = 12*R0;z1 = -6*R0;z2 = 6*R0;
axis([x1 x2 y1 y2 z1 z2])       % 确定坐标范围
view([117 37]),comet3(x,y,z,0.02),hold off            % 设视角、画运动轨线
```

5. (地形模型)平面区域上的海拔高程 $h(x, y)$(m)见表 2.8,试绘出这个平面区域内地形的模型。

表 2.8　山地网格点的海拔高程数据表　　　　　　　（单位:m）

| x＼y | 0 | 400 | 800 | 1200 | 1600 | 2000 |
|---|---|---|---|---|---|---|
| 0 | 370 | 470 | 550 | 600 | 670 | 690 |
| 400 | 510 | 620 | 730 | 800 | 850 | 870 |
| 800 | 650 | 760 | 880 | 970 | 1020 | 1050 |
| 1200 | 740 | 880 | 1080 | 1130 | 1250 | 1280 |
| 1600 | 830 | 980 | 1180 | 1320 | 1450 | 1420 |
| 2000 | 880 | 1060 | 1230 | 1390 | 1500 | 1500 |

# 第3章 微积分运算

本章介绍运用 MATLAB 进行微积分的数值计算、代数方程与微分方程的求解、数据的插值与拟合等内容。

## 实验 3.1 微积分的基本运算

### 3.1.1 实验背景知识介绍

微积分的基本运算包括求函数的极限、导数、极值、积分与级数等运算。

1. 函数的极限、导数与极值

（1）设 $f(x)$ 在点 $x_0$ 的某一去心邻域内有定义，如果对于任意给定的正数 $\varepsilon$（不论它多么小），总存在正数 $\delta$，使得对于适合不等式 $0 < |x - x_0| < \delta$ 的一切 $x$，对应的函数值 $f(x)$ 都满足不等式

$$|f(x) - A| < \varepsilon \tag{3.1}$$

则常数 $A$ 称为 $f(x)$ 在 $x_0$ 点的极限，记作 $\lim\limits_{x \to x_0} f(x) = A$。

当 $x < x_0$ 时式（3.1）成立，则称 $A$ 为 $f(x)$ 在 $x_0$ 点左极限，记作 $\lim\limits_{x \to x_0^-} f(x) = A$；当 $x > x_0$ 时式（3.1）成立，则称 $A$ 为 $f(x)$ 在 $x_0$ 点右极限，记作 $\lim\limits_{x \to x_0^+} f(x) = A$。

$f(x)$ 在 $x_0$ 点的极限存在的充分必要条件是它在该点处的左、右极限都存在且相等。

（2）设 $f(x)$ 在点 $x_0$ 的某个邻域内有定义，当 $\Delta x \to 0$ 时，如果 $\dfrac{f(x_0 + \Delta x) - f(x_0)}{\Delta x}$ 的极限存在，则称此极限为 $f(x)$ 在 $x_0$ 点的导数，记为 $f'(x_0)$，即

$$f'(x_0) = \lim\limits_{\Delta x \to 0} \frac{f(x_0 + \Delta x) - f(x_0)}{\Delta x} \tag{3.2}$$

如果 $f(x)$ 在区间 $(a,b)$ 内每一点 $x$ 都有导数，则称 $f(x)$ 在区间 $(a,b)$ 内可导，且 $f'(x)$ 称为 $f(x)$ 的导函数，简称导数。

（3）设 $f(x)$ 在 $x_0$ 的某邻域内有定义，若对于该邻域内任意的 $x$，总有 $f(x) \leqslant f(x_0)$（或 $f(x) \geqslant f(x_0)$），则称为 $f(x_0)$ 为 $f(x)$ 的一个极大值（或极小值）。函数的极大值与极小值统称为函数的极值，函数取得极值的点 $x_0$ 称为 $f(x)$ 的极值点。

2. 积分运算

（1）不定积分。函数 $f(x)$ 的全体原函数称为 $f(x)$ 的不定积分，记为 $\int f(x) \mathrm{d}x$。

若 $F(x)$ 是 $f(x)$ 的一个原函数,则 $\int f(x)\mathrm{d}x = F(x) + C$,其中 $C$ 为常数。

(2)定积分。设函数 $f(x)$ 在 $[a,b]$ 上有界,把 $[a,b]$ 任意分割成 $n$ 个小区间的并,第 $i$ 个区间 $[x_{i-1},x_i]$ 的长记为 $\Delta x_i$,即 $\Delta x_i = x_i - x_{i-1}$,在区间上任取一个点 $\xi_i(i=1,2,\cdots,n)$,作和

$$S = \sum_{i=1}^{n} f(\xi_i)\Delta x_i$$

记 $\Delta x = \max\{\Delta x_1,\Delta x_2,\cdots,\Delta x_n\}$,如果 $\lim\limits_{\Delta x \to 0}\sum\limits_{i=1}^{n} f(\xi_i)\Delta x_i$ 存在,则称此极限为 $f(x)$ 在区间 $[a,b]$ 上的定积分,记为 $\int_a^b f(x)\mathrm{d}x$,即

$$\int_a^b f(x)\mathrm{d}x = \lim_{\Delta x \to 0}\sum_{i=1}^{n} f(\xi_i)\Delta x_i$$

若函数 $f(x)$ 在区间 $[a,b]$ 上连续,$F(x)$ 是 $f(x)$ 的一个原函数,则

$$\int_a^b f(x)\mathrm{d}x = F(b) - F(a) \tag{3.3}$$

(3)二重积分。设二元函数 $z=f(x,y)$ 在平面有界闭区域 $D$ 上有界,用曲线网将区域 $D$ 任意分成 $n$ 个小区域 $\Delta\sigma_1,\Delta\sigma_2,\cdots,\Delta\sigma_n$,且仍以 $\Delta\sigma_i(i=1,2,\cdots,n)$ 记为小区域 $\Delta\sigma_i$ 的面积,任取点 $(\xi_i,\eta_i)\in\Delta\sigma_i$,作和

$$\sum_{i=1}^{n} f(\xi_i\eta_i)\Delta\sigma_i (\text{称为积分和式})$$

记 $\lambda = \max\{\lambda_i:1\leqslant i\leqslant n\}$,其中 $\lambda_i$ 是小区域 $\Delta\sigma_i$ 的直径,若极限

$$\lim_{\lambda \to 0}\sum_{i=1}^{n} f(\xi_i,\eta_i)\Delta\sigma_i$$

存在,且此极限与区域 $D$ 的分法和点 $(\xi_i,\eta_i)$ 的取法无关,则称这个极限值为函数 $f(x,y)$ 在区域 $D$ 上的二重积分,记为 $\iint\limits_{D} f(x,y)\mathrm{d}\sigma$,即

$$\iint\limits_{D} f(x,y)\mathrm{d}\sigma = \lim_{\lambda \to 0}\sum_{i=1}^{n} f(\xi_i,\eta_i)\Delta\sigma_i$$

若积分区域 $D$ 为 $x$ —型区域 $D = \{(x,y)\mid a\leqslant x\leqslant b,\varphi_1(x)\leqslant y\leqslant\varphi_2(x)\}$,则

$$\iint\limits_{D} f(x,y)\mathrm{d}\sigma = \int_a^b \left[\int_{\varphi_1(x)}^{\varphi_2(x)} f(x,y)\mathrm{d}y\right]\mathrm{d}x \tag{3.4}$$

其中公式右端称为先对 $y$ 再对 $x$ 的二次定积分或称累次定积分,且计算积分 $\int_{\varphi_1(x)}^{\varphi_2(x)} f(x,y)\mathrm{d}y$ 时将 $x$ 视为常数。

(4)求积分的 MATLAB 命令见表 3.1。

表 3.1 求极限、导数、积分与极值的 MATLAB 命令

| 命令及其调用格式 | 解 释 |
|---|---|
| limit(F,x,a) | 计算函数 F = F(x) 当 x→a 时的极限值 |
| limit(F,x,a,'right') | 计算函数 F = F(x) 的右极限,当 x→a$^+$ 时 |
| limit(F,x,a,'left') | 计算函数 F = F(x) 的左极限,当 x→a$^-$ 时 |
| diff(F,'v',n) | 计算 F = F(v) 关于指定的符号变量 v 的 n 阶导数,在缺省状态下,v = findsym(F),n = 1 |
| x = fminbnd(F,a,b) | 计算在区间[a,b]上函数 F = F(x) 取最小值时的 x 值 |
| [x,fval] = fminbnd(F,a,b) | 计算在区间[a,b]上函数 F = F(x) 的最小值 fval 和对应的 x 值 |
| int(F,v) | 符号积分,对符号表达式 F 中指定的符号变量 v 计算不定积分 |
| int(F,v,a,b) | 符号积分,对表达式 F 中指定的符号变量 v 计算从 a 到 b 的定积分 |
| trapz(x,y) | 数值积分,梯形法数值积分,其中 x 是由积分区间[a,b]的离散节点构成的列向量,y 是相应节点函数值构成的向量 |
| quad('fun',a,b) | 数值积分,其中 fun 是用以存放被积函数 f(x)的 M 文件,[a,b]为积分区间 |
| quad2d(fun,a,b,c,d) | 二重数值积分,计算二元函数 f(x,y)在 X 型区域上的积分,其中 fun = f(x,y),a < x < b,c(x) < y < d(x) |
| dblquad(fun,a,b,c,d) | 二重数值积分,计算二元函数 f(x,y) 在矩形区域[a,b]×[c,d]上的二重积分 |

注:表中的 F 是根据数学函数写成的 MATLAB 符号表达式;求极值命令 fminbnd( )的算法是基于黄金分割法和二次插值法,它要求目标函数必须是连续函数,并可能只给出局部最优解

**3. 级数运算**

(1) 给定级数 $\sum\limits_{n=1}^{\infty} u_n$,记 $S_n = \sum\limits_{i=1}^{n} u_i$,若 $\lim\limits_{n\to\infty} S_n = S$($S$ 为常数),则称级数 $\sum\limits_{n=1}^{\infty} u_n$ 收敛,并称该级数的和为 $S$,记为

$$\sum_{n=1}^{\infty} u_n = S$$

(2) 设 $f(x)$ 在 $x_0$ 有 $n+1$ 阶导数,那么存在一个 $r > 0$,对于任意正整数 $n$,有泰勒(Taylor)公式

$$f(x) = \sum_{k=0}^{n} \frac{f^{(k)}(x_0)}{k!}(x-x_0)^k + R_n(x) \qquad (x \in (x_0 - r, x_0 + r))$$

式中:$R_n(x)$ 称为级数余项,它的拉格朗日(Lagrange)型为 $R_n(x) = \dfrac{f^{(n+1)}(\xi)}{(n+1)!}(x-x_0)^{n+1}$,$\xi = x \sim x_0$。

(3) 级数求和与函数的幂级数展开的 MATLAB 命令见表 3.2。另外,MATLAB 还提供可视化的 Taylor 级数计算器,使用方法是在命令窗口中输入

```
taylortool
```

则系统将调出级数计算器,读者可以试一试。

表3.2　MATLAB 的级数求和与函数的幂级数展开命令

| 命令及调用格式 | 功　能 |
| --- | --- |
| symsum(f,x) | 求符号表达式 f 对自变量 x 的不定和 |
| symsum(f,a,b) | 求符号表达式 f 对默认变量的由 a 到 b 的有限和 |
| taylor(f) | 求 f 在默认自变量为 0 处的 5 阶 Taylor 级数展开式 |
| taylor(f,n,x) | 求 f 在自变量 x = 0 处的 n − 1 阶 Taylor 级数展开式 |
| taylor(f,n,x,a) | 求 f 在自变量 x = a 处的 n − 1 阶 Taylor 级数展开式 |

## 3.1.2　实验内容

### 1. 函数的极限、导数、极值与应用

**例3.1.1**　求下列极限：

$$(1)\lim_{x\to 3}\frac{x^2-9}{x^2-5x+6};(2)\lim_{x\to+\infty}\frac{e^x}{a+be^x};(3)\lim_{x\to 0}\left(\frac{1}{x}-\frac{2}{x^2+2x}\right)$$

分析：题目中涉及到变量 x 与字母 a,b，在 MATLAB 中应首先用命令 syms 定义字符变量，还要将所求极限的数学表达式用 MATLAB 表达式表示。

解：在命令窗口中输入以下命令：

```
clear
syms x a b                          % 定义符号变量
w1 = limit((x^2 - 9)/(x^2 - 5*x + 6),x,3)  % 调用求极限命令 limit()计算,用 w1 表示
                                            极限值
w2 = limit(exp(x)/(a + b*exp(x)),x,inf)  % 调用命令 limit()计算题(2),inf 表示正
                                            无穷
w3 = limit((1/x - 2/(x^2 + 2*x)),x,0)
```

输出结果：

```
w1 = 6                              % 输出题(1)的结果 w1
w2 = 1/b                            % 输出题(2)的结果 w2
w3 = 1/2                            % 输出题(3)的计算结果 w3
```

说明：(1) 由于 MATLAB 每输入一条命令就相应输出结果，为了读者阅读方便，本书一些例题同本例题一样，将输入命令与结果分开集中编写，以后不再说明。(2)若变量极限不存在，则变量没有界时，输出结果 NaN;变量有界时，输出变量的上下界。例如：

```
> >w4 = limit(cos(x)/x,x,0)         % 求极限 lim(x→0) cosx/x
w4 = NaN                            % 变量没有界时输出结果 NaN
> >w5 = limit(sin(x),x,inf)         % 求极限 lim(x→+∞) sinx
w5 = -1 ..1                         % 输出变量的下界 −1 与上界1。
```

**例3.1.2**　求下列函数的导数：

(1) $y = x\sin x + \cos x$;

(2) $y = \dfrac{c}{a+e^{bx}}$　　($a,b,c$ 为常数)；

(3) $f(x) = \ln(1+x^2)$，以下 $f'(x)$, $f''(0)$。

解:在命令窗口中输入以下命令:

```
clear
syms x a b c
f1 = diff(x*sin(x) + cos(x),x)                    % 调用求导数命令 diff(),用 f1 表示导数
f2 = diff(c/(a + exp(b*x)),x)                      % 计算题(2)的导数
f3 = diff(log(1 + x^2),x,2);                        % 计算题(3)的 2 阶导数
f30 = subs(f3,'x',0)                                % 求二阶导数在 x = 0 点的值
```

输出结果:

```
f1 = x*cos(x)                                        % 输出题(1)的结果 f1
f2 = -(b*c*exp(b*x))/(a + exp(b*x))^2               % 输出题(2)的结果 f2
f30 = 2                                              % 输出题(3)的结果为 2
```

说明:(1)当求多个函数的导数时,可以将多个函数作成函数组,这样可简化一个个函数求导数程序的书写麻烦。即 diff([x*sin(x) + cos(x), c/(a + exp(b*x))],x);(2)subs(fun,'x',a)是较常用的一个符号运算命令,表示将 fun 中的符号 x 替换成 a,相当于数学中的变量替换。

**例 3.1.3** 求 $f(x) = 2x^3 - 6x^2 - 18x$ 在 $(-2,4)$ 的极小值,并绘出 $f(x)$ 与 $f'(x)$ 的图形。

解:在命令窗口中输入以下命令:

```
clear
syms x
f = 2*x^3 - 6*x^2 - 18*x;
subplot(2,1,1)
ezplot(f,[-2,4])                                     % 绘出 f(x)的图形如图 3.1(a)所示
grid on
f1 = diff(f)                                         % 求出 f 的导数
subplot(2,1,2)
ezplot(f1,[-2,4])                                    % 绘出 f'(x)的图形如图 3.1(b)所示

grid on
[x,fval] = fminbnd('2*x^3 - 6*x^2 - 18*x',-2,4)      % 求极小值
```

输出结果:

```
x = 3.0000
fval = -54.0000
```

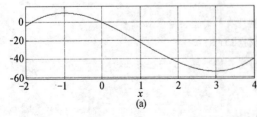

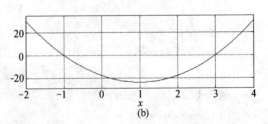

(a)　　　　　　　　　　　　　　(b)

图 3.1　原函数与导函数图形

(a) $2x^3 - 6x^2 - 18x$; (b) $6x^2 - 12x - 18$。

**例 3.1.4** （连续复利问题）设某储户有本金 10 万元年初存入银行,且年利率为 5%,如果银行与储户按以下三种不同的结息方式计息:(1) 按单利结算;(2) 按复利结算;(3) 按连续复利结算,试建立 $t$ 年末时的本利和计算公式,并比较在第三年末时三种结息方式下的本利和大小。

解:设储户有本金 $A_0$ 元,年利率为 $r$,存期为 $t$ 年,$t$ 年末时的本利和为 $A_t$。

（1）若按单利结算,$t$ 年末的本利和为

$$A_t = A_0 + A_0 rt = A_0(1 + rt)$$

（2）若按复利结算,每年结算一次,$t$ 年末的本利和为

$$A_t = A_0(1 + r)^t$$

（3）所谓连续复利,是指计息期间无限缩短且按复利计息。现设每年均分为 $m$ 期计息,这时每期利率可以认为是 $\dfrac{r}{m}$,于是 $t$ 年共结息 $mt$ 次,本利和为

$$A_0\left(1 + \frac{r}{m}\right)^{mt}$$

在上式中,让 $m \to \infty$,于是便得到连续复利公式

$$A_t = \lim_{m \to \infty} A_0\left(1 + \frac{r}{m}\right)^{mt} = A_0 \lim_{m \to \infty}\left[\left(1 + \frac{r}{m}\right)^{\frac{m}{r}}\right]^{rt} = A_0 e^{rt}$$

当 $A_0 = 10, r = 5\%, t = 3$ 时,在命令窗口中输入以下命令:

```
clear
syms m
A0 =10;r =5 /100;t =3;
At1 =A0*(1 +r*t)              % 按单利本息和
At2 =A0*(1 +r)^t              % 按复利本息和
At3 =limit(A0*(1 +r/m)^(m*t),m,inf);   % 按连续复利本息和
At3 =vpa(At3,6)              % 数值表示
```

输出结果:
```
At1 =11.5000
At2 =11.5763
At3 =11.6183
```

结果表明在 3 年相同的存款期内,单利结算的本利和小于复利结算的本利和,复利结算的本利和又小于连续复利结算的本利和。一般地,有不等式

$$A_0(1 + rt) < A_0(1 + r)^t < A_0 e^{rt} \quad (r > 0)$$

成立。

说明:命令 vpa(S,d) 表示用指定的 d 位数来表示 S 中的每一元素为十进位制数。

**例 3.1.5** （工程设计问题）欲做一容积为 12m³ 的圆柱形容器,问如何设计圆柱体的尺寸,能使圆柱体表面面积最小?

分析:如图 3.2 所示,设圆柱体的底面半径为 $x$（单位:m）,则其高为 $\dfrac{12}{\pi x^2}$,表面面积为

$$S = 2\pi x^2 + \frac{24}{x} \qquad (x > 0)$$

解:先编写 M 函数文件"fun3_1_5.m"如下;

```
function f = fun3_1_5(x)
f = 2*pi*x.^2 + 2*12./x;
end
```

在命令窗口中输入以下命令。

```
clear
[x,fval] = fminbnd('fun3_1_5',0.1,15);        % 求圆柱形容器的表面积和底面半径
```

输出结果:

```
x = 1.2407
fval = 29.0159
>>h = 12/(pi*x^2)                             % 求出圆柱形容器的高
h = 2.4814
```

(1)说明:结果表明,圆柱体设计成底面半径为 1.2407m,高为 2.4814m 时能使圆柱体表面积最小,最小表面积为 29.0159m$^2$。

(2)思考题(2006 年全国大学生数学建模竞赛 C 题):设易拉罐的中心纵断面如图 3.3 所示,即上面部分是一个正圆台,下面部分是一个正圆柱体。问什么是它的最优设计? 取一个饮料量为 355mL 的易拉罐,测量易拉罐各部分的直径、高度、厚度等,其结果是否可以合理地说明你们所设计的易拉罐的形状和尺寸。

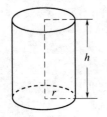
图 3.2 圆柱形容器

图 3.3 易拉罐的中心纵断面

2. 积分运算与应用

**例 3.1.6** 求下列积分:

(1) $\int xe^{ax}dx$ ; (2) $\int_0^{\frac{\pi}{2}} e^x \cos x\,dx$; (3) $\int_0^{+\infty} \frac{1}{1+x^2}dx$; (4) $\int_0^{\pi}dx \int_{\pi}^{2\pi}(y\sin x + x\cos y)dy$

分析:题目中涉及字符 a,x,y,可先定义。选用积分命令 int( )计算。

解:在命令窗口中输入以下命令:

```
clear
syms a x y                                        % 定义符号变量
T1 = int(x*exp(a*x),x)                            % 求题(1)的不定积分
T2 = int(exp(x)*cos(x),x,0,pi/2)                  % 求题(2)的定积分
T3 = int(1/(1+x^2),x,0,inf)                       % 求题(3)的反常积分
T4 = int(int(y*sin(x)+x*cos(y),x,pi,2*pi),y,0,pi) % 求题(4)的二重积分
```

输出结果:

```
T1 = (exp(a*x)*(a*x - 1))/a^2                     % 题(1)的结果
```

64

```
T2 = exp(pi/2)/2 - 1/2                          % 题(2)的结果
T3 = pi/2                                        % 题(3)的结果
T4 = -pi2                                        % 题(4)的结果
```

说明:(1)当求不定积分时,结果只给出一个原函数,省略了数学中经常写的积分常数 C;(2)输入命令:f = int(diff(x*exp(a*x),x),x),然后输入命令 simplify(f),观察结果。可发现微分运算与积分运算是互逆运算;(3)可以先定义被积函数,然后计算积分。例如,在命令窗口中输入以下命令:

```
syms a x
f1 = x*exp(a*x);          % 先定义被积函数
F1 = int(f1,x)            % 计算积分
```

(4) 在矩形区域上的二重积分,也可用命令 dblquad(fun,a,b,c,d)计算,即可编写程序:

```
clear
f4 = @(x,y)y*sin(x)+x*cos(y);      % 用@引导符定义题(4)的被积函数 f(x,y)
T4 = dblquad(f4,pi,2*pi,0,pi)      % 数值积分
```

题(4)的二重积分的数值积分结果:

```
T4 = -9.8696
```

**例 3.1.7** 求下列多重积分:

$$(1) \int_1^2 dx \int_{\frac{1}{x}}^{x} \frac{x^2}{y^2} dy; \quad (2) \int_0^1 dx \int_x^1 x^2 e^{-y^2} dy; \quad (3) \int_1^2 \int_{\sqrt{x}}^{x^2} \int_{xy}^{x^2y} (x^2 + y^2 + z^2) dz dy dx$$

解:输入以下命令:

```
syms x y z
F1 = int(int(x2/y2,y,1/x,x),x,1,2)                      % 求题(1)的定积分
F2 = int(int(x2*exp(-y2),y,x,1),x,0,1)                  % 求题(2)的定积分
F3 = int(int(int(x2+y2+z2,z,x*y,x2*y),y,sqrt(x),x2),x,1,2)   % 求题(3)
的定积分
```

输出结果:

```
F1 = 9/4
F2 = 1/6 - 1/(3*exp(1))
F3 = 857173/4752
```

说明:二元函数 f(x,y)在 X 型区域上 a < x < b, c(x) < y < d(x)的积分也可调用命令 quad2d(fun,a,b,c,d),如题(1)可编写程序:

```
c = @(x)1./x;                     % 用@引导符定义积分下限
d = @(x)x;                        % 用@引导符定义积分上限
T = quad2d(@(x,y)x.2./y.2,1,2,c,d)     % 计算积分
```

输出结果:

```
T = 2.2500
```

**例 3.1.8** (经济学中的积分应用)设生产某产品产量 $Q$ 单位的边际成本 $MC$ 和边际收益 $MR$ 分别为 $MC = C'(Q) = 24 + 2Q$(万元/单位)和 $MR = R'(Q) = 48 - 4Q$,固定成本为 $C(0) = 20$ 万元,试求:(1)总成本与总收益函数;(2)总利润函数 $L(Q)$;(3)产量 $Q$ 为多少时利润 $L(Q)$ 最大?

分析：由于边际成本是总成本函数的导数，边际收益是总收益函数的导数，总利润函数等于总收益函数减总成本函数，所以总成本与总收益函数分别为

$$C(Q) = C(0) + \int_0^Q C'(x)\,dx; \quad R(Q) = \int_0^Q R'(x)\,dx$$

总利润函数为 $L(Q) = R(Q) - C(Q)$。当边际成本和边际收益相等时，利润最大。

解：(1) 已知 $MC = C'(Q) = 24 + 2Q$，故总成本函数为

$$C(Q) = C(0) + \int_0^Q C'(x)\,dx = 20 + \int_0^Q (24 + 2x)\,dx$$

又已知 $MR = R'(Q) = 48 - 4Q$，故得总收入函数为

$$R(Q) = \int_0^Q R'(x)\,dx = \int_0^Q (48 - 4x)\,dx$$

(2) 总利润函数为

$$L(Q) = R(Q) - C(Q)$$

(3) 在命令窗口中输入以下命令：

```
clear
syms x q
mc = 24 + 2*q;
mr = 48 - 4*q;
C = 20 + int(mc,q,0,x)          % 总成本函数
R = int(mr,q,0,x)               % 总收益函数
L = R - C                       % 总利润函数
```

输出结果如下：

```
C = x*(x + 24) + 20
R = -2*x*(x - 24)
L = - 2*x*(x - 24) - x*(x + 24) - 20
```

再输入命令：

```
[x,fval] = fminbnd('2*x*(x-24)+x*(x+24)+20',0,10)
```

得如下结果：

```
x = 4, fval = -28
```

这表明，当产量 $Q = 4$ 单位时，可以取得最大利润 $L(4) = 28$ 万元。

**例 3.1.9**　（曲线长度）人造地球卫星的运行轨道可视为平面上的椭圆。我国的第一颗人造卫星近地点距离地球表面 439km，远地点距离地球表面 2384km，地球半径为6371km，求该卫星的轨道长度。

分析：人造地球卫星的轨道可用椭圆的参数方程来表示，即

$$\begin{cases} x = a\cos t \\ y = b\sin t \end{cases} \quad (0 \leq t \leq 2\pi, ab > 0)$$

式中：$a = 6371 + 2384 = 8755$km；$b = 6371 + 439 = 6810$km。由曲线积分可知，卫星的轨道的长度 $L$ 等于积分 $L = 4\int_0^{\frac{\pi}{2}} (a^2\sin^2 t + b^2\cos^2 t)^{\frac{1}{2}}\,dt$。因此，求出该积分就行了。

解:在命令窗口中输入以下命令:

```
clear
syms x
a=8755;b=6810;
f=sqrt(a^2*(sin(x))^2+b^2*(cos(x))^2);
L1=int(f,0,pi/2);              % f 的积分结果不是初等形式的解析解
L=vpa(4*L1,7)                  % 调用 vpa 显示积分的数值解
```

输出结果:

```
L =49089.97
```

即人造地球卫星的轨道长度 $L=49089.97$ km。

3. 级数运算与应用

**例 3.1.10** 求下列级数的和:

(1) $\sum\limits_{n=1}^{\infty} \dfrac{1}{n^2}$ ; (2) $\sum\limits_{n=1}^{\infty} \dfrac{(-1)^{n-1}}{n}$ ; (3) $\sum\limits_{n=1}^{\infty} \dfrac{x^{2n-1}}{2n-1}$

解:在命令窗口中输入以下命令:

```
clear
syms x n
s1=symsum(1/n^2,n,1,inf)
s2=symsum((-1)^(n-1)/n,1,inf)
s3=symsum(x^(2*n-1)/(2*n-1),n,1,inf)
```

运行结果如下。

```
s1=1/6*pi^2
s2=log(2)
s3=1/2*log((1+x)/(1-x))
```

说明:(1)级数 $\sum\limits_{n=1}^{\infty} \dfrac{1}{n^p}$ 称为 $p$ 级数,当 p>1 时级数是收敛的,其和记为 zata(p)。由例 3.1.10 知当 p=2 时,zata(2)=1/6*pi^2;当 p=3 时,zata(3)不能用初等代数式表示,可以输入命令:vpa(zeta(3)),求出近似值 1.2020569。

(2)级数 $\sum\limits_{n=1}^{\infty} \sin\left(\dfrac{1}{n^2}\right)$ 是收敛级数,使用命令 symsum(sin(1/n^2),n,1,inf)时,得结果 sum(sin(1/n^2),n = 1 ... inf),这一结果并不像数学中给出的解析解,但调用命令 vpa(ans)可得其近似值,因此也可将此结果理解为计算机的解析解。

**例 3.1.11** 计算 $f(x)=\mathrm{e}^{-x}\sin x$ 的 5 阶 Taylor 级数展开式。

解:在命令窗口中输入以下命令:

```
syms x
taylor(exp(-x)*sin(x),6)
ans=x-x^2+1/3*x^3-1/30*x^5
```

**例 3.1.12** 将多项式 $p(x)=1+3x+5x^2-2x^3$ 表示成 $x+1$ 的多项式。

解:在命令窗口中输入以下命令:

```
syms x
p=1+3*x+5*x^2-2*x^3;
```

```
taylor(p, x, -1)
ans = -8 -13*x +11*(x +1)^2 -2*(x +1)^3
```

### 3.1.3　练习

1. 求下列极限:

(1) $\lim\limits_{x \to 1} \dfrac{x^n - 1}{x^m - 1}$ ($m, n$ 为常数);　　(2) $\lim\limits_{x \to 0} \dfrac{\sqrt[n]{1 + x} - 1}{x}$

(3) $\lim\limits_{x \to +\infty} \dfrac{\ln x}{\sqrt{x + 1}}$;　　(4) $\lim\limits_{x \to 1}\left( \dfrac{x}{x - 1} - \dfrac{1}{\ln x} \right)$

2. 求下列函数的导数:

(1) $f(x) = \ln \sqrt{\dfrac{1 + x}{1 - x}}$;　　(2) $f(x) = x^2 \mathrm{e}^{\frac{1}{x}} - \dfrac{1}{\sqrt{x}} \mathrm{e}^x$

(3) $y = \ln(\sec x + \tan x) - \tan x$;　　(4) $y = \ln(\sqrt{1 + x^2} - x) + \sqrt{1 + x^2}$

3. 常见的盛装可乐型饮料的容器是铝质的圆柱形,考虑压力的因素,容器的上、下底的厚度常为侧面厚度的 2 倍,假设容器的体积为 $V$,请按此要求设计圆柱形容器的尺寸,使容器造价最小。

4. (存储决策问题)某公司每年销售某种商品 $a$ 件,设每次购进商品需手续费为 $b$ 元,每件商品年库存费为 $c$ 元,在该商品均匀销售的情况下(此时商品的平均库存量为批量的 $\dfrac{1}{2}$),问公司分几批购进此种商品,能使手续费与库存费之和最小?

5. 求下列积分:

(1) $\displaystyle\int x \ln x \, \mathrm{d}x$ ;　(2) $\displaystyle\int_0^{\frac{\pi}{2}} \sqrt{1 - \sin 2x} \, \mathrm{d}x$;　(3) $\displaystyle\int_0^{+\infty} x \mathrm{e}^{-2x} \, \mathrm{d}x$

6. 计算下列二重积分:

(1) $\displaystyle\int_1^2 \int_1^{x^2} (x^2 + y^2) \, \mathrm{d}y \, \mathrm{d}x$;　(2) $\displaystyle\int_0^1 \mathrm{d}y \int_y^1 \dfrac{\sin x}{x} \, \mathrm{d}x$

7. 在 $[0, 2\pi]$ 区间,画出 $y(x) = \displaystyle\int_0^x \dfrac{\sin t}{t} \, \mathrm{d}t$ 曲线,并计算 $y(4.5)$。

8. 求下列级数的和:

(1) $\displaystyle\sum_{n=1}^{\infty} \dfrac{1}{1 + n^2}$;(2) $\displaystyle\sum_{n=1}^{\infty} \dfrac{1}{n(n + 1)}$;(3) $\displaystyle\sum_{n=1}^{\infty} \dfrac{x^{2n}}{2n}$;(4) $\displaystyle\sum_{k=0}^{\infty} \dfrac{2}{2k + 1}\left( \dfrac{x - 1}{x + 1} \right)^{2k+1}$

# 实验 3.2　方程(组)的解法

## 3.2.1　实验背景知识介绍

在实际经济管理中,一些问题往往可归结为方程(组)的求解问题。本节介绍用 MATLAB 求解非线性方程(组)的解法。

1. $n$ 次多项式函数

设 $n$ 是一非负整数,称表达式

$$a_n x^n + a_{n-1} x^{n-1} + \cdots + a_1 x + a_0$$

为一元 $n$ 次多项式。

式中：$a_n, a_{n-1}, \cdots, a_1, a_0$ 是常数。

由多项式定义的函数称为多项式函数。若多项式函数

$$f(x) = a_n x^n + a_{n-1} x^{n-1} + \cdots + a_1 x + a_0$$

在 $x = x_0$ 处的值为 0，即 $f(x_0) = 0$，则称 $x_0$ 为 $f(x)$ 的一个根或零点。

$n$ 次实多项式函数的零点不多于 $n$ 个。

2. 非线性方程

一元非线性方程的一般形式为

$$f(x) = 0$$

式中：$x$ 为未知量。

若有数 $a$ 满足 $f(a) = 0$，则称 $a$ 为方程的解或根，或称为函数 $f(x)$ 的零点；如果有数 $a$ 满足 $f(a) = 0$，且 $f'(a) \neq 0$，则称 $a$ 是方程的单根；如果存在 $k > 1$，对于数 $a$ 满足 $f(a) = f'(a) = \cdots = f^{(k-1)}(a) = 0, f^{(k)}(a) \neq 0$，则称 $a$ 是方程的 $k$ 重根。

关于方程 $f(x) = 0$ 的求解问题主要有两种要求：一是确定出在给定范围内的某个解；二是定出方程的全部解。

除少数方程可以用公式求解外，大多数方程的求解只能用数值方法求近似解。常用的数值解法有二分法、简单迭代法、牛顿法、弦截法等。

（1）二分法。设方程 $f(x) = 0$ 在区间 $[a,b]$ 内有根 $x^*$，用二分有根区间的方法，得到有根区间序列：$[a,b] \supset [a_1,b_1] \supset \cdots \supset [a_n,b_n] \supset \cdots$，则

$$x^* \approx x_n = \frac{1}{2}(a_n + b_n) \qquad (a_0 = a, b_0 = b, n = 0,1,2,\cdots)$$

且有误差估计式

$$|x^* - x_n| \leqslant \frac{b - a}{2^{n+1}}$$

（2）简单迭代法。若方程 $f(x) = 0$ 可以表示成 $x = \varphi(x)$，那么有简单迭代法的迭代公式

$$x_n = \varphi(x_{n-1}) \qquad n = 1,2,\cdots$$
$$x^* = \lim_{n \to \infty} x_n = \varphi(\lim_{n \to \infty} x_{n-1}) = \varphi(x^*)$$

则 $n$ 足够大时有 $x^* \approx x_n$。

可以证明：若存在 $0 < \lambda < 1$，使 $|\varphi'(x)| \leqslant \lambda (a \leqslant x \leqslant b)$，则在有根区间 $[a,b]$ 内任取一点 $x_0$ 作为初始值进行迭代，迭代数列 $\{x_n\}$ 都收敛到 $f(x) = 0$ 的根。

（3）牛顿迭代法（又称切线法）。若方程 $f(x) = 0$ 在 $[a,b]$ 内有根 $x^*$，则此根在几何上解释为曲线 $y = f(x)$ 与 $x$ 轴交点的横坐标 $x^*$。我们可以用 $f(x)$ 的切线与 $x$ 轴的交点来逼近 $x^*$。牛顿法的迭代公式为

$$x_n = x_{n-1} - \frac{f(x_{n-1})}{f'(x_{n-1})} \qquad (n = 1,2,\cdots)$$

可以证明:若选初始值 $x_0$ 满足 $f(x_0)f''(x_0) > 0$,则迭代解数列 $\{x_n\}$ 一定收敛到 $x^*$。

(4) 弦截法。若 $f(x) = 0$ 在区间 $[a,b]$ 内有根,用两点连线与 $x$ 轴交点逼近曲线 $f(x)$ 与 $x$ 轴的交点,则有迭代公式

$$x_{n+1} = x_n - \frac{f(x_n)}{f(x_n) - f(x_{n-1})}(x_n - x_{n-1}) \quad (n = 1,2,\cdots)$$

通常将 $a,b$ 取为两个初始值。

几何意义:用两点连线与 $x$ 轴交点逼近曲线 $f(x)$ 与 $x$ 轴的交点。

3. 求解方程根的 MATLAB 命令

常用解方程或方程组的 MATLAB 命令见表 3.3。

表 3.3  常用解方程或方程组的 MATLAB 命令

| 命 令 | 意 义 |
|---|---|
| roots(p) | 求多项式函数的根,其中 p 是多项式系数向量 |
| solve('eq','var') | 求符号方程 eq(组)关于变量 var 的解 |
| fsolve(fun,x0) | 求函数 fun 在 x0 附近的数值解 |
| fzero(fun,x0) | 求一元函数 fun 在 x0 附近的实根 |

### 3.2.2  实验内容

1. $n$ 次多项式函数的根

**例 3.2.1**  求方程 $x^3 - 6x^2 + 11x - 6 = 0$ 的全部根。

分析:这是求多项式函数根的问题,可调用 roots( )命令,这里要先写出降幂形式的多项式的系数向量 $p$,本例中 $p = [1, -6, 11, -6]$。

解:在命令窗口中输入以下命令:

```
clear
p = [1, -6, 11, -6];
x = roots(p)
```

输出结果如下:

```
x = 3.0000
    2.0000
    1.0000
```

说明:也可调用 solve 命令求解,若输入 solve('x^3 - 6 * x^2 + 11 * x - 6');则得

```
ans = [1]
      [2]
      [3]
```

但两个命令是有区别的,请读者分别用这两个命令求方程 $x^3 - x - 1 = 0$,观察结果的差别。

**例 3.2.2**  设甲乙双方签定一笔借款合同,甲方于年初向乙方借出 100 万元人民币,从第二年末开始,以后每年末乙方向甲方所还款项分别为 20、30、40、50 万元,设借款期间年利率不变,求这笔借款的年利率。

分析:设这笔借款的年利率为 $r$,则第二年末还款 20 万元相当于现值为 $20(1+r)^{-2}$ 万元,第三年末还款 30 万元相当于现值为 $30(1+r)^{-3}$ 万元,等等,还款的总现值为

$$20(1+r)^{-2} + 30(1+r)^{-3} + 40(1+r)^{-4} + 50(1+r)^{-5}$$

这样,得方程

$$20(1+r)^{-2} + 30(1+r)^{-3} + 40(1+r)^{-4} + 50(1+r)^{-5} = 100$$

令 $x = (1+r)^{-1}$,则方程变成

$$20x^2 + 30x^3 + 40x^4 + 50x^5 = 100$$

解此多项式函数方程,可求出 $r = 0.0924$,即这笔借款的年利率为 9.24%。

解:在命令窗口中输入以下命令:

```
clear
p =[50,40,30,20,0,-100];
x = roots(p)                    % 求 x 的值
r =1./x-1                       % 求利率 r 的值
```

输出结果如下:

```
x = -1.0461 + 0.6680i
    -1.0461 - 0.6680i
     0.1884 + 1.1759i
     0.1884 - 1.1759i
     0.9154
r = -1.6791 - 0.4336i
    -1.6791 + 0.4336i
    -0.8671 - 0.8291i
    -0.8671 + 0.8291i
     0.0924
```

说明:roots 能求出方程的全部(实与复)根,而实际问题只需要求出实根就可以了,因此本例求出的复根没有实际意义。

2. 一元函数的零点

例 3.2.3   求函数 $f(x) = \sin x - 0.2x$ 的零点。

分析:求函数的零点相当于解方程 $\sin x - 0.2x = 0$。由于 $-1 \leqslant \sin x \leqslant 1$,所以方程解的范围为 $-5 \leqslant x \leqslant 5$。按函数零点的几何意义,我们先画出函数的图形,观察曲线和 $x$ 轴的交点坐标,然后取定初值 $x_0$,调用命令 fzero( ) 求出 $x_0$ 附近的一个解。

解:在命令窗口中输入以下命令:

```
clear
fplot('sin(x)-0.2*x',[-5,5]);          % 由分析确定作图区间为[-5,5]
grid on
```

输出图形如图 3.4 所示。

由图形可知 $\pm 3,0$ 附近各有一解,这样取定初值 $x_0 = 3$,调用命令 fzero( ) 求解如下:

```
x1 = fzero('sin(x)-0.2*x',3)           % 求解方程
x1 = 2.5957                            % 结果
```

说明:(1)结果表明,函数有一个近似零点为 x1 = 2.5957,由于方程只有三实根,且该

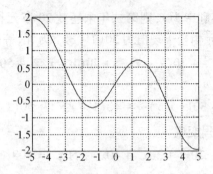

图 3.4 $\sin(x) - 0.2^*x$ 的图形

函数是奇函数,因此方程的全部解为 x1 = 2.5957,x2 = -2.5957,x3 = 0。

(2)注意 fzero 只能求零点附近函数值变号的根。试用 fzero 求解方程 $x^2 - 2x + 1 = 0$,取定初值 $x_0 = 1.2$,看看有什么情况发生。

3. 非线性方程组的解法

**例 3.2.4** 设方程组 $\begin{cases} x^2 + y^2 - 5 = 0 \\ xy - 3x + y - 1 = 0 \end{cases}$ (1)求实数解;(2)求全部解。

分析:这是二元非线性方程组,每一个方程可表示平面上的一条曲线,方程的实数解是两条曲线的交点,因此先画出图形,观察曲线的交点坐标,然后由交点坐标近似取定初值 $(x_0, y_0)$,调用命令 fsolve 求出 $(x_0, y_0)$ 附近的一个解。方程组的全部解有可能有复数解,可调用命令 solve 求符号解。

解:(1)求实数解. 在命令窗口中输入以下命令:

```
clear
ezplot('x^2 + y^2 -5',[ -2.5,2.5, -2,5,2.5])
hold on
ezplot('(x+1)*y-(3*x+1)',[ -2.5,2.5, -2,5,2.5])
grid on
```

输出图形如图 3.5 所示。

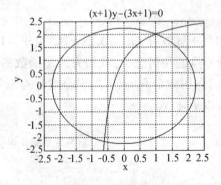

图 3.5 两曲线交点

由图形可知曲线的交点坐标近似为 (1,2),( -0.5, -2),这说明在这些点附近各有解,这样取定初值 $x_0 = 1$,$y_0 = 2$,调用命令 fsolve ()求解如下:

```
fsolve('[x(1)^2 + x(2)^2 -5,(x(1) +1)*x(2) - (3*x(1) +1)]',[1,2])    % 求解显
```

```
Optimization terminated successfully:

First - order optimality is less than options.TolFun.

ans = 1        2
```

fsolve('[x(1)^2 + x(2)^2 -5,(x(1) +1)*x(2) -(3*x(1) +1)]',[ -0.5, -2.5])   % 求解显
示结果

```
Optimization terminated successfully:

First - order optimality is less than options.TolFun.

ans =

    -0.6117     -2.1508
```

（2）求全部解. 在命令窗口中输入以下命令：

```
clear all;

syms x y;

[x,y] = solve('x^2 +y^2 -5 =0','x*y -3*x +y -1 =0');            % 调用命令 solve( )
```
求全部解。

```
vpa([x,y],6)
```

输出结果如下：

```
ans =

[                1.0,                2.0]

[          -0.611709,           -2.15077]

[ 2.26121*i - 1.19415, 0.878009*i + 3.07539]

[ -2.26121*i -1.19415, 3.07539 - 0.878009*i]
```

说明：（1）调用 fsolve(fun,x0)命令时，原方程组中未知数要用数组表示，即(x,y)表示成[x(1),x(2)]，且各个方程写成符号表达式，即 fun 应写成：'[方程1,方程2]'，x0 写成初值向量形式如[1,2]。

（2）fsolve 是采用最小二乘优化方法求方程数值解，有时可能会陷入局部极小，这样就会计算出错。试求解方程 $x^2 +x +1 =0$，看看结果如何。

（3）也可以用前面介绍的各种迭代公式求方程的数值解。

**例3.2.5** 运用牛顿迭代法求方程 $x^2 -3x +e^x -2 =0$ 的正根（要求精度为 $10^{-6}$）。

分析：这是非线性方程，要求的根大于0，令 $f(x) =x^2 -3x +e^x -2$，由于 $f(0) = -1 < 0$，$f(2) =e^2 -4 >0$，且当 $x >2$ 时 $f'(x) >0$，所以方程的正根位于区间[0,2]内。这样先画出图形，观察曲线与 $x$ 轴的交点坐标，然后取定初值 $x_0$，再由牛顿迭代公式编程求解。

解：在命令窗口中输入以下命令：

```
clear

ezplot('x^2 -3*x +exp(x) -2',[0,2])

grid on
```

输出图形如图 3.6 所示。由图形可知 $x_0 =1.2$ 附近有解，这样取定初值 $x_0 =1.2$。

在命令窗口中输入以下命令：

```
clear

format long;

x0 =1.2;
```

```
f = 'x^2 - 3 * x + exp(x) - 2';
f1 = diff(f);                          % f 的微分
x1 = x0 - subs(f,x0)/subs(f1,x0);
while(abs(x0 - x1) > 1e - 6)           % 设置误差即收敛条件
x0 = x1;
x1 = x0 - subs(f,x0)/subs(f1,x0);      % 牛顿迭代公式
end;
x = x1
format
```

运行结果如下:

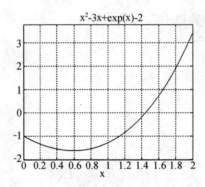

图 3.6  x^2 - 3 * x + exp(x) - 2 的图形

x = 1.44623868596643

说明:运用迭代法求方程数值解时,应掌握各种方法的收敛条件,只有这样,才能得到正确结果。

### 3.2.3 练习

1. 求下列方程根:

(1) $x^5 - x^3 + x - 1 = 0$;  (2) $\cos x - 0.3x^2 = 0$;  (3) $e^x + 3x^3 - 2x = 0$

2. 求 $-0.5 + t - 10e^{-0.2t} | \sin [\sin t] | = 0$ 的实数解。

3. 养老保险是与人们生活密切相关的一种保险类型。通常保险公司会提供多种方式的养老金计划让投保人选择,在计划中详细列出保险费和养老金的数额。例如,某保险公司的一份材料指出:在每月交费 200 元至 60 岁开始领养老金的约定下,男子若 25 岁起投保,届时月养老金 2282 元,若 35 岁起投保,月养老金 1056 元;若 45 岁起投保,月养老金 420 元。又设男子的期望寿命是 85 岁,且养老期间的银行存款月利率为 1%,求这三种情况所交保险费获得的月利率。

# 实验 3.3  微分方程的求解

## 3.3.1 实验背景知识介绍

本节介绍一元微分方程、微分方程组的解析解与数值解的方法。

## 1. 微分方程的基本概念

含有未知函数以及未知函数的导数或微分的方程称为微分方程,微分方程中出现的未知函数的导数或微分的最高阶数,称为微分方程的阶。

未知函数是一元函数的微分方程称为常微分方程(ODE),未知函数是多元函数的微分方程叫偏微分方程(PDE)。

$n$ 阶常微分方程一般可表示成如下形式:

$$y^{(n)} = g(x,y,y',\cdots,y^{(n-1)}) \quad \text{或} \quad F(x,y,y',\cdots,y^{(n)}) = 0 \tag{3.5}$$

如果将 $y = f(x)$ 代入上述方程两端恒等,则称 $y = f(x)$ 为该微分方程的**解函数**,简称**解**。

若 $F(x,y,y',\cdots,y^{(n)})$ 可由 $y,y',\cdots,y^{(n)}$ 线性表示,则称此微分方程为线性微分方程,否则称为非线性微分方程。

不同类型的方程,解法不同,线性常微分方程的常见解法有分离变量法和常数变易法等。

$n$ 阶常微分方程的初值问题记为

$$\begin{cases} F(x,y,y',\cdots,y^{(n)}) = 0 \\ y\,|_{x=x_0} = y_0, y^{(k)}\,|_{x=x_0} = y_k \end{cases} \quad (k = 1,2,\cdots,n-1) \tag{3.6}$$

## 2. 微分方程的数值解法

在生产实际和科学研究中所遇到的问题往往很复杂,在很多情况下,都不可能给出微分方程的解析式解。有时即使能求出封闭的解,往往也因计算量太大而不实用。因而数值方法求解常微分方程,就成为强有力的工具。

在式(3.5)中,当 $n=1$ 时,1 阶常微分方程初值问题为

$$\begin{cases} y' = f(x,y) \\ y\,|_{x=x_0} = y_0 \end{cases} \tag{3.7}$$

其数值解是由初始点 $x_0$ 开始的点列 $x_i = x_{i-1} + h_i (h_i > 0, i = 1,2,\cdots,n)$ 上的 $y = y(x)$ 近似值 $y_i$。这里 $h_i$ 为 $x_{i-1}$ 到 $x_i$ 的步长。在计算过程中,步长可以固定,也可以改变,固定步长时,就记为 $h$。所求得的解 $y = y(x)$ 称为原微分方程初值问题的积分曲线。

若 $f(x,y)$ 满足李普希兹(Lipschitz)条件,即存在常数 $L > 0$,使对任意的 $y_1, y_2 \in R$,有 $|f(x,y_1) - f(x,y_2)| \le L|y_1 - y_2|$,则初值问题式(3.7)的解存在且唯一。

常微分方程的初值问题的数值解法的基本特点为它们都采取"步进式",即求解过程顺着节点排列的次序一步一步地向前推进。常用的方法有欧拉法、改进欧拉法、龙格—库塔(Runge-Kutta)法。

(1)欧拉法。设初值问题为(3.7),取固定步长 $h = x_i - x_{i-1}(i = 1,2,\cdots,n)$,当 $h$ 很小时,有欧拉公式

$$\begin{cases} y_{k+1} = y_k + hf(x_k,y_k) \\ x_{k+1} = x_0 + (k+1)h \end{cases} \quad (k = 0,1,2,\cdots,n-1)$$

此法的局部截断误差是 $O(h^2)$。

(2)改进欧拉法。设初值问题为(3.7),取固定步长且当 $h$ 很小时,有改进欧拉公式

$$\begin{cases} \bar{y}_{k+1} = y_k + hf(x_k, y_k) \\ y_{k+1} = y_k + \dfrac{h}{2}[f(x_k, y_k) + f(x_{k+1}, \bar{y}_{k+1})] \end{cases} \quad (k = 0, 1, 2, \cdots, n - 1)$$

改进欧拉法的局部截断误差是 $O(h^3)$。

（3）龙格—库塔法。它的基本思想是利用 $f(x, y)$ 在某些点处的值的线性组合构造公式，使其按泰勒展开后与初值问题的解的泰勒展式比较，有尽可能多的项完全相同以确定其中的参数，从而保证算式有较高的精度。Runge – Kutta 法实质上是间接使用泰勒级数的一种技术。具体的公式请读者参考有关文献。

3. 求解微分方程（组）的 MATLAB 命令

（1）常微分方程的符号解（即解析解）的命令 dsolve( )，其格式为

$$r = dsolve('eq1, eq2, \cdots', 'cond1, cond2, \cdots', 'v')$$

① 该命令对给定的常微分方程（组）eq1, eq2, …中指定的符号自变量 v，与给定的边界条件和初始条件 cond1, cond2, …求符号解 r。

② 若没有指定变量 v，则缺省变量为 t；在微分方程（组）的表达式 eq 中，大写字母 D 表示对自变量（设为 x）的微分算子：Dy = dy/dx，D2y = d2y/dx2，…微分算子 D 后面的字母则表示为因变量，即待求解的未知函数。

③ 初始和边界条件由字符串表示：y(a) = b，Dy(c) = d，D2y(e) = f，分别表示 $y(x)|_{x=a} = b$，$y'(x)|_{x=c} = d$，$y''(x)|_{x=e} = f$。

④ 若边界条件少于方程（组）的阶数，则返回的结果 r 中会出现任意常数 C1，C2，… 若该命令找不到解析解，则返回一警告信息，同时返回一空的 sym 对象，这时，用户可以用命令 ode23 或 ode45 求解方程组的数值解。

（2）常微分方程（ODE）的数值解法。MATLAB 提供了多种求解 ODE 的命令，对于不同的 ODE 问题，采用不同的命令，具体见表 3.4。

表 3.4　求解 ODE 问题的不同命令与特点

| 命令 | 系统类型 | 特　　　点 | 说　　明 |
|---|---|---|---|
| ode45 | 非刚性 | 一步算法，4/5 阶 Runge – Kutta 方程，累计截断误差达 $(\Delta x)^3$ | 大多情形首选算法 |
| ode23 | 非刚性 | 一步算法，2/3 阶 Runge – Kutta 方程，累计截断误差达 $(\Delta x)^3$ | 精度较低的情形 |
| ode113 | 非刚性 | 多步法，Adams 算法，高低精度均可到 $10^{-6} \sim 10^{-3}$ | 计算时间比 ode45 短 |
| ode15s | 刚性 | 多步法，Gear's 反向数值微分，精度中等 | ode45 失效时试用 |
| ode23t | 适度刚性 | 采用梯形算法 | 适度刚性情形 |
| ode23s | 刚性 | 一步法，2 阶 Rosebrock 算法，低精度 | 当精度较低时，计算时间比 ode15s 短 |

调用表 3.4 中的命令的一般格式为

$$[t, x] = solver('fun', ts, , x_0, options)$$

其中：solver 是表 3.4 中的某个命令；t 为自变量；x 为函数值；fun 为待解方程写成的

M 文件; $ts = [t_0, t_f]$ 为自变量的初值与终值; $x_0$ 为函数初值; options 用于设定误差限, 命令为 options = odeset('reltol', rt, 'abstol', at), rt, at 分别为设定的相对误差与绝对误差。

求解具体 ODE 的基本过程如下:

① 根据问题所属学科中的规律、定律、公式, 用微分方程与初始条件进行描述。

② 运用数学中的变量替换: $y_n = y^{(n-1)}, \cdots, y_2 = y', y_1 = y$, 把高阶(大于 2 阶)的方程(组)写成一阶微分方程组

$$Y' = \begin{pmatrix} y'_1 \\ y'_2 \\ \vdots \\ y'_n \end{pmatrix} = \begin{pmatrix} f_1(t, Y) \\ f_2(t, Y) \\ \vdots \\ f_n(t, Y) \end{pmatrix}; \qquad Y_0 = \begin{pmatrix} y_1(0) \\ y_2(0) \\ \vdots \\ y_n(0) \end{pmatrix} = \begin{pmatrix} y_0 \\ y_1 \\ \vdots \\ y^{(n-1)} \end{pmatrix}$$

③ 根据①与②的结果, 编写能计算导数的 M 函数文件 odefile。

④ 将文件 odefile 与初始条件传递给求解器 solver 中的一个, 运行后就可得到 ODE 在指定时间区间上的解列向量 $y$(其中包含 $y$ 及其不同阶的导数)。

### 3.3.2 实验内容

1. 求常微分方程的解析解

**例 3.3.1** 求微分方程 $y' + 2xy = xe^{-x^2}$ 的通解。

分析: 这是一阶线性非齐次微分方程, 其有解析解, 因此调用 dsolve() 命令可解。

解: 在命令窗口中输入以下命令:

```
y = dsolve('Dy + 2 * x * y = x * exp( - x^2)', 'x')
```

输出结果:

```
y = 1/2 * exp( - x^2) * x^2 + exp( - x^2) * C1
```

即原方程的通解为

$$y = \frac{1}{2}x^2 e^{-x^2} + c_1 e^{-x^2}$$

式中: $c_1$ 为任意常数。

**例 3.3.2** 求微分方程 $(x^2 - 1)y' + 2xy - \cos x = 0$ 在初始条件 $y|_{x=0} = 1$ 的解。

分析: 这是一阶微分方程的初值问题, 调用 dsolve 命令可解。

解: 在命令窗口中输入以下命令:

```
y = dsolve('(x^2 - 1) * Dy + 2 * x * y - cos(x) = 0', 'y(0) = 1', 'x')
```

输出结果:

```
y = (sin(x) - 1) / (x^2 - 1)
```

即原方程满足初始条件 $y|_{x=0} = 1$ 的解为 $y = \dfrac{\sin x - 1}{x^2 - 1}$。

**例 3.3.3** 求微分方程 $y'' + 3y' + e^x = 0$ 的通解。

分析: 这是 2 阶线性常系数微分方程, 调用 dsolve 命令可解。

解: 在命令窗口中输入以下命令:

```
y = dsolve('D2y + 3 * Dy + exp(x) = 0', 'x')
```

输出结果:

```
ans = -1/4 * exp(x) + C1 + C2 * exp( -3 * x)
```

即原方程的通解为 $\qquad y = -\dfrac{1}{4}e^{x} + c_{1} + c_{2}e^{-3x}$

式中:$c_{1},c_{2}$ 是任意常数。

**例 3.3.4** 求解两点边值问题:$xy'' - 3y' = x^{2},y(1) = 0,y(5) = 0$,并画出解的图形。

**解:**在命令窗口中输入以下命令:

```
y = dsolve('x * D2y - 3 * Dy = x^2','y(1) = 0,y(5) = 0','x')     % 解方程
ezplot(y,[ -1,6])                                                % 画出解的图形 3.7
hold on
plot([1,5],[0,0],'.r','MarkerSize',20)                           % 标记两点图形 3.7
text(1,1,'y(1) = 0')
text(4,1,'y(5) = 0')
title(['x * D2y - 3 * Dy = x^2',',',' y(1) = 0,y(5) = 0'])
hold off
```

输出结果:

```
y =
31/468 * x^4 - 1/3 * x^3 + 125/468
```

输出图形结果如图 3.7 所示。

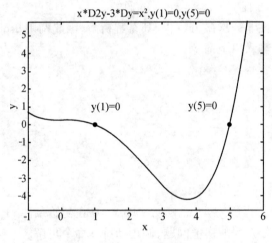

图 3.7    两点边值问题解的曲线

**2. 微分方程的数值解法**

**例 3.3.5** 求 $y'' - 1000(1 - y^{2})y' - y = 0$ 在初始条件 $y(0) = 2,y'(0) = 0$ 下的数值解。

**分析:**这是二阶微分方程,必须先转化为微分方程组,即令 $y_{1} = y,y_{2} = y'$,则微分方程变为微分方程组

$$\begin{cases} y'_{1} = y_{2} \\ y'_{2} = 1000(1 - y_{1}^{2})y_{2} - y_{1} \\ y_{1}(0) = 2,y_{2}(0) = 0 \end{cases}$$

然后建立 M 文件 fun3_3_5. m 如下：

```
function dy = fun3_3_5 (x,y)
dy = zeros(2,1);
dy(1) = y(2);
dy(2) = 1000*(1 - y(1)^2)*y(2) - y(1);
```

当取 $x_0 = 0, x_f = 3000$ 时，编程调用 ode15s 命令可解。

解：在命令窗口中输入以下命令：

```
[X,Y] = ode15s(' fun3_3_5',[0,3000],[2,0]);
plot(X,Y(:,1),' - o')
grid on
```

输出图形结果如图 3.8 所示。

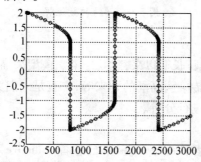

图 3.8　$y(x)$ 的数值解

说明：本例子若用 dsolve 命令求解，将出现错误信息。

**例 3.3.6**　求 $y''' + 0.51yy'' = 0$ 在初始条件 $y(0) = 0, y'(0) = 1, y''(0) = 1$ 下的数值解。

分析：这是三阶微分方程，令 $y_1 = y, y_2 = y', y_3 = y''$，则微分方程变为微分方程组

$$\begin{cases} y'_1 = y_2 \\ y'_2 = y_3 \\ y'_3 = -0.51y_1y_2 \\ y_1(0) = 0, y_2(0) = 1, y_2(0) = 1 \end{cases}$$

建立 M 文件 fun3_3_6. m 如下：

```
function dy = fun3_3_5 (x,y)
dy = zeros(3,1);
dy(1) = y(2);
dy(2) = y(3);
dy(3) = -0.51*y(1)*y(2);
```

当取 $x_0 = 0, x_f = 12$ 时，编程调用 ode15s 命令可解。

解：在命令窗口中输入以下命令：

```
[X,Y] = ode15s(' fun3_3_5',[0,12],[0,1,1]);
plot(X,Y(:,1),' - o')
grid on
```

输出图形结果如图 3.9 所示。

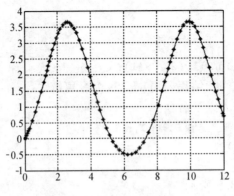

图 3.9 $y(x)$ 的数值解

### 3. 微分方程建模实例

**例 3.3.7** （传染病模型）长期以来,建立传染病模型来描述传染病的传染过程,分析受感染人数变化规律,预报传染病高潮的到来等,一直是人们关注的课题。这里介绍几个常用传染病模型,并对它们进行分析。

**模型 1(SI 模型)**

假设:①人群分为易感者(Susceptible)和已感者(Infictive)两类,时刻 $t$ 这两类人在总人数中所占的比例分别记为 $s(t)$ 和 $y(t)$;②每个病人每天有效接触的平均人数是常数 $\lambda$,$\lambda$ 称为日接触率。当病人与健康者有效接触时,使健康者受感染变为病人。

又设总人口数为 $N$,根据模型假设,每个患者每天可使 $\lambda s(t)$ 个健康者变为病人,因为病人数为 $Ny(t)$,所以每天共有 $\lambda N s(t) y(t)$ 个健康者变为病人,即有

$$N\frac{\mathrm{d}y}{\mathrm{d}t} = \lambda N s y \tag{3.8}$$

又因为

$$s(t) + y(t) = 1$$

初始时刻$(t=0)$病人比例为 $b$(常数),则已感者的初值问题的模型为

$$\begin{cases} \dfrac{\mathrm{d}y}{\mathrm{d}t} = \lambda y(1-y) \\ y(0) = b \end{cases} \tag{3.9}$$

用 MATLAB 解方程(3.9),在命令窗口中输入以下命令:

```
syms a b
y=dsolve('Dy=a*y*(1-y)','y(0)=b','t')     % 其中 a 代表式(3.8)中的 λ
```

输出结果

```
y=1/(1-exp(-a*t)*(-1+b)/b)
```

即微分方程(3.8)的解为

$$y(t) = \cfrac{1}{1 + \left(\cfrac{1}{b} - 1\right)\mathrm{e}^{\lambda t}} \tag{3.10}$$

80

当 $b=0.09,\lambda=0.1$ 时,分别在坐标系 $oty$ 中作出 $y(t)$ 的图形(图3.10),在坐标系 $oyy'$ 中作出 $y'=\lambda y(1-y)$ 的图形(图3.11),其程序如下:

```
a = 0.1;b = 0.09;
h = dsolve('Dy = a*y*(1-y)','y(0) = b','t');          % 其中的a表示式(3.8)中的λ
f = subs(h)
>> 1/(exp(log(91/9) - t/10) + 1)
ezplot(f,[0,60])
grid on
figure(2)
fplot('0.1*y*(1-y)',[0,1])
grid on
```

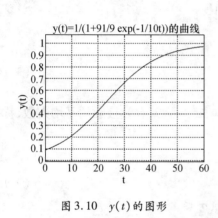

图3.10 $y(t)$ 的图形

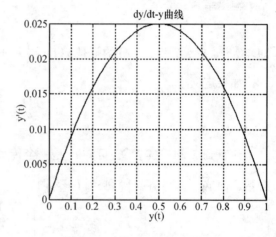

图3.11 $y'=\lambda y(1-y)$ 的图形

结论:①当 $y=\dfrac{1}{2}$ 时,$\dfrac{\mathrm{d}y}{\mathrm{d}t}$ 达到最大值;②当 $t\to\infty$ 时,$y(t)\to1$,即所有的人终将被传染,全变为病人,这显然不符合实际情况,其原因是模型没有考虑病人可以治愈,只考虑了人群中的健康者能变为病人,而病人不会变为健康者。

**模型2(SIS 模型)**

有些传染病如伤风、痢疾等愈后免疫力很低,有可能再次被传染变为病人,所以这个模型称 SIS 模型。SIS 模型的假设条件①、②与 SI 模型相同,增加条件③,即病人每天被治愈的占病人总数的比例为 $\mu$,称为日治愈率,显然 $\mu^{-1}$ 是这种传染病的平均传染期。不难看出,考虑假设条件③,SI 模型(3.8)式应修改为

$$N\frac{\mathrm{d}y}{\mathrm{d}t} = \lambda Nsy - \mu Ny \tag{3.11}$$

于是式(3.9)应改为

$$\begin{cases} \dfrac{\mathrm{d}y}{\mathrm{d}t} = \lambda y(1-y) - \mu y \\ y(0) = b \end{cases} \tag{3.12}$$

用 MATLAB7.0 解方程(3.12),在命令窗口中输入命令:

```
>>h2 = dsolve('Dy = a*y*(1-y) - c*y', 'y(0) = b', 't')     % 其中的 c 表示式(3.11)中
                                                                     的 μ
```

输出结果:

```
h2 = (a-c)/(a-exp(-(a-c)*t)*(-a+c+b*a)/b/(a-c)*a+exp(-(a-c)*t)*
(-a+c+b*a)/b/(a-c)*c)
```

即当 $\lambda \neq \mu$ 时微分方程(3.11)的解为

$$y(t) = \left[ \frac{\lambda}{\lambda-\mu} + \left( \frac{1}{b} - \frac{\lambda}{\lambda-\mu} \right) e^{-(\lambda-\mu)t} \right]^{-1} \tag{3.13}$$

当 $\lambda = \mu$ 时,输入命令:

```
>>h3 = dsolve('Dy = a*y*(1-y) - a*y', 'y(0) = b', 't')
```

输出结果:

```
h3 = 1/(a*t+1/b)
```

即当 $\lambda = \mu$ 时,方程(3.12)的解是 $y(t) = \left( \lambda t + \dfrac{1}{b} \right)$。

如果定义

$$\sigma = \frac{\lambda}{\mu} \tag{3.14}$$

注意到 $\lambda$ 和 $\dfrac{1}{\mu}$ 的含义,可知 $\sigma$ 是一个传染期内每个病人有效接触的平均人数,称接触数。由式(3.13)容易得到,当 $t \to \infty$ 时,

$$y(\infty) = \begin{cases} 1 - \dfrac{1}{\sigma} & (\sigma > 1) \\[2mm] 0 & (\sigma \leq 1) \end{cases} \tag{3.15}$$

令 $\lambda = 0.01, \mu = 0.05, b = 0.7$,根据式(3.13)~式(3.15)可以画出 $y(t)-t$ 曲线(如图 3.12 所示);令 $\lambda = 0.3, \mu = 0.15, b = 0.7$,可以画出 $y(t)-t$ 曲线(图 3.13(a));令 $\lambda = 0.3, \mu = 0.15, b = 0.3$,可以画出 $y(t)-t$ 曲线(图 3.13(b)),程序如下:

```
a = 0.01;b = 0.7;c = 0.05;
h22 = subs(h2)
ezplot(h22,[0,120])          % 绘制 λ = 0.01,μ = 0.05,b = 0.7 时 y(t) - t 曲线
grid on
a = 0.3;c = 0.15;
h23 = subs(h2)
figure(2)
subplot(2,1,1)
ezplot(h23,[0,25])           % 绘制 λ = 0.3,μ = 0.15,b = 0.7 时 y(t) - t 曲线
grid on
b = 0.3;
h24 = subs(h2)               % 代入 b = 0.3
subplot(2,1,2)
ezplot(h24,[0,25])           % 绘制 λ = 0.3,μ = 0.15,b = 0.3 时 y(t) - t 曲线
grid on
```

输出结果:

h22 = -1/25/(1/100 - 47/700*exp(1/25*t))

h23 = 3/20/(3/10 - 3/35*exp(-3/20*t))

h24 = 3/20/(3/10 + 1/5*exp(-3/20*t))

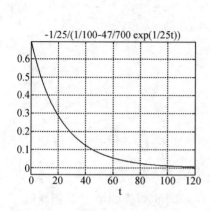

图 3.12　$\lambda = 0.01, \mu = 0.05,$
　　　$b = 0.7$ 时的 $y(t) - t$ 曲线

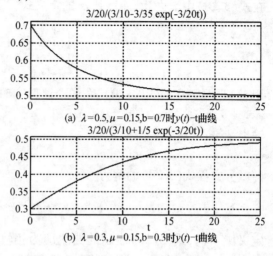

(a) $\lambda=0.5, \mu=0.15, b=0.7$时$y(t)$-t曲线

(b) $\lambda=0.3, \mu=0.15, b=0.3$时$y(t)$-t曲线

图 3.13　$y(t) - t$ 曲线

结论:接触数 $\sigma = 1$ 是一阀值。当 $\sigma \leq 1$ 时,病人比例 $y(t)$ 越来越少,最终趋于零。这是由于传染期内经有效接触从而使健康者变成病人数不超过原来病人数的缘故;当 $\sigma > 1$ 时,$y(t)$ 的增减性取决于 $b$ 的大小,但其极值 $y(\infty) = 1 - \dfrac{1}{\sigma}$ 随 $\sigma$ 的增加而增加。

**模型 3(SIR 模型)**

大多数传染病如天花、流感、肝炎、麻疹等治愈后均有很强的免疫力,所以病愈的人既非健康者,也非病人,他们已经退出传染系统。这种情况下的模型假设条件①人群分为健康者、病人和病愈免疫的移出者(Removed)三类。三类人在总人数 N 中占的比例分别记为 $s(t), i(t), r(t)$。②病人的日接触率为 $\lambda$,日治愈率为 $\mu$,传染期接触数为 $\dfrac{\lambda}{\mu}$。由条件①显然有

$$s(t) + i(t) + r(t) = 1 \qquad (3.16)$$

根据条件②方程(3.11)仍成立。对于病愈移出者而言应有

$$\frac{\mathrm{d}r}{\mathrm{d}t} = \mu y \qquad (3.17)$$

再记初始时刻的健康者和病人的比例分别为 $s_0$ 和 $y_0$,由式(3.11),式(3.16),式(3.17),SIR 模型的方程可以写为

$$\begin{cases} \dfrac{\mathrm{d}y}{\mathrm{d}t} = \lambda sy - \mu y \\[2mm] \dfrac{\mathrm{d}s}{\mathrm{d}t} = -\lambda sy \\[2mm] y(0) = y_0 \quad s(0) = s_0 \end{cases} \qquad (3.18)$$

式(3.18)无法求出 $s(t)$ 和 $y(t)$ 的解析解,所以需要转到相平面 $sy$ 上来讨论解的性质。相轨线的定义域 $(s,y)\in D$ 应为

$$D = \{(s,y) \mid s \geqslant 0, y \geqslant 0, s + y \leqslant 1\} \tag{3.19}$$

在式(3.18)中消去 $dt$,注意到 $\sigma$ 的定义式(3.14),可得

$$\begin{cases} \dfrac{dy}{ds} = \dfrac{1}{\sigma s} - 1 \\ y\big|_{s=s_0} = y_0 \end{cases} \tag{3.20}$$

用 MATLAB7.0 解式(3.20),在命令窗口中输入命令:

```
dsolve('Dy =1/cma/s-1','y(s0)=y0','s')        % 其中的 cma 表示(3.19)中的 σ
```

输出结果:

```
ans = -s+1/cma*log(s)+(s0*cma-log(s0)+y0*cma)/cma
```

即微分方程式(3.20)的解为

$$y(s) = (s_0 + y_0) - s + \frac{1}{\sigma}\ln\frac{s}{s_0} \tag{3.21}$$

定义域 $D$ 内,式(3.21)表示的曲线即为相轨线。在不同的初值的情况下相轨线不同,例如,在 $\sigma = 1$ 时,$(y_0,s_0)$ 分别取 $(0.3,0.65)$、$(0.4,0.35)$、$(0.5,0.45)$、$(0.7,0.25)$ 时的相轨线如图 3.14 所示,作图程序如下:

```
f = dsolve('Dy =1/cma/s-1','y(s0)=y0','s');
cma =1;y0 =0.3;s0 =0.65;
f1 = subs(f);
ezplot(f1,[0,1])
hold on
y0 =0.4;s0 =0.35;
f2 = subs(f);
ezplot(f2,[0,1])
y0 =0.5;s0 =0.45;
f3 = subs(f);
ezplot(f3,[0,1])
y0 =0.7;s0 =0.25;
f4 = subs(f);
ezplot(f4,[0,1])
ezplot('1-s',[0,1])
grid on
```

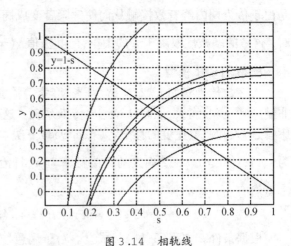

图 3.14　相轨线

根据式(3.18)、式(3.21)和图 3.14 分析 $t\rightarrow\infty$ 时,$s(t)$,$y(t)$ 和 $r(t)$ 的变化情况,可以得到以下结论:①不论初始条件 $s_0$,$y_0$ 如何,病人终将消失,即 $i_\infty\rightarrow 0$。②最终未被感染的健康者的比例是 $s_\infty$。在式(3.20)中令 $y=0$,得到 $s_\infty$ 是方程

$$(s_0 + y_0) - s_\infty + \frac{1}{\sigma}\ln\frac{s}{s_0} = 0 \tag{3.22}$$

在 $\left(0, \dfrac{1}{\sigma}\right)$ 内的单根。在图形上 $s_\infty$ 是相轨线与 $s$ 轴在 $\left(0, \dfrac{1}{\sigma}\right)$ 内交点的横坐标。

84

对群体免疫和预防来说，根据对 SIR 模型的分析，当 $s_0 \leqslant \dfrac{1}{\sigma}$ 时传染病不会蔓延。所以为制止蔓延，除了提高卫生和医疗水平，使 $\dfrac{1}{\sigma}$ 变大以外，另一个途径是降低 $s_0$，这可以通过譬如预防接种使群体免疫的办法得到。

忽略病人比例的初始值 $y_0$，有 $s_0 = 1 - r_0$。于是传染病不会蔓延的条件 $s_0 \leqslant \dfrac{1}{\sigma}$ 可以表为

$$r_0 \geqslant 1 - \frac{1}{\sigma} \tag{3.23}$$

这就是说，只要通过群体免疫使初始时刻的移出者比例 $r_0$ 满足式（3.22），就可以制止传染病的蔓延。这种办法生效的前提条件是免疫者均匀分布在全体人口中，实际上这是难以做到的。据世界卫生组织报告，即使花费大量的资金提高 $r_0$，也因很难做到免疫者的均匀分布。这使得天花直到 1977 年才在全世界根除，而有些传染病的 $\sigma$ 更高，根除就更加困难。

**例 3.3.8** （市场价格模型）对于纯粹的市场经济来说，商品市场价格取决于市场供需之间的关系，市场价格能促使商品的供给与需求相等（这样的价格称为静态均衡价格，简称均衡价格）。也就是说，如果不考虑商品价格形成的动态过程，那么商品的市场价格应能保证市场的供需平衡，但是，实际的市场价格不会恰好等于均衡价格，而且价格也不会是静态的，应是随时间不断变化的动态过程。试建立描述市场价格形成的动态过程的数学模型。

解：假设在某一时刻 $t$，商品的价格为 $p(t)$，它与该商品的均衡价格间有差别，此时，存在供需差，此供需差促使价格变动。对新的价格，又有新的供需差，如此不断调节，就构成市场价格形成的动态过程，假设价格 $p(t)$ 的变化率 $\dfrac{\mathrm{d}p}{\mathrm{d}t}$ 与需求和供给之差成正比，并记 $f(p,r)$ 为需求函数，$g(p)$ 为供给函数（$r$ 为参数代表），于是有

$$\begin{cases} \dfrac{\mathrm{d}p}{\mathrm{d}t} = \alpha[f(p,r) - g(p)] \\ p(0) = p_0 \end{cases} \tag{3.24}$$

式中：$p_0$ 为商品在 $t = 0$ 时刻的价格；$\alpha$ 为正常数。

若设 $f(p,r) = -ap + b$，$g(p) = cp + d$，则式（3.23）变为

$$\begin{cases} \dfrac{\mathrm{d}p}{\mathrm{d}t} = -\alpha(a + c)p + \alpha(b - d) \\ p(0) = p_0 \end{cases} \tag{3.25}$$

式中：$a$、$b$、$c$、$d$ 均为正常数。

用 MATLAB7.0 求解方程（3.25），在命令窗口中输入以下命令：

```
syms a b c d alpha p0
p = dsolve('Dp = -alpha*(a+c)*p+alpha*(b-d)','p(0)=p0','t')
```

输出结果：

p = 1/(a + c)*b − 1/(a + c)*d + exp( −alpha*(a + c)*t)*( −b + d + p0*a + p0*c)/(a + c)

即微分方程(3.25)的解为

$$p(t) = \left(p_0 - \frac{b - d}{a + c}\right)\mathrm{e}^{-\alpha(a + c)t} + \frac{b - d}{a + c}$$

下面对所得结果进行讨论。

(1) 设 $\bar{p}$ 为静态均衡价格,则其应满足

$$f(\bar{p}, r) - g(\bar{p}) = 0$$

即

$$-a\bar{p} + b = c\bar{p} + d,$$

于是得 $\bar{p} = \dfrac{b - d}{a + c}$,从而价格函数 $p(t)$ 可写为

$$p(t) = (p_0 - \bar{p})\mathrm{e}^{-\alpha(a + c)t} + \bar{p}$$

令 $t \to +\infty$,取极限得

$$\lim_{t \to +\infty} p(t) = \bar{p}$$

这说明,市场价格逐步趋于均衡价格。又若初始价格 $p_0 = \bar{p}$,则动态价格就维持在均衡价格 $\bar{p}$ 上,整个动态过程就化为静态过程。

(2) 由于

$$\frac{\mathrm{d}p}{\mathrm{d}t} = (\bar{p} - p_0)\alpha(a + c)\mathrm{e}^{-\alpha(a + c)t}$$

所以,当 $p_0 > \bar{p}$ 时,$\dfrac{\mathrm{d}p}{\mathrm{d}t} < 0$,$p(t)$ 单调下降向 $\bar{p}$ 靠拢;当 $p_0 < \bar{p}$ 时,$\dfrac{\mathrm{d}p}{\mathrm{d}t} > 0$,$p(t)$ 单调增加向 $\bar{p}$ 靠拢。这说明初始价格高于均衡价格时,动态价格就要逐步降低,且逐步靠近均衡价格;否则,动态价格就要逐步升高。因此,式(3.23)在一定程度上反映了价格影响需求与供给,而需求与供给反过来又影响价格的动态过程,并指出了动态价格逐步向均衡价格靠拢的变化趋势。

### 3.3.3 练习

1. 解下列微分方程:

(1) $y'' - 2y' + y = x$;      (2) $y'' + 2y' + 2y = 2x$

(3) $y'' + y = \tan x, (0 < x < 0.5\pi)$

(4) $(x^2 - y)y' + xy - x = 0, y|_{x=1} = 1$

2. 设 $\dfrac{\mathrm{d}^2 y(t)}{\mathrm{d}t^2} - 3\dfrac{\mathrm{d}y(t)}{\mathrm{d}t} + 2y(t) = 1, y(0) = 1, \dfrac{\mathrm{d}y(0)}{\mathrm{d}t} = 0$,用数值法和符号法求 $y(t)|_{t=0.5}$。

3. 根据经验当一种新商品投入市场后,随着人们对它的拥有量的增加,其销售量 $s(t)$ 的下降速度与 $s(t)$ 成正比。广告宣传可给销量添加一个增长速度,它与广告费 $a(t)$ 成正比,但广告只能影响这种产品在市场上尚未饱和的部分(设饱和量为 $M$)。建立销售

$s(t)$ 的模型。若广告宣传只进行有限时间 $\tau$，且广告费为常数 $a$，问 $s(t)$ 如何变化。

4. 假定某公司的净资产因资产本身产生了利息而以 4% 的年利率增长，同时，该公司以每年 100 万元的数额支付职工工资。净资产的微分方程为

$$\frac{\mathrm{d}w}{\mathrm{d}t} = 0.04w - 100(t \text{ 以年为单位})$$

分别以初始值 $w(0) = 1500$ 万元、2500 万元、3500 万元，用式(3.4)预测公司 24 年后的净资产值(取 $h = 1$)，并画出三条净资产趋势曲线。

5. 设有一容器装有某种质量浓度的溶液，以流量 $V_1$ 注入质量浓度为 $C_1$ 的溶液（指同一种类溶液，只是质量浓度不同），假定溶液立即被搅匀，并以 $V_2$ 的流量流出这种混合溶液，试建立容器中质量浓度与时间的数学模型。

6. 某工厂根据经验得知，其设备的运行和维修成本 $y$ 与设备的大修间隔时间 $t$ 的关系可用如下的微分方程描述

$$\frac{\mathrm{d}y}{\mathrm{d}t} = -\frac{b-1}{t}y - \frac{ab}{t^2}$$

且满足初始条件 $y|_{t=t_0} = y_0,(t_0 > 0)$，其中 $a$、$b$ 为常数，且 $a > 0, b > 1$，求成本函数 $y(t)$。

# 实验3.4   插值与拟合

## 3.4.1   实验背景知识介绍

1. 插值的基本概念与方法

（1）基本概念：设函数 $y = f(x)$ 在区间 $[a,b]$ 上有定义，且已知 $y$ 在 $n+1$ 个互异的节点上的值为 $y_0, y_1, \cdots, y_{n-1}, y_n$，若存在简单函数 $P(x)$，使 $y_i = P(x_i)(i = 0,1,\cdots,n)$ 成立，就称 $P(x)$ 为 $f(x)$ 关于节点 $x_0, x_1, \cdots, x_{n-1}, x_n$ 的插值函数，点 $x_0, x_1, \cdots, x_{n-1}, x_n$ 称为插值节点，包含插值节点的区间 $[a,b]$ 称为插值区间，而 $f(x)$ 称为被插函数，求插值函数 $P(x)$ 的方法称为插值法。若 $P(x)$ 为不超过 $n$ 次的多项式，就称 $P(x)$ 为插值多项式。

给定被插函数 $f(x)$，如果插值节点为 $x_0, x_1, \cdots, x_{n-1}, x_n, y_i = f(x_i)$，则存在惟一的插值多项式函数 $P(x) = a_0 + a_1 x + \cdots + a_n x^n$ 满足插值条件 $y_i = P(x_i)$。

数值计算中常用的插值有拉格朗日插值、牛顿(Newton)插值、埃尔米特(Hermite)插值、三次样条插值等方法。

（2）拉格朗日插值。包括最简单的线性插值与抛物线插值和 $n$ 次拉格朗日多项式插值。

设有 $n+1$ 个节点 $x_0 < x_1 < \cdots < x_n$，构造 $n$ 次插值基函数

$$l_k(x) = \frac{(x-x_0)\cdots(x-x_{k-1})(x-x_{k+1})\cdots(x-x_n)}{(x_k-x_0)\cdots(x_k-x_{k-1})(x_k-x_{k+1})\cdots(x_k-x_n)} \qquad (k = 0,1,\cdots,n)$$

在 $n+1$ 个节点 $x_0 < x_1 < \cdots < x_n$ 上显然有

$$l_j(x_k) = \begin{cases} 1 & (k = j) \\ 0 & (k \neq j) \end{cases} \qquad (j,k = 0,1,\cdots,n)$$

则插值多项式 $P_n(x)$ 可以表示为

$$P_n(x) = \sum_{k=0}^{n} y_k l_k(x) \tag{3.26}$$

式(3.26)称为拉格朗日多项式。当 $n=1$ 时是线性插值,当 $n=2$ 时是抛物线插值。

由 $l_k(x)$ 的定义可知

$$P_n(x_i) = \sum_{k=0}^{n} y_k l_k(x_i) = y_i \quad (i=1,2,\cdots,n)$$

(3)牛顿插值。拉格朗日插值多项式在理论分析中非常方便,因为它的结构紧凑,利用基函数就很容易得到插值函数。但是拉格朗日插值多项式也有一些缺点,主要是当插值点增加、减少或其位置变化时,整个插值多项式的结构都会改变,这就不便于一些实际应用,增加了算法的难度。牛顿构造了均差插值多项式,方法如下。

给定函数 $f(x)$,$n+1$ 个节点 $x_0 < x_1 < \cdots < x_n$,记

$$f[x_0, x_1] = \frac{f(x_0) - f(x_1)}{x_0 - x_1}$$

为一阶均差。记

$$f[x_0, x_1, x_2] = \frac{f[x_0, x_1] - f[x_1, x_2]}{x_0 - x_2}$$

为二阶均差,即一阶均差的均差。一般地 $n$ 阶均差记为

$$f[x_0, x_1, x_2, \cdots, x_n] = \frac{f[x_0, x_1, \cdots, x_{n-1}] - f[x_1, x_2, \cdots, x_n]}{x_0 - x_n}$$

$n$ 阶均差可用函数值 $f(x_0), f(x_1), \cdots, f(x_k)$ 的线性组合表示,即

$$f[x_0, x_1, \cdots, x_n] = \sum_{k=0}^{k} \frac{f(x_i)}{(x_i - x_0) \cdots (x_i - x_{i-1})(x_i - x_{i+1}) \cdots (x_i - x_k)}$$

令

$$\begin{aligned} N_n(x) &= f(x_0) + f[x_0, x_1](x - x_0) + f[x_0, x_1, x_2](x - x_0) + \cdots + \\ &\quad f[x_0, x_1, \cdots, x_n](x - x_0) \cdots (x - x_{n-1}) \end{aligned} \tag{3.27}$$

这是以均差为系数构造的多项式,称为牛顿插值多项式。

牛顿均差插值多项式在计算量上比拉格朗日多项式节省很多,且便于应用程序设计。

2. 拟合的概念与方法

由给定的一组测定的离散数据 $(x_i, y_i)$ $(i=1,2,\cdots,N)$,求自变量 $x$ 和因变量 $y$ 的近似表达式 $y = \varphi(x)$ 的方法称为数据拟合,$\varphi(x)$ 称为拟合函数。记拟合函数在 $x_i$ 点的偏差为 $\delta_i = \varphi(x_i) - y_i (i=1,2,\cdots,N)$,那么选取 $\varphi(x)$ 使所有偏差的平方和最小,即

$$\min \sum_{k=1}^{N} \delta^2 = \min \sum_{k=1}^{N} [y_k - \varphi(x_k)]^2 \tag{3.28}$$

这一确定拟合函数的方法称为最小二乘法。

拟合函数 $\varphi(x)$ 的形式如何设定是一个难点。一般的做法是在坐标系中绘出散点图，观察数据所呈现曲线的大致形状，再结合问题所在的专业领域的相关规律和结论，来确定拟合函数的形式。常见的函数曲线有直线、多项式函数曲线（如抛物线、三次曲线）、指数曲线、对数曲线等。相应地，可以选取线性函数、多项式函数、指数函数、对数函数等作为拟合函数。例如给定数据 $(x_i, y_i)(i = 1, 2, \cdots, n)$，假设选定二次多项式 $\varphi(x) = a_0 + a_1 x + a_2 x^2$ 为拟合函数，运用最小二乘法，由式（3.28），则所求拟合函数的系数 $a_0, a_1, a_2$ 使

$$Q(a_0, a_1, a_2) = \sum_{k=1}^{N} \left[ y_k - \varphi(x_k) \right]^2 = \sum_{k=1}^{N} \left[ y_k - (a_0 + a_1 x_k + a_2 x_k^2) \right]^2$$

达到最小。由多元函数求极值的方法可求出唯一的解 $\hat{a}_0, \hat{a}_1, \hat{a}_2$ 来，这样就求出了拟合函数 $\varphi(x)$。

插值与拟合相比：插值函数一般是用简单函数（如多项式函数）近似代替较复杂函数，它的近似标准是在插值点处的误差为零，而数据拟合函数不要求过所有的数据点，只要求它反映原函数整体的变化趋势，以节点处的"总误差"最小为标准得到更简单活用的近似函数。

3. 插值与拟合的 MATLAB 命令

（1）一维插值函数 interp1，其调用格式为

$$yi = interp1(x, y, xi, 'method')$$

其中，x 与 y 是插值节点的横纵坐标；xi 是待求的插值点的横坐标；返回值 yi 是待求的插值点的纵坐标；method 是插值方法；该函数提供了 4 种可选的插值方法。

① 最邻近插值——'nearest'，它根据已知两点间的插值点和这两已知点位置的远近来进行插值，取较近已知插值点处的函数值作为未知插值点处的函数值。

② 线性插值——"linear"

③ 三次样条插值——"spline"。

④ 三次多项式插值——"cubic"。

当缺省时，函数默认为分段线性插值。

注意：所有的插值方法都要求 x 是单调的，并且 xi 不能够超过 x 的范围。

（2）网格节点数据的插值函数 interp2，其调用格式为

$$z = interp2(x0, y0, z0, x, y, 'method')$$

其中，x0, y0, z0 为插值节点的坐标，要求 x0, y0 单调；x, y 是被插值点，x, y 可取为矩阵，或 x 取行向量，y 取为列向量，x, y 的值分别不能超出 x0, y0 的范围；返回值 z 是被插值点的函数值；method 是插值方法，有 4 种可选插值方法："nearest" 最邻近插值；"linear" 双线性插值；"cubic" 双三次插值；缺省时函数默认为双线性插值。

（3）散点数据的插值函数 griddata，其调用格式为

$$cz = griddata(x, y, z, cx, cy, 'method')$$

其中，参数说明同（2），区别在于 x, y 数据不是在网格上取值。

（4）n 次多项式拟合命令 polyfit(x, y, n)，其调用格式为

$$p = polyfit(x,y,n)$$

其中,x 与 y 是给定数据点的横纵坐标;n 为拟合多项式的次数;返回值 p 是拟合多项式按自变量降幂排列的系数向量。

（5）最优化工具箱中函数 lsqcurvefit,其调用格式为

$$[a,J] = lsqcurvefit(fun,a0,x,y,Lb,Ub,options)$$

其中,fun 是内联函数,也可以是 m 函数,但要写为 @ fun 的形式;a0 是参数的初值,x, y 为数据向量;Lb 和 Ub 是 a 的下上限;返回值 a 是所求的参数,J = min( sum(yi − f( a, xi))^2)) 即最小误差平方和。

### 3.4.2 实验内容

1. 插值

**例 3.4.1** 取余弦曲线上 $y = \cos x$,$(0 \leqslant x \leqslant 10)$ 等间隔的 11 个点的自变量和函数值点作为已知数据,再选取 41 个自变量点,分别用分段线性插值、三次方程式插值和样条插值 3 种方法计算确定插值函数的值。

解:编写程序

```
clear
x = 0:10; y = cos(x);                   % 取余弦曲线上等间隔的 11 个点作为节插
                                          值点

xi = 0:.25:10;                          % 选取 41 个自变量点
y0 = cos(xi);                           % 41 个自变量点的精确函数值
y1 = interp1(x,y,xi);                   % 41 个自变量点的线性插值结果
y2 = interp1(x,y,xi,'cubic');           % 41 个自变量点的三次方程式插值结果
y3 = interp1(x,y,xi,'spline');          % 41 个自变量点的样条插值结果
plot(xi,y0,'o',xi,y1,xi,y2,'-.',xi,y3)  % 绘图
legend('y = cos(x)','线性插值', '三次插值','样条插值')
grid on
figure(2)
subplot(3,1,1)
plot(xi,y0 - y1);title('分段线性插值与精确值之差'),
grid on
subplot(3,1,2)
plot(xi,y0 - y2); title('三次插值与精确值之差'),
grid on
subplot(3,1,3)
plot(xi,y0 - y3) ; title('样条插值与精确值之差'),
grid on
```

说明:三种插值方法比较如图 3.15 所示,将三种插值结果分别减去直接由函数计算的值,得到其误差如图 3.16 所示。从图 3.16 可以看出,样条插值和三次方程式插值效果较好,而分段线性插值则较差。

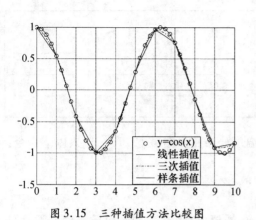

图3.15 三种插值方法比较图

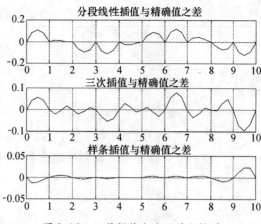

图3.16 三种插值方法误差比较图

**例3.4.2** 在 1～12 的 11h 内,每隔 1h 测量一次温度(单位:℃),测得的温度依次为:5,8,9,15,25,29,31,30,22,25,27,24。试估计每隔 1/10h 的温度值。

分析:这是典型的一维数据的插值问题,先写出节点坐标为(hours,temps),再生成插值点坐标 hi,调用一维插值函数 interp1 即可完成。

解:编写命令如下:

```
hours =1:12;                                  % 节点横坐标
temps =[5 8 9 15 25 29 31 30 22 25 27 24];   % 节点纵坐标
hi =1:0.1:12;                                 % 生成插值点坐标
ti = interp1(hours,temps,hi,'spline');        % 三次样条插值
plot(hours,temps,'+',hi,ti,hours,temps,'r:')  % 作图(图3.17)
xlabel('Hour'),ylabel('Degrees Celsius')
ti(5)
```

运行结果如下:

```
ans = 6.9659
```

说明:图3.17 中虚线表示节点间的直线连线,实线是三次样条插值函数的曲线。在 1.5h 时温度为 6.9659℃。

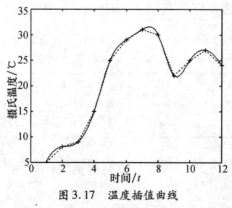

图3.17 温度插值曲线

**例3.4.3** 测得平板表面 3×5 网格点处的温度见表3.5,试作出平板表面的温度分布曲面 $z =f(x,y)$ 的图形。

表3.5　网格点处的温度

| 列序号 ＼ 行序号 | 1 | 2 | 3 | 4 | 5 |
|---|---|---|---|---|---|
| 1 | 82 | 81 | 80 | 82 | 84 |
| 2 | 79 | 63 | 61 | 65 | 81 |
| 3 | 84 | 84 | 82 | 85 | 86 |

解:在三维坐标中由原始数据画出粗糙的温度分布曲面图(图3.18),输入以下命令:

```
x=1:5;y=1:3;
temps=[82 81 80 82 84;79 63 61 65 81;84 84 82 85 86];
mesh(x,y,temps)
```

再在 $x$、$y$ 方向上每隔0.2个单位的地方进行插值,以平滑数据画出插值后的温度分布曲面图(图3.19)。输入以下命令:

```
xi=1:0.2:5;yi=1:0.2:3;
zi=interp2(x,y,temps,xi',yi,'cubic');
mesh(xi,yi,zi)
```

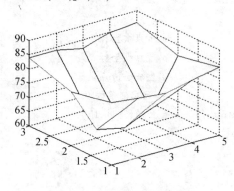

图3.18　原始温度分布曲面

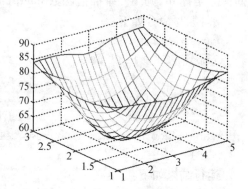

图3.19　经插值温度分布曲面

**例3.4.4**　在某海域测得一些点 $(x,y)$ 处的水深 $z$(单位:英尺,1英尺=0.3048m)由表3.6给出,船的吃水深度为5英尺,在矩形区域 $(75,200)\times(-50,150)$ 里的哪些地方船要避免进入。

表3.6　某海域一些点处的水深

| $x$ | 129 | 140 | 103.5 | 88 | 185.5 | 195 | 105 | 157.5 | 107.5 | 77 | 81 | 162 | 162 | 117.5 |
|---|---|---|---|---|---|---|---|---|---|---|---|---|---|---|
| $y$ | 7.5 | 141.5 | 23 | 147 | 22.5 | 137.5 | 85.5 | -6.5 | -81 | 3 | 56.5 | -66.5 | 84 | -33.5 |
| $z$ | 4 | 8 | 6 | 8 | 6 | 8 | 8 | 9 | 9 | 8 | 8 | 9 | 4 | 9 |

分析:由于 $(x,y)$ 的取值不在网格点上,因此这是散点数据的插值计算问题,可调用 griddata 命令。

解:编写命令如下:

```
X=[129,140,103.5,88,185.5,195,105,157.5,107.5,77,81,162,162,117.5];
Y=[7.5,141.5,23,147,22.5,137.5,85.5,-6.5,-81,3,56.5,-66.5,84,-33.5];
```

```
Z =[4,8,6,8,6,8,8,9,9,8,8,9,4,9];
[x1,y1]=meshgrid(75:5:200,-50:5:150);
z1 = griddata(X,Y,Z,x1,y1,'v4');          % 插值计算
surf(x1,y1,z1);                          % 绘出经插值的图形
[c,h]=contour(x1,y1,z1);                 % 绘等高线
clabel(c,h)                              % 标明等高线的高程
```

输出结果如图 3.20、图 3.21 所示。

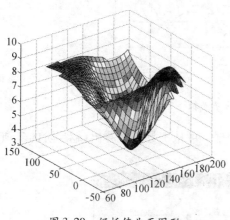

图 3.20　经插值曲面图形

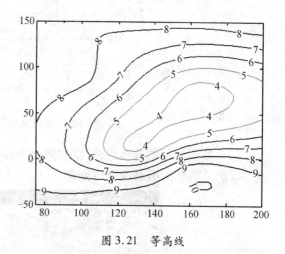

图 3.21　等高线

说明:等高线高程为 5 英尺的线围成的区域是船要避免进入的区域。

2. 拟合

例 3.4.5　对向量 $x$ = [ -2.8　-1 0.2 2.1 5.2 6.8 ]和 $y$ = [3.1 4.6 2.3 1.2 2.3　-1.1]分别进行阶数为 3、4、5 的多项式拟合,并画出图形进行比较。

解:输入以下命令:

```
clear
x =[ -2.8  -1 0.2 2.1 5.2 6.8 7.0 7.5 8.1 9.0];
y =[3.1 4.6 2.3 1.2 2.3 1.1 2.2 2.6 1.8 3.1];
y3 = polyfit(x,y,3);          % 用不同阶数的多项式拟合 x 和 y
y4 = polyfit(x,y,4);
y5 = polyfit(x,y,5);
xi = -3:0.1:9.5;              % 生成 x 值
yi3 = polyval(y3,xi);         % 计算在这些 x 点的多项式值
yi4 = polyval(y4,xi);
yi5 = polyval(y5,xi);
plot(xi,yi3,' - -',xi,yi4,' - .',xi,yi5,' - ',x,y,'*');
legend('3 次多项式','4 次多项式','5 次多项式')
grid on
```

不同阶数的多项式拟合曲线如图 3.22 所示。

说明:(1) MATLAB 提供了曲线拟合工具箱。依次单击 **Start→Toolboxes→Curve Fitting→Curve Fitting Tool**(**cftool**)就可以打开曲线拟合工具箱,或者在命令窗口中直接输入 cftool 命令打开,如图 3.23 所示。

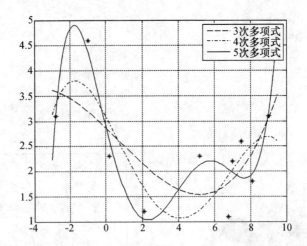

图 3.22　不同次数的多项式拟合比较

（2）并不是阶数选得越高,就越能代表原数据。可从工具箱中看出,越高阶的多项式所形成的方程式的振荡程度越剧烈。

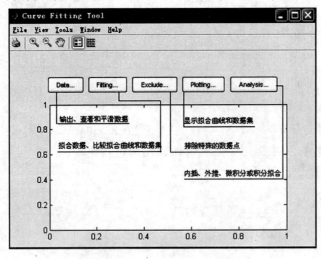

图 3.23　曲线拟合工具箱

**3. 建模实例**

**例 3.4.6**　天然气资源是现代社会重要的基础能源之一,应该合理的开发和利用。对于开采天然气的公司而言,准确地预测天然气的产量和可采储量,始终是一项重要而又艰难的工作。设某天然气公司在前 20 年间对某气田产量的统计资料见表 3.7。试根据所给的数据资料,建立该气田产量的预测模型。

表 3.7　某气田前 20 年天然气产量表

| 年度 | 1 | 2 | 3 | 4 | 5 | 6 | 7 | 8 | 9 | 10 |
|---|---|---|---|---|---|---|---|---|---|---|
| 产量/($\times 10^8 m^3$) | 19 | 43 | 59 | 82 | 92 | 113 | 138 | 148 | 151 | 157 |
| 年度 | 11 | 12 | 13 | 14 | 15 | 16 | 17 | 18 | 19 | 20 |
| 产量/($\times 10^8 m^3$) | 158 | 155 | 137 | 109 | 89 | 79 | 70 | 60 | 53 | 45 |

（1）模型假设及符号说明如下：

① 假设该气田的产量是连续的，没有阶段性停产现象。

② 假设所提供的数据是正常生产情况下气田的产量。

③ 假设 $r(t)$ 为第 $t$ 年天然气产量的增长率，是时间 $t$ 的连续函数。

④ 假设 $N(t)$ 为天然气田 $t$ 年的累积产量。

⑤ 假设 $Q(t)$ 为气田的第 $t$ 年产量。

⑥ 假设气田在的开采时间 $t_R$ 时的累积开采量为 $N_R$。

⑦ 假设气田的总储量无限大。

（2）问题分析及数学模型。根据所给的实际问题，预测气田的产量和可采储量。在这方面，目前国内外的方法很多，但各种预测方法中有一种简单而实用的指数增长模型，它是借鉴英国人口学家马尔萨斯（Malthus）于1798年提出的人口增长模型得到的。

若假设天然气产量的增长率为 $r(t)$，它是时间 $t$ 的连续函数。气田的累积产量设为 $N(t)$，则它们满足

$$\frac{\mathrm{d}N(t)}{\mathrm{d}t} = r(t)N(t) \tag{3.29}$$

而气田的年产量 $Q(t) = \dfrac{\mathrm{d}N(t)}{\mathrm{d}t}$，于是上述方程变为

$$\frac{Q(t)}{N(t)} = r(t) \tag{3.30}$$

问题是 $r(t)$ 未知，现从统计资料来分析 $r(t)$ 的形式，在 MATLAB 命令窗口输入统计数据：

```
clear
t = 1:20;
y = [19 43 59 82 92 113 138 148 151 157 158 155 137 109 89 79 70 60 53 45];
s = 0;
for j = 1:20          % 计算累积产量
s(j) = sum(y(1:j));
end
hh = y./s;            % 计算年增长率
plot(t,hh,'o')
```

作出散点图如图3.24所示。从图3.24知，$r(t)$ 的形式可设定为指数类型，即

$$r(t) = a\mathrm{e}^{-bt} \tag{3.31}$$

式中：$a$、$b$ 是待定常数。

由式（3.29）、式（3.31）并加上初值条件，得微分初值问题模型

$$\begin{cases} \dfrac{\mathrm{d}N(t)}{\mathrm{d}t} = a\mathrm{e}^{-bt}N(t) \\ N(t_R) = N_R \end{cases} \tag{3.32}$$

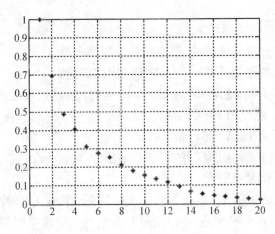

图 3.24　散点图

式中：$N_R$ 为气田的可采储量；$t_R$ 为相对应的开采时间。

（3）模型计算。

① 微分初值问题模型式（3.33）可编写程序求解，用 MATLAB7.0 命令如下：

```
>>N=dsolve('DN=0.9515*exp(-0.1864*t)*N','N(t0)=N0','t')
```

输出结果：

```
N=N0/exp(-exp(-t0*b)*a/b)*exp(-a/b*exp(-b*t))
```

即微分初值问题模型式（3.32）的解为

$$N(t) = N_R \exp\left[\frac{a}{b}(e^{-bt_R} - e^{-bt})\right]$$

由解可知，气田的累积产量 $N(t)$ 与气田的可采储量 $N_R$ 成和相应的可开采时间有关，不同的 $N_R$ 与 $t_R$，累积产量 $N(t)$ 不同。

② 对模型（3.31）中 $a$，$b$ 进行计算。两边取对数，得

$$\ln r(t) = \ln a - bt$$

这样，问题转化为线性拟合问题求解，根据数据拟合方法，编程求 $a$、$b$ 的程序（接散点图的程序）：

```
>>p=polyfit(t,log(hh),1)        % 一次多项式最小二乘法拟合
```

输出结果：

```
P=-0.1864 -0.0497               % 结果b=0.1864,lna=-0.0497
>>a=exp(p(2))                   % 求a
a=0.9515
```

这样，累积产量与年产量分别为

$$\begin{cases} N(t) = N_R \exp\left[\dfrac{0.9515}{0.1864}(e^{-0.1864t_R} - e^{-0.1864t})\right] \\ Q(t) = 0.9515e^{-0.1864t}N(t) \end{cases} \tag{3.33}$$

③ 假设 NR 就是 20 年开采的总量，则由式（3.33）可预测产量。程序（接前面的程序）如下：

```
NR = 1957;
tR = 20 * ones(1,20);
t = 1:20;
nt = NR * exp(0.9515/0.1864 * (exp( -0.1864 * tR) - exp( -0.1864 * t)));
qt = 0.9515 * exp( -0.1864 * t). * nt;
[y',qt',s',nt']
```

将输出结果列成表(表3.8)。

表 3.8　实际值与预测值对照表

| 年份序号 T | $Q/( \times 10^8 \, m^3)$ | | $N_R/( \times 10^8 \, m^3)$ | |
|---|---|---|---|---|
| | 实际值 | 预测值 | 实际值 | 预测值 |
| 1 | 19.0 | 25.26047 | 19.0 | 31.98785 |
| 2 | 43.0 | 43.09033 | 62.0 | 65.74701 |
| 3 | 59.0 | 65.02921 | 121.0 | 119.5521 |
| 4 | 82.0 | 88.64947 | 203.0 | 196.3710 |
| 5 | 92.0 | 111.0690 | 295.0 | 296.4466 |
| 6 | 113.0 | 129.7452 | 408.0 | 417.2510 |
| 7 | 138.0 | 143.0027 | 546.0 | 554.1190 |
| 8 | 148.0 | 150.1915 | 694.0 | 701.2235 |
| 9 | 151.0 | 151.5504 | 845.0 | 852.5519 |
| 10 | 157.0 | 147.9235 | 1002.0 | 1002.659 |
| 11 | 158.0 | 140.4558 | 1160.0 | 1147.118 |
| 12 | 155.0 | 130.3470 | 1315.0 | 1282.692 |
| 13 | 137.0 | 118.6896 | 1452.0 | 1407.298 |
| 14 | 109.0 | 106.3841 | 1561.0 | 1519.857 |
| 15 | 89.0 | 94.11484 | 1650.0 | 1620.081 |
| 16 | 79.0 | 82.36128 | 1729.0 | 1708.261 |
| 17 | 70.0 | 71.42887 | 1799.0 | 1785.079 |
| 18 | 60.0 | 61.48594 | 1859.0 | 1851.449 |
| 19 | 53.0 | 52.59950 | 1912.0 | 1908.403 |
| 20 | 45.0 | 44.76615 | 1957.0 | 1957. |

从结果看预测值与实际值比较接近。

### 3.4.3　练习

1. 已知 $y = f(x)$ 在 $x_k$ 的数值 $y_k$ 如表3.9所列,试用不同的插值方法求出 $x$ 每间隔 0.25 时的 $y$ 值,并画出图形。

表 3.9　$y = f(x)$ 的数值表

| $x_k$ | 10 | 11 | 12 | 13 |
|---|---|---|---|---|
| $f(x_k)$ | 2.302 6 | 2.397 9 | 2.484 9 | 2.564 9 |

2. 为测定刀具的磨损速度,每隔 1h 测量一次刀具的厚度,由此得到以下数据(表 3.10),试根据这组数据建立 $y$ 与 $t$ 之间的拟合函数。

表 3.10　一定时间测量的刀具厚度

| 时间 $t$/h | 0 | 1 | 2 | 3 | 4 | 5 | 6 | 7 |
|---|---|---|---|---|---|---|---|---|
| 厚度 $y$/mm | 27.0 | 26.8 | 26.5 | 26.3 | 26.1 | 25.7 | 25.3 | 24.8 |

3. 1998 年 7 月,在中央政府的主导下,中国的石油石化行业进行了战略重组,打破了原中国石油天然气总公司和中国石油化工总公司分管勘探开发和炼油化工的上下游割裂的生产管理格局,分别给前者配置了一批下游企业、给后者划拨了部分上游资产,从而形成了两大上下游一体化的石油石化集团公司。表 3.11 是中国石化上市以来 2001 年至 2005 年间收入和盈利的统计数据,根据表中数据,请解决以下问题:

(1) 在坐标系中绘出主营业务收入、净利润、净资产的散点图,并由图形说明每个业务项目的变化趋势;

(2) 计算出净资产收益率,并填入表中的相应栏目;(提示:净资产收益率 = 净利润/净资产)

(3) 选择其中一个项目业务建立拟合曲线函数模型,并以此模型预测 2006 年的情况。

表 3.11　中国石化上市以来收入和盈利数据

| 年份/年<br>业务项目 | 2001 | 2002 | 2003 | 2004 | 2005 | 2006 |
|---|---|---|---|---|---|---|
| 主营业务收入/亿元 | 3043.47 | 3241.84 | 4171.91 | 5906.32 | 5906.32 | |
| 净利润/亿元 | 140.18 | 141.21 | 190.11 | 322.75 | 395.58 | |
| 净资产/亿元 | 1390.39 | 1465.15 | 1629.46 | 1863.5 | 2156.23 | |
| 净资产收益率/% | | | | | | |

资料来源:公司年度报告

98

# 第4章 线性代数

线性代数主要包括矩阵、向量、线性方程组、二次型等内容,它为经济管理中处理变量间线性问题提供了强有力的工具与方法。本章主要介绍矩阵的运算、线性方程组的解法以及线性代数在经济管理方面的投入产出分析。

## 实验4.1 矩阵的运算

### 4.1.1 实验背景知识介绍

**1. 矩阵的运算**

矩阵的运算有:加法、数乘、乘法、转置及矩阵的行列式等。为了方便,下面列出了这些运算的含义。

(1) 设矩阵 $A = (a_{ij})_{m \times n}$,则 $A$ 的转置记为 $A^T = (a_{ij})_{m \times n}^T = (a_{ji})_{n \times m}$,常数 $\lambda$ 与 $A$ 乘积记为 $\lambda A = (\lambda a_{ij})_{m \times n}$。

(2) 设 $A = (a_{ij})_{m \times n}$ 与 $B = (b_{ij})_{m \times n}$,则 $A$ 与 $B$ 的代数和记为 $A \pm B = (a_{ij} \pm b_{ij})_{m \times n}$。

(3) 设 $A = (a_{ij})_{m \times s}$,$B = (b_{ij})_{s \times n}$,则 $A$ 与 $B$ 的乘积记为 $AB = \left( \sum\limits_{k=1}^{s} a_{ik} b_{kj} \right)_{m \times n}$。

(4) 设 $n$ 阶矩阵 $C = (c_{ij})_n$,则 $C$ 的 $k$ 次方记为 $C^k = \underbrace{CC \cdots C}_{k}$,$k$ 为正整数,矩阵 $C = (c_{ij})_n$ 的行列式记为

$$\det(C) = |(c_{ij})_n| = \sum\limits_{j_1 j_2 \cdots j_n} (-1)^{\tau(j_1 j_2 \cdots j_n)} c_{1j_1} c_{2j_2} \cdots c_{nj_n}$$

这里 $\sum\limits_{j_1 j_2 \cdots j_n}$ 表示对所有 $n$ 级排列求和,$\tau(j_1 j_2 \cdots j_n)$ 表示排列 $j_1 j_2 \cdots j_n j_1 j_2 \cdots j_n$ 的逆序数。$C$ 的行列式表示所有可能的取自于 $C$ 的不同行不同列的 $n$ 个元素乘积的代数和,这 $n$ 个乘积元素的行标按自然数顺序排列,列标构成一个 $n$ 级排列,如果该排列为奇排列,该项乘积前面取负号,如果该排列为偶排列,该项乘积前面取正号。

**2. 矩阵的初等行(或列)变换、矩阵的秩和逆矩阵**

(1) 对矩阵进行下列三种变换:①对应互换矩阵某两行元素的位置;② 用一个非零数乘以矩阵某一行的每一个元素;③ 将矩阵某一行的元素都乘以同一数后对应加到另一行上。称此 3 种变换为矩阵的初等行变换。若把对矩阵作的三种"行"变换改为对"列"的 3 种变换,称为矩阵的初等列变换。初等行变换与初等列变换统称为初等变换。

任意一个矩阵经过若干次初等行变换,一定可以化为等价的行阶梯形矩阵。

(2) 从矩阵 $A = (a_{ij})_{m \times n}$ 中任选 $r$ 行 $r$ 列,这 $r$ 行 $r$ 列中的 $r^2$ 个数按原次序作成一个行列式,称其为 $A$ 的 $r$ 阶子行列式(或称 $r$ 阶子式)。如果矩阵 $A$ 中有一个 $r$ 阶子式不为

零,而所有 $r+1$ 阶子式皆为零,则称 $A$ 的秩为 $r$,记为秩 $(A)=r$ 或 $r(A)=r$。

（3）设 $A$ 是 $n$ 阶方阵,$E$ 是 $n$ 阶单位阵,如果存在 $n$ 阶矩阵 $B$,使得

$$AB = BA = E$$

则称矩阵 $A$ 是可逆的,并称 $B$ 是 $A$ 的逆矩阵,记为 $A^{-1}$。

$n$ 阶矩阵 $A$ 可逆的充分必要条件是 $\det(A) \neq 0$,且 $A^{-1} = [\det(A)]^{-1} A^*$,$A^*$ 是 $A$ 的伴随矩阵。

3. 矩阵的特征值与特征向量

设 $A$ 为 $n$ 阶矩阵,对于常数 $\lambda$,如果存在 $n$ 维非零向量 $\alpha$,使得 $A\alpha = \lambda\alpha$,则称 $\lambda$ 是矩阵 $A$ 的一个特征值,向量 $\alpha$ 称为矩阵 $A$ 对应于特征值 $\lambda$ 的特征向量。称 $f(\lambda) = \det(E - \lambda A)$ 为矩阵 $A$ 的特征多项式。

矩阵的特征值与特征向量具有以下性质。

（1）$A$ 与 $A^{\mathrm{T}}$ 有相同的特征值;

（2）不同的特征值对应的特征向量线性无关;

（3）$n$ 阶矩阵 $A = (a_{ij})_{n \times n}$ 的 $n$ 个特征值 $\lambda_1, \lambda_2, \cdots, \lambda_n$ 满足

$$\sum_{i=1}^{n} \lambda_i = \sum_{i=1}^{n} a_{ii} = \mathrm{tr}(A); \quad \prod_{i=1}^{n} \lambda_i = \det(A)$$

式中:$\mathrm{tr}(A)$ 称为矩阵 $A$ 的迹。

4. 相似矩阵与矩阵对角化

（1）设 $A,B$ 都是 $n$ 阶矩阵,若有可逆矩阵 $P$,使得

$$P^{-1}AP = B$$

则称 $A$ 相似于 $B$,或称 $A$ 与 $B$ 是相似矩阵,记为 $A \sim B$。

（2）如果矩阵 $A$ 与一个对角矩阵相似,就说 $A$ 是可对角化的。任何实对称矩阵都可对角化。

（3）设 $n$ 元二次型

$$f(x) = x^{\mathrm{T}} A x$$

式中:$x = (x_1, x_2, \cdots, x_n)^{\mathrm{T}}$;$A = (a_{ij})_n$ 是对称矩阵。

用正交变换 $x = Qy$ 化二次型 $f(x) = x^{\mathrm{T}} A x$ 为标准型等价于将对矩阵 $A$ 对角化。

5. 矩阵的各种分解

（1）（三角分解）设 $A$ 是 $m \times n$ 的矩阵,则存在置换矩阵 $P$ 使得

$$PA = LU$$

式中:$L$ 是 $m \times m$ 阶（主对角元素全为 1）下三角方阵;$U$ 是的 $m \times n$ 阶梯形矩阵。

（2）（正交分解）任一非奇异实矩阵 $A$ 都可分解成一个正交矩阵 $Q$ 和一个上三角矩阵 $R$ 的乘积,即

$$A = QR$$

式中:方阵 $Q$ 满足 $Q^{\mathrm{T}} = Q^{-1}$,而且当 $R$ 的对角元符号取定时,分解是唯一的。

（3）（奇异值分解）设 $A = (a_{ij})$ 为一个 $m \times n$ 阶矩阵,若存在各列两两正交的 $m \times n$ 的矩阵 $U$、$n$ 阶正交方阵 $V$ 与主对角元素全为非负的对角阵 $D = \mathrm{diag}(d_0, d_1, \cdots, d_{(n-1)})$,使

$$A = UDV^{\mathrm{T}}$$

式中:$d_0,d_1,\cdots,d_{(n-1)}$ 称为 $A$ 的奇异值(其定义为矩阵 $A^{\mathrm{T}}A$ 的特征值的算术平方根)。

(4)(Cholesky 分解)设 $A$ 是正定矩阵,则存在一个下三角方阵 $L$,使得 $A = LL^{\mathrm{T}}$。

6. 矩阵运算的 MATLAB 命令

在 1.4 节中介绍了矩阵的输入与一些基本操作,矩阵的函数运算命令见表 1.18。矩阵分解的函数命令见表 4.1。

表 4.1　矩阵分解的函数命令表

| 命　令 | 功　能　说　明 |
|---|---|
| $[\mathrm{L,U,P}] = \mathrm{lu(A)}$ | 三角分解,$L$ 是下三角矩阵;$U$ 是阶梯形矩阵;$P$ 是置换矩阵;满足 $PA = LU$ |
| $[\mathrm{Q,R}] = \mathrm{qr(A)}$ | 正交分解,$Q$ 是正交矩阵;$R$ 是上三角矩阵;满足 $A = QR$ |
| $[\mathrm{U,S,V}] = \mathrm{svd(A)}$ | 奇异值分解,$U$ 矩阵的列正交;$V$ 是正交矩阵;$S$ 是对角矩阵;满足 $A = USV'$ |
| $\mathrm{L = chol(A)}$ | Cholesky 分解,下三角方阵 $L$,满足 $A = LL^{\mathrm{T}}$ |

## 4.1.2　实验内容

1. 行列式

**例 4.1.1**　计算下列行列式,并验证(2)中第一行的(-2)倍加到第二行时行列式值不变。

$$(1)\ \begin{vmatrix} 3 & 1 & 11 \\ -1 & 4 & 1 \\ 1 & 2 & 7 \end{vmatrix};\qquad (2)\ \begin{vmatrix} 1 & 2 & 3 & 4 \\ 2 & 3 & 4 & 1 \\ 3 & 4 & 1 & 2 \\ 4 & 1 & 2 & 3 \end{vmatrix}$$

分析:代数学中的行列式在 MATLAB 中就是矩阵的行列式,因此利用命令 $\det(A)$ 计算 $A$ 的行列式。将 $A$ 的第 $i$ 行的 $k$ 倍加到第 $j$ 行上的程序为

$$A(j,:) = k^* A(i,:) + A(j,:)$$

解:在命令窗口中输入如下程序:

```
clear
A1 = [3,1,11;-1,4,1;1,2,7];          %输入行列式(1)的矩阵 A1
A2 = [1,2,3,4;2,3,4,1;3,4,1,2;4,1,2,3];   %输入行列式(2)的矩阵 A2
D1 = det(A1)
D2 = det(A2)
A3 = A2;                             %矩阵 A3 与 A2 是同一个矩阵
A3(2,:) = (-2)* A3(1,:) + A3(2,:);   %将行列式(2)第一行的(-2)倍
                                        加到第二行
D3 = det(A2)
```

输出结果:

```
D1 = 20       % 输出行列式(1)的结果
D2 = 160      % 输出行列式(2)的结果
```

D3 =160      % 输出结果与原行列式(2)的结果相同

说明:同例题一样,还可以验证行列式的其他性质。

2. 矩阵的初等行变换和阶梯形矩阵以及矩阵的秩

**例 4.1.2**    对 $A$ 作初等行变换,化矩阵 $A$ 为行阶梯形与行简化阶梯形,并求 $A$ 的秩。

$$A = \begin{bmatrix} 1 & 1 & 2 & 2 & 1 \\ 0 & 2 & 1 & 5 & -1 \\ 2 & 0 & 3 & -1 & 3 \\ 1 & 1 & 0 & 4 & -1 \end{bmatrix}$$

解:在命令窗口中输入如下程序:

```
clear
> >A =[1,1,2,2,1;0,2,1,5,-1;2,0,3,-1,3;1,1,0,4,-1];        % 输入矩阵 A
> >A(3,:) = ( -2)*A(1,:) +A(3,:)                           % 将第 1 行的 -2 倍加
                                                             到第 3 行

A =
    1    1    2    2    1
    0    2    1    5    -1
    0    -2    -1    -5    1
    1    1    0    4    -1                                  % 输出
> > A(4,:) = ( -1)*A(1,:) +A(4,:)                          % 将第 1 行的( -1)倍加
                                                             到第 4 行

A =
    1    1    2    2    1
    0    2    1    5    -1
    0    -2    -1    -5    1
    0    0    -2    2    -2                                 % 输出
> > A(3,:) = A(2,:) +A(3,:)                                % 将第 2 行加到第 3 行
A =
    1    1    2    2    1
    0    2    1    5    -1
    0    0    0    0    0
    0    0    -2    2    -2                                 % 输出
> > a =A(3,:); A(3,:) = A(4,:); A(4,:) =a;                 % 将第 4 行与第 3 行互换
A =
    1    1    2    2    1
    0    2    1    5    -1
    0    0    -2    2    -2
    0    0    0    0    0                                   % 结果已是阶梯形矩阵
> > A1 =rref(A)                                            % 调用命令 rref()化 A
                                                             为行简化阶梯形

A1 =
    1    0    0    1    0
    0    1    0    3    -1
```

$$\begin{array}{ccccc} 0 & 0 & 1 & -1 & 1 \\ 0 & 0 & 0 & 0 & 0 \end{array}$$　　　　　　　　　% 输出

>>R = rank(A)　　　　　　　　% 调用命令 rank( )计

　　　　　　　　　　　　　　　　算 A 的秩

R = 3　　　　　　　　　　　　　% 输出

说明:从实验中知,矩阵的秩也是 $A$ 的行简化阶梯形中非零行的行数。

3. 矩阵的逆

**例 4.1.3**　求 $A = \begin{bmatrix} 3 & -2 & 0 & -1 \\ 0 & 2 & 2 & 1 \\ 1 & -2 & -3 & -2 \\ 0 & 1 & 2 & 1 \end{bmatrix}$ 的逆矩阵。

分析:代数学里求逆矩阵有两种方法:伴随矩阵与初等行变换法。用初等行变换求矩阵 $A$ 的逆程序为

B = rref([A eye(size(A))]); invA = B(:,size(A) +1:2*size(A))

解:在命令窗口中输入如下程序:

>>clear

>> A = [3, -2,0, -1;0,2,2,1;1, -2, -3, -2;0,1,2,1];

>> B = inv(A)　　　　% 用命令 inv( )求 A 的逆矩阵

B =

$$\begin{array}{cccc} 1.0 & 1.0 & -2.0 & -4.0 \\ 0 & 1.0 & 0 & -1.0 \\ -1.0 & -1.0 & 3.0 & 6.0 \\ 2.0 & 1.0 & -6.0 & -10.0 \end{array}$$

>> B = rref([A eye(size(A))]);　　　　% 用初等行变换求矩阵 A 的逆

>> invA = B(:,size(A) +1:2*size(A))　% 提取 A 的逆矩阵

invA =

$$\begin{array}{cccc} 1 & 1 & -2 & -4 \\ 0 & 1 & 0 & -1 \\ -1 & -1 & 3 & 6 \\ 2 & 1 & -6 & -10 \end{array}$$

说明:(1)可先求 A 的行列式,依据行列式是否为 0 判断 A 的可逆性。(2)MATLAB 求 A 的逆矩阵可用三种方法 ①inv(A);② rref([A eye(size(A))]);③A \ eye(size(A)).

4. 矩阵的分解

**例 4.1.4**　对 $A = \begin{bmatrix} 1 & 9 & 3 & 5 \\ 2 & 4 & 6 & 8 \\ 6 & 5 & 4 & 3 \end{bmatrix}$ 作三角分解与奇异值分解。

解:在命令窗口中输入如下程序:

A = [1,9,3,5; 2,4,6,8; 6,5,4,3];

>> [L,U,P] = lu(A)　　　　　　　　% 三角分解

L =

```
    1.0000         0          0
    0.1667    1.0000          0
    0.3333    0.2857     1.0000
U =
    6.0000    5.0000    4.0000    3.0000
         0    8.1667    2.3333    4.5000
         0         0    4.0000    5.7143
P =
    0    0    1
    1    0    0
    0    1    0
>> [u,D,V] = svd(A)                    % 奇异值分解
u =
   -0.6050    0.7818   -0.1507
   -0.6185   -0.5807   -0.5294
   -0.5014   -0.2271    0.8349
D =
   16.6967         0         0         0
         0    4.6945         0         0
         0         0    4.6025         0
V =
   -0.2905   -0.3711    0.8255    0.3105
   -0.6245    0.7622    0.1521   -0.0776
   -0.4511   -0.4361   -0.0629   -0.7762
   -0.5676   -0.3020   -0.5398    0.5433
>> u*D*V'                              % 验证 A = u*D*V'
ans =
    1.0000    9.0000    3.0000    5.0000
    2.0000    4.0000    6.0000    8.0000
    6.0000    5.0000    4.0000    3.0000
>> B = [1,2;2,5];
>> B1 = chol(B)                        % 对 B 作 Cholesky 分解
B1 =
    1    2
    0    1
```

**5. 求极大无关组**

**例 4.1.5** 给定向量组 $\boldsymbol{\alpha}_1 = (1, -1, 2, 4)^{\mathrm{T}}$，$\boldsymbol{\alpha}_2 = (0, 3, 1, 2)^{\mathrm{T}}$，$\boldsymbol{\alpha}_3 = (3, 0, 7, 14)^{\mathrm{T}}$，$\boldsymbol{\alpha}_4 = (1, -1, 2, 0)^{\mathrm{T}}$，$\boldsymbol{\alpha}_5 = (2, 1, 5, 6)^{\mathrm{T}}$，求该向量组的秩，并求出一个极大无关组，且将其余向量用所求的极大无关组线性表示。

分析：由代数学可知，若以 $n$ 维向量组 $\boldsymbol{\alpha}_1, \boldsymbol{\alpha}_2, \cdots, \boldsymbol{\alpha}_s$ 为列的矩阵经初等行变换化成矩阵 $(\boldsymbol{\beta}_1, \boldsymbol{\beta}_2, \cdots, \boldsymbol{\beta}_s)_{n \times s}$，即

$$(\boldsymbol{\alpha}_1, \boldsymbol{\alpha}_2, \cdots, \boldsymbol{\alpha}_s)_{n \times s} \xrightarrow{r} (\boldsymbol{\beta}_1, \boldsymbol{\beta}_2, \cdots, \boldsymbol{\beta}_s)_{n \times s}$$

则当 $\boldsymbol{\alpha}_{i_1},\boldsymbol{\alpha}_{i_2},\cdots,\boldsymbol{\alpha}_{i_r}$ 是 $\boldsymbol{\alpha}_1,\boldsymbol{\alpha}_2,\cdots,\boldsymbol{\alpha}_s$ 的极大无关组时,相应的 $\boldsymbol{\beta}_{i_1},\boldsymbol{\beta}_{i_2},\cdots,\boldsymbol{\beta}_{i_r}$ 也是 $\boldsymbol{\beta}_1,$ $\boldsymbol{\beta}_2,\cdots,\boldsymbol{\beta}_s$ 的极大无关组。反之亦然。

解:在命令窗口中输入如下程序:

```
a1 = [1, -1,2,4]';a2 = [0,3,1,2]';a3 = [3,0,7,14]';a4 = [1, -1,2,0]';a5 = [2,1,5,
6]';                                %输入向量组
A = [a1,a2,a3,a4,a5];               %向量组矩阵
r = rank(A)                         %求秩
B = rref(A)                         %求行简化矩阵
```

输出结果:

```
r = 3
B =
   1    0    3    0    1
   0    1    1    0    1
   0    0    0    1    1
   0    0    0    0    0
```

所以,向量组的秩是 3,极大无关组是 $\boldsymbol{\alpha}_1,\boldsymbol{\alpha}_2,\boldsymbol{\alpha}_4$,其余向量用极大无关组线性表示为

$$\boldsymbol{\alpha}_3 = 3\boldsymbol{\alpha}_1 + \boldsymbol{\alpha}_2, \qquad \boldsymbol{\alpha}_5 = \boldsymbol{\alpha}_1 + \boldsymbol{\alpha}_2 + \boldsymbol{\alpha}_4$$

6. 实对称矩阵对角化

**例 4.1.6** 设 $A = \begin{pmatrix} 3 & -1 & 0 \\ -1 & 3 & 0 \\ 0 & 0 & 3 \end{pmatrix}$,求正交矩阵 $\boldsymbol{Q}$,使 $\boldsymbol{Q}^{-1}A\boldsymbol{Q}=\boldsymbol{\Lambda}$ 为对角矩阵。

分析:由于 $A$ 是对称矩阵,$A$ 一定可以对角化。MATLAB 中提供的命令 eig($A$) 可求矩阵 $\boldsymbol{Q}$。

解:程序如下:

```
>>A = [3, -1,0; -1,3,0;0,0,3];
>> [Q,d] = eig(A)
Q =
   -0.7071         0    -0.7071
   -0.7071         0     0.7071
    0         1.0000         0
d =
   2    0    0
   0    3    0
   0    0    4
```

说明:当 $A$ 是对称矩阵时,eig($A$)提供的特征向量是标准化的正交向量组。

7. 施密特正交化方法

**例 4.1.7** 设 $\boldsymbol{\alpha}_1 = (1, -2,2)^{\mathrm{T}}$,$\boldsymbol{\alpha}_2 = (-1,0, -1)^{\mathrm{T}}$,$\boldsymbol{\alpha}_3 = (5, -3, -7)^{\mathrm{T}}$ 是 $\boldsymbol{R}^3$ 的一个基,用施密特正交化方法将其化为标准正交基。

分析:若 $\boldsymbol{\alpha}_1,\boldsymbol{\alpha}_2,\cdots,\boldsymbol{\alpha}_n$ 是 $R^n$ 的一个基,施密特正交化方法为

取

$$\boldsymbol{\beta}_1 = \boldsymbol{\alpha}_1$$

$$\boldsymbol{\beta}_k = \boldsymbol{\alpha}_k - \frac{[\boldsymbol{\beta}_1, \boldsymbol{\alpha}_k]}{[\boldsymbol{\beta}_1, \boldsymbol{\beta}_1]}\boldsymbol{\beta}_1 - \frac{[\boldsymbol{\beta}_2, \boldsymbol{\alpha}_k]}{[\boldsymbol{\beta}_2, \boldsymbol{\beta}_2]}\boldsymbol{\beta}_2 - \cdots - \frac{[\boldsymbol{\beta}_{k-1}, \boldsymbol{\alpha}_k]}{[\boldsymbol{\beta}_{k-1}, \boldsymbol{\beta}_{k-1}]}\boldsymbol{\beta}_{k-1} \quad (2 \leqslant k \leqslant n)$$

将 $\boldsymbol{\beta}_1, \boldsymbol{\beta}_2, \cdots, \boldsymbol{\beta}_n$ 单位化,即 $\boldsymbol{\xi}_k = \dfrac{\boldsymbol{\beta}_k}{||\boldsymbol{\beta}_k||}(k=1,2,\cdots,n)$,则 $\boldsymbol{\xi}_1, \boldsymbol{\xi}_2, \cdots, \boldsymbol{\xi}_n$ 为标准正交基。

解:首先编写施密特正交化函数文件 Schmidt. m 保存:

```
function SMatrix = Schmidt(A)
[m,n] = size(A);Q = zeros(m,n);tQ = zeros(m,n);R = zeros(n,m);
for j =1:n
    v =A(:,j);
    for i =1:j-1
        R(i,j) =(tQ(:,i)'*A(:,j))/(norm(tQ(:,i))^2)
        v =v - R(i,j)*tQ(:,i);
    end
    R(j,j) = norm(v);
    tQ(:,j) = v;
    Q(:,j) = v/R(j,j);
end
SMatrix = Q;
```

在命令窗口中输入如下程序:

```
clear
format rat
A =[1, -2,2;-1,0, -1;5, -3, -7]';        % 输入向量组
Q = Schmidt(A)                            % 对向量组施密特正交化
Q =                                       % 输出标准正交基矩阵
    1/3          -2/3          2/3
   -2/3          -2/3         -1/3
    2/3          -1/3         -2/3
```

说明:规范标准正交基为

$$\boldsymbol{\xi}_1 = \left(\frac{1}{3}, \frac{-2}{3}, \frac{2}{3}\right)^{\mathrm{T}}, \boldsymbol{\xi}_2 = \left(\frac{-2}{3}, \frac{-2}{3}, \frac{-1}{3}\right)^{\mathrm{T}}, \boldsymbol{\xi}_3 = \left(\frac{2}{3}, \frac{-1}{3}, \frac{-2}{3}\right)^{\mathrm{T}}$$

8. 实例

**例 4.1.8** (商品的市场占有率问题)有两家公司 R 和 S 经营同类的产品,它们相互竞争。每年 R 公司保有 1/4 的顾客,而 3/4 转移向 S 公司;每年 S 公司保有 2/3 的顾客,而 1/3 转移向 R 公司。当产品开始制造时 R 公司占有 3/5 的市场份额,而 S 公司占有 2/5 的市场份额。问两年后,两家公司所占的市场份额变化怎样,5 年以后会怎样? 10 年以后如何? 是否有一组初始市场份额分配数据使以后每年的市场分配稳定不变?

(1)问题分析和数学模型。根据两家公司每年顾客转移的数据资料,形成以下转移矩阵

$$\boldsymbol{A} = \begin{pmatrix} 0.25 & 0.33 \\ 0.75 & 0.67 \end{pmatrix}$$

若用 $x_{i1}$、$x_{i2}$ 分别表示第 $i$ 年后 R 公司、S 公司占有的市场份额,记 $X_i = (x_{i1}, x_{i2})^{\mathrm{T}}(i=$

$0,1,2,\cdots$），由题意知产品制造之初时有

$$X_0 = (0.6, 0.4)^{\mathrm{T}}$$

所以一年后，两公司占有的市场份额为

$$X_1 = AX_0 = \begin{pmatrix} 0.25 & 0.33 \\ 0.75 & 0.67 \end{pmatrix}\begin{pmatrix} 0.6 \\ 0.4 \end{pmatrix}$$

两年后，两公司占有的市场份额为

$$X_2 = AX_1 = A^2 X_0 = \begin{pmatrix} 0.25 & 0.33 \\ 0.75 & 0.67 \end{pmatrix}^2\begin{pmatrix} 0.6 \\ 0.4 \end{pmatrix}$$

第 $n$ 年后，两公司市场分配的份额

$$X_n = A^n X_0 \qquad (n = 1, 2, \cdots, n)$$

又设 $a$ 和 $b$ 作为 R 公司和 S 公司的初始市场份额，则有 $a + b = 1$。为了使以后每年的市场分配不变，根据顾客数量转移的规律，有

$$\begin{pmatrix} 0.25 & 0.33 \\ 0.75 & 0.67 \end{pmatrix}\begin{pmatrix} a \\ b \end{pmatrix} = \begin{pmatrix} a \\ b \end{pmatrix}$$

即

$$\begin{pmatrix} 0.25 - 1 & 0.33 \\ 0.75 & 0.67 - 1 \end{pmatrix}\begin{pmatrix} a \\ b \end{pmatrix} = \begin{pmatrix} 0 \\ 0 \end{pmatrix}$$

这是一个齐次方程组问题。如果方程组有解，则应该在非零解的集合中选取正数解作为市场稳定的初始份额。

（2）程序和计算结果。为了知道 2 年、5 年、10 年后市场分配的情况，在 MATLAB 中输入下面命令：

```
A = [0.25 0.33;0.75 0.67]
x0 = [0.6;0.4]
x2 = A^2 * x0
x5 = A^5 * x0
x10 = A^10 * x0
输出结果：
x2 = 0.3074  0.6926
x5 = 0.3056  0.6944
x10 = 0.3056  0.6944
```

将结果列在表 4.2 中。

表 4.2  R 与 S 公司的市场份额

| 时间 | R 公司的市场份额/% | S 公司的市场份额/% |
| --- | --- | --- |
| 2 年后 | 30.74 | 69.26 |
| 5 年后 | 30.56 | 69.44 |
| 10 年后 | 30.56 | 69.44 |

为了求 $a$ 和 $b$ 作为 R 公司和 S 公司稳定的初始市场份额，需解齐次方程组 $(A - E)X = 0$，

输入下面命令：

```
rref(A - eye(2))
```

结果如下：

```
ans =
   1.0000   -0.4400
        0        0
```

由此得化简后的方程 $a - 0.44b = 0$。结合约束条件 $a + b = 1$，得 $a \approx 31\%$，$b \approx 69\%$。这是使市场稳定的两家公司的初始份额，也正好与表 4.2 中的数据相吻合。

（3）问题的解答和进一步思考。在 R 公司和 S 公司的市场初始份额分别为 60% 和 40% 的情况下，根据计算结果，两年后情况变化较大：R 公司约占 30.56%，S 公司约占 69.44%。而五年以后与两年以后比较变化不大：R 公司约占 30.8%，S 公司约占 69.2%。10 年后的情况与五年后的情况比较大约不变。市场已经趋于稳定。是否对任意的市场初始分配份额，在经过若干年后均会趋于稳定状态呢？比如市场初始分配份额为 $X_0 = (0.5, 0.5)^T$，五年后两公司的市场分配份额是否还是 30.56% 与 69.44%，请读者去实验。

### 4.1.3 练习

1. 用克拉默法则解方程组

$$\begin{cases} x_1 + x_2 + x_3 + x_4 = 5 \\ x_1 + 2x_2 - x_3 + 4x_4 = -2 \\ 2x_1 - 3x_2 - x_3 - 5x_4 = -2 \\ 3x_1 + x_2 + 2x_3 + 11x_4 = 0 \end{cases}$$

2. 已知 $A = \begin{pmatrix} 1 & 2 & -1 \\ 3 & 4 & -2 \\ 5 & -4 & 1 \end{pmatrix}$，$B = \begin{pmatrix} 1 & 2 & 1 \\ -3 & 2 & 1 \\ 2 & 6 & 1 \end{pmatrix}$，求 $A + B, AB, BA, A \backslash B, A^5$。

3. 给定向量组 $\alpha_1 = (1, 1, 2, 4)^T$，$\alpha_2 = (2, 1, 1, 0)^T$，$\alpha_3 = (1, 0, 6, 10)^T$，$\alpha_4 = (1, 2, 2, 3)^T$，$\alpha_5 = (3, 1, 4, -2)^T$，求该向量组的秩，并求出一个极大无关组，且将其余向量用所求的极大无关组线性表示。

4. 已知 $A = \begin{pmatrix} 1 & 2 & -1 \\ 2 & 6 & -2 \\ -1 & -2 & 5 \end{pmatrix}$，对 $A$ 作三角、奇异值、Cholesky 与正交分解。

5. 将下列矩阵对角化，并求出相应的正交矩阵。

$$(1) \begin{pmatrix} 1 & 2 & -1 \\ 2 & 6 & -2 \\ -1 & -2 & 5 \end{pmatrix}; \quad (2) \begin{pmatrix} 3 & 2 & -1 \\ -2 & -2 & 2 \\ 3 & 6 & -1 \end{pmatrix}; \quad (3) \begin{pmatrix} 4 & -1 & -1 & 1 \\ -1 & 4 & 1 & -1 \\ -1 & 1 & 4 & -1 \\ 1 & -1 & -1 & 4 \end{pmatrix}$$

6. （人口迁移的动态分析）对城乡人口流动作年度调查，发现有一个稳定的朝向城镇流动的趋势：每年农村居民的 2.5% 移居城镇，而城镇居民的 1% 迁出。现在总人口的 60% 位于城镇。假如城乡总人口保持不变，并且人口流动的这种趋势继续下去，那么 1 年以后住在城镇人口所占比例是多少？两年以后呢？10 年以后呢？最终呢？

# 实验4.2  线性方程组

## 4.2.1  实验背景知识介绍

### 1. 线性方程组

含有 $n$ 个未知量 $m$ 个方程的线性方程组记为

$$\begin{cases} a_{11}x_1 + a_{12}x_2 + \cdots + a_{1n}x_n = b_1 \\ a_{21}x_1 + a_{22}x_2 + \cdots + a_{2n}x_n = b_2 \\ \qquad\qquad\qquad\vdots \\ a_{m1}x_1 + a_{m2}x_2 + \cdots + a_{mn}x_n = b_m \end{cases} \qquad (4.1)$$

式中：$a_{ij}, b_j (i = 1,2,\cdots,n; j = 1,2,\cdots,m)$ 是常数。式(4.1)称为线性方程组的一般表示。

通常，当 $b_1, b_2, \cdots, b_m$ 全为 0 时，称式(4.1)为齐次线性方程组；当 $b_1, b_2, \cdots, b_m$ 不全为 0 时，称式(4.1)为非齐次线形方程组。

记

$$\boldsymbol{A}_{m \times n} = \begin{pmatrix} a_{11} & a_{12} & \cdots & a_{1n} \\ a_{21} & a_{22} & \cdots & a_{2n} \\ \vdots & \vdots & & \vdots \\ a_{m1} & a_{m2} & \cdots & a_{mn} \end{pmatrix}; \quad \boldsymbol{x} = \begin{pmatrix} x_1 \\ x_2 \\ \vdots \\ x_n \end{pmatrix}; \quad \boldsymbol{b} = \begin{pmatrix} b_1 \\ b_2 \\ \vdots \\ b_m \end{pmatrix}$$

称 $\boldsymbol{A}$ 为线性方程组(4.1)的系数矩阵，称 $\boldsymbol{x}$ 为未知量向量，称 $\boldsymbol{b}$ 为常数项向量。

由矩阵的乘法，方程组(4.1)的可用矩阵表示为 $\boldsymbol{Ax} = \boldsymbol{b}$。

### 2. 线性方程组有解的判定与解的结构

（1）$n$ 元线性方程组 $\boldsymbol{Ax} = \boldsymbol{b}$ 有解的充分必要条件是它的系数矩阵的秩等于增广矩阵的秩，即 $r(\boldsymbol{A}) = r(\boldsymbol{A}, \boldsymbol{b})$。

（2）$n$ 元齐次线性方程组 $\boldsymbol{Ax} = \boldsymbol{0}$ 有非零解的充分必要条件是 $r(\boldsymbol{A}) < n$。

（3）$n$ 元齐次线性方程组 $\boldsymbol{Ax} = \boldsymbol{0}$，若 $r(\boldsymbol{A}) = r < n$，则该方程组的基础解系含有 $n - r$ 个解向量。若记基础解系为 $\boldsymbol{\eta}_1, \boldsymbol{\eta}_2, \cdots, \boldsymbol{\eta}_{n-r}$，则该方程组的通解为

$$x = k_1\boldsymbol{\eta}_1 + k_2\boldsymbol{\eta}_2 + \cdots + k_{n-r}\boldsymbol{\eta}_{n-r}$$

式中：$k_1, k_2, \cdots, k_{n-r}$ 为任意常数。

（4）若 $\boldsymbol{\eta}_0$ 是非齐次线性方程组 $\boldsymbol{Ax} = \boldsymbol{b}$ 一个特解，$\boldsymbol{\eta}_1, \boldsymbol{\eta}_2, \cdots, \boldsymbol{\eta}_{n-r}$ 是其导出组 $\boldsymbol{Ax} = \boldsymbol{0}$ 的一个基础解系，则 $\boldsymbol{Ax} = \boldsymbol{b}$ 的通解为

$$x = \boldsymbol{\eta}_0 + k_1\boldsymbol{\eta}_1 + k_2\boldsymbol{\eta}_2 + \cdots + k_{n-r}\boldsymbol{\eta}_{n-r} \qquad (4.2)$$

式中：$k_1, k_2, \cdots, k_{n-r}$ 为任意常数。

### 3. 解方程的 MATLAB 命令与程序

（1）对于方程组 $\boldsymbol{Ax} = \boldsymbol{0}$，可调用函数 null 用来求解出解空间的一组基，其调用格式如下。

① z = null(A)　　　　% z 的列向量为方程组的正交规范基，满足 Z'*Z = E。

② z = null(A,'r')　　　% z 的列向量是方程 AX = 0 的基向量。

（2）对于线性方程组 Ax = b,

① 当 rank(A) = rank([A,b]) = n 时,调用 x = A\b 或 x = pinv(A)*b;

② 当 rank(A) = rank([A,B]) < n 时, 调用 A\b 求出方程组的一个特解,用 null(A,'r')求出该方程组所对应的齐次方程组的基础解系.

③ 当 rank(A) < rank([A,b])时,方程组无解,即没有 x 使得 Ax = b。应用向量范数理论即没有 x,使得成 $||Ax - b||^2 = 0$。由此可以想到,是否有 x,使得 $||Ax - b||^2$ 取最小值,这个最小值问题是有解的,其解为 x = A\b 或 x = pinv(A)*b,即 A 的伪逆矩阵与 b 的乘积。

（3）根据（1）与（2）,可设计求解线性方程组 AX = b 的函数文件如下:

```
function [x,y] = linesolution(A,b)
[m,n] = size(A);y = [ ];
if   norm(b) > 0              % 非齐次方程组
  if  rank(A) == rank([A,b])% 方程组相容
    if  rank(A) == m         % 有唯一解
      x = A\b;
    else                     % 方程组有无穷多个解,给出基础解系
    disp('原方程组有无穷多个解,其齐次方程组的基础解系为y,特解为x');
    y = null(A,'r');
    x = A\b;
end
  else                       % 方程组不相容,给出最小二乘法解
    disp('方程组的最小二乘法解是:');
    x = A\b;
  end
else                         % 齐次方程组
  if  rank(A) >= n           % 列满秩
    x = zero(m,1)            % 零解
  else
    disp('方程组有无穷多个解,基础解系为x');
    x = null(A,'r');
  end
end
return
```

将上面的文件保存在当前目录下,以备实验调用。

### 4.2.2　实验内容

**1. 求线性齐次方程组的通解**

**例 4.2.1**　求下面方程组的基础解系。

$$\begin{cases} x_1 + x_2 - 2x_3 - x_4 + x_5 = 0 \\ 3x_1 - x_2 + x_3 + 4x_4 + 3x_5 = 0 \\ x_1 + 5x_2 - 9x_3 - 8x_4 + x_5 = 0 \end{cases}$$

解:在命令窗口中输入以下命令。

```
>>A=[1 1 -2 -1 1;3 -1 1 4 3;1 5 -9 -8 1];      % 系数矩阵
>>format rat       % 指定以有理式格式输出
>>C=null(A,'r')    % 求解空间的有理基向量
```

运行后显示结果如下：

C =

| 1/4 | -3/4 | -1 |
|-----|------|----|
| 7/4 | 7/4 | 0 |
| 1 | 0 | 0 |
| 0 | 1 | 0 |
| 0 | 0 | 1 |

从而可得原方程组的基础解系为

$$\eta_1 = (1/4,7/4,1,0,0)^T; \eta_2 = (-3/4,7/4,0,1,0)^T; \eta_3 = (-1,0,0,0,1)^T$$

方程通解为

$$x = k_1\eta_1 + k_2\eta_2 + k_3\eta_3 (k_1,k_2,k_3 \text{ 是任意常数})$$

2. 求非齐次线性方程组的通解

**例 4.2.2** 求解方程组 $\begin{cases} x_1 + x_2 - 2x_3 - x_4 + x_5 = 1 \\ 3x_1 - x_2 + x_3 + 4x_4 + 3x_5 = 4 \\ x_1 + 5x_2 - 9x_3 - 8x_4 + x_5 = 0 \end{cases}$

解:(方法一)在 MATLAB 中建立 M 文件,并保存为 liti4_8.m:

```
clear
A=[1 1 -2 -1 1;3 -1 1 4 3;1 5 -9 -8 1];
b=[1 4 0]';
Ab=[A b];
n=size(A,2);                 % 求自变量的个数
R_A=rank(A);
R_Ab=rank(Ab);
format rat
if R_A==R_Ab&R_A==n          % 判断有无唯一解
   X=A\b
elseif R_A==R_Ab&R_A<n       % 判断有无无穷解
   X=A\b                     % 求特解
   C=null(A,'r')             % 求 AX=0 的基础解系
else X='equition no solve'   % 判断是否有解
end
```

运行后结果显示如下:

```
Warning: Rank deficient, rank = 2  tol =  1.0296e-014.
X =   0
      0
     -8/7
      9/7
```

```
            0
C =
       1/4          -3/4          -1
       7/4           7/4           0
        1             0            0
        0             1            0
        0             0            1
```

所以原方程组的通解为

$$x = k_1 \begin{pmatrix} 1/4 \\ 7/4 \\ 1 \\ 0 \\ 0 \end{pmatrix} + k_2 \begin{pmatrix} -3/4 \\ 7/4 \\ 0 \\ 1 \\ 0 \end{pmatrix} + k_3 \begin{pmatrix} -1 \\ 0 \\ 0 \\ 0 \\ 1 \end{pmatrix} + \begin{pmatrix} 0 \\ 0 \\ -8/7 \\ 9/7 \\ 0 \end{pmatrix} \quad (k_1,k_2,k_3 \text{ 为任意常数})。$$

（方法二）调用自定义函数 linesolution(A,b)求解。在 MATLAB 的命令窗口中直接输入以下命令：

```
>>A = [2,2,-1,1;4,3,-1,2;8,5,-3,4;3,3,-2,2];
>>b = [4,6,12,6]';
>>[x,y] = linsolution(A,b)      % 调用自定义函数 linsolution(A,b)
```

运行结果如下：

原方程组有无穷多个解,其齐次方程组的基础解系为 y,特解为 x。

```
Warning: Rank deficient, rank = 2  tol =  1.0296e-014.
> In D:\matalab\work\linesolution.m at line 10

x =
     0
     0
   -8/7
    9/7
     0

y =
    1/4          -3/4          -1
    7/4           7/4           0
     1             0            0
     0             1            0
     0             0            1
```

说明:这一结果同方法一是相同的,可检验 A*x = b 是否成立。

3. 实例

**例 4.2.3** （闭合经济问题）一个木工,一个电工,一个油漆工,三人相互同意彼此装修他们自己的房子。在装修之前,他们达成了如下协议:(1)每人总共工作 10 天(包括给自己家干活在内);(2)每人的日工资根据一般的市价为 60 元~80 元;(3)每人的日工资数应使得每人的总收入与总支出相等。表 4.3 是他们协商后制定出的工作时间的分配方案。

表 4.3　工作时间的分配方案

| 时间 ＼ 工种 | 木工 | 电工 | 油漆工 |
|---|---|---|---|
| 在木工家的工作时间/天 | 2 | 1 | 6 |
| 在电工家的工作时间/天 | 4 | 5 | 1 |
| 在油漆工家的工作时间/天 | 4 | 4 | 3 |

求木工、电工及油漆工的日工资及每人房子的装修费用是多少?

解:(1)问题分析与数学模型。根据协议中每人总支出与总收入相等的原则,分别考虑木工、电工及油漆工的总收入和总支出。设木工的日工资为 $x_1$,电工的日工资为 $x_2$,油漆工的日工资为 $x_3$。则木工的 10 个工作日总收入应该为 $10x_1$,而木工、电工及油漆工三人在木工家工作的天数分别为:2 天,1 天,6 天,按日工资累计木工的总支出为 $2x_1 + x_2 + 6x_3$,于是木工的收支平衡可描述为等式 $2x_1 + x_2 + 6x_3 = 10x_1$。

同理,可建立描述电工,油漆工各自的收支平衡关系的另外两个等式,将三个等式联立,可得描述实际问题的方程组

$$\begin{cases} 2x_1 + x_2 + 6x_3 = 10x_1 \\ 4x_1 + 5x_2 + x_3 = 10x_2 \\ 4x_1 + 4x_2 + 3x_3 = 10x_3 \end{cases}$$

整理得

$$\begin{cases} -8x_1 + x_2 + 6x_3 = 0 \\ 4x_1 - 5x_2 + x_3 = 0 \\ 4x_1 + 4x_2 - 7x_3 = 0 \end{cases}$$

这是一个齐次线性方程组的问题。

(2) 数学模型求解。在命令窗口输入以下命令:

```
clear
>>A =[ -8 1 6;4 -5 1;4 4 -7 ];
>>format rat
>>z = null(A,'r')
```

运行结果:

```
z =
    31/36
    8/9
```

因此,齐次方程组的通解可以表示为

$$(x_1, x_2, x_3)^T = k(31/36, 8/9, 1)^T$$

其中:$k$ 为任意实数。最后,确定满足条件

$$60 \leqslant x_i \leqslant 80 \qquad (i = 1,2,3)$$

的方程组的解。即选择适当的 $k$ 以确定木工、电工及油漆工每人的日工资在 60 元～80 元。由于 $(60,60,60)^T \leqslant k(31/36, 8/9, 1)^T \leqslant (80,80,80)^T$,所以 $k$ 只能在 60 天～80 天间取值。在命令窗口输入以下程序求 $k$:

```
t = 1;
for k = 60:80
    if (60 < = z(1)*k)&(z(1)*k < = 80)&(60 < = z(2)*k)&···
            (z(2)*k < = 80)&(60 < = z(3)*k)&(z(3)*k < = 80)
    k1(t) = k; t = t +1;
    end
end
k1
```

程序运行结果:

k1 =70　　71　　72　　73　　74　　75　　76　　77　　78　　79　　80

（3）问题解答。尽管这一问题是在方程组的无穷多组解中寻求解答，但是由于题目条件限制，对于参数 k，没有更多的选择余地。为了使日工资为整数值，从上述程序结果的数组 k1 中可确定 k =72，此时得木工、电工、油漆工日工资分别为 62 元、64 元、72 元。每人房子的装修费用分别是 620 元、640 元、720 元。

### 4.2.3　练习

1. 解下列方程组：

$$(1)\begin{cases}x_1 - 8x_2 + 10x_3 + 2x_4 = 0 \\ 2x_1 + 4x_2 + 5x_3 - x_4 = 0 \\ 3x_1 + 8x_2 + 6x_3 - 2x_4 = 0\end{cases} \quad (2)\begin{cases}x_1 + x_2 = 5 \\ 2x_1 + x_2 + x_3 + 2x_4 = 1 \\ 5x_1 + 3x_2 + 2x_3 + 2x_4 = 3\end{cases}$$

2. （交通流量的计算模型）图 4.1 给出了某城市部分单行街道的交通流量（每小时过车数）。

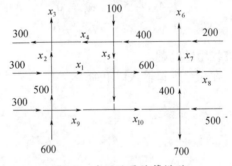

图 4.1　交通流量计算模型

假设：①全部流入网络的流量等于全部流出网络的流量；②全部流入一个节点的流量等于全部流出此节点的流量。建立数学模型确定该交通网络未知部分的具体流量。

## 实验 4.3　投入产出模型

### 4.3.1　实验背景知识介绍

矩阵代数及方程组理论在经济分析中有广泛的应用。国民经济是一个系统，在整个系统中，各个部门是相互联系的。这种联系有些是直接的，有些是间接的。从生产看，各部门之间存在相互提供产品的关系，例如：供电部门生产需要煤炭，煤炭部门生产需要电力;建筑部门需要钢材,钢铁部门生产钢材需要焦炭,因此建筑部门生产间接需要焦炭。部门间的联系总是表现为供给与使用的恒等关系,这种恒等关系可用方程式描述。这些相互制约的关系的全体可用方程组来描述。能够反映一个经济系统中各部门之间数量依存关系的平衡方程组统称为投入产出模型。

1. 投入产出平衡表

投入产出表可以按实物形式编制,也可以按价值形式编制。以下仅讨论价值型的投入产出模型,其结构见表4.4。在表4.4中,各部门行的总和应该等于列的总和。

表4.4　价值型投入产出表

| 投入＼产出 | | 中间产品 | | | | 最终产品 | | | | 总产品 |
|---|---|---|---|---|---|---|---|---|---|---|
| | | 1 | 2 | $\cdots$ | $n$ | 消费 | 积累 | 出口 | 小计 | |
| 资料补偿价值 | 1 | $x_{11}$ | $x_{12}$ | $\cdots$ | $x_{1n}$ | | | | $y_1$ | $x_1$ |
| | 2 | $x_{21}$ | $x_{22}$ | $\cdots$ | $x_{2n}$ | | | | $y_2$ | $x_2$ |
| | $\vdots$ | $\vdots$ | $\vdots$ | | $\vdots$ | | | | $\vdots$ | $\vdots$ |
| | $n$ | $x_{n1}$ | $x_{n2}$ | $\cdots$ | $x_{nn}$ | | | | $y_n$ | $x_n$ |
| | 固定资产折旧 | $d_1$ | $d_2$ | $\cdots$ | $d_n$ | | | | | |
| 新创造价值 | 劳动报酬 | $v_1$ | $v_2$ | $\cdots$ | $v_n$ | | | | | |
| | 纯收入 | $m_1$ | $m_2$ | $\cdots$ | $m_n$ | | | | | |
| | 小计 | $z_1$ | $z_2$ | $\cdots$ | $z_n$ | | | | | |
| 总产值 | | $x_1$ | $x_2$ | $\cdots$ | $x_n$ | | | | | |

在表4.4中,$x_i$表示第$i$个生产部门的总产品价值;$y_i$表示第$i$个部门最终产品价值;$x_{ij}$表示第$j$部门在生产过程中消耗第$i$部门的产品价值量,或者说第$i$部门分配给第$j$部门的产品价值量。$d_j,v_j,m_j$分别表示第$j$部门的固定资产折旧、劳动报酬、纯收入数值。$z_j$表示第$j$部门的新创造价值,即

$$z_j = v_j + m_j \qquad (j = 1,2,\cdots,n) \tag{4.3}$$

在表4.4中,由双线将表分割成四部分,第 I 部分(左上角)由 $n$ 个生产部门交叉组成,它反映了国民经济各部门之间的生产技术联系,特别是反映了各部门之间相互提供产品供生产过程消耗的情况。第 II 部分(右上角)反映了各生产部门从总产品中扣除补偿生产消耗后的余量,即不参加本周期生产过程的最终产品分配情况。第 III 部分(左下角)包括了各生产部门的固定资产折旧和新创造价值两部分,它反映了国民收入初次分配情况。第 IV 部分(右下角)反映了国民收入再分配情况。

2. 平衡方程组

(1)分配平衡方程组。从表4.4的行来看,第 I 部分和第 II 部分每一行存在一个等式,即每一个部门作为生产部门分配给各部门用于生产消耗的产品,加上它本部门的最终产品,应等于它的总产品,即

$$\begin{cases} x_1 = x_{11} + x_{12} + \cdots + x_{1n} + y_1 \\ x_2 = x_{21} + x_{22} + \cdots + x_{2n} + y_2 \\ \qquad\qquad\qquad \vdots \\ x_n = x_{n1} + x_{n2} + \cdots + x_{nn} + y_n \end{cases} \tag{4.4}$$

或简写为

$$x_i = \sum_{j=1}^{n} x_{ij} + y_i \quad (i = 1, 2, \cdots, n) \tag{4.5}$$

式中：$\sum\limits_{j=1}^{n} x_{ij}$ 表示第 $i$ 部门分配给各部门生产消耗的产品价值总和。式(4.4)或式(4.5)称为产品分配平衡方程组。

(2) 消耗平衡方程组。从表4.4的列来看，第 Ⅰ 部分和第 Ⅲ 部分每一列也存在一个等式，即每一个部门作为消耗部门，各部门为它的生产消耗转移的产品价值，加上固定资产折旧和它本部门新创造的价值，应等于它的总产值，即

$$\begin{cases} x_1 = x_{11} + x_{21} + \cdots + x_{n1} + d_1 + z_1 \\ x_2 = x_{12} + x_{22} + \cdots + x_{n2} + d_2 + z_2 \\ \qquad\qquad\qquad \vdots \\ x_n = x_{1n} + x_{2n} + \cdots + x_{nn} + d_n + z_n \end{cases} \tag{4.6}$$

或简写为

$$x_j = \sum_{i=1}^{n} x_{ij} + d_j + z_j \quad (j = 1, 2, \cdots, n) \tag{4.7}$$

式中：$\sum\limits_{i=1}^{n} x_{ij}$ 表示第 $j$ 部门在生产过程中消耗各部门的产品总和。式(4.6)或式(4.7)称为消耗平衡方程组。

分配平衡方程组和消耗平衡方程组统称为投入产出平衡方程组。

3. 直接消耗系数

在一个生产周期内，第 $j$ 部门生产单位产品直接消耗第 $i$ 部门的产品量，称为第 $j$ 部门对第 $i$ 部门的直接消耗系数，记作 $a_{ij}$，即

$$a_{ij} = \frac{x_{ij}}{x_j} \quad (i, j = 1, 2, \cdots, n) \tag{4.8}$$

各部门之间的直接消耗系数构成的 $n$ 阶矩阵，称为直接消耗系数矩阵，常记为 $\boldsymbol{A}$，即

$$\boldsymbol{A} = (a_{ij})_{n \times n}$$

直接消耗系数是表明各产业生产状况或效率好坏的一个技术系数。从技术与经验看，$a_{ij}$ 具有相对稳定性，因而可以当作常数处理。

由式(4.8)得

$$x_{ij} = a_{ij} x_j \quad (i, j = 1, 2, \cdots, n)$$

代入分配平衡方程组式(4.5)，得

$$x_i = \sum_{j=1}^{n} a_{ij} x_j + y_i \quad (i = 1, 2, \cdots, n) \tag{4.9}$$

代入消耗平衡方程组式(4.7)，得

$$x_j = \sum_{i=1}^{n} a_{ij} x_j + d_j + z_j \quad (j = 1, 2, \cdots, n) \tag{4.10}$$

引进向量和矩阵，设

$$X = \begin{pmatrix} x_1 \\ x_2 \\ \vdots \\ x_n \end{pmatrix}; \quad Y = \begin{pmatrix} y_1 \\ y_2 \\ \vdots \\ y_n \end{pmatrix}; \quad d = \begin{pmatrix} d_1 \\ d_2 \\ \vdots \\ d_n \end{pmatrix}; \quad z = \begin{pmatrix} z_1 \\ z_2 \\ \vdots \\ z_n \end{pmatrix}; \quad C = \begin{pmatrix} \sum\limits_{i=1}^{n} a_{i1} & 0 & \cdots & 0 \\ 0 & \sum\limits_{i=1}^{n} a_{i2} & \cdots & 0 \\ \vdots & \vdots & & \vdots \\ 0 & 0 & \cdots & \sum\limits_{i=1}^{n} a_{in} \end{pmatrix}$$

则式(4.9)、式(4.10)可以分别写成矩阵方程

$$X = AX + Y \tag{4.11}$$

$$X = CX + d + z \tag{4.12}$$

式中：$X$ 称为总产品列向量；$Y$ 称为最终产品列向量；$d$ 称为固定资产折旧列向量；$z$ 称为新创造价值列向量；$C$ 称为中间投入系数矩阵。显然矩阵 $C$ 是对角矩阵，对角上的元是直接消耗系数矩阵相应的列和。

4. 平衡方程组的解

利用投入产出数学模型进行经济分析时，首先要根据该经济系统报告期的数据求出直接消耗系数矩阵 $A$。再由分配平衡方程组式(4.11)和消耗平衡方程组式(4.12)可求得平衡方程组的解。

(1)分配平衡方程组式(4.11)的求解方法。

① 如果已知 $X$，则可求得 $Y = (E - A)X$；②如果已知 $Y$，则可求得 $X = (E - A)^{-1}Y$（可以证明矩阵 $E - A$ 可逆）。

(2)消耗平衡方程组式(4.12)的求解方法。

① 如果已知 $X$ 和 $d$，则可求得 $z = (E - C)X - d$；②如果已知 $z$ 和 $d$，则可求得 $X = (E - C)^{-1}(d + z)$；③如果已知 $X$ 和 $z$，则可求得 $d = (E - C)X - z$。

### 4.3.2　实验内容

例 4.3.1　假设国民经济由三个产业部门组成，其投入产出值见表4.5。

表 4.5　三个产业部门投入产出表　（单位：亿元）

| 中间流量 \ 产出 投入 | 中间产品 | | | 最终产品 | 总产品 |
|---|---|---|---|---|---|
| | 农业 | 工业 | 其他产业 | | |
| 农业 | 307 | 667 | 134 | $y_1$ | 2500 |
| 工业 | 726 | 1200 | 668 | $y_2$ | 4600 |
| 其他产业 | 167 | 924 | 407 | $y_3$ | 2900 |
| 新创造价值 | $z_1$ | $z_2$ | $z_3$ | | |
| 总产品 | 2500 | 4600 | 2900 | | |

求：(1) 直接消耗系数矩阵 $A$；(2)各产业部门的最终产出；(3)各产业部门的新创

造价值。

分析:这是投入产出问题,题目中已知总产品列向量 $X$,第 $j$ 部门在生产过程中消耗第 $i$ 部门的产品价值量 $x_{ij}$,因此用式(4.8)可计算直接消耗系数矩阵 $A$,由投入产出模型式(4.11)、式(4.12)可计算最终产品价值 $Y$ 与新创造价值列向量 $z$。

解:(1)由式(4.8)计算消耗系数矩阵,在命令窗口中输入以下命令:

```
>> A1 = [307,667,134;726,1200,668;167,924, 407];
>> X = [2500;4600;2900];
>> for k = 1:3
A(:,k) = A1(:,k)/X(k);
end
>> A
```

输出直接消耗系数矩阵为

```
A =
    0.1228    0.1450    0.0462
    0.2904    0.2609    0.2303
    0.0668    0.2009    0.1403
```

(2) 由分配平衡方程组式(4.11)计算各产业部门的最终产出;在命令窗口中输入以下命令:

```
>> Y = (eye(3) - A)*X
```

输出各产业部门的最终产出为

```
Y =    1392
       2006
       1402
```

即农业、工业、其他产业最终产出分别为 1392 亿元、2006 亿元、1402 亿元。

(3) 由式(4.12)计算出各产业部门的新创造价值;在命令窗口中输入以下命令:

```
>> C = diag(sum(A,1));          % 计算中间投入系数矩阵
>> Z = (eye(3) - C)*X
```

输出各产业部门的新创造价值为

```
Z = 1300
    1809
    1691
```

即农业、工业、其它产业新创造价值分别为 1300 亿元、1809 亿元、1691 亿元。

说明:以上三个问题可以编写一个程序来解决,读者可练习之。

例 4.3.2 (企业投入产出模型)某地区有三个重要企业:一个煤矿、一个发电厂和一条地方铁路公司。设开采一元钱的煤,煤矿要支付 0.25 元的电费及 0.25 元的运输费;生产一元钱的电力,发电厂要支付 0.65 元的煤费,0.05 元的电费及 0.05 元的运输费;创收一元钱的运输费,铁路要支付 0.55 元的煤费及 0.10 元的电费。在某一周内,煤矿接到外地金额为 50000 元的订货,发电厂接到外地金额为 25000 元的订货,外界对地方铁路没有需求。问三个企业在这一周内总产值多少才能满足自身及外界的需求?

分析:设 $x_1$ 为煤矿本周内的总产值,$x_2$ 为电厂本周的总产值,$x_3$ 为铁路本周内的总产

值,由题意有下列分配平衡方程组

$$\begin{cases} x_1 - (0 \times x_1 + 0.65x_2 + 0.55x_3) = 50000 \\ x_2 - (0.25x_1 + 0.05x_2 + 0.10x_3) = 25000 \\ x_3 - (0.25x_1 + 0.05x_2 + 0 \times x_3) = 0 \end{cases}$$

即

$$\begin{bmatrix} x_1 \\ x_2 \\ x_3 \end{bmatrix} - \begin{bmatrix} 0 & 0.65 & 0.55 \\ 0.25 & 0.05 & 0.10 \\ 0.25 & 0.05 & 0 \end{bmatrix} \begin{bmatrix} x_1 \\ x_2 \\ x_3 \end{bmatrix} = \begin{bmatrix} 50000 \\ 25000 \\ 0 \end{bmatrix}$$

由式(4.11)记

$$\boldsymbol{X} = \begin{bmatrix} x_1 \\ x_2 \\ x_3 \end{bmatrix}; \boldsymbol{A} = \begin{bmatrix} 0 & 0.65 & 0.55 \\ 0.25 & 0.05 & 0.10 \\ 0.25 & 0.05 & 0 \end{bmatrix}; \boldsymbol{Y} = \begin{bmatrix} 50000 \\ 25000 \\ 0 \end{bmatrix}$$

因此,三个企业在这一周内总产值向量为

$$\boldsymbol{X} = (\boldsymbol{E} - \boldsymbol{A})^{-1}\boldsymbol{Y}$$

由式(4.12),三个企业在这一周内新创造产值为

$$z = (\boldsymbol{E} - \boldsymbol{C})\boldsymbol{X}$$

因此,三个企业在这一周内总投入向量 $\boldsymbol{D} = \boldsymbol{X} - z$。

若记 $\boldsymbol{B} = \boldsymbol{A}\begin{bmatrix} x_1 & 0 & 0 \\ 0 & x_2 & 0 \\ 0 & 0 & x_3 \end{bmatrix}$,称 $\boldsymbol{B}$ 为投入产出矩阵,它的元素表示煤矿、电厂、铁路之间

的投入产出关系,则可以证明 $\boldsymbol{D} = \boldsymbol{X} - z = (1,1,1)\boldsymbol{B}$。

解:建立分配平衡方程组式(4.11),在命令窗口中输入以下命令:

```
>> A = [0,0.65,0.55;0.25,0.05,0.10;0.25,0.05,0];        % 直接消耗矩阵
>> Y = [50000;25000;0];                                  % 最终产品价值
>> X = (eye(3) - A)\Y           % 解分配平衡方程组求总产值向量 X
X = 1.0e + 005 *
    1.0209
    0.5616
    0.2833
>> B = A * diag(X)              % 求投入产出矩阵
B = 1.0e + 004 *
         0      3.650696    1.558151
    2.552187    0.280815    0.283300
    2.552187    0.280815         0
>> C = diag(sum(A,1));          % 求中间投入系数矩阵
>> Z = (eye(3) - C) * X;        % 求新创造价值列向量 Z
Z = 1.0e + 004 *
```

```
        5.104374
        1.404076
        0.991551
  > >D = X - Z                        % 求各企业的总投入
  D = 1.0e +004 *
        5.104374
        4.212227
        1.841451
```

将以上结果整理,列成投入产出表(表4.6)。

表4.6    三个企业的投入产出表                        (单位:元)

| 产出<br>投入 | 煤矿 | 电厂 | 铁路 | 需求(最终产出) | 总产出 |
|---|---|---|---|---|---|
| 煤矿 | 0 | 36505.96 | 15581.51 | 50000 | 102087.48 |
| 电厂 | 25521.87 | 2808.15 | 2833.00 | 25000 | 56163.02 |
| 铁路 | 25521.87 | 2808.15 | 0 | 0 | 28330.02 |
| 新创造价值 $z$ | 51043.74 | 14040.76 | 9915.51 | | |
| 总产出 $X$ | 102087.48 | 56163.02 | 28330.02 | | |
| 总投入 $D = X - Z$ | 51043.74 | 42122.27 | 18414.51 | | |

### 4.3.3  练习

在一生产周期内,已知某一经济系统的投入产出表(表4.7)。

表4.7   投入产出表                        (单位:元)

| 中间<br>流量<br>投入 \ 产出 | 中间产品 | | | 最终产品 | 总产品 |
|---|---|---|---|---|---|
| | 产品1 | 产品2 | 产品3 | | |
| 产品1 | 100 | 25 | 60 | $y_1$ | 400 |
| 产品2 | 80 | 50 | 30 | $y_2$ | 250 |
| 产品3 | 40 | 25 | 60 | $y_3$ | 300 |
| 最初投入 | $z_1$ | $z_2$ | $z_3$ | | |
| 总产品 | 400 | 250 | 300 | | |

求:(1)直接消耗系数矩阵 $A$;(2)各部门的最终产品;(3)各部门的最初投入。

# 第5章 概率分布与统计推断

概率论与数理统计是研究随机现象的数量规律性的一门应用数学学科,是经济数学的重要组成部分,是统计学的一个基本工具。它在经济和管理领域的应用日趋广泛与深入。本章将介绍随机变量的分布、数字特征、统计推断等内容以及基本命令的运用,探讨如何运用统计方法建立数学模型。

## 实验 5.1 随机变量的概率分布

### 5.1.1 实验背景知识介绍

1. 随机变量及其概率分布

随机变量是定义在样本空间 $\Omega = \{\omega | \omega$ 为基本事件$\}$ 上的实函数,常用大写字母 $X$、$Y$、$Z$ 或希腊字母 $\xi, \eta, \zeta$ 等表示随机变量。随机变量按其取值情况常见有离散型与连续型。

设 $X$ 是随机变量,给定任意实数 $x$,记

$$F(x) = P\{X \leqslant x\}$$

则称函数 $F(x)$ 为随机变量 $X$ 的概率分布函数或累积概率函数,简称分布函数。分布函数能完整地描述随机变量的统计规律性。

若已知随机变量 $X$ 的分布函数为 $F(x)$,则对于任意的实数 $x_1, x_2 (x_1 < x_2)$,有

$$P\{x_1 < X \leqslant x_2\} = P\{X \leqslant x_2\} - P\{X \leqslant x_1\} = F(x_2) - F(x_1)$$

若 $X$ 为离散型随机变量,它从小到大的所有可能取值为 $x_1, x_2, \cdots, x_k, \cdots$,则

$$P\{X = x_k\} = P\{X \leqslant x_k\} - P\{X \leqslant x_{k-1}\} = F(x_k) - F(x_{k-1}) = p_k$$

称 $\{p_k\}$ 为 $X$ 的概率分布列。

若 $X$ 为连续型随机变量,$F(x)$ 是 $X$ 的分布函数,则存在非负函数 $f(x)$,对任意实数 $x$,有

$$F(x) = \int_{-\infty}^{x} f(t)\,\mathrm{d}t$$

称 $f(x)$ 为 $X$ 的概率密度函数或密度函数。

设随机变量 $X$ 的分布函数为 $F(x)$,对给定的 $\alpha(0 < \alpha < 1)$,称满足条件

$$P\{X \leqslant x_\alpha\} = F(x_k) = \alpha$$

的实数 $x_\alpha$ 为 $X$ 的 $\alpha$ 分位数。

在概率与统计学中常用的分布有:二项分布、几何分布、泊松分布、指数分布、正态分布、均匀分布、贝塔分布、伽马分布、T 分布、$\chi^2$ 分布、F 分布、威布尔分布等。

2. 统计工具箱与常见命令介绍

为了便于研究概率与统计的计算问题,MATLAB 提供了专门的统计工具箱(Statistics Toolbox),其概率计算的主要功能有:计算相应分布的概率、累积概率、逆累积概率和产生相应分布的随机数。工具箱的统计计算的主要功能有统计量的数字特征、统计图形绘制、参数估计、假设检验、方差分析等。

在运用统计工具箱的命令时,可注意到命令函数的命名规律,一般来说,其名称构成是分布名字符后缀命令名字符,如:normpdf 是分布名字符 norm 后缀命令名字符 pdf,表示正态分布的概率密度函数;normcdf 是分布名字符 norm 后缀命令名字符 cdf,表示正态分布的分布函数。同样,normstat 表示正态分布的均值与方差,norminv 表示正态分布的逆累积概率。常见分布的名称字符见表 5.1。

表 5.1　几种常见分布的名称字符表

| 字符 | 分布名称 | 字符 | 分布名称 | 字符 | 分布名称 |
|---|---|---|---|---|---|
| bino | 二项分布 | norm | 正态分布 | weib | 威布尔分布 |
| geo | 几何分布 | chi2 | $\chi^2$ 分布 | ncf | 非中心 F 分布 |
| poiss | 泊松分布 | logn | 对数正态分布 | nct | 非中心 t 分布 |
| unif | 连续均匀分布 | F | F 分布 | ncx2 | 非中心 $\chi^2$ 分布 |
| exp | 指数分布 | T | T 分布 | beta | 贝塔分布 |

在统计工具箱中,每一种分布提供了五类命令函数,其命令字符分别为:pdf 表示概率密度;cdf 表示累积概率(或称概率分布函数);inv 表示累积概率函数的逆函数;stat 表示均值与方差;rnd 表示生成相应分布的随机数。这样,当需要一种分布的某一类命令函数时,只要将表 5.1 中的分布名字符后缀命令函数字符并输入命令参数即可。例如,表 5.2 给出了常见分布的概率密度的命令调用形式,表 5.3 给出了常见分布的均值与方差的命令调用形式。

表 5.2　常见分布的概率密度的命令调用

| 分布名称 | 命令调用形式 | 参数说明 | 概率密度函数 |
|---|---|---|---|
| 二项分布 | $Y = \text{binopdf}(x, n, p)$ | $p \in (0,1)$ | $y = C_n^x p^x (1-p)^{n-x} \ (x=1,2,\cdots,n)$ |
| 几何分布 | $Y = \text{geopdf}(x, p)$ | $p \in (0,1)$ | $y = p(1-p)^x \ (x=0,1,2,\cdots)$ |
| 泊松分布 | $Y = \text{poisspdf}(x, \lambda)$ | $\lambda > 0$ | $y = \dfrac{\lambda^x}{x!} \mathrm{e}^{-\lambda} \ (x=0,1,2,\cdots)$ |
| 均匀分布 | $Y = \text{unifpdf}(x, a, b)$ | $a < b$ | $y = (b-a)^{-1} (x \in (a,b))$ |
| 指数分布 | $Y = \text{exppdf}(x, \lambda)$ | $\lambda = \mu^{-1}$ | $y = \lambda \mathrm{e}^{-\lambda x} \ (x>0)$ |
| 正态分布 | $Y = \text{normpdf}(x, \mu, \sigma)$ | $N(\mu,\sigma^2)$ | $y = \dfrac{1}{\sqrt{2\pi}\sigma} \exp\left( -\dfrac{(x-\mu)^2}{2\sigma^2} \right)$ |
| T 分布 | $Y = \text{tpdf}(x, n)$ | $n$ 为正整数 | $y = \dfrac{\Gamma\left(\dfrac{n+1}{2}\right)}{\sqrt{n\pi}\,\Gamma\left(\dfrac{n}{2}\right)} \left(1 + \dfrac{x^2}{n}\right)^{-\frac{n+1}{2}}$ |
| $\chi^2$ 分布 | $Y = \text{chi2pdf}(x, n)$ | $n$ 为正整数 | $y = \dfrac{1}{2^{\frac{n}{2}}\Gamma\left(\dfrac{n}{2}\right)} x^{-\frac{n}{2}} \mathrm{e}^{-\frac{x}{2}} \ (x \geq 0)$ |

除了表 5.2 给出的分布的概率密度外,还可以调用超几何分布(hygepdf)、伽马分布(gampdf)、贝塔分布(betapdf)、F 分布(fpdf)、对数正态分布(lognpdf)、瑞利分布(raylpdf)、威布尔分布(weibpdf)等分布的概率密度,这些命令的调用形式请参考 MATLAB 的在线帮助。

表 5.3　常见分布的均值与方差命令($M$ 为期望,$V$ 为方差)

| 分布名称 | 调用形式 | 说　明 |
|---|---|---|
| 二项分布 | $[M,V]=\text{binostat}(n,p)$ | 参数为 n,p 的二项分布期望和方差 |
| 几何分布 | $[M,V]=\text{geostat}(p)$ | 参数为 p 的几何分布的期望和方差 |
| 泊松分布 | $[M,V]=\text{poisstat}(\lambda)$ | 参数为 $\lambda$ 的泊松分布的期望和方差 |
| 均匀分布 | $[M,V]=\text{unifstat}(a,b)$ | 区间[a,b]上均匀分布的期望和方差 |
| 指数分布 | $[M,V]=\text{expstat}(\lambda)$ | 参数为 $\lambda$ 的指数分布的期望和方差 |
| 正态分布 | $[M,V]=\text{normstat}(\mu,\sigma)$ | 正态分布 $N(\mu,\sigma^2)$ 的期望和方差 |
| $\chi^2$ 分布 | $[M,V]=\text{chi2stat}(n)$ | 自由度为 n 的 $\chi^2$ 分布期望和方差 |
| T 分布 | $[M,V]=\text{tstat}(n)$ | 自由度为 n 的 t 分布期望和方差 |

3. 各种概率分布的交互式观察界面

MATLAB 还提供了各种概率分布的交互式观察界面。若在命令窗口输入:disttool,则系统会弹出如图 5.1 所示的交互式观察界面窗口。概率分布窗口的功能有以下几点:弹出菜单用来改变分布函数;弹出菜单用来改变分布函数的类型;滑标用来改变参数设置;数据输入对活框用来选择特别的参数值与限制参数的范围;可以拖动的水平和竖直参考线;对一于 cdf 作图,在 $Y$ 轴上还有一个数据输入窗口可以查找指定概率的临界值等。

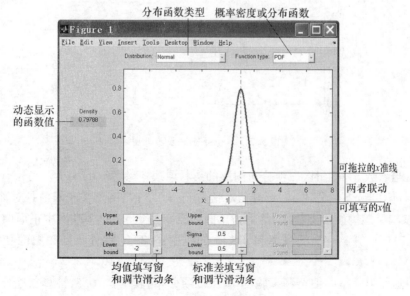

图 5.1　概率分布交互界面

### 5.1.2 实验内容

1. 二项分布的概率计算

**例 5.1.1** 设 $X$ 服从参数为 $n$、$p$ 的二项分布,当 $n = 20$,$p$ 分别为 $0.2$、$0.5$、$0.7$ 时,绘出概率函数图,由图形说明参数 $p$ 对概率函数图影响。

解:设计程序并保存为 M 文件"exp6 - 01.m",程序如下:

```
clear
x = 1:20;
p = binopdf(x,20,0.2);                    % 计算 n = 20,p = 0.2 的概率值
p2 = binopdf(x,20,0.5);                   % 计算 n = 20,p = 0.5 的概率值
p3 = binopdf(x,20,0.8);                   % 计算 n = 20,p = 0.7 的概率值
subplot(2,2,1)
plot(x,p,'-*'),title('n = 20,p = 0.2')    % 绘概率分布图形
subplot(2,2,2)
plot(x,p2,'-*'),title('n = 20,p = 0.5')
subplot(2,2,3)
plot(x,p3,'-*'),title('n = 20,p = 0.7')
```

运行结果如图 5.2 所示。

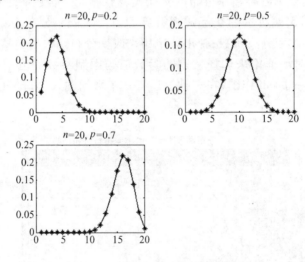

图 5.2 二项分布概率函数图

说明:当参数 $n$ 一定时,二项分布图形的形状取决于参数 $p$ 的大小。当 $p < 0.5$ 时,图形峰值左右偏;当 $p > 0.5$ 时,图形峰值右偏;当 $p = 0.5$ 时,图形关于峰值是对称的。

**例 5.1.2** 抛掷硬币 100 次,落下为正面的概率为 $0.5$。这 100 次中正面向上的次数记为 $X$,(1)试计算 $x = 45$ 的概率和 $x \leqslant 45$ 的概率;(2)绘制分布函数图像和概率密度图像。

分析:这是 100 重的伯努利试验,$X$ 服从二项分布,其中 $p = 0.5$,计算二项分布的累积概率函数的命令为 binocdf(x,n,p);计算概率密度的命令为 binopdf(x,n,p)。

解:设计程序并保存为 M 文件"exp6 - 1.m",程序如下:

124

```
clear
p1 = binopdf(45,100,0.5)                    % 计算 x = 45 的概率
p2 = binocdf(45,100,0.5)                    % 计算 x≤45 的概率即累积概率
x = 1:100;
p = binopdf(x,100,0.5);
px = binopdf(x,100,0.5);
plot(x,p,'+')                               % 绘制分布函数图像(图 5.3)
figure,
plot(x,px,'*')                              % 绘制概率密度函数图像(图 5.4)
运行结果如下。
p1 =
    0.0485
p2 =
    0.1841
```

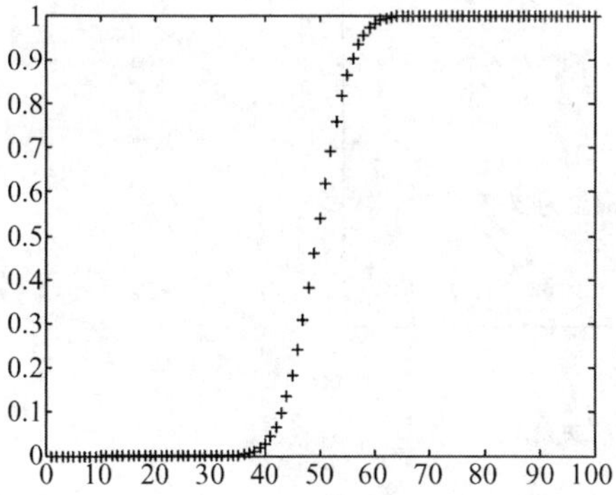

图 5.3  布函数图

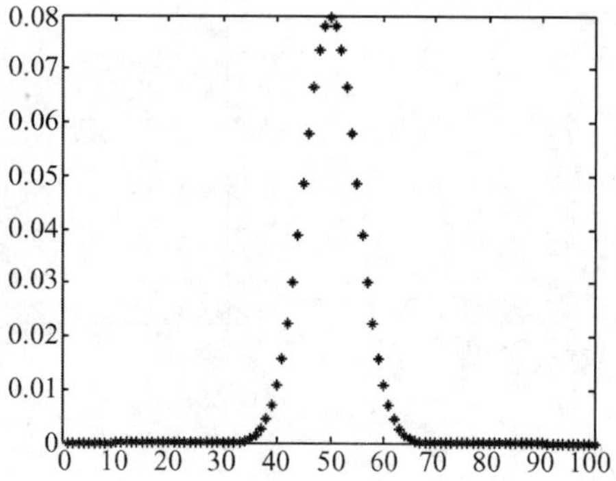

图 5.4  密度函数图

2. 正态分布的概率计算

**例 5.1.3**  设 $X \sim N(2,\sigma^2)$，(1)当 $\sigma = 0.5$ 时，计算概率 $P\{1.8 < X < 2.9\}$，$P\{X > -3\}$，$P\{|X-2| > 1.5\}$；(2)若 $P\{X \leq a\} = 0.95$，求分位数 $a$；(3)分别绘出 $\sigma = 0.2$、$0.5$、$0.9$ 时的概率密度函数图像。

分析：这是关于正态分布的有关概率计算问题，只要调用正态分布(Norm)的有关命令就能实现，这些命令分别是累积概率的命令 $normpdf(x,\mu,\sigma)$；概率密度的命令 $normpdf(x,\mu,\sigma)$；逆累积概率的命令 $norminv(p,\mu,\sigma)$。

解：设计程序并保存为 M 文件"exp6 - 2. m"，程序如下：

```
clear
p1 = normcdf(2.9,2,0.5) - normcdf(1.8,2,0.5)          % 计算 P{1.8 < X < 2.9}
p2 = 1 - normcdf( -3,2,0.5)                           % 计算 P{X > -3}
p3 = normcdf(0.5,2,0.5) + 1 - normcdf(3.5,2,0.5)      % 计算 P{|X-2| > 1.5}
px = 0.95;
a = norminv(px,2,0.5)                                 % 计算分位数 a
x = -2:0.01:7;
y1 = normpdf(x,2,0.2); y2 = normpdf(x,2,0.5); y3 = normpdf(x,2,0.9);
```

```
plot(x,y1,x,y2,x,y3)                                    % 绘制概率密度函数图像
gtext('标准差为 σ=0.2')
gtext('标准差为 σ=0.5')
gtext('标准差为 σ=0.9')
title('正态分布密度曲线')                                   % 为图形加注标记
```
程序运行结果：
```
p1 =      0.6195
p2 =        1
p3 =      0.0027
a =      2.8224
```

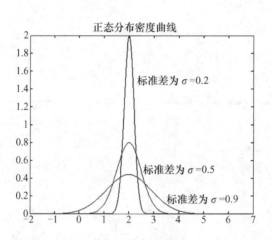

图 5.5　正态分布曲线

说明：(1) $P\{1.8 < X < 2.9\} = 0.6195$, $P\{X > -3\} = 1$, $P\{|X-2| > 1.5\} = 0.0027$, 分位数 $a = 2.8224$。

(2) 图 5.5 表明：$X \sim N(2, \sigma^2)$ 的概率曲线关于直线 $x = 2$ 对称，且以 $x$ 轴为水平渐近线，当 $x = 2$ 时，密度函数取最大值；曲线的形状随 $\sigma$ 的不同而变化，$\sigma$ 越大，图形越平坦，$\sigma$ 越小，图形越陡峭，分布越集中在 $x = 2$ 附近。

3. $\chi^2$ 分布的概率计算

**例 5.1.4** 设 $X$ 服从自由度分别为 1、5、15 的 $\chi^2$ 分布，① 绘出不同自由度下 $\chi^2$ 分布的概率密度函数图形，② 分别求出 $\chi^2$ 分布 $\alpha = 0.95$ 的分位数，③ 求自由度为 (15) 的 $\chi^2$ 分布的均值与方差。

分析：这是关于 $\chi^2$ 分布的有关概率计算问题，只要调用 $\chi^2$ 分布的有关命令就能实现其计算，这些命令是 chi2pdf(x,n)，chi2inv(n,a) 和 chi2stat(n)。

解：设计程序并保存为 M 文件"exp6-3.m"，程序如下：
```
clear
x=0:0.1:30; % 给出 x 的取值
y1=chi2pdf(x,1); % 计算出对应于 x 的自由度为 1 的概率密度函数值
plot(x,y1,'k:')
hold on
y2=chi2pdf(x,5);plot(x,y2,'b+')
```

126

```
y3 = chi2pdf(x,15);plot(x,y3,'ro')
gtext('自由度 n =1')
gtext('自由度 n =5')
gtext('自由度 n =15')
title('不同自由度的χ² 分布密度曲线')        % 为图加注标记(图 5.6)
axis([0,30,0,0.2])                      % 指定显示的图形区域
x1 = chi2inv(0.95,1)                    % 自由度为 1 的χ² 分布的 0.95 分位数
x2 = chi2inv(0.95,5)                    % 自由度为 5 的χ² 分布的 0.95 分位数
x3 = chi2inv(0.95,15)                   % 自由度为 15 的χ² 分布的 0.95 分位数
[m,v] = chi2stat(15)
```

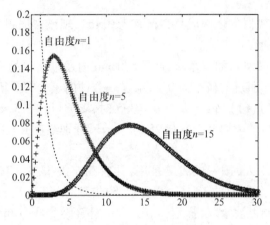

图 5.6   $\chi^2$ 分布密度曲线

程序运行结果如下:

```
x1  =     3.8415
x2  =    11.0705
x3  =    24.9958
m   =    15
v   =    30
```

说明:随自由度的增大,$\chi^2$ 分布密度曲线的峰值右移,曲线和正态分布的曲线相近。

4. 合理装箱问题

**例 5.1.5**   已知某种产品的废品率为 0.014,现要求以90% 的概率在一箱子这种产品中能选得 100 个合格品,试问在一个箱子中至少应放多少个产品?

分析:显然多装对厂家不利,少装对用户不利,应放多少个产品应该进行计算。由于箱子中产品多于 100 个,可认为箱子中产品的废品数服从二项分布。

解:设箱中应放入 $100 + m$ 个产品,记 $X$ 为其中的废品数,则 $X \sim B(100 + m, 0.014)$,此时问题变成求最小的 $m$,使

$$P\{X \leqslant m\} \geqslant 90\%,$$

因为参数 $n = 100 + m \approx 100$ 较大,$p = 0.014$ 较小,所以 $X$ 近似服从参数 $n = 100$, $p = 0.014$ 的二项分布,在 MATLAB 命令窗口中输入

m = binoinv (0.9,100,0.014)

显示结果如下：

m = 3

故在箱中放入 103 个产品，就有 90% 的可能性保证箱中有 100 个是合格品。

说明：合理装箱问题给我们的启示是一些经济管理决策不能凭空拍脑袋，而应以科学计算为基础。

### 5.1.3　练习

1. 一条自动生产流水线上的产品合格率为 0.90，连续生产 10 件产品，求（1）有 8 件合格产品的概率；（2）至少有 5 件合格产品的概率；（3）合格产品数在 2 件~9 件的概率；（4）最可能有几件合格产品。

2. 假定某窑工艺瓷器的烧制成品合格率为 0.157，现该窑烧制 100 件瓷器，请画出合格产品数的概率分布曲线。

3. 考察通过某交叉路口的汽车流，假设在 1min 内通过路口的汽车数服从泊松分布，且在一分钟内没有汽车通过的概率为 0.2，求在一分钟内至少有 3 辆汽车通过的概率。

4. 设 $X \sim N(\mu,\sigma^2)$，（1）当 $\mu=1.5$，$\sigma=0.5$ 时，求 $P\{1.8<X<2.9\}$，$P\{-3<X\}$，$P\{|X-1.5|>1.5\}$；（2）若 $P\{X\le x\}=0.95$，求 $x$；（3）分别绘制 $\mu=1$、2、3、$\sigma=0.5$ 时的概率密度函数图像。

5. 某单位招聘 155 人，按考试成绩录用，共有 526 人报考，假设报名者的考试成绩 $X \sim N(\mu,\sigma^2)$，已知 90 分以上的 12 人，60 分以下的 83 人，若从高分到低分依次录取，某人成绩 78 分，问此人能否被录取（提示：利用 -inv 计算逆累积分布函数值命令求出正态分布的均值及标准差，然后求出最低录取分数线）？

# 实验 5.2　样本数据的统计特征

### 5.2.1　实验背景知识介绍

在数理统计中，研究对象的全体称为总体或母体，记为 $X$，而把组成总体的每个元素称为个体。从总体中随机地抽出若干个个体进行观察或实验，称为随机抽样观察，从总体中抽出的若干个个体称为样本，一般记为 $X_1, X_2, \cdots, X_n$，而一次具体的观察结果记为 $x_1$，$x_2, \cdots, x_n$，它是完全确定但又随着每次抽样观察而改变的一组数值。样本是进行分析和推断的起点，但实际上我们往往并不直接利用样本进行推断，而需要对样本进行一番"加工"和"提炼"，将分散于样本中的信息集中起来，这就是统计量的概念。常用的统计量有样本均值、样本方差、偏度与峰度等，这些统计量又称为数字特征。

1. 均值、中位数、分位数与三均值

描述数据基本特征主要为集中位置和分散程度。设从所研究的对象（总体）$X$ 中观测得到 $n$ 个观测值

$$x_1, x_2, \cdots, x_n \tag{5.1}$$

这 $n$ 个值称为样本数据，简称数据，$n$ 称为样本容量。

样本数据（5.1）的算术平均值称为样本均值，记为

$$\bar{x} = \frac{1}{n} \sum_{i=1}^{n} x_i \tag{5.2a}$$

样本均值描述了数据取值的平均水平,但易受异常值的影响而不稳健。

样本数据(5.1)的算术平均值记为

$$m_g = \sqrt{\prod_{i=1}^{n} x_i} \tag{5.2b}$$

样本数据(5.1)的调和平均值记为

$$m_T = \frac{n}{\sum_{i=1}^{n} \frac{1}{x_i}} \tag{5.2c}$$

将数据(5.1)按从小到大的次序排列,排序为 $k$ 的数记为 $x_{(k)}$ $(1 \leqslant k \leqslant n)$,即 $x_{(1)} \leqslant x_{(2)} \leqslant \cdots \leqslant x_{(n)}$,称

$$x_{(1)}, x_{(2)}, \cdots, x_{(n)} \tag{5.3}$$

为数据(5.1)的次序统计量。

由次序统计量定义数 $M$,即

$$M = \begin{cases} x_{\left(\frac{n+1}{2}\right)} & (n \text{ 为奇数}) \\ \frac{1}{2}\left(x_{\left(\frac{n}{2}\right)} + x_{\left(\frac{n}{2}+1\right)}\right) & (n \text{ 为偶数}) \end{cases} \tag{5.4}$$

称 $M$ 为数据(5.1)的中位数。

中位数是描述数据的中心位置的数字特征,受异常值的影响较小,具有较好的稳健性。

设 $0 \leqslant p < 1$,样本数据(5.1)的 $p$ 分位数定义为

$$M_p = \begin{cases} x_{(\lfloor np \rfloor + 1)} & (np \text{ 不是整数}) \\ \frac{1}{2}\left(x_{(np)} + x_{(np+1)}\right) & (np \text{ 为整数}) \end{cases} \tag{5.5}$$

式中:$\lfloor np \rfloor$ 表示 $np$ 的整数部分。

显然,数据的 0.5 分位数等于其中位数。

一方面,虽然均值 $\bar{x}$ 与中位数 $M$ 都是描述数据集中位置的数字特征,但 $\bar{x}$ 是用了数据的全部信息,$M$ 只用了部分信息,因此通常情况下均值比中位数有效。另一方面,当数据有异常值时,中位数比较稳健。为了兼顾两方面的优势,人们因此提出三均值的概念,定义三均值如下:

$$\hat{M} = \frac{1}{4} M_{0.25} + \frac{1}{2} M + \frac{1}{4} M_{0.75} \tag{5.6}$$

由定义,三均值是上四分位数、中位数与下四分位数的加权平均,即分位数向量 $(M_{0.25}, M, M_{0.75})$ 与权向量为 $w = (0.25, 0.5, 0.25)$ 的内积。

2. 样本数据的中心矩与原点矩

样本数据(5.1)的 $k$ 阶中心矩记为

$$\mu_k = \frac{1}{n} \sum_{i=1}^{n} (x_i - \bar{x})^k$$

$k$ 阶原点矩记为

$$A_k = \frac{1}{n} \sum_{i=1}^{n} x_i^k$$

3. 方差与变异系数

样本数据(5.1)的方差记为

$$s^2 = \frac{1}{n-1} \sum_{i=1}^{n} (x_i - \bar{x})^2 = \frac{1}{n-1} \left( \sum_{i=1}^{n} x_i^2 - n(\bar{x})^2 \right) \tag{5.7}$$

其算术平方根称为标准差或根方差,即

$$s = \sqrt{\frac{1}{n-1} \left( \sum_{i=1}^{n} x_i^2 - n(\bar{x})^2 \right)} \tag{5.8}$$

方差是描述数据取值分散性的一种度量,它是数据相对于均值的偏差平方的平均。

变异系数是描述数据相对分散性的统计量,其计算公式为

$$v = s/\bar{x} \text{ 或 } v = s/|\bar{x}| \tag{5.9}$$

变异系数是一个无量纲的量,一般用百分数表示。

4. 样本的极差与四分位极差

样本数据(5.1)的极大值与极小值的差称为极差,其计算公式为

$$R = x_{(n)} - x_{(1)} \tag{5.10}$$

极差是一种较简单的表示数据分散性的数字特征。

样本数据上、下四分位数 $M_{0.75}$, $M_{0.25}$ 之差称为四分位极差,即

$$R_1 = M_{0.75} - M_{0.25} \tag{5.11}$$

四分位极差也是度量数据分散性的一个重要数字特征,由于分位数对异常值有抗扰性,所以四分位极差对异常数据的也具有抗扰性。

5. 偏度与峰度

样本数据(5.1)的偏度定义为

$$p_d = \frac{n^2 \mu_3}{(n-1)(n-2)s^3} \tag{5.12}$$

式中:$\mu_3$、$s$ 分别表示样本数据(5.1)的 3 阶中心矩与标准差。

数据分布特征一般用偏度与峰度描述。偏度是用于衡量分布的不对称程度或偏斜程度的指标。

峰度是另一种度量分布形状的量,用它来衡量数据尾部分散性。

样本数据(5.1)的峰度定义为

$$f_d = \frac{n^2 \mu_4}{(n-1)(n-2)s^4} - \frac{3(n-1)^2}{(n-2)(n-3)} \tag{5.13}$$

式中:$\mu_4$、$s$ 分别表示数据的 4 阶中心矩与标准差。

峰度是另一种度量分布形状的量,用它来衡量数据尾部分散性。

当数据的总体分布是正态分布时,峰度近似为 0;与正态分布相比比较,当峰度大于 0 时,数据中含有较多远离均值的极端数值,称数据分布具有平峰厚尾性;当峰度小于 0 时,表示均值两侧的极端数值较少,称数据分布具有尖峰细尾性,在金融时间序列分析中,通常要研究数据是否为尖峰、厚尾等特性。

6. 频数直方图

作频数直方图的步骤如下。

(1)整理资料。把样本值 $x_1, x_2, \cdots, x_n$ 进行分组,先将它们依大小次序排列,得 $x_1^* \leqslant x_2^* \leqslant \cdots \leqslant x_n^*$。在包含 $[x_1^*, x_n^*]$ 的区间 $[a, b]$ 内插入一些等分点

$$a < x'_1 < x'_2 < \cdots < x'_n < b$$

注意要使每一个区间 $(x'_i, x'_{i+1}]$ $(i = 1, 2, \cdots, n-1)$ 内都有样本观测值 $x_i$ $(i = 1, 2, \cdots, n-1)$ 落入其中。

(2)求出各组的频数。统计出样本观测值在每个区间 $(x'_i, x'_{i+1}]$ 中出现的次数 $n_i$,它就是这区间或这组的频数。

(3)作频数直方图。在直角坐标系的横轴上,标出 $x'_1, x'_2, \cdots, x'_n$ 各点,分别以 $(x'_i, x'_{i+1})$ 为底边,作高为 $n_i$ $(i = 1, 2, \cdots, n-1)$ 的矩形即得频数直方图。

7. MATLAB 中样本数据的统计特征命令

MATLAB 中样本数据的统计特征命令见表5.4。

表5.4　样本数据的统计特征命令

| 命令及其调用格式 | 解释(以省略 dim 为例) |
|---|---|
| M = mean(X,dim) | 按(5.1)式,计算 X 的每一列的算术均值。M 是每一列的均值向量 |
| M = geomean(X,dim) | 计算 X 的每一列的几何均值 |
| M = harmmean(X,dim) | 计算 X 的每一列的调和均值 |
| M = median(X,dim) | 计算 X 的每一列的中位数 |
| Y = prctile(X,p,dim) | 计算 X 的每一列的 p 分位数 |
| Y = moment(X,k) | 求矩阵 X 的每一列数据的 k 阶中心矩 |
| Y = range(X,dim) | 计算 X 的每一列的极差 |
| Y = std(X,flag,dim) | 计算 X 的每一列的标准差 |
| Y = iqr(X,dim) | 计算 X 的每一列的四分位极差 |
| Pd = skewness(X,flag) | 当 flg 取 0 时,按(5.12)式计算偏度,Flag = 1 时按公式 $\frac{1}{nS_0^3} \sum_{i=1}^{n} (X_i - \bar{X})^3$ 计算偏度,$S_0$ 是未修正的标准差 |
| fd = kurtosis(X,flag,dim) | 当 flg 取 0 时,按(5.13)式计算峰度,当 flg 取 1 时,按公式 $\frac{1}{nS_0^4} \sum_{i=1}^{n} (X_i - \bar{X})^4$ 计算峰度,$S_0$ 是未修正的标准差 |
| [N,X] = hist(data,k) | 将区间 $[\min(data), \max(data)]$ 分为 k 个小区间(缺省为10),返回数组 data 落在每一个小区间的频数 N 和每一个小区间的中点 X |
| hist(data,k) | 绘制数组 data 的频数直方图 |
| 注:表中所有命令中的参数 dim,dim = 1 表示 X 的列,dim = 2 表示行,省略时默认为行 | |

### 5.2.2 实验内容

**例 5.2.1** 为了设计合适的公共汽车门的高度,汽车制造厂随机抽查 100 名成年男子测量身高,得如下身高数据(单位:cm):

| | | | | | | | | | | | | | |
|---|---|---|---|---|---|---|---|---|---|---|---|---|---|
| 182 | 183 | 168 | 176 | 166 | 174 | 172 | 174 | 167 | 169 | 168 | 171 | 171 | 181 |
| 175 | 170 | 172 | 178 | 181 | 164 | 173 | 184 | 171 | 180 | 170 | 183 | 168 | 181 | 178 |
| 171 | 176 | 178 | 178 | 175 | 171 | 184 | 169 | 171 | 174 | 178 | 173 | 175 | 182 | 168 |
| 169 | 172 | 179 | 172 | 171 | 187 | 173 | 177 | 168 | 176 | 185 | 172 | 182 | 175 | 185 |
| 191 | 169 | 175 | 174 | 175 | 182 | 183 | 169 | 182 | 170 | 180 | 178 | 172 | 169 | 185 |
| 171 | 176 | 169 | 172 | 184 | 183 | 174 | 178 | 179 | 172 | 172 | 173 | 166 | 175 | 165 |
| 182 | 173 | 174 | 159 | 176 | 182 | 179 | 183 | 167 | 180 | 166 | | | | |

求出身高数据的平均值、中位数、方差、标准差、峰度以及偏度系数,绘出数据的频数直方图。若车门的高度是按成年男子与车门顶碰头的机会不超过 1% 设计,求车门的最低高度是多少?

分析:设统计总体是成年男子身高,在总体中抽取样本容量为 100 的子样,则平均值、中位数、方差、标准差、峰度以及偏度系数是样本的数字特征,调用 MATLAB 命令可求出样本的数字特征。又为了方便,可将数据单独保存为一个文件。

解:先在 M 文件编辑器中将数据赋给变量 sg,并保存为 M 文件"sg.m"。

```
sg = [182  183  ……  166];
```

再设计程序并保存为 M 文件"exp5-7.m",程序如下:

```
sg% 调用 M 文件"sg.m"
x = sg;
T = [mean(x),median(x),var(x),std(x),kurtosis(x),skewness(x)] % 分别计算平均
```
值、中位数、方差、标准差、峰度以及偏度系数

```
Hist(sg,10) % 绘制数组 sg 的直方图(图5.7)
```

程序运行结果为

```
T =
  175.0000 174.0000 36.0000 6.0000 2.5526 0.1574
```

其直方图如图 5.7 所示。

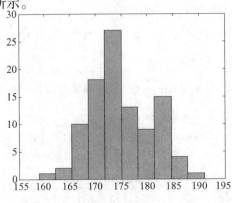

图 5.7 直方图

结果表明,成年男子身高近似服从正态分布 $N(175.0, 36.0)$,再输入以下命令:

```
norminv(1-0.01,175,6)        % 求逆累积概率值即 P(X>x)=0.99
```

结果为

```
ans = 188.9581
```

这表明车门的最低高度是 188.9581 cm

说明:结果表明,成年男子身高的平均值 175.0cm、中位数为 174.0cm、方差为 36.0、标准差为 6.0cm、峰度 2.5526,偏度系数 0.1574。由频数直方图可以看出成年男子身高近似服从正态分布。

**例5.2.2** 表5.5是2008年安徽省各市森林资源情况统计数据,计算各指标均值、中位数以及三均值。

表5.5 各市森林资源情况(2008年)

| 地区 | 林业用地面积/khm² | 森林面积/khm² | 森林覆盖率/% | 活立木总蓄积量/($\times 10^4 \mathrm{m}^3$) | 森林蓄积量/($\times 10^4 \mathrm{m}^3$) |
|---|---|---|---|---|---|
| 合肥市 | 53.93 | 50.98 | 15.48 | 256.00 | 65.41 |
| 淮北市 | 44.92 | 40.38 | 14.99 | 211.07 | 151.14 |
| 亳州市 | 148.19 | 145.54 | 17.10 | 842.09 | 677.52 |
| 宿州市 | 293.86 | 279.86 | 28.80 | 1238.01 | 1035.67 |
| 蚌埠市 | 86.96 | 74.64 | 12.91 | 302.67 | 299.32 |
| 阜阳市 | 165.62 | 160.25 | 16.46 | 898.76 | 800.96 |
| 淮南市 | 17.93 | 16.37 | 6.20 | 151.39 | 30.17 |
| 滁州市 | 199.46 | 158.24 | 11.90 | 885.16 | 591.17 |
| 六安市 | 660.36 | 607.16 | 34.74 | 2278.37 | 1984.36 |
| 马鞍山市 | 17.14 | 13.72 | 8.10 | 81.20 | 36.34 |
| 巢湖市 | 148.52 | 117.54 | 12.60 | 494.38 | 335.26 |
| 芜湖市 | 77.27 | 66.69 | 20.85 | 279.34 | 187.92 |
| 宣城市 | 724.30 | 640.15 | 54.00 | 2446.98 | 2323.04 |
| 铜陵市 | 36.78 | 32.10 | 32.12 | 137.64 | 115.10 |
| 池州市 | 539.49 | 458.66 | 56.86 | 2277.00 | 2237.43 |
| 安庆市 | 598.92 | 546.67 | 35.60 | 2291.09 | 2099.21 |
| 黄山市 | 791.50 | 680.96 | 77.80 | 3298.56 | 3252.88 |

资料来源:《安徽统计年鉴2009》

解:按第1章介绍的矩阵输入方法,首先将表5.5中的数据作为矩阵 *A* 输入 MAT-LAB,然后对矩阵 *A* 调用有关计算命令,程序如下:

```
A=[53.93,…;3252.88];              % 输入数据,A的每一列是表5.5对应
                                     指标的样本数据

M=mean(A);                        % 计算各指标(即各列)均值
MD=median(A);                     % 计算各指标中位数
SM=[0.25,0.5,0.25]*prctile(A,[25,50,75]);  % 计算各指标三均值
[M;MD;SM]                         % 输出计算结果(表5.6)
```

表 5.6  安徽省森林资源均值、中位数与三均值（2008 年）

| 统计量 | 林业用地面积/公顷 | 森林面积/公顷 | 森林覆盖率/% | 活立木总蓄积量/m³ | 森林蓄积量/m³ |
|---|---|---|---|---|---|
| 均值 | 270.9 | 240.6 | 26.9 | 80.6 | 954.3 |
| 中位数 | 148.5 | 145.5 | 17.1 | 842.1 | 591.2 |
| 三均值 | 225.8 | 205.0 | 20.5 | 1051.6 | 834.4 |

**例 5.2.3**  计算例 5.2.2 中各指标的方差、标准差与变异系数。

**解**：将表 5.5 中的数据作为矩阵 $A$ 输入，然后调用有关计算命令：

```
A = [53.93,…,3252.88];        % 输入原始数据（注：为节约篇幅，大部分数据用省略号表示了）
M = mean(A);                  % 计算各指标均值
D = var(A);                   % 计算各指标方差
SD = std(A);                  % 计算各指标标准差
V = SD./abs(M)               % 计算各指标变异系数
[D;SD;V]                      % 输出计算结果
```

将结果整理列表（表 5.7）。

表 5.7  安徽省森林资源方差、标准差与变异系数（2008 年）

| 统计量 | 林业用地面积/公顷 | 森林面积/公顷 | 森林覆盖率/% | 活立木总蓄积量/m³ | 森林蓄积量/m³ |
|---|---|---|---|---|---|
| 方差 | 75464.48 | 59198.14 | 394.49 | 1065554.98 | 1040590.73 |
| 标准差 | 274.71 | 243.31 | 19.86 | 1032.26 | 1020.09 |
| 变异系数 | 1.01 | 1.01 | 0.74 | 0.96 | 1.07 |

**例 5.2.4**  上互联网进入网易首页 > 网易财经 > 行情 > 沪深 > 国投电力 > 历史交易数据（http://quotes. money. 163. com/trade/lsjysj_600886. html#06f01），选取国投电力公司 2012 年 10 月 15 日至 2012 年 11 月 26 日的股票收盘价、最高价、最低价、开盘价、成交金额数据，数据文件保存为"gtdl_1011. csv"，试计算各项数据的平均值、标准差、变异系数、偏度、峰度。

**解**：从 MATLAB 的文件菜单下选"import data…"，导入数据文件"gtdl_1011. csv"，按提示完成股票收盘价、最高价、最低价、开盘价、成交金额数据的导入，系统默认数据矩阵名为"data"，工作空间中可看到矩阵变量"data"，其统计分析见表 5.8。

在命令窗口中输入以下命令：

```
M = mean(data);
S = std(data);
Sm = S./M;
pd = skewness(data,0);           % 计算 data 每列数据的偏度
fd = kurtosis(data,0) - 3;       % 计算 data 每列数据的峰度
    B = [M;S;Sm;pd;fd]           % 输出计算结果
subplot(2,2,1),histfit(data(:,1)),title('收盘价')     % 作收盘价直方图
subplot(2,2,2),histfit(data(:,2)),title('最高价')     % 作最高价直方图
subplot(2,2,3),histfit(data(:,3)),title('最低价')     % 作最低价直方图
```

```
subplot(2,2,4),histfit(data(:,4)),title('开盘价')        % 作开盘价直方图
```

表 5.8    国投电力公司股票收盘价、最高(低)价、开盘价、成交额统计分析

| 统计量 | 收盘价/元 | 最高价/元 | 最低价/元 | 开盘价/元 | 成交额/元 |
|---|---|---|---|---|---|
| 平均值 | 4.7494 | 4.8081 | 4.68 | 4.7261 | 5.6638e+007 |
| 标准差 | 0.22579 | 0.23624 | 0.2163 | 0.21843 | 4.1231e+007 |
| 变异系数 | 0.04754 | 0.049134 | 0.046218 | 0.046217 | 0.72796 |
| 偏度 | −0.059751 | −0.089651 | −0.046603 | −0.075317 | 2.1584 |
| 峰度 | −1.2269 | −1.2742 | −1.4174 | −1.4321 | 6.526 |

从表 5.8 可以看出:2012 年 10 月 15 日至 2012 年 11 月 26 日国投电力公司股票收盘价、最高价、最低价、开盘价以及成交量数据偏度均小于 0,成交额的峰度较大,可认为数据不是来自于正态分布总体,从各个指标数据的直方图(图 5.8)也看出,分布呈右偏态。

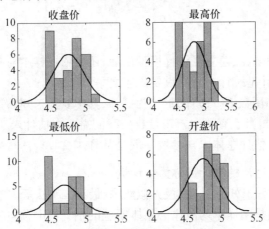

图 5.8    国投电力公司股票最高价、最低价、收盘价、开盘价直方图

### 5.2.3    练习

选一只股票,对其交易数据进行统计分析,给投资者提点投资建议。

# 实验 5.3    参数估计与假设检验

## 5.3.1    实验背景知识介绍

1. 正态总体的抽样分布

设 $X_1, X_2, \cdots, X_n$ 是从正态总体 $X \sim N(\mu, \sigma^2)$ 中抽取的简单随机样本,则有 $\overline{X}$ 与 $S^2$ 相互独立,且

(1) 样本均值 $\overline{X} = \dfrac{1}{n} \sum\limits_{i=1}^{n} X_i \sim N\left(\mu, \dfrac{\sigma^2}{n}\right)$, $U = \dfrac{\overline{X} - \mu}{\sigma / \sqrt{n}} \sim N(0,1)$

（2）统计量$\chi_1 = \sum_{i=1}^{n} \left(\dfrac{X_i - \mu}{\sigma}\right)^2 \sim \chi(n)$

（3）统计量$\chi_2 = \dfrac{(n-1)S^2}{\sigma^2} = \sum_{i=1}^{n} \left(\dfrac{X_i - \overline{X}}{\sigma}\right)^2 \sim x^2(n-1)$

（4）统计量$T = \dfrac{\overline{X} - \mu}{S/\sqrt{n}} \sim t(n-1)$

设$X_1, X_2, \cdots, X_n$与$Y_1, Y_2, \cdots, Y_m$分别为来自正态总体$N(\mu_1, \sigma_1^2)$和$N(\mu_1, \sigma_2^2)$的简单随机样本，且两样本之间相互独立

$$S_1^2 = \frac{1}{n-1} \sum_{i=1}^{n} (X_i - \overline{X})^2; \qquad S_2^2 = \frac{1}{m-1} \sum_{i=1}^{m} (Y_i - \overline{Y})^2$$

则统计量为

$$F = \frac{S_1^2}{S_2^2} \cdot \frac{\sigma_2^2}{\sigma_1^2} \sim F(n-1, m-1)$$

2. 参数估计

对给定的统计问题，在建立了统计模型以后，还要依据样本对总体的未知参数进行各种推断，其中参数估计是统计推断的重要内容之一。

若总体$X$的分布函数$F(x;\theta)$的形式为已知，其中$\theta$为未知参数（$\theta$也可以是向量$\theta = \theta_1, \theta_2, \cdots, \theta_k$），此时，相当于有$k$个未知参数），我们需要去估计未知参数$\theta$，这就是统计推断的参数估计问题。估计总体未知参数一般是从样本$X_1, X_2, \cdots, X_n$出发，构造一些统计量$\hat{\theta}(X_1, X_2, \cdots, X_n)$，这样的统计量称为估计量。

构造估计量的方法有矩估计法、极大似然法、最小二乘法等。

矩估计法的思想是用样本均值作为总体期望的估计，用样本方差作为总体方差的估计，用样本的$k$阶原点矩去估计总体的$k$阶原点矩。

极大似然法的思想是基于概率越大事件越容易出现这一原理。设总体$X$的分布律或概率密度函数为$f(x;\theta)$，其中$\theta$为未知待估参数，又设$(x_1, x_2, \cdots, x_n)$为样本观察值，则样本$X_1, X_2, \cdots, X_n$的联合分布律或联合密度函数为

$$L(\theta) = \prod_{i=1}^{n} f(x_i; \theta)$$

称$L(\theta)$为样本的似然函数。若存在$\hat{\theta}(x_1, x_2, \cdots, x_n)$，使得

$$L(\hat{\theta}) = \max_{\theta} L(\theta)$$

则称$\hat{\theta}(x_1, x_2, \cdots, x_n)$为参数$\theta$的极大似然估计值，称$\hat{\theta}(X_1, X_2, \cdots, X_n)$为极大似然估计量。

对参数作估计，分为点估计与区间估计。

如果构造$X_1, X_2, \cdots, X_n$的函数$\hat{\theta}(X_1, X_2, \cdots, X_n)$作为参数$\theta$的估计量，则称统计量$\hat{\theta}(X_1, X_2, \cdots, X_n)$为总体$X$参数$\theta$的点估计量。

如果构造一个置信区间对未知参数进行估计，则称为区间估计。

设 $X_1, X_2, \cdots, X_n$ 为来自总体 $X$ 的一个样本，$\theta$ 为总体分布所包含的未知参数。若对于给定的 $\alpha (0 < \alpha < 1)$，存在统计量 $\hat{\theta}_L$ 和 $\hat{\theta}_U$，对所有的 $\theta$ 满足

$$P\{\hat{\theta}_L \leq \theta \leq \hat{\theta}_U\} = 1 - \alpha$$

则称随机区间 $[\hat{\theta}_L, \hat{\theta}_U]$ 为参数 $\theta$ 的置信度为 $1 - \alpha$ 的置信区间，$\hat{\theta}_L$ 和 $\hat{\theta}_U$ 分别称为置信下限和上限。

给定置信度为 $1 - \alpha$ 的情况下，正态总体的均值与方差的区间估计的数学模型见表 5.9，其中当对单个正态总体 $X$ 的参数估计时，设 $X \sim N(\mu, \sigma^2)$，$(X_1, X_2, \cdots, X_n)$ 是来自 $X$ 的一个样本，样本容量为 $n$；对两个正态总体 $X$、$Y$ 的参数估计时，设 $(X_1, X_2, \cdots, X_{n_1})$ 与 $(Y_1, Y_2, \cdots, Y_{n_2})$ 是分别来自 $X \sim N(\mu_1, \sigma_1^2)$ 与 $X \sim N(\mu_1, \sigma_2^2)$ 的样本，样本容量分别为 $n_1$，$n_2$，且设两个样本相互独立，$\bar{x}, \bar{y}$ 分别是两样本的均值，$S_1^2, S_2^2$ 分别是两样本的方差。

表 5.9　正态总体均值与方差的区间估计

| 待估参数 | 条件 | | 统 计 量 | 双侧置信区间 |
|---|---|---|---|---|
| $\mu$ | 来自单个总体的样本 | 已知 $\sigma^2 = \sigma_0^2$ | $Z = \dfrac{\bar{x} - \mu}{\sigma_0 / \sqrt{n}}$ | $\left( \bar{x} - Z_{\alpha/2} \dfrac{\sigma_0}{\sqrt{n}}, \bar{x} + Z_{\alpha/2} \dfrac{\sigma_0}{\sqrt{n}} \right)$ |
| | | 未知 $\sigma^2$ | $T = \dfrac{\bar{x} - \mu}{S_n / \sqrt{n}}$ | $\left( \bar{x} - t_{\alpha/2}(n-1) \dfrac{S_n}{\sqrt{n}}, \bar{x} + t_{\alpha/2}(n-1) \dfrac{S_n}{\sqrt{n}} \right)$ |
| $\sigma^2$ | | 已知 $\mu$ | $\chi^2(n) = \dfrac{\sum\limits_{i=1}^{n} (X_i - \mu)^2}{\sigma^2}$ | $\left[ \dfrac{\sum\limits_{i=1}^{n} (X_i - \mu)^2}{\chi^2_{\frac{\alpha}{2}}(n)}, \dfrac{\sum\limits_{i=1}^{n} (X_i - \mu)^2}{\chi^2_{1-\frac{\alpha}{2}}(n)} \right]$ |
| | | 未知 $\mu$ | $\chi^2 = \dfrac{(n-1)S_n^2}{\sigma^2}$ | $\left( \dfrac{(n-1)S_n^2}{\chi^2_{\frac{\alpha}{2}}(n-1)}, \dfrac{(n-1)S_n^2}{\chi^2_{1-\frac{\alpha}{2}}(n-1)} \right)$ |
| $\mu_1 - \mu_2$ | 来自两个总体的样本 | 已知 $\sigma_1^2, \sigma_2^2$ | $Z = \dfrac{(\bar{x} - \bar{y}) - (\mu_1 - \mu_2)}{\sqrt{\dfrac{\sigma_1^2}{n_1} + \dfrac{\sigma_2^2}{n_2}}}$ | $\left( (\bar{x} - \bar{y}) - Z_{\frac{\alpha}{2}} \sqrt{\dfrac{\sigma_1^2}{n_1} + \dfrac{\sigma_2^2}{n_2}} \right.$ $\left. (\bar{x} - \bar{y}) + Z_{\frac{\alpha}{2}} \sqrt{\dfrac{\sigma_1^2}{n_1} + \dfrac{\sigma_2^2}{n_2}} \right)$ |
| | | 未知 $\sigma_1^2 = \sigma_2^2$ | $T = \dfrac{(\bar{x} - \bar{y}) - (\mu_1 - \mu_2)}{S_{\bar{\omega}} \sqrt{\dfrac{1}{n_1} + \dfrac{1}{n_2}}}$ $S_{\bar{\omega}} = \dfrac{(n_1-1)S_1^2 + (n_2-1)S_2^2}{n_1 + n_2 - 2}$ | $\left( (\bar{x} - \bar{y}) - t_{\alpha/2}(n_1 + n_2 - 2) S_{\bar{\omega}} \sqrt{\dfrac{1}{n_1} + \dfrac{1}{n_2}} \right.$ $\left. (\bar{x} - \bar{y}) + t_{\alpha/2}(n_1 + n_2 - 2) S_{\bar{\omega}} \sqrt{\dfrac{1}{n_1} + \dfrac{1}{n_2}} \right)$ |
| $\dfrac{\sigma_1^2}{\sigma_2^2}$ | | 未知 $\mu_1, \mu_2$ | $F = \dfrac{S_1^2 / \sigma_1^2}{S_2^2 / \sigma_2^2}$ | $\left( \dfrac{S_1^2}{S_2^2} \dfrac{1}{F_{\alpha/2}(n_1-1, n_2-1)}, \dfrac{S_1^2}{S_2^2} \dfrac{1}{F_{1-\alpha/2}(n_1-1, n_2-1)} \right)$ |

**3. 假设检验**

对总体的分布律或分布参数作某种假设，根据抽取的样本观察值，运用数理统计的分析方法，检验这种假设是否正确，从而决定接受假设或拒绝假设。这就是统计推断中的假设检验问题。

假设检验有参数检验与非参数检验两种。如果观测的分布函数类型已知，检验时构造出的统计量依赖于总体的分布函数，则这种检验称为参数检验。参数检验的目的往往是对总体的参数及其有关性质作出明确的判断。如果所检验的假设并非是对某个参数作出明确的判断，因而必须要求构造出的检验统计量的分布函数不依赖于观测值的分布函数类型，则这种检验称为非参数检验。如要求判断总体分布类型的检验就是非参数检验。

假设检验所采用的方法是在原假设设定后，以它为起点进行推断。推断中以一次抽样为依据，运用小概率原理，把一次抽样所得的样本值，作为一次实验的结果，如果这次试验导致小概率事件发生，则作出拒绝假设的结论；如果小概率事件没有发生，则不能拒绝假设，即接受假设。

假设检验的一般步骤如下：

（1）由实际问题提出原假设 $H_0$ 与备择假设 $H_1$，即说明需要检验的假设的具体内容。

（2）选取适当的统计量，并在原假设 $H_0$ 成立的条件下确定该统计量的分布。

（3）按题目的要求，选取适当的显著性水平 $\alpha$，并根据统计量的分布查表，确定对应于 $\alpha$ 的临界值，一般 $\alpha$ 取 0.05，0.01 或 0.10。

（4）由样本观测值计算统计量的观测值，并与临界值进行比较，从而在显著性水平 $\alpha$ 条件下对拒绝或接受原假设 $H_0$ 作出判断。

具体参见表 5.10 和表 5.11。

表 5.10　单个正态总体均值的双侧和单侧检验

| | 原假设 $H_0$ | 备择假设 $H_1$ | 总体方差 $\sigma^2$ 已知，统计量 $U = \dfrac{\bar{X} - \mu_0}{\frac{\sigma}{\sqrt{n}}}$ | 总体方差 $\sigma^2$ 未知，统计量 $t = \dfrac{\bar{X} - \mu_0}{\frac{s}{\sqrt{n}}}$ |
|---|---|---|---|---|
| | | | 在显著性水平 $\alpha$ 下拒绝 $H_0$，若 | |
| 双侧 | $\mu = \mu_0$ | $\mu \neq \mu_0$ | $\lvert U \rvert > u_{1-\frac{\alpha}{2}}$ | $\lvert t \rvert > t_{1-\frac{\alpha}{2}}(n-1)$ |
| 单侧 | $\mu = \mu_0$ | $\mu > \mu_0$ | $U > u_{1-\alpha}$ | $t > t_{1-\alpha}(n-1)$ |
| 单侧 | $\mu = \mu_0$ | $\mu < \mu_0$ | $U < -u_{1-\alpha}$ | $t < -t_{1-\alpha}(n-1)$ |

表 5.11　单个正态总体方差的双侧和单侧检验

| | 原假设 $H_0$ | 备择假设 $H_1$ | 均值 $\mu$ 已知，统计量 $\chi^2 = \dfrac{1}{\sigma_0^2}\sum_{i=1}^{n}(X_i - \mu)^2$ | 均值 $\mu$ 未知，统计量 $\chi^2 = \dfrac{1}{\sigma_0^2}\sum_{i=1}^{n}(X_i - \bar{X})^2$ |
|---|---|---|---|---|
| | | | 在显著水平 $\alpha$ 下拒绝 $H_0$，若 | |
| 双侧 | $\sigma^2 = \sigma_0^2$ | $\sigma^2 \neq \sigma_0^2$ | $\chi^2 < \chi_{\frac{\alpha}{2}}^2(n)$ 或 $\chi^2 > \chi_{1-\frac{\alpha}{2}}^2(n)$ | $\chi^2 < \chi_{\frac{\alpha}{2}}^2(n-1)$ 或 $\chi^2 > \chi_{1-\frac{\alpha}{2}}^2(n-1)$ |
| 单侧 | $\sigma^2 = \sigma_0^2$ | $\sigma^2 > \sigma_0^2$ | $\chi^2 > \chi_{1-\alpha}^2(n)$ | $\chi^2 > \chi_{1-\alpha}^2(n-1)$ |
| 单侧 | $\sigma^2 = \sigma_0^2$ | $\sigma^2 < \sigma_0^2$ | $\chi^2 < \chi_{\alpha}^2(n)$ | $\chi^2 < \chi_{\alpha}^2(n-1)$ |

4. 常见分布的参数估计的 MATLAB 命令

（1）正态分布的参数估计。设总体服从正态分布，则其点估计和区间估计可同时由以下命令获得：

$$[\mathrm{muhat,sigmahat,muci,sigmaci}] = \mathrm{normfit(X,alpha)}$$

此命令表示在显著性水平为 $\alpha$ 时估计 $X$ 所服从的分布中的参数，返回值 muhat、sigmahat 分别为正态分布的参数 $\mu$ 和 $\sigma$ 的估计值，muci 为均值 $\mu$ 置信区间，sigmaci 为标准差 $\sigma$ 的置信区间，其中置信水平为 $(1-\alpha) \times 100\%$，$\alpha$ 缺省时默认为 0.05，即置信水平为 95%。

注意，$X$ 也可以是矩阵，当 $X$ 是矩阵时，就对 $X$ 的每一列数据作参数估计。

（2）其他分布的参数估计。如果总体不服从正态分布，有两种处理办法：一是取容量充分大的样本（如 $n > 50$），按中心极限定理，它近似地服从正态分布，调用正态分布的参数估计命令实现；二是使用 MATLAB 工具箱中具有特定分布总体的估计命令，这些分布总体的估计命令见表 5.12。

表 5.12　不同分布总体的估计命令

| 总体分布 | 调用形式 | 函数说明 |
|---|---|---|
| 二项分布 | PHAT = binofit(X, N) | 二项分布的概率的最大似然估计 |
| | [PHAT, PCI] = binofit (X, N, alpha) | 返回显著水平为 $\alpha$ 的参数 p 的估计值和置信区间 |
| 泊松分布 | Lambdahat = poissfit(X) | 泊松分布的参数的最大似然估计 |
| | [Lambdahat, Lambdaci] = poissfit (X, alpha) | 返回显著水平为 $\alpha$ 的参数 λ 的估计值和置信区间 |
| 均匀分布 | [ahat,bhat] = unifit(X) | 均匀分布参数的最大似然估计 |
| | [ahat,bhat,ACI,BCI] = unifit(X, alpha) | 返回显著水平为 $\alpha$ 的参数 [a,b] 的估计值和置信区间 |
| 指数分布 | muhat = expfit(X) | 指数分布参数的最大似然估计 |
| | [muhat,muci] = expfit(X,alpha) | 返回显著水平为 $\alpha$ 的参数 λ 的估计值和置信区间 |

### 5. 假设检验

在总体服从正态分布的情况下，可用以下命令进行假设检验。

（1）总体方差已知时，总体均值的检验使用 z - 检验：

$$[\mathrm{h,sig,ci,zval}] = \mathrm{ztest(x,m,sigma,alpha,tail)}$$

检验数据 x 的关于均值的某一假设是否成立，其中 sigma 为已知方差，alpha 为显著性水平，究竟检验什么假设取决于 tail 的取值。

tail = 0，检验假设"x 的均值等于 m"；

tail = 1，检验假设"x 的均值大于 m"；

tail = -1，检验假设"x 的均值小于 m"。

tail 的缺省值为 0，alpha 的缺省值为 0.05。

返回值 h 为一个布尔值，h = 1 表示可以拒绝假设，h = 0 表示不可以拒绝假设，sig 为假设成立的概率，ci 为均值的 1 - alpha 置信区间，zval 为统计量的值。

（2）总体方差未知时，总体均值的检验使用 t - 检验：

$$[\mathrm{h,sig,ci,stats}] = \mathrm{ttest(x,m,alpha,tail)}$$

检验数据 x 的关于均值的某一假设是否成立，其中 alpha 为显著性水平，究竟检验什么假设取决于 tail 的取值：

tail $=0$,检验假设"x 的均值等于 m";

tail $=1$,检验假设"x 的均值大于 m";

tail $=-1$,检验假设"x 的均值小于 m"。

tail 的缺省值为 0,alpha 的缺省值为 0.05。

返回值 h 为一个布尔值,h $=1$ 表示可以拒绝假设,h $=0$ 表示不可以拒绝假设,sig 为假设成立的概率,ci 为均值的 $1-$ alpha 置信区间,stats 为统计量的值。

（3）两总体均值的假设检验使用 t - 检验：

$$[h,sig,ci,stats] = ttest2(x,y,alpha,tail)$$

检验数据 $x$、$y$ 的关于均值的某一假设是否成立,其中 alpha 为显著性水平,究竟检验什么假设取决于 tail 的取值：

tail $=0$,检验假设"x 的均值等于 y 的均值";

tail $=1$,检验假设"x 的均值大于 y 的均值";

tail $=-1$,检验假设"x 的均值小于 y 的均值";

tail 的缺省值为 0, alpha 的缺省值为 0.05。

返回值 h 为一个布尔值,h $=1$ 表示可以拒绝假设,h $=0$ 表示不可以拒绝假设,sig 为假设成立的概率,ci 为与 x 与 y 均值差的的 $1-$ alpha 置信区间,stats 为统计量的值。

（4）非参数检验。如何根据样本数据来估计总体的分布类型就是非参数检验问题。MATLAB 提供了两个命令 jbtest 和 lillietest 分别根据不同的方法来进行正态分布拟合的假设检验。

① jbtest,其调用格式为

$$H = jbtest(X,alpha) \ 或 \ [H,P,JBSTAT,CV] = jbtest(X,alpha)$$

说明：对输入向量 X 进行 Jarque - Bera 测试,显著性水平 $\alpha$ 缺省时为 0.05。P 为接受假设的概率值,JBSTAT 为测试统计量的值,CV 为是否拒绝原假设的临界值。H 为测试结果,若 H $=0$,则可以认为 X 是服从正态分布的;若 H $=1$,则可以否定 X 服从正态分布。P 小于 $\alpha$,则可以拒绝是正态分布的原假设;JBSTAT $>$ CV 可以拒绝是正态分布的原假设;命令 jbtest 一般用于大样本,对于小样本用命令 lillietest。

② lillietest( ),其调用格式为

$$H = lillietest(X,alpha) \ 或 \ [H,P,LSTAT,CV] = lillietest(X,alpha)$$

说明：对输入向量 X 进行 Lilliefors 测试,显著性水平 alpha 在 $0.01 \sim 0.2$ 之间,缺省时为 0.05。P 为接受假设的概率值, LSTAT 为测试统计量的值,CV 为是否拒绝原假设的临界值。H 为测试结果,若 H $=0$,则可以认为 X 是服从正态分布的;若 H $=1$,则可以否定 X 服从正态分布。P 小于 alpha,则可以拒绝是正态分布的原假设;JBSTAT $>$ CV 可以拒绝是正态分布的原假设

③ normplot,其调用格式为

$$h = normplot(x)$$

说明：此命令显示数据矩阵 x 的正态概率图。如果数据来自于正态分布,则图形显示出直线性形态,而其他概率分布函数显示出曲线形态,因此,除用上面两命令外也常用该命令作正态分布检验。

### 5.3.2 实验内容

**1. 参数估计**

**例 5.3.1** 随机产生 100 个服从正态分布 $N(2,0.5^2)$ 的样本数据 $X$,并用这些数据估计总体 $N(\mu,\sigma^2)$ 中的参数 $\mu$、$\sigma$,求出参数的最大似然估计值和置信度为 99% 的置信区间。

分析:随机产生的 100 个数据可视为从总体中抽出容量为 100 的样本,样本的观测值就是这具体的 100 个数据,可用命令 normfit(X,alpha) 求出参数 $\mu$、$\sigma$ 的估计。

解:设计程序并保存为 M 文件"exp6 – 10. m",程序如下:

```
clear
X = normrnd(2,0.5,100,1)          % 产生100个样本数据
[muhat,sigmahat,muci,sigmaci] = normfit(X,0.01)
```

程序运行结果:

```
muhat =  2.0240
sigmahat =  0.4343
muci =  1.9099  2.1380
sigmaci =  0.3665  0.5298
```

说明:参数 $\mu$、$\sigma$ 的最大似然估计值分别为 2.0240、0.4343,参数 $\mu$、$\sigma$ 的置信水平为 99% 的置信区间分别为 [1.9099,2.1380]、[0.3665,0.5298]。这一估计结果和总体 $N(\mu,\sigma^2)$ 中的参数真实数值 $\mu = 2$,$\sigma = 0.5$ 是非常接近的。

**例 5.3.2** 产生两组(每组 1000 个元素)$\lambda = 100$ 的指数分布的样本数据,求参数 $\lambda$ 的估计值和置信水平为 95% 的置信区间。

分析:随机产生的 1000 数据可视为从总体中抽出容量为 1000 的样本,样本的观测值就是这具体的 1000 个数据,可用命令 expfit(X) 求出参数 $\lambda$ 的估计。

解:设计程序并保存为 M 文件"exp6 – 11. m",程序如下:

```
clear
X = exprnd(100,1000,2);          % 产生两组各1000个样本数据
[mu,muci] = expfit(X)
```

程序运行结果:

```
mu =
  95.5849 101.4084
muci =
  89.7517 95.2197
 101.5993 107.7891
```

说明:由 X 的第一列数据给出参数 $\lambda$ 的最大似然估计值 95.5849,置信水平为 95% 的置信区间为 [89.7517,101.5993],由 X 的第二列数据给出参数 $\lambda$ 的最大似然估计值 101.4084,置信水平为 95% 的置信区间为 [95.2197,107.7891]。

**2. 关于正态分布参数的假设检验**

**例 5.3.3** 某车间用一台包装机包装葡萄糖,包得的袋装糖的重量是一个随机变量,它服从正态分布。当机器正常时,其均值为 0.5kg,标准差为 0.015kg。假设标准差不变,

某日开工后检验包装机是否正常,随机地抽取所包装的糖 9 袋,称得净重(kg)为

  0.497,0.506,0.518,0.524,0.498,0.511,0.520,0.515,0.512

问机器是否正常($\alpha = 0.05$)?

分析:该问题可归结为正态总体在已知 $\sigma = 0.015$ 的情况下的假设检验问题,原假设 $H_0:\mu = \mu_0 = 0.5$,备择假设 $H_1:\mu \neq 0.5$,置信水平 $\alpha = 0.05$。可用命令 ztest 完成计算。

解:设计程序并保存为 M 文件"exp6-12.m",程序如下:

```
clear
X = [0.497,0.506,0.518,0.524,0.498,0.511,0.52,0.515,0.512];
[h,sig,ci,zval] = ztest(X,0.5,0.015,0.05,0)
```

程序运行结果:

```
h = 1
sig = 0.0248
ci = 0.5014   0.5210
zval = 2.2444
```

说明:h = 1 表明在置信水平 $\alpha = 0.05$ 下不能接受原假设,而且样本观察值的概率 sig = 0.0248 为小概率,对原假设置疑,又 ci 为均值 $\mu$ 的置信区间,原假设均值 0.5 在此区间之外,因此认为包装机工作不正常。

**例 5.3.4** 某种电子元件,要求其使用寿命不得小于 225h,现从这批元件中随机抽取 16 只,测得其寿命(单位:h)分别为

  159,280,101,212,224,379,179,264,222,362,168,250,149,260,485,170

若该批元件寿命服从正态分布,问在置信水平 $\alpha = 0.05$ 下是否有理由认为该批元件合乎要求?

分析:该问题可归结为正态总体在 $\sigma^2$ 未知的情况下的假设检验问题,原假设 $H_0:\mu = \mu_0 = 225$,备择假设 $H_1:\mu < 225$,置信水平 $\alpha = 0.05$。可用命令 ttest(x,m,alpha,tail) 完成计算,此时选择 tail = -1。

解:设计程序并保存为 M 文件"exp6-13.m",程序如下:

```
clear
X = [159,280,101,212,224,379,179,264,222,362,168,250,149,260,485,170];
[h,sig,ci] = ttest(X,225,0.05,-1)
```

程序运行结果:

```
h = 0
sig = 0.7430
ci = - Inf 284.7679
```

说明:h = 0 表示在置信水平 $\alpha = 0.05$ 下应该接受原假设 $H_0$,即认为元件的平均寿命大于 225h。

**例 5.3.5** 在平炉上进行一项试验以确定改变操作方法的建议是否会增加钢的产率,试验是在同一只平炉上进行的。每炼一炉钢时除操作方法外,其他条件都尽可能做到相同。先用标准方法炼一炉,然后用建议的新方法炼一炉,以后交替进行,各炼 10 炉,其产率如下:

(1)标准方法:78.1,72.4,76.2,74.3,77.4,78.4,76.0,75.5,76.7,77.3

（2）新方法：79.1,81.0,77.3,79.1,80.0,79.1,79.1,77.3,80.2,85.2

设这两个样本相互独立,且分别来自正态总体 $N(\mu_1,\sigma^2)$ 和 $N(\mu_2,\sigma^2)$ ,$\mu_1$、$\mu_2$、$\sigma^2$ 均未知,问建议的新操作方法能否提高产率?（取显著性水平 $\alpha=0.05$）

分析:该问题可归结为两个正态总体在 $\sigma^2$ 未知的情况下的检验均值是否相等的问题,原假设 $H_0:\mu_1=\mu_2$ ,备择假设 $H_1:\mu_1<\mu_2$ ,此时选择 tail = $-1$ 。

解:设计程序并保存为 M 文件"exp6 – 14.m",程序如下:

```
clear
X = [78.1 72.4 76.2 74.3 77.4 78.4 76.0 75.5 76.7 77.3];
Y = [79.1 81.0 77.3 79.1 80.0 79.1 79.1 77.3 80.2 82.1];
[h,sig,ci] = ttest2(X,Y,0.05,-1)
```

程序运行结果:

```
h = 1
sig = 2.1759e - 004
ci = - Inf   -1.9083
```

说明:h = 1 表示在置信水平 $\alpha=0.05$ 下应该不接受原假设, sig = 2.1759e – 004 表明两个总体均值相等的概率很小,因此认为建议的新操作方法提高了产率,比原方法好。

**例 5.3.6** 从一批滚珠中随机抽取 50 个,测得它们的直径（单位:mm）如下:

15.0, 15.8, 15.2, 15.1, 15.9, 14.7, 14.8, 15.5, 15.6, 15.3
15.1, 15.3, 15.0, 15.6, 15.7, 14.8, 14.5, 14.2, 14.9, 14.9
15.2, 15.0, 15.3, 15.6, 15.1, 14.9, 14.2, 14.6, 15.8, 15.2
15.9, 15.2, 15.0, 14.9, 14.8, 14.5, 15.1, 15.5, 15.5, 15.1
15.1, 15.0, 15.3, 14.7, 14.5, 15.5, 15.0, 14.7, 14.6, 14.2

是否可以认为这批钢珠的直径服从正态分布（$\alpha=0.05$）?并求出总体的均值和方差的点估计。

分析:该问题可归结为正态分布拟合的检验问题,且样本较大,选用命令 jbtest( ),显著水平为 $\alpha=0.05$ 。

解:设计程序并保存为 M 文件"exp6 – 15.m",程序如下:

```
clear
X = [15.0,15.8,15.2,15.1,15.9,14.7,14.8,15.5,15.6,15.3,15.1,15.3,15.0,15.6,
15.7,14.8,14.5,14.2,14.9,14.9,15.2,15.0,15.3,15.6,15.1,14.9,14.2,14.6,15.8,15.2,
15.9,15.2,15.0,14.9,14.8,14.5,15.1,15.5,15.5,15.1,15.0,15.3,14.7,14.5,15.5,
15.0,14.7,14.6,14.2];
[h,P,Jbstat,CV] = jbtest(X,0.05)
mu = mean(x)
sig2 = var(x)
```

程序运行结果:

```
h = 0
P = 0.7157
Jbstat = 0.6691
CV = 5.9915
mu = 15.0780
```

sig2 = 0.1871

说明:h = 0 表示在置信水平 α = 0.05 下接受原假设,且 P = 0.7157 表明接受原假设的概率也很大,测试值 Jbstat = 0.6691 小于临界值 CV = 5.9915,所以接受原假设。此时均值和方差的点估计分别为 $\hat{\mu} = 15.078$,$\hat{\sigma}^2 = 0.1871$。

**例 5.3.7** 淮河流域(包括河南、安徽、江苏、山东)历史上上经常发生洪水灾害,据统计 1949 年到 1991 流域成灾面积(单位:万亩,1 亩 = 666.667m²)每年总计分别如下:
3383.4, 4687.4, 1631.1, 2244.5, 2011.7, 6123.1, 1918.0, 6232.4, 5453.9,
1412.4, 312.5, 2185.0, 1285.4, 4079.6, 10124.2, 5532.7, 3809.3, 389.4,
412.1, 809.7, 870.6, 1055.7, 1451.8, 1532.9, 765.9, 1987.5, 2765.5,
739.9, 515.6, 428.4, 3794.5, 2489.1, 242.3, 4812, 2204.7, 4407.1,
2885, 1124.7, 1190, 191.4, 2227.9, 2079, 6934.1
试检验全流域的成灾面积是否服从正态分布?

分析:该问题可归结为正态分布拟合的检验问题,分别选用概率纸检验与选用命令 jbtest( )检验。

解:设计程序并保存为 M 文件"exp6 - 16. m",程序如下:

```
clear
X = [3383.4, 4687.4, 1631.1, 2244.5, 2011.7, 6123.1, 1918.0, 6232.4, 5453.9,
1412.4, 312.5, 2185.0, 1285.4, 4079.6, 10124.2, 5532.7, 3809.3, 389.4, 412.1, 809.7,
870.6, 1055.7, 1451.8, 1532.9, 765.9, 1987.5, 2765.5, 739.9, 515.6, 428.4, 3794.5,
2489.1, 242.3, 4812, 2204.7, 4407.1, 2885, 1124.7, 1190, 191.4, 2227.9, 2079,
6934.1];                                  % 输入原始数据

normplot(X);                              % 用概率纸检验数据是否服从正态分布
[h,P,Jbstat,CV] = jbtest(X,0.05)          % 正态分布拟合的检验
```

程序运行结果:

h = 1

P = 3.2367e - 004

Jbstat = 16.0716

CV = 5.9915

概率纸检验图如图 5.9 所示。

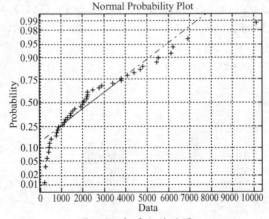

图 5.9　概率纸检验图

说明:从图上可以看出散点并不聚集在直线上,因此流域成灾面积(原始数据)不服从正态分布,这一点也可以通过 jbtest 检验来也证实了。由于 $h=1$ 表示在置信水平 $\alpha=0.05$ 下不接受原假设,且 $P=3.2367\mathrm{e}-004$ 表明接受假设的概率也很小,测试值 jbstat $=16.0716$ 大于临界值 CV $=5.9915$,所以不接受原假设。

**例 5.3.8** 已知数据

$x=[2,3,4,5,7,8,11,14,15,16,18,19]$

$y=[106.42,108.2,109.58,110,109.93,110.49,110.59,110.6,110.9,110.76,111,111.2]$

建立 $y$ 与 $x$ 之间的函数关系,并检验残差 $r$ 是否服从均值为零的正态分布。

分析:通过作散点图,猜测曲线的参数表达式,求出最佳参数,可以得到 $y$ 与 $x$ 之间的函数关系,计算出残差,检验残差 $e_i$ 是否服从均值为零的正态分布。

解:设计程序并保存为 M 文件"exp6-17.m",程序如下:

```
clear
y =[106.42, 108.2, 109.58, 110, 109.93, 110.49, 110.59, 110.6, 110.9, 110.76,
111,111.2];
x =[2,3,4,5,7,8,11,14,15,16,18,19];
plot(x,y,'*')                          % 作散点图
A =polyfit(x,y,1)                      % 线性最小二乘拟合
plot(x,y,'*',x,polyval(A,x),'r')       % 绘制拟合直线
e1 =y - polyval(A,x);                  % 计算出残差
[h1,sig,ci] =ttest(e1,0,0.05)          % 用 t 检验来检验残差是否服从正态分布
[h2,P,Jbstat,CV] =lillietest(e1,0.05)  % 正态分布拟合的检验
```

程序运行结果:

A = 0.1804 108.1387

h1 = 0

sig = 1

ci = −0.5307  0.5307

h2 = 0

P = 0.1980

Jbstat = 0.1995

CV = 0.2420

说明:x 与 y 的线性最小二乘拟合直线方程为 $y=0.1804x+108.1387$,不管是 t 检验还是 lillietest() 检验,都接受残差 $e_i$ 服从均值为零的正态分布的假设,但要注意 lillietest() 检验给出的 $P=0.1980$ 很小,说明虽然通过检验,但不是很理想,这点从拟合的直线(图 5.10)也能直观看出。

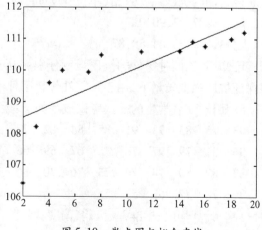

图 5.10  散点图与拟合直线

145

### 5.3.3 练习

1. 从某厂生产的某种型号的细轴中任取 20 个,测得其直径数据如下(单位:mm):
13.26,13.63,13.13,13.47,13.40,13.56,13.35,13.56,13.38,13.20
13.48,13.58,13.57,13.37,13.48,13.46,13.51,13.29,13.42,13.69
求以上数据的样本均值与样本方差。

2. 有一批袋装化肥,现从中随机地取出 16 袋,称得重量(kg)为 50.6,50.8,49.9,
50.3,50.4,51.0,49.7,51.2,51.4,50.5,49.3,49.6,50.6,50.2,50.9,49.6,求以上数据
的样本均值与样本方差。

3. 从某厂生产的钢球中随机抽取 7 个,测得他们的直径(单位:mm)为 5.52,5.41,
5.18,5.32,5.64,5.22,5.76。若钢球的直径服从正态分布 $N(\mu,\sigma^2)$,求这种钢球平均直
径 $\mu$ 和方差 $\sigma$ 的极大似然估计值和置信度为 95% 的置信区间。

4. 根据某地环境保护法规定,倾入河流的废物中某种有毒化学物质含量不得超过
3ppm,该地区环保部门对沿河各工厂进行检查,测定每日倾入河流的废物中该物质的含
量。某工厂连日的记录为 3.1,3.2,3.3,2.9,3.5,3.4,2.5,3.2,4.3,2.9,3.6,3.0,2.7,
3.5,2.9,以此样本判断该工厂是否符合环保法的规定($\alpha=0.05$)(假设废物中有害物质
含量 $X \sim N(\mu,\sigma^2)$)?

5. 某种橡胶的伸长率 $X \sim N(0.53,0.015^2)$,现改进橡胶配方,改进配方后进行取样
分析,测得其伸长率为 0.56,0.53,0.55,0.55,0.58,0.56,0.57,0.57,0.54,已知改进配方
前后橡胶伸长率的方差不变,问改进配方后橡胶的平均伸长率有无显著变化($\alpha=0.05$)?

6. 按行业规定,某种食品每 100g 中维生素 C 的含量不得少于 21mg,设维生素 C 含
量的测定值总体 $X \sim N(\mu,\sigma^2)$,现从生产的这批食品中随机抽取 17 个样品,测得每 100g
食品中维生素 C 的含量(单位:mg)为 16,22,21,20,23,21,19,15,13,23,17,20,29,18,
22,16,25,试以 $\alpha=0.025$ 的检验水平检验该食品的维生素含量是否合格?

7. 设有甲、乙两种零件彼此可以代替,但乙零件比甲零件制造简单,造价低,经过试
验获得它们的抗压强度数据(单位:kg/cm²)如下:

甲:88,87,92,90,91

乙:89,89,90,84,88,87

已知甲、乙两种零件的抗压强度分别服从正态总体 $N(\mu_1,\sigma^2)$ 和 $N(\mu_2,\sigma^2)$,问能否
在保证抗压强度质量下,用乙种零件代替甲种零件?

8. 某校 60 名学生的一次考试成绩如下:

| 93 | 75 | 83 | 93 | 91 | 85 | 84 | 82 | 77 | 76 | 77 | 95 | 94 | 89 | 91 | 88 | 86 | 83 |
|----|----|----|----|----|----|----|----|----|----|----|----|----|----|----|----|----|----|
| 96 | 81 | 79 | 97 | 78 | 75 | 67 | 69 | 68 | 84 | 83 | 81 | 75 | 66 | 85 | 70 | 94 | 84 |
| 83 | 82 | 80 | 78 | 74 | 73 | 76 | 70 | 86 | 76 | 90 | 89 | 71 | 66 | 86 | 73 | 80 | 94 |
| 79 | 78 | 77 | 63 | 53 | 55 | | | | | | | | | | | | |

(1) 计算均值、标准差、极差、偏度、峰度,画出直方图;

(2) 检验分布的正态性;

(3) 若检验符合正态分布,估计正态分布的参数并检验参数。

# 实验 5.4  随机模拟

## 5.4.1  试验背景知识介绍

### 1. 概率与频率

概率是反映某种事件发生的可能性大小的一种数量指标,若在相同条件下试验重复进行,则某事件出现的次数与总试验次数的比值称为该事件的频率。事件的频率粗略地反映了事件发生的可能性大小。当试验的次数充分大时,事件的频率将稳定地在一个常数附近变动,数学上将该常数称为事件的概率。我们可通过随机试验来说明频率的稳定性。这里所谓随机试验是指一个实验,它满足以下三个条件:①试验可以在相同的情况下重复进行;②试验的所有可能结果是明确可知的(且不止一个);③每次试验总是恰好出现所有可能结果中的一个,但在试验进行之前却不能判断该次试验会出现哪个结果。

### 2. 随机数的产生

随机数是随机变量在一次实验中的实现(具体取的数值),将试验重复进行 $n$ 次,就得到服从同一分布的 $n$ 个随机数。要进行随机模拟,一个重要的过程就是产生随机数。用 MATLAB 软件可以很方便的产生各种常见分布的随机数。

对于产生不是常见的分布的随机数,其方法如下。

(1) 如果离散随机变量 $X$ 的概率分布:$P\{X = x_k\} = p_k(k = 1, 2, \cdots)$,产生随机变量 $X$ 的随机数时可简单的按如下算法:①将区间 $[0,1]$ 依次分为长度为 $P_1, P_2, \cdots$ 的小区间,$I_1, I_2, \cdots$②产生 $[0,1]$ 的均匀分布随机数 $R$,若 $R \in I_k$,则令 $X \in X_K$;重复②即得离散随机变量 $X$ 的随机数序列。

(2) 如果连续随机变量 $X$ 的分布为 $F(x)$,产生随机变量 $X$ 的随机数时可用反函数法:①产生 $[0,1]$ 的均匀分布随机数 $R$;②令 $X = F^{-1}(R)$;则得随机变量 $X$ 的随机变数序列。

### 3. 产生随机数的 MATLAB 命令

产生随机数及其相关的 MATLAB 命令见表 5.13。

表 5.13  产生随机数及相关的 MATLAB 命令

| 命令 | 说明 | 命令 | 说明 |
|---|---|---|---|
| X = binornd(n,p) | 二项分布的随机数 | X = normrnd($\mu,\sigma$) | 正态(高斯)分布的随机数 |
| X = geornd(p) | 几何分布的随机数 | X = trnd(n) | T 分布的随机数 |
| X = poissrnd($\lambda$) | 泊松分布的随机数 | X = chi2rnd(n) | $\chi^2$ 分布的随机数 |
| X = unifrnd(a, b) | 连续均匀分布的随机数 | randperm(m) | 生成一个 $1 \sim m$ 的随机整数排列 |
| X = exprnd($\lambda$) | 指数分布的随机数 | perms(1:n) | 随机生成 $1 \sim n$ 的全排列,共 n! 个 |

## 5.4.2  实验内容

### 1. 概率与频率

**例 5.4.1**  分别随机投掷均匀硬币 10000、20000、30000、40000、50000 次,统计"数

字"面朝上与朝下的频率,验证"数字"面朝上与朝下的概率是否均为 0.5。

解:编写下述程序:

```
clear
for k =1:5
n =10000 * k;m =0;
for i =1: n
    x = randperm(2) -1;
    y = x(1);
    if y = =0;
      m = m +1;
    end
end
    h(k) = m/n;
end
h
t =1 - h
```

程序运行结果:

h =0.4934  0.4984  0.5019  0.5024  0.4979
t =0.5066  0.5016  0.4981  0.4976  0.5021

将结果填入表 5.14。

表 5.14  掷均匀硬币实验频率表

| 实验次数/n | 10000 | 20000 | 30000 | 40000 | 50000 |
|---|---|---|---|---|---|
| 数字面朝上频率 | 0.4934 | 0.4984 | 0.5019 | 0.5024 | 0.4979 |
| 数字面朝下频率 | 0.5066 | 0.5016 | 0.4981 | 0.4976 | 0.5021 |

2. 常见分布随机数的产生与计算机模拟

在 MATLAB 的统计工具箱中,提供了产生满足常用分布的随机数命令,这些命令的名字构成为:分布名字符 + rnd,如 unifrnd(a,b) 表示产生 $[a,b]$ 均匀分布的随机数。

例 5.4.2  产生 10 个 $[0,1]$ 均匀分布的随机数。

解:设计程序并保存为 M 文件"exp6 -4. m",程序如下:

```
n =10;a =[];
for j =1:n
    a(j) = unifrnd(0,1);
end
a
```

程序运行结果:

0.6435 0.3200 0.9601 0.7266 0.4120 0.7446 0.2679 0.4399 0.9334 0.6833

说明:当我们再次运行程序时,结果不一定相同,因为这些数是随机产生的。

例 5.4.3  设 $X$ 的概率分布律如表 5.15 所列。

表 5.15  $X$ 的概率分布

| $X$ | 1 | 3 | 5 | 7 |
|---|---|---|---|---|
| $P\{X=k\}$ | 0.1 | 0.4 | 0.3 | 0.1 |

模拟生成 $X$ 的 5000 个随机数,统计"$X=5$"出现的频率,并与概率 0.3 比较。

分析:这是离散型随机变量的模拟问题,按上面介绍的随机数产生的算法,可编程实现。

解:设计程序并保存为 M 文件"exp6 - 5. m",程序如下:

```
% 掷硬币的结果
clear
n = 5000;t1 = 0;t2 = 0;t3 = 0;t4 = 0;a = [];
for j = 1: n
    a(j) = unifrnd(0,1);          % 产生[0,1]的均匀分布随机数
    if a(j) < =0.1
        t1 = t1 +1;
        h =1;                     % 模拟产生 X =1
    elseif a(j) < =0.5
        t2 = t2 +1 ;
        h =3;                     % 模拟产生 X =3
      elseif a(j) < = 0.9
        t3 = t3 +1 ;
        h =5;                     % 模拟产生 X =5
      else
        t4 = t4 +1 ;
        h =7;                     % 模拟产生 X =7
    end
x(j) = h;                         % x 是 50000 个随机数的数组
end
p = t3 /n                         % 计算 X =5 出现的频率
```

程序运行结果:

```
p = 0.4074
```

说明:(1)结果表明,在 5000 次的实验中,$X=5$ 出现的频率为 0.4074,与 $X=5$ 的概率较接近。

(2) 再次运行程序时,结果与上面的不一定相同,因为这相当于又做了一回 5000 次的试验;如果将程序中 n = 5000 改为 n = 10000,就相当于 10000 次的实验。

**例 5.4.4** (超市收费口的情景计算机模拟)假设只有一个收银员收费,顾客到来间隔时间 $X$ 服从参数为 0.1 的指数分布;收银员对顾客的服务时间 $Y$ 服从[4,15]上的均匀分布;排队按先到先服务规则,对队长没有限制。假设时间以 min 为单位,对上述模型模拟在开始收银后 300min 内的情形,要求模拟得到下列数据:300min 内共有多少顾客到来,已经服务了多少顾客,顾客的平均等待时间。

分析:假设顾客源是无限的,且已知排队按先到先服务规则,对队长没有限制。收银

模型的全过程为:①开始计数;②第一个顾客到达,记录到达的时间,收银员开始服务,记录服务时间;在此期间,可能有新的顾客达到等待,记录第二个顾客到达的时间和等待时间(第二个顾客的等待时刻=接受服务的时刻−到达时刻=前一个顾客离开的时刻−到达时刻);③顾客接受完服务后离开。在此过程中,有两个因素是随机的,一个是每个顾客达到收银台的时间,另一个是该顾客接受服务的时间。

符号说明:接受服务的顾客数为 $i$;$x_i$ 为第 $i$ 个顾客达到时刻与第 $i-1$ 个顾客到来的时刻差即时间间隔;$y_i$ 是第 $i$ 个顾客接受服务的时间;$c_i$ 为第 $i$ 个顾客到来的时刻;$b_i$ 为第 $i$ 个顾客接受服务的时刻;$e_i$ 为第 $i$ 个顾客结束服务的时刻;$w_i$ 为第 $i$ 个顾客等待的时间;wait 表示累计等待时间;waita 平均等待时间;按照变量之间的联系,有下列的关系:

$$c_i = x_1 + x_2 + \cdots + x_i = c_{i-1} + x_i$$
$$e_i = b_i + y_i$$
$$b_i = \max(c_i, e_{i-1})$$

式中:$x_i$、$y_i$ 是随机变量。

模拟框图如图 5.11 所示。

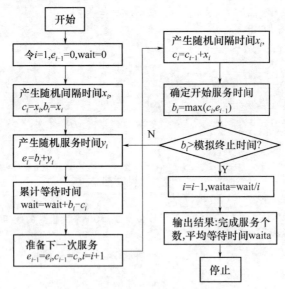

图 5.11　收费口情景模拟逻辑框图

解:根据以上分析,设计程序并保存为 M 文件"exp6−6.m",程序如下:

```
i =1; wait =0;
x(i) = exprnd(10);
c(i) = x(i);b(i) = x(i);
sto = b(i);
while sto < =300
    y(i) = unifrnd(4,15);        % 产生模拟顾客接受服务的时间的随机数
    e(i) = b(i) + y(i);
    wait = wait + b(i) - c(i);
    i = i +1;
```

150

```
        x(i) = exprnd(10);              %  产生模拟顾客达到收银台的时间间隔
        c(i) = c(i-1) + x(i);
        b(i) = max(c(i),e(i-1));
        sto = b(i);
end
i = i-1;
waita = wait/i                          %  计算顾客平均等待时间
m = i                                   %  计算完成服务顾客的个数
```

程序运行结果：

```
waita =
   7.7099
m =
   28
```

说明：结果表明，在 300min 内，每一顾客的平均等待时间为 7.7min，有 28 个人接受了服务，同前面的例题说明一样，再次运行程序时，结果与上面的不一定相同。

3. 资产价格的模拟

**例 5.4.5** （股票价格变化的模拟）假设股票在 $t$（单位：天）时刻的价格为 $S(t)$（单位：元），且满足随机微分方程

$$dS(t) = S(t)[\mu dt + \sigma dZ(t)] \tag{5.14}$$

式中：$dZ(t) = \varepsilon \sqrt{dt}$；$\{Z(t)\}$ 是维纳过程或称布朗运动（Brownian motion）；$\varepsilon \sim N(0,1)$；$\mu$ 为股票价格的期望收益率；$\sigma$ 为股票价格的波动率。又假设股票在 $t = t_0$ 时刻的价格为 $S_0 = S(t_0) = 20$，期望收益率为 $\mu = 0.031$（单位：元/年），波动率 $\sigma = 0.6$，试用蒙特卡罗方法模拟未来 90 天的价格曲线，并确定未来第 90 天股票价格的分布图。

**解**：MATLAB 脚本程序如下：

```
dt = 1/365.0;                           %  一天的年单位时间
S0 = 20;                                %  股票在初始时刻的价格，程序中假设
r = 0.031;                              %  期望收益率
sigma = 0.6;                            %  波动率 σ = 0.6
expTerm = r*dt;                         %  漂移项 μdt
stddev = sigma*sqrt(dt);                %  波动项 σdz(t)
nDays1 = 90;                            %  要模拟的总天数
for nDays = 1:nDays1                    %  nDays 表示时刻 t
nTrials = 10000;                        %  模拟次数
for j = 1:nTrials
n = randn(1,nDays);                     %  生成 nDays 个标准正态分布随机数
S = S0;
for i = 1:nDays
dS = S*(expTerm + stddev*n(i));         %  模拟计算股票价格的增量
S = S+dS;                               %  计算股票价格
end
S1(nDays,j) = S;                        %  将每天的股票模拟价格数据记录在 S1 中
```

```
end
end
S2 = mean(S1');                        % 计算每天模拟的股票价格的均值,作为价格的
                                         估值

plot(S2','-o')                         % 90 天期间股票价格估值的曲线图
hist(S1(90,:)(,0:.5:65)                % 第 90 天的股票价格模拟的直方图
```

股票未来 90 天的价格走势模拟及股票第 90 天的价格模拟直方图分别如图 5.12、图 5.13 所示。

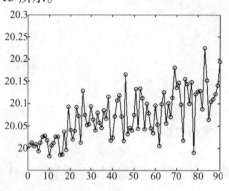

图 5.12　股票未来 90 天的价格走势模拟

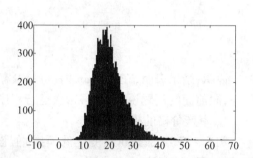

图 5.13　股票第 90 天的价格模拟直方图

### 5.4.3　练习

1. 随机投掷均匀骰子,统计各点数出现的频率并与概率 $\frac{1}{6}$ 比较。

2. 设 $X$ 的概率分布律如下:

| $X$ | -1 | 0 | 1 | 2 |
|---|---|---|---|---|
| $P\{X=k\}$ | 0.2 | 0.3 | 0.4 | 0.1 |

模拟生成 $X$ 的 5000 个随机数,统计 "$X=1$" 出现的频率,并与概率 0.4 比较。

3. 设随机变量

$$X \sim f(x) = \begin{cases} 5e^{-5x} & (x > 0) \\ 0 & (x \leqslant 0) \end{cases}$$

用计算机模拟 $X$ 的 200 次取值。

4. 设 $U_1, U_2, \cdots$ 独立同分布且都在 $(0, 2\pi)$ 上均匀分布,即

$$X_t = b\cos(at + U_t)(t \in Z)$$

计算 $E(X_t)$、$D(X_t)$,任意给定 $a, b$ 的值,模拟生成序列 $\{X_t\}$ 的 300 个样本,求出样本均值与标准差,并与真实值 $E(X_t)$、$D(X_t)$ 作比较。

5. (报童问题)。报童每日早晨从报社以每份报纸 0.30 元的批发价购得当日的日报,然后以每份 0.45 元的零售价售出。若卖不完,则每份报纸的积压损失费为 0.30 元;若不够卖,则少一份报纸造成潜在损失的缺货损失费为 0.15 元。该报童对以往的销量作了连续一个月的统计,其记录如下:

| 日需求量 $D$ | 120 | 130 | 140 | 150 | 160 |
|---|---|---|---|---|---|
| 频率 $P(D)$ | 0.15 | 0.2 | 0.3 | 0.25 | 0.1 |

试用模拟方法确定报童每日应订多少份报纸,才能使总损失费最小?

# 第6章 数据分析

在经济管理活动中,往往会产生大量的统计数据,对这些数据进行科学分析,可以提高管理决策水平。本章主要介绍矩阵类型的数据分析方法,包括大样本数据的特征分析、矩阵元素的排序与分析、数据的判别分析、数据属性的处理与综合评价方法。

## 实验 6.1 数据的排序及应用

### 6.1.1 实验背景知识介绍

**1. 样本观测数据的协方差与相关系数矩阵**

设总体为 $p$ 维向量 $(X_1, X_2, \cdots, X_p)^{\mathrm{T}}$,从中抽取样本容量为 $n$ 的样品进行观测,第 $i$ 个样品的观测数据记为 $x_i = (x_{i1}, x_{i2}, \cdots, x_{ip})^{\mathrm{T}}$ $(i = 1, 2, \cdots, n)$,记

$$X = \begin{pmatrix} x_{11} & x_{21} & \cdots & x_{n1} \\ x_{12} & x_{22} & \cdots & x_{n2} \\ \vdots & \vdots & & \vdots \\ x_{1p} & x_{2p} & \cdots & x_{np} \end{pmatrix} = (x_1, x_2, \cdots, x_n)$$

称 $X$ 为样本数据矩阵。

$X$ 的第 $j$ 行的均值 $\bar{x}_j = \dfrac{1}{n} \sum\limits_{i=1}^{n} x_{ij}$,方差 $s_j^2 = \dfrac{1}{n-1} \sum\limits_{i=1}^{n} (x_{ij} - \bar{x}_j)^2$ $(j = 1, 2, \cdots, p)$,第 $j$ 行与第 $k$ 行的协方差 $s_{jk} = \dfrac{1}{n-1} \sum\limits_{i=1}^{n} (x_{ij} - \bar{x}_j)(x_{ik} - \bar{x}_k)$,第 $j$ 行与第 $k$ 行的相关系数 $r_{jk} = \dfrac{s_{jk}}{\sqrt{s_{jj}}\sqrt{s_{kk}}}$ $(j, k = 1, 2, \cdots, p)$。显然,$s_j^2 = s_{jj}, r_{jj} = 1$ $(j = 1, 2, \cdots, p)$。记矩阵 $S = (s_{jk})_p$,称 $S$ 为样本观测数据的协方差矩阵。记矩阵 $R = (r_{jk})_p$,称 $R$ 为样本观测数据的相关系数矩阵。

协方差矩阵与相关系数矩阵是实对称矩阵,因此一定存在正交矩阵 $Q_s$、$Q_r$,使得

$$Q_s^{\mathrm{T}} S Q_s = \Lambda_s; \quad Q_r^{\mathrm{T}} R Q_r = \Lambda_r$$

式中:$\Lambda_s$、$\Lambda_r$ 是对角矩阵,其主对角线上的元素分别是 $S$、$R$ 的特征值,$Q_s$、$Q_r$ 的列向量是特征值相应的特征向量。

利用协方差矩阵或相关系数矩阵的特征值作为初始权,归一化后可生成权向量。

**2. 综合排序**

设 $h_{ij}(i = 1, \cdots, n; j = 1, \cdots, p)$ 表示第 $i$ 个公司第 $j$ 项指标的排名,则各公司的排名指数计算公式为

$$z_i = \sqrt[p]{\prod_{j=1}^{p} h_{ij}} \quad (i = 1, 2, \cdots, n)$$

排名准则:若 $z_i < z_k$,则第 $i$ 个公式排名在第 $k$ 个公式的前面。

3. 基本统计量的 MATLAB 命令

计算样本数字特征的 MATLAB 命令见表 6.1。

表 6.1　计算样本数字特征的 MATLAB 命令

| 命　令 | 说　　明 |
|---|---|
| C = cov(X) | 当 X 为向量时,C 表示 X 的方差;当 X 为矩阵时,C 为 X 的协方差矩阵,即 C 的对角线元素是 X 每列的方差,C 的第 i 行第 j 列元素为 X 的第 i 列和第 j 列的协方差值 |
| B = corrcoef(X) | B 的对角线上是常数 1,B 的第 $(i,j)$ 元素为 X 的第 i 列和第 j 列的相关系数 |
| Y = sort(X) | 对矩阵 X 的每列元素按升序排列,返回一个已排好序的新矩阵 |
| [Y,I] = sort(A,dim) | 若 dim = 1,则 A 按列排序,若 dim = 2,则 A 按行排。输出 Y 是排序后的矩阵,I 记录 Y 中的元素在 A 中的位置 |

在 1.4 节中,表 1.13 介绍了矩阵的元素或块的常用操作,表 1.14 介绍了矩阵的函数运算命令,表 1.15 介绍了常用的数据处理命令。下面补充介绍一下矩阵元素排序运算的命令。

### 6.1.2　实验内容

1. 大样本数据的输入与特征值计算

**例 6.1.1**　表 6.2 是 2003 年 6 月至 10 月长江流域主要站点水质检测数据,将表中数据用矩阵表示后输入 MATLAB 变量工作空间中,①提取各站点水质状况数据并分别用矩阵表示;②计算每一站点水质检测数据各项目的均值与方差;③用相邻站点水质检测数据的均值计算邻相关系数。

表 6.2　长江流域主要站点水质检测数据(2003 - 06—2003 - 10)

| 序号 | 点位名称 | 断面情况 | 主要监测项目/(mg/L) | | | |
|---|---|---|---|---|---|---|
| | | | pH* | DO | CODMn | NH3 - N |
| 1 | 四川攀枝花龙洞 | 干流 | 7.6 | 6.8 | 0.2 | 0.1 |
| 2 | 重庆朱沱 | 干流(川 - 渝界) | 7.63 | 8.41 | 2.8 | 0.34 |
| 3 | 湖北宜昌南津关 | 干流(三峡水库出口) | 7.07 | 7.81 | 5.8 | 0.55 |
| 4 | 湖南岳阳城陵矶 | 干流 | 7.58 | 6.47 | 2.9 | 0.34 |
| 5 | 江西九江河西水厂 | 干流(鄂 - 赣省界) | 7.34 | 6.19 | 1.7 | 0.13 |
| 6 | 安徽安庆皖河口 | 干流 | 7.52 | 6.54 | 3.2 | 0.22 |
| 7 | 江苏南京林山 | 干流(皖 - 苏省界) | 7.78 | 6.9 | 3.1 | 0.11 |
| 8 | 四川乐山岷江大桥 | 岷江(与大渡河汇合前) | 7.66 | 4.2 | 5.8 | 0.53 |
| 9 | 四川宜宾凉姜沟 | 岷江(入长江前) | 8.01 | 7.63 | 2.4 | 0.25 |
| 10 | 四川泸州沱江二桥 | 沱江(入长江前) | 7.63 | 4.02 | 3.6 | 1.06 |
| 11 | 湖北丹江口胡家岭 | 丹江口水库(库体) | 8.63 | 10.2 | 1.8 | 0.1 |

| 序号 | 点位名称 | 断面情况 | 主要监测项目/(mg/L) | | | |
|---|---|---|---|---|---|---|
| | | | pH* | DO | CODMn | NH3－N |
| 12 | 湖南长沙新港 | 湘江(洞庭湖入口) | 7.42 | 6.45 | 4.3 | 0.99 |
| 13 | 湖南岳阳岳阳楼 | 洞庭湖出口 | 7.73 | 6.26 | 1.4 | 0.21 |
| 14 | 湖北武汉宗关 | 汉江(入长江前) | 8 | 6.43 | 2.4 | 0.17 |
| 15 | 江西南昌滁槎 | 赣江(鄱阳湖入口) | 6.64 | 5.18 | 1.1 | 0.92 |
| 16 | 江西九江蛤蟆石 | 鄱阳湖出口 | 7.28 | 6.87 | 2.7 | 0.15 |
| 17 | 江苏扬州三江营 | 夹江(南水北调取水口) | 7.29 | 6.9 | 1.6 | 0.15 |
| 18 | 四川攀枝花龙洞 | 干流 | 8.3 | 8.1 | 5.6 | 0.1 |
| 19 | 重庆朱沱 | 干流(川－渝省界) | 7.47 | 8.54 | 1.6 | 0.25 |
| 20 | 湖北宜昌南津关 | 干流(三峡水库出口) | 7.73 | 7.89 | 5.2 | 0.22 |
| 21 | 湖南岳阳城陵矶 | 干流 | 7.78 | 7.57 | 3.9 | 0.31 |
| 22 | 江西九江河西水厂 | 干流(鄂－赣省界) | 7.06 | 6.25 | 2.3 | 0.18 |
| 23 | 安徽安庆皖河口 | 干流 | 7.63 | 6.73 | 3 | 0.28 |
| 24 | 江苏南京林山 | 干流(皖－苏省界) | 7.41 | 6.37 | 2.5 | 0.1 |
| 25 | 四川乐山岷江大桥 | 岷江(与大渡河汇合前) | 7.61 | 4.63 | 4.5 | 0.92 |
| 26 | 四川宜宾凉姜沟 | 岷江(入长江前) | 8.09 | 8.08 | 8 | 0.37 |
| 27 | 四川泸州沱江二桥 | 沱江(入长江前) | 7.9 | 4.7 | 6.4 | 0.37 |
| 28 | 湖北丹江口胡家岭 | 丹江口水库(库体) | 8.17 | 9.81 | 1.9 | 0.09 |
| 28 | 湖南长沙新港 | 湘江(洞庭湖入口) | 7.64 | 6.93 | 2.6 | 0.4 |
| 30 | 湖南岳阳岳阳楼 | 洞庭湖出口 | 7.86 | 6.49 | 3.3 | 0.26 |
| 31 | 湖北武汉宗关 | 汉江(入长江前) | 8 | 5.38 | 3.7 | 0.14 |
| 32 | 江西南昌滁槎 | 赣江(鄱阳湖入口) | 6.71 | 4.85 | 1 | 1.01 |
| 33 | 江西九江蛤蟆石 | 鄱阳湖出口 | 7.68 | 6.08 | 2.6 | 0.19 |
| 34 | 江苏扬州三江营 | 夹江(南水北调取水口) | 7.31 | 4.49 | 1.6 | 0.32 |
| 35 | 四川攀枝花龙洞 | 干流 | 8.24 | 8.1 | 0.5 | 0.15 |
| 36 | 重庆朱沱 | 干流(川－渝省界) | 7.73 | 8.55 | 1.8 | 0.2 |
| 37 | 湖北宜昌南津关 | 干流(三峡水库出口) | 7.8 | 6.65 | 2.8 | 0.31 |
| 38 | 湖南岳阳城陵矶 | 干流 | 7.89 | 7.92 | 2.6 | 0.32 |
| 39 | 江西九江河西水厂 | 干流(鄂－赣省界) | 8.57 | 6.88 | 3 | 0.08 |
| 40 | 安徽安庆皖河口 | 干流 | 7.61 | 7.07 | 2 | 0.32 |
| 41 | 江苏南京林山 | 干流(皖－苏省界) | 7.59 | 6.47 | 2 | 0.12 |
| 42 | 四川乐山岷江大桥 | 岷江(与大渡河汇合前) | 7.57 | 5.49 | 4.7 | 1.93 |
| 43 | 四川宜宾凉姜沟 | 岷江(入长江前) | 7.77 | 8.67 | 4 | 0.34 |
| 44 | 四川泸州沱江二桥 | 沱江(入长江前) | 7.19 | 7.16 | 2.4 | 0.39 |
| 45 | 湖北丹江口胡家岭 | 丹江口水库(库体) | 7.72 | 9.03 | 2.5 | 0.07 |
| 46 | 湖南长沙新港 | 湘江(洞庭湖入口) | 6.29 | 4.34 | 2.9 | 0.92 |

| 序号 | 点位名称 | 断 面 情 况 | 主要监测项目/（mg/L） | | | |
|---|---|---|---|---|---|---|
| | | | pH* | DO | CODMn | NH3 - N |
| 47 | 湖南岳阳岳阳楼 | 洞庭湖出口 | 7.25 | 8.32 | 3.7 | 0.37 |
| 48 | 湖北武汉宗关 | 汉江（入长江前） | 7.91 | 5.87 | 3.6 | 0.25 |
| 49 | 江西南昌滁槎 | 赣江（鄱阳湖入口） | 6.78 | 5.35 | 1.7 | 2.18 |
| 50 | 江西九江蛤蟆石 | 鄱阳湖出口 | 6.7 | 6.67 | 3.5 | 0.16 |
| 51 | 江苏扬州三江营 | 夹江（南水北调取水口） | 7.09 | 6.02 | 3.8 | 0.19 |
| 52 | 四川攀枝花龙洞 | 干流 | 8.34 | 8.8 | 1.1 | 0.11 |
| 53 | 重庆朱沱 | 干流（川 - 渝省界） | 7.63 | 8.58 | 1.5 | 0.24 |
| 54 | 湖北宜昌南津关 | 干流（三峡水库出口） | 7.55 | 10.6 | 3.6 | 0.36 |
| 55 | 湖南岳阳城陵矶 | 干流 | 7.93 | 8.36 | 3.1 | 0.3 |
| 56 | 江西九江河西水厂 | 干流（鄂 - 赣省界） | 7.6 | 7.43 | 2.3 | 0.14 |
| 57 | 安徽安庆皖河口 | 干流 | 7.67 | 6.9 | 5 | 0.39 |
| 58 | 江苏南京林山 | 干流（皖 - 苏省界） | 7.83 | 6.61 | 1.5 | 0.04 |
| 59 | 四川乐山岷江大桥 | 岷江（与大渡河汇合前） | 8.02 | 6.32 | 3.6 | 1.41 |
| 60 | 四川宜宾凉姜沟 | 岷江（入长江前） | 7.96 | 9.12 | 2.6 | 0.27 |
| 61 | 四川泸州沱江二桥 | 沱江（入长江前） | 7.44 | 7.73 | 3.4 | 0.53 |
| 62 | 湖北丹江口胡家岭 | 丹江口水库（库体） | 7.52 | 7.11 | 2.2 | 0.12 |
| 63 | 湖南长沙新港 | 湘江（洞庭湖入口） | 7.6 | 6.7 | 2.5 | 0.75 |
| 64 | 湖南岳阳岳阳楼 | 洞庭湖出口 | 6.97 | 8.8 | 3.5 | 0.31 |
| 65 | 湖北武汉宗关 | 汉江（入长江前） | 7.95 | 6.32 | 2.5 | 0.35 |
| 66 | 江西南昌滁槎 | 赣江（鄱阳湖入口） | 6.78 | 4.04 | 0.77 | 3.06 |
| 67 | 江西九江蛤蟆石 | 鄱阳湖出口 | 6.97 | 7.14 | 2.8 | 0.26 |
| 68 | 江苏扬州三江营 | 夹江（南水北调取水口） | 8.03 | 5.76 | 1.1 | 0.41 |
| 69 | 四川攀枝花龙洞 | 干流 | 8.37 | 8.6 | 3.1 | 0.17 |
| 70 | 重庆朱沱 | 干流（川 - 渝省界） | 7.72 | 9.02 | 2.1 | 0.28 |
| 71 | 湖北宜昌南津关 | 干流（三峡水库出口） | 7.22 | 11.9 | 2.4 | 0.26 |
| 72 | 湖南岳阳城陵矶 | 干流 | 7.91 | 8.01 | 6 | 0.27 |
| 73 | 江西九江河西水厂 | 干流（鄂 - 赣省界） | 7.41 | 7.66 | 3.3 | 0.13 |
| 74 | 安徽安庆皖河口 | 干流 | 7.75 | 7.65 | 2.9 | 0.28 |
| 75 | 江苏南京林山 | 干流（皖 - 苏省界） | 7.73 | 6.89 | 1.9 | 0.16 |
| 76 | 四川乐山岷江大桥 | 岷江（与大渡河汇合前） | 7.97 | 5.82 | 5.7 | 0.76 |
| 77 | 四川宜宾凉姜沟 | 岷江（入长江前） | 7.99 | 10.1 | 2.6 | 0.32 |
| 78 | 四川泸州沱江二桥 | 沱江（入长江前） | 7.53 | 7.07 | 6 | 0.46 |
| 79 | 湖北丹江口胡家岭 | 丹江口水库（库体） | 7.54 | 8.42 | 2.1 | 0.12 |
| 80 | 湖南长沙新港 | 湘江（洞庭湖入口） | 7.62 | 5.44 | 2.2 | 1.12 |
| 81 | 湖南岳阳岳阳楼 | 洞庭湖出口 | 7.54 | 9.97 | 2.8 | 0.24 |

| 序号 | 点位名称 | 断面情况 | 主要监测项目/(mg/L) | | | |
| --- | --- | --- | --- | --- | --- | --- |
| | | | pH* | DO | CODMn | NH3 - N |
| 82 | 湖北武汉宗关 | 汉江(入长江前) | 7.94 | 7.42 | 2.6 | 0.44 |
| 83 | 江西南昌滁槎 | 赣江(鄱阳湖入口) | 7.03 | 6.2 | 1.8 | 6.5 |
| 84 | 江西九江蛤蟆石 | 鄱阳湖出口 | 7 | 8.76 | 3.4 | 0.26 |
| 85 | 江苏扬州三江营 | 夹江(南水北调取水口) | 7.83 | 8 | 2.9 | 0.41 |

注:节选自 2005 年全国大学生数学建模题 A

分析:从表6.2可知,长江干流与支流共有17个观测站,每个观测站的监测数据是2003年6月至10月共5个月的记录,要将各站点水质状况数据分别用矩阵表示,就是从全部数据中按要求取出部分数据,这可以通过对矩阵的操作实现。注意到站点是循环出现的,因而可用循环语句实现数据的提取。

但这一问题的数据是由 Word 的表格给出的,如何选取表格中的数据,且将数据用MATLAB 的矩阵表示,显然将大批的数据一个一个的输入是不现实的,下面介绍几种由Word 给出的数据的经编辑输入 MATLAB 方法。

(1) 直接拷贝。用光标选中表 6.2 中的数据区域并复制该区域,新建一个 M 文件,在 M 文件窗口中选择粘贴,则数据就出现在 M 文件窗口,编辑数据成一矩阵。

(2) 间接拷贝。在 Word 文档窗口中先编辑数据,再拷贝至命令窗口。具体步骤如下:①用光标选中表 6.1 中的数据区域并复制该区域;②新建一个 Word 文档窗口,在该文档窗口的菜单栏中选择"编辑"→"选择性粘贴"→"无格式文本",此时文档中就有了表 6.2 中的数据;③在菜单栏中选择"编辑"→"查找替换",打开对话框,在对话框中将光标置于查找内容中输入"^p"(此时表示查找落段标记),在替换为中输入分号";",选择按下全部替换选项,则相当于给数据分行了;④在菜单栏中选择"编辑"→"查找替换",打开对话框,在对话框中将光标置于查找内容中输入"^t"(此时表示查找制表符),在替换为中输入逗号",",则相当于将数据分列了;⑤给数据首尾加上方括号并令 A = [ … ],则矩阵数据就编辑好了,⑥选择该数据复制到 MATLAB 中,这就完成了表格数据转换成 MAT-LAB 所需的数据,矩阵 A 也就建立起来了。

(3) 建立文本文件。新建一个文本文件(比如取文件名为 wlb. txt),用光标选中表6.2中的数据区域并复制该区域,在文本文件窗口中选择粘贴,编辑数据成矩阵形式,并保存到 MATLAB 的当前目录下,再运用第 1.4.2 节介绍的方法调入数据即可。

解:按照直接拷贝的方法,编辑好数据并保存为文件 exp6_1_2. m,其中数据矩阵不妨取名为 A,在 MATLAB 的命令窗口中输入如下语句:

```
exp6_1_2.m
A
显示出
A =7.6  6.8  0.2  0.1
  7.63  8.41  2.8  0.34
...                    % 以下的数据省略
```

```
% 各站点水质状况数据分别用矩阵表示
for k =1:17
j = k:17:85;
A1(:,:,k) =A(j,:);
end
B = mean(A1)                    % 计算各站点不同水质检测项目的月平均值
for k =1:17
B1(k,:) =B(:,:,k);             % 将各站点月平均值作成新矩阵
end
R = corrcoef(B1');            % 计算各站点间水质检测均值数据的相关系数
for j =1:16
r(j) =R(j,j +1)               % 提取相邻站点水质检测数据的相关系数
end
```

结果显示如下:

r = 0.9940  0.9723  0.9845  0.9910  0.9969  0.9928  0.8932  0.8684 0.9510  0.8971  0.9550  0.9707  0.9669  0.8386  0.7939  0.9825

说明:(1)程序中运用了三维数组的概念,数学上的矩阵在计算机科学中称为二维数组,二维数组可视做"矩形面"。三维数组是二维数组的扩展,用三个下标表示,在二维数组的基础上增加了一维称为页,三维数组可视做"长方体"。创建三维数组可以用第三维下标按页赋值。如

$$A1(:,:,3) =[1,2;3,4];$$

表示 A1 的第 3 页是二维数组[1,2;3,4]。

（2）相邻站点水质检测数据的相关系数均较大,可认为相邻站点水质相互影响较大。

2. 排序及其应用

例 6.1.2 我国部分城市某年每月的平均气温值见表 6.3,试解决以下问题:①将平均气温从低到高排序后,给出各城市每月平均气温的名次矩阵;②计算各城市年平均气温与标准差并排名次。

表 6.3  我国部分城市某年平均气温　　　　　　　　　　　（单位:℃）

| 序号 | 月份 城市 | 1 | 2 | 3 | 4 | 5 | 6 | 7 | 8 | 9 | 10 | 11 | 12 |
|---|---|---|---|---|---|---|---|---|---|---|---|---|---|
| 1 | 北京 | −5.4 | −1.5 | 7.3 | 14.4 | 23.1 | 25.7 | 27.3 | 25.8 | 21.2 | 13.8 | 5.3 | −2.4 |
| 2 | 天津 | −4.9 | −1.6 | 7.6 | 14.4 | 23.0 | 25.8 | 27.1 | 26.4 | 21.2 | 14.8 | 5.3 | −2.5 |
| 3 | 石家庄 | −3.5 | 0.5 | 10.8 | 15.4 | 24.1 | 27.3 | 28.2 | 26.3 | 21.8 | 15.5 | 7.3 | −0.9 |
| 4 | 太原 | −4.6 | −0.2 | 6.2 | 12.4 | 20.2 | 23.5 | 24.8 | 22.1 | 17.2 | 12.0 | 2.9 | −4.6 |
| 5 | 呼和浩特 | −9.9 | −5.1 | 0.7 | 10.4 | 18.2 | 23.2 | 25.0 | 22.1 | 16.1 | 9.3 | −0.7 | −10.5 |
| 6 | 沈阳 | −16.2 | −9.1 | 0.2 | 11.8 | 19.2 | 24.1 | 25.7 | 23.7 | 18.4 | 11.9 | 1.0 | −10.2 |
| 7 | 大连 | −5.6 | −2.6 | 3.7 | 10.9 | 18.2 | 23.0 | 24.6 | 24.7 | 21.3 | 15.2 | 6.9 | −1.9 |
| 8 | 长春 | −19.8 | −13.9 | −3.0 | 9.8 | 17.0 | 23.0 | 24.2 | 22.2 | 17.0 | 9.8 | −1.5 | −12.2 |
| 9 | 哈尔滨 | −22.8 | −16.5 | −4.4 | 8.6 | 16.5 | 22.8 | 24.5 | 21.7 | 15.8 | 8.2 | −2.4 | −13.9 |

| 序号 | 月份\城市 | 1 | 2 | 3 | 4 | 5 | 6 | 7 | 8 | 9 | 10 | 11 | 12 |
|---|---|---|---|---|---|---|---|---|---|---|---|---|---|
| 10 | 上海 | 5.9 | 6.8 | 11.0 | 15.2 | 20.8 | 24.2 | 29.7 | 27.0 | 24.9 | 20.2 | 13.7 | 7.1 |
| 11 | 南京 | 4.0 | 5.8 | 10.7 | 15.6 | 22.7 | 24.7 | 30.2 | 26.7 | 24.0 | 18.8 | 10.8 | 4.8 |
| 12 | 杭州 | 6.1 | 7.1 | 12.3 | 16.0 | 21.9 | 24.4 | 30.3 | 26.4 | 24.1 | 19.5 | 12.7 | 6.6 |
| 13 | 合肥 | 3.7 | 5.8 | 11.7 | 16.1 | 23.8 | 25.4 | 30.6 | 26.7 | 24.0 | 18.3 | 11.2 | 4.4 |
| 14 | 福州 | 12.9 | 12.9 | 15.6 | 18.2 | 23.2 | 26.8 | 29.1 | 28.8 | 26.3 | 22.9 | 17.3 | 13.6 |
| 15 | 南昌 | 6.7 | 8.4 | 12.7 | 17.1 | 23.3 | 25.6 | 30.6 | 27.1 | 25.8 | 20.9 | 13.8 | 6.5 |
| 16 | 济南 | -1.5 | 1.6 | 9.6 | 15.8 | 24.6 | 27.2 | 27.4 | 25.7 | 21.0 | 16.2 | 8.4 | -0.5 |
| 17 | 青岛 | -0.4 | 2.0 | 6.1 | 11.3 | 17.8 | 21.2 | 25.0 | 25.4 | 22.1 | 17.2 | 9.1 | 1.1 |
| 18 | 郑州 | -1.3 | 2.6 | 11.6 | 15.4 | 23.9 | 26.9 | 27.6 | 26.0 | 21.7 | 16.5 | 9.1 | 0.7 |
| 19 | 武汉 | 4.7 | 6.9 | 13.2 | 17.3 | 24.0 | 26.9 | 31.8 | 28.6 | 26.2 | 19.4 | 12.9 | 4.4 |
| 20 | 长沙 | 5.4 | 7.5 | 12.7 | 16.5 | 22.9 | 25.7 | 30.4 | 27.4 | 25.0 | 19.2 | 13.2 | 4.9 |
| 21 | 广州 | 15.4 | 15.1 | 19.4 | 21.7 | 26.5 | 27.2 | 28.2 | 29.1 | 27.8 | 25.4 | 19.7 | 14.9 |
| 22 | 南宁 | 14.4 | 13.8 | 18.2 | 21.6 | 24.9 | 26.9 | 27.8 | 27.7 | 26.1 | 23.6 | 17.3 | 13.1 |
| 23 | 海口 | 20.0 | 18.9 | 22.6 | 26.8 | 27.8 | 28.6 | 28.7 | 28.6 | 27.9 | 26.7 | 22.2 | 19.5 |
| 24 | 桂林 | 8.7 | 10.5 | 15.1 | 18.1 | 23.5 | 26.1 | 28.3 | 27.6 | 26.4 | 22.2 | 16.1 | 8.3 |
| 25 | 重庆 | 8.3 | 11.1 | 16.1 | 17.7 | 22.5 | 24.1 | 30.7 | 27.2 | 24.5 | 19.7 | 15.1 | 8.6 |
| 26 | 成都 | 7.0 | 10.0 | 15.1 | 17.3 | 22.7 | 23.8 | 27.6 | 24.3 | 20.8 | 18.8 | 13.6 | 6.8 |
| 27 | 贵阳 | 4.9 | 6.7 | 12.1 | 14.4 | 17.4 | 20.2 | 23.2 | 21.6 | 20.6 | 16.3 | 11.3 | 4.7 |
| 28 | 昆明 | 10.3 | 11.7 | 14.9 | 19.6 | 17.0 | 20.0 | 20.9 | 20.5 | 19.4 | 16.4 | 11.4 | 10.3 |
| 29 | 拉萨 | 1.1 | 4.7 | 4.9 | 8.1 | 12.4 | 14.6 | 15.9 | 15.4 | 14.3 | 9.2 | 3.8 | 1.0 |
| 30 | 西安 | 1.1 | 5.0 | 12.1 | 14.6 | 22.2 | 26.3 | 29.1 | 25.4 | 20.0 | 15.0 | 7.9 | 0.7 |
| 31 | 兰州 | -3.2 | 1.1 | 6.5 | 11.4 | 17.7 | 22.2 | 23.9 | 22.4 | 16.9 | 11.9 | 4.3 | -3.1 |
| 32 | 西宁 | -6.9 | -3.3 | 1.6 | 7.4 | 11.5 | 15.6 | 17.6 | 15.6 | 12.4 | 7.3 | 0.1 | -6.6 |
| 33 | 银川 | -4.7 | -1.5 | 4.5 | 11.3 | 18.9 | 23.2 | 24.9 | 22.7 | 16.3 | 11.1 | 1.9 | -6.9 |
| 34 | 乌鲁木齐 | -11.8 | -8.9 | 3.0 | 9.6 | 19.9 | 23.1 | 23.4 | 23.4 | 16.2 | 8.0 | 1.7 | -15.2 |

　　分析:若按格式[Y,k]=sort(A,1)调用命令 sort,则表示对矩阵 A 的各列从低到高排序,且 Y 是排序后的矩阵,而 k 记录 Y 中的元素在 A 中的位置。这样,若对 k 再按从低到高排序,并用 j 记录元素在 k 中的位置,则 j 矩阵便是名次矩阵。

　　解:同例题 6.1.1 介绍的方法,编辑好数据矩阵,在 MATLAB 的命令窗口中逐行输入

A=[6.1,7.1,12.3,16.0,21.9,24.4,30.3,26.4,24.1,19.5,12.7,6.6;…; -11.8, -8.9,3.0, 9.6,19.9,23.1,23.4,23.4,16.2,8.0,1.7, -15.2];　　% 数据输入,中间的数据省略没有写出.

[C,k]=sort(A)　　　　　　% C 是排序后的矩阵,k 记录 C 中的元素在 A 中的位置

[C1,j]=sort(k)　　　　　　% j 记录 C1 中的元素在 k 中的位置,即给出各城市每月平均气
　　　　　　　　　　　　　　温的名次

D=[mean(A')',std(A')']　　% 计算各城市年平均气温与标准差

| | | | | | | | | | | | | | |
|---|---|---|---|---|---|---|---|---|---|---|---|---|---|
| [D1,g] = sort(D) | | | | | | % g 记录 D1 中的元素在 D 中的位置 | | | | | | | |
| [D2,h] = sort(g) | | | | | | % h 记录 D2 中的元素在 g 中的位置,即给出各城市年平均气温的名次 | | | | | | | |

程序运行结果经整理列在表6.4中。

说明:(1)计算结果表明,哈尔滨市该年的1、2、3、11月平均气温与年平均气温最低,年平均气温的标准差最大,海口市该年除7、8月份外月平均气温与年平均气温最高,年平均气温的标准差最小。

(2)利用 sort 命令可以解决很多实际问题,如游泳比赛、田径比赛的运动员有各自的号码及比赛的成绩,按成绩从小到大排序然后得到运动员的排名,也可根据成绩排序快速确定运动员的参赛号码。

表6.4 平均气温从低到高各城市的排名表

| 序号 | 月份<br>城市 | 1 | 2 | 3 | 4 | 5 | 6 | 7 | 8 | 9 | 10 | 11 | 12 | 年平均气温排名次 | 标准差排名次 |
|---|---|---|---|---|---|---|---|---|---|---|---|---|---|---|---|
| 1 | 北京 | 8 | 9 | 13 | 13 | 23 | 22 | 16 | 18 | 16 | 11 | 11 | 11 | 12 | 29 |
| 2 | 天津 | 9 | 8 | 14 | 14 | 22 | 24 | 15 | 21 | 17 | 12 | 12 | 10 | 13 | 28 |
| 3 | 石家庄 | 12 | 12 | 17 | 18 | 30 | 33 | 21 | 20 | 20 | 15 | 14 | 13 | 15 | 27 |
| 4 | 太原 | 11 | 11 | 11 | 12 | 14 | 13 | 10 | 6 | 9 | 10 | 8 | 8 | 9 | 23 |
| 5 | 呼和浩特 | 5 | 5 | 4 | 6 | 9 | 11 | 12 | 7 | 4 | 5 | 3 | 6 | 5 | 30 |
| 6 | 沈阳 | 3 | 3 | 3 | 11 | 12 | 15 | 14 | 12 | 10 | 8 | 5 | 5 | 6 | 32 |
| 7 | 大连 | 7 | 7 | 7 | 7 | 10 | 8 | 9 | 14 | 18 | 14 | 13 | 12 | 11 | 25 |
| 8 | 长春 | 2 | 2 | 2 | 4 | 4 | 9 | 7 | 8 | 8 | 6 | 2 | 3 | 3 | 33 |
| 9 | 哈尔滨 | 1 | 1 | 1 | 3 | 3 | 7 | 8 | 5 | 3 | 3 | 1 | 2 | 1 | 34 |
| 10 | 上海 | 24 | 22 | 18 | 17 | 15 | 17 | 27 | 25 | 26 | 28 | 27 | 27 | 23 | 12 |
| 11 | 南京 | 20 | 19 | 16 | 20 | 19 | 19 | 28 | 23 | 22 | 22 | 19 | 22 | 21 | 16 |
| 12 | 杭州 | 25 | 24 | 23 | 22 | 16 | 18 | 29 | 22 | 24 | 26 | 23 | 25 | 24 | 11 |
| 13 | 合肥 | 19 | 20 | 20 | 23 | 27 | 20 | 31 | 24 | 23 | 21 | 20 | 19 | 22 | 17 |
| 14 | 福州 | 31 | 31 | 30 | 30 | 24 | 25 | 25 | 33 | 31 | 31 | 31 | 32 | 31 | 6 |
| 15 | 南昌 | 26 | 26 | 24 | 25 | 25 | 21 | 32 | 26 | 28 | 29 | 28 | 24 | 28 | 13 |
| 16 | 济南 | 14 | 14 | 15 | 21 | 31 | 31 | 17 | 17 | 15 | 16 | 16 | 14 | 17 | 24 |
| 17 | 青岛 | 16 | 15 | 10 | 8 | 8 | 5 | 13 | 15 | 21 | 20 | 17 | 18 | 14 | 18 |
| 18 | 郑州 | 15 | 16 | 19 | 19 | 28 | 28 | 18 | 19 | 19 | 19 | 15 | 19 | 19 | 22 |
| 19 | 武汉 | 21 | 23 | 26 | 26 | 29 | 29 | 34 | 31 | 30 | 25 | 24 | 20 | 27 | 19 |
| 20 | 长沙 | 23 | 25 | 25 | 24 | 21 | 23 | 30 | 28 | 27 | 24 | 25 | 23 | 26 | 15 |
| 21 | 广州 | 33 | 33 | 33 | 33 | 33 | 32 | 22 | 34 | 33 | 33 | 33 | 33 | 33 | 3 |
| 22 | 南宁 | 32 | 32 | 32 | 32 | 32 | 30 | 20 | 30 | 29 | 32 | 32 | 31 | 32 | 5 |
| 23 | 海口 | 34 | 34 | 34 | 34 | 34 | 34 | 24 | 32 | 34 | 34 | 34 | 34 | 34 | 1 |
| 24 | 桂林 | 29 | 28 | 28 | 29 | 26 | 25 | 23 | 29 | 32 | 30 | 30 | 28 | 30 | 10 |
| 25 | 重庆 | 28 | 29 | 31 | 31 | 18 | 16 | 33 | 27 | 25 | 27 | 29 | 29 | 29 | 9 |

161

| 序号 | 城市 | 1 | 2 | 3 | 4 | 5 | 6 | 7 | 8 | 9 | 10 | 11 | 12 | 年平均气温排名次 | 标准差排名次 |
|---|---|---|---|---|---|---|---|---|---|---|---|---|---|---|---|
| 26 | 成都 | 27 | 27 | 29 | 27 | 20 | 14 | 19 | 13 | 14 | 23 | 26 | 26 | 25 | 8 |
| 27 | 贵阳 | 22 | 21 | 21 | 15 | 6 | 4 | 4 | 4 | 13 | 17 | 21 | 21 | 16 | 7 |
| 28 | 昆明 | 30 | 30 | 27 | 31 | 5 | 3 | 3 | 3 | 11 | 18 | 22 | 30 | 20 | 2 |
| 29 | 拉萨 | 17 | 17 | 9 | 2 | 2 | 1 | 1 | 1 | 2 | 4 | 9 | 17 | 7 | 4 |
| 30 | 西安 | 18 | 18 | 22 | 16 | 17 | 26 | 26 | 16 | 12 | 13 | 15 | 16 | 18 | 21 |
| 31 | 兰州 | 13 | 13 | 12 | 10 | 7 | 6 | 6 | 9 | 7 | 9 | 10 | 9 | 10 | 20 |
| 32 | 西宁 | 6 | 6 | 5 | 1 | 1 | 2 | 2 | 2 | 1 | 1 | 4 | 7 | 2 | 14 |
| 33 | 银川 | 10 | 10 | 8 | 9 | 11 | 12 | 11 | 10 | 6 | 7 | 7 | 6 | 8 | 26 |
| 34 | 乌鲁木齐 | 4 | 4 | 6 | 4 | 13 | 10 | 5 | 11 | 5 | 2 | 6 | 1 | 4 | 31 |

**例 6.1.3** 为了解十家上市公司业绩,选择六项指标:$X_1$ 每股净收益,$X_2$ 净资产收益率,$X_3$ 主营业务收益率,$X_4$ 主营业务增长率,$X_5$ 净资产增长率,$X_6$ 总资产增长率,利用排序进行综合排名(表 6.5)。

表 6.5 上市公司业绩数据

| $X_1$ | $X_2$ | $X_3$ | $X_4$ | $X_5$ | $X_6$ |
|---|---|---|---|---|---|
| 0.021 | 26.806 | 57.311 | −39.815 | −39.815 | 8.819 |
| −0.142 | −7.179 | 16.335 | −11.359 | −4.766 | −4.626 |
| −0.737 | −62.417 | 7.359 | −18.378 | −19.165 | 12.289 |
| 0.32 | 7.276 | 17.372 | 39.506 | 19.858 | 41.939 |
| 0.16 | 4.82 | 38.323 | 37.113 | 23.744 | 34.063 |
| 0.351 | 11.842 | 23.118 | 14.725 | 11.616 | 9.516 |
| 0.243 | 5.173 | 17.515 | 14.435 | 123.101 | 79.489 |
| −0.19 | −10.912 | 8.236 | −2.746 | −7.439 | −10.502 |
| 0.173 | 7.543 | 23.978 | 17.122 | 21.318 | 25.701 |
| 0.367 | 9.352 | 16.048 | 55.621 | 27.861 | 18.918 |

**解**:(1) 计算各指标单项排名。由于原始数据均为效益型数据,因此将十家公司的六项指标按照从大到小顺序排列,得到表 6.6(单项指标排名表)。

表 6.6 单项指标排名表

| 公司编号 | $X_1$ | $X_2$ | $X_3$ | $X_4$ | $X_5$ | $X_6$ | 排名指数 | 排名 |
|---|---|---|---|---|---|---|---|---|
| 1 | 7 | 1 | 1 | 10 | 10 | 8 | 4.2140 | 7 |
| 2 | 8 | 8 | 7 | 8 | 7 | 9 | 7.8034 | 8 |
| 3 | 10 | 10 | 10 | 9 | 9 | 6 | 8.8669 | 10 |
| 4 | 3 | 5 | 6 | 2 | 5 | 2 | 3.4878 | 3 |
| 5 | 6 | 7 | 2 | 3 | 3 | 3 | 3.6247 | 4 |

| 公司编号 | $X_1$ | $X_2$ | $X_3$ | $X_4$ | $X_5$ | $X_6$ | 排名指数 | 排名 |
|---|---|---|---|---|---|---|---|---|
| 6 | 2 | 2 | 4 | 5 | 6 | 7 | 3.8701 | 5 |
| 7 | 4 | 6 | 5 | 6 | 1 | 1 | 2.9938 | 2 |
| 8 | 9 | 9 | 9 | 7 | 8 | 10 | 8.6130 | 9 |
| 9 | 5 | 4 | 3 | 4 | 4 | 4 | 3.9572 | 6 |
| 10 | 1 | 3 | 8 | 1 | 2 | 5 | 2.4929 | 1 |

（2）计算各公司排名指数。设 $h_{ij}(i=1,\cdots,10;j=1,\cdots,6)$，表示第 $i$ 个公司第 $j$ 项指标的排名，则各公司的排名指数计算公式为

$$z_i = \sqrt[6]{\prod_{j=1}^{6} h_{ij}} \quad (i=1,\cdots,10)$$

（3）排名准则。若 $z_i < z_k$，则第 $i$ 个公式排名在第 $k$ 个公式的前面。

利用 MATLAB 软件，计算出排名指数与排名见表6.6，脚本程序如下：

```
a =[0.021    26.806   57.311   -39.815   -39.815   8.819
 -0.142   -7.179   16.335   -11.359   -4.766   -4.626
 -0.737   -62.417  7.359    -18.378   -19.165  12.289
 0.32     7.276    17.372   39.506    19.858   41.939
 0.16     4.82     38.323   37.113    23.744   34.063
 0.351    11.842   23.118   14.725    11.616   9.516
 0.243    5.173    17.515   14.435    123.101  79.489
 -0.19    -10.912  8.236    -2.746    -7.439   -10.502
 0.173    7.543    23.978   17.122    21.318   25.701
 0.367    9.352    16.048   55.621    27.861   18.918];
A = sort(a,'descend');
[A,I] = sort(a,'descend');
H1 = sort(I);
[H1,K1] = sort(I)          % K1 给出各公司每项指标的单项排名矩阵
for i =1:10
z(i) =[prod(K1(i,:))].^(1/6);
end
z'                         % 排名指数
[F,P] = sort(z');
[F1,P1] = sort(P);
P1                         % 排名结果见表6.6最后一列
```

## 6.1.3 练习

根据1995年至2004年长江流域水质报告资料（表6.7），解决以下实际问题：①给出全流域、干流、支流不同水期的资料统计表；②计算10年来不同时段与评价范围各类水质百分比的均值、标准差、相关系数矩阵。

表 6.7 长江流域水质报告资料

| 时段 | 评价范围 | I 类 | | II 类 | | III 类 | | IV 类 | | V 类 | | 劣 V 类 | |
|---|---|---|---|---|---|---|---|---|---|---|---|---|---|
| | | 河长/km | 百分比/% | 河长/km | 百分比/% | 河长/km | 百分比/% | 河长/km | 百分比/% | 河长/km | 百分比/% | 河长/km | 百分比/% |
| 枯水期 | 全流域 | 1452 | 14.6 | 5906 | 59.5 | 1879 | 18.9 | 268 | 2.7 | 170 | 1.7 | 250 | 2.5 |
| | 干流 | 1216 | 27.3 | 2600 | 58.3 | 640 | 14.4 | 0 | 0 | 0 | 0 | 0 | 0 |
| | 支流 | 236 | 4.3 | 3306 | 60.5 | 1239 | 22.6 | 268 | 4.9 | 170 | 3.1 | 250 | 4.6 |
| 丰水期 | 全流 | 2105 | 21.2 | 2871 | 28.9 | 3840 | 38.7 | 506 | 5.1 | 356 | 3.6 | 247 | 2.5 |
| | 干流 | 668 | 15 | 789 | 17.7 | 2182 | 48.9 | 390 | 8.7 | 248 | 5.6 | 179 | 4 |
| | 支流 | 1437 | 26.3 | 2082 | 38 | 1658 | 30.3 | 116 | 2.1 | 108 | 2 | 68 | 1.2 |
| 水文年 | 全流 | 2564 | 25.8 | 4225 | 42.6 | 2452 | 24.7 | 387 | 3.9 | 297 | 3 | 0 | 0 |
| | 干流 | 1101 | 24.7 | 1590 | 35.7 | 1338 | 30 | 130 | 2.9 | 297 | 6.7 | 0 | 0 |
| | 支流 | 1463 | 26.7 | 2635 | 48.2 | 1114 | 20.4 | 257 | 4.7 | 0 | 0 | 0 | 0 |
| 枯水期 | 全流 | 1242 | 12.2 | 1650 | 16.2 | 5534 | 54.4 | 961 | 9.5 | 387 | 3.8 | 397 | 3.9 |
| | 干流 | 418 | 9.3 | 811 | 18.1 | 3250 | 72.6 | 0 | 0 | 0 | 0 | 0 | 0 |
| | 支流 | 824 | 14.5 | 839 | 14.7 | 2284 | 40.1 | 961 | 16.9 | 387 | 6.8 | 397 | 7 |
| 丰水期 | 全流 | 1456 | 14.5 | 2523 | 25.1 | 4612 | 45.9 | 1017 | 10.1 | 151 | 1.5 | 278 | 2.8 |
| | 干流 | 931 | 20.8 | 1817 | 40.5 | 1614 | 36.1 | 0 | 0 | 49 | 1.1 | 68 | 1.5 |
| | 支流 | 525 | 9.5 | 706 | 12.7 | 2998 | 53.9 | 1017 | 18.3 | 102 | 1.8 | 210 | 3.8 |
| 水文年 | 全流 | 1533 | 15.3 | 2030 | 20.2 | 4998 | 49.8 | 974 | 9.7 | 191 | 1.9 | 311 | 3.1 |
| | 干流 | 1146 | 25.6 | 1322 | 29.5 | 1975 | 44.1 | 0 | 0 | 36 | 0.8 | 0 | 0 |
| | 支流 | 387 | 7 | 708 | 12.7 | 3023 | 54.4 | 974 | 17.5 | 155 | 2.8 | 311 | 5.6 |
| 枯水期 | 全流 | 1045 | 10.5 | 1363 | 13.6 | 4313 | 43.2 | 2599 | 26 | 319.7 | 3.2 | 349.7 | 3.5 |
| | 干流 | 560 | 12.5 | 781 | 17.4 | 1926 | 43 | 1212 | 27.1 | 0 | 0 | 0 | 0 |
| | 支流 | 485 | 8.8 | 582 | 10.5 | 2387 | 43.3 | 1387 | 25.2 | 319.7 | 5.8 | 349.7 | 6.3 |
| 丰水期 | 全流 | 1468 | 14.7 | 2895 | 28.9 | 4405 | 44.1 | 816 | 8.2 | 99.1 | 1 | 309.7 | 3.1 |
| | 干流 | 875 | 19.6 | 1492 | 33.3 | 2112 | 47.1 | 0 | 0 | 0 | 0 | 0 | 0 |
| | 支流 | 593 | 10.7 | 1403 | 25.5 | 2293 | 41.6 | 816 | 14.8 | 99.1 | 1.8 | 309.7 | 5.6 |
| 水文年 | 全流 | 1225 | 12.2 | 2582 | 24.9 | 4356.5 | 43.6 | 1328.9 | 13.3 | 259.8 | 2.6 | 339.7 | 3.4 |
| | 干流 | 654 | 14.6 | 1236 | 27.6 | 1993.1 | 44.5 | 595.7 | 13.3 | 0 | 0 | 0 | 0 |
| | 支流 | 671 | 12.2 | 1346 | 20.8 | 2363.4 | 42.9 | 733.2 | 13.3 | 259.8 | 4.7 | 339.7 | 6.2 |
| 枯水期 | 全流 | 1520 | 13.9 | 2810 | 25.6 | 5059 | 46.2 | 897 | 8.2 | 300 | 2.7 | 372 | 3.4 |
| | 干流 | 534 | 11.8 | 927 | 20.5 | 3068 | 67.7 | 0 | 0 | 0 | 0 | 0 | 0 |
| | 支流 | 986 | 15.3 | 1883 | 29.3 | 1991 | 31 | 897 | 14 | 300 | 2.7 | 372 | 3.4 |
| 丰水期 | 全流 | 540 | 4.9 | 1825 | 16.7 | 7274 | 66.4 | 780 | 7.1 | 330 | 3 | 309 | 2.8 |
| | 干流 | 124 | 2.7 | 368 | 8.2 | 3847 | 84.9 | 0 | 0 | 190 | 4.2 | 0 | 0 |
| | 支流 | 416 | 6.5 | 1457 | 22.6 | 3427 | 53.3 | 780 | 12.2 | 140 | 2.2 | 309 | 4.8 |

| 时段 | 评价范围 | I类 | | II类 | | III类 | | IV类 | | V类 | | 劣V类 | |
|---|---|---|---|---|---|---|---|---|---|---|---|---|---|
| | | 河长/km | 百分比/% | 河长/km | 百分比/% | 河长/km | 百分比/% | 河长/km | 百分比/% | 河长/km | 百分比/% | 河长/km | 百分比/% |
| 水文年 | 全流 | 1256 | 11.5 | 2645 | 24.1 | 5786 | 52.8 | 905 | 8.3 | 186 | 1.7 | 180 | 1.6 |
| | 干流 | 465 | 10.3 | 910 | 20.1 | 3154 | 69.6 | 0 | 0 | 0 | 0 | 0 | 0 |
| | 支流 | 791 | 12.3 | 1735 | 27 | 2632 | 40.9 | 905 | 14.1 | 186 | 2.9 | 180 | 2.8 |
| 枯水期 | 全流 | 1522 | 5 | 12714 | 41.7 | 9220 | 30.3 | 3778 | 12.4 | 1493 | 4.9 | 1739 | 5.7 |
| | 干流 | 0 | 0 | 3229 | 52.6 | 2119 | 34.5 | 649 | 10.6 | 139 | 2.3 | 0 | 0 |
| | 支流 | 1522 | 6.2 | 9485 | 39 | 7101 | 29.2 | 3129 | 12.9 | 1354 | 5.6 | 1739 | 7.1 |
| 丰水期 | 全流 | 1601 | 5.3 | 12348 | 40.5 | 10465 | 34.3 | 3103 | 10.2 | 1279 | 4.2 | 1670 | 5.5 |
| | 干流 | 0 | 0 | 3590 | 58.5 | 1897 | 30.9 | 649 | 10.6 | 0 | 0 | 0 | 0 |
| | 支流 | 1601 | 6.6 | 8758 | 36 | 8568 | 35.2 | 2454 | 10.1 | 1279 | 5.2 | 1670 | 6.9 |
| 水文年 | 全流 | 1571 | 5.2 | 12133 | 39.8 | 10738 | 35.2 | 2888 | 9.5 | 1897 | 6.2 | 1239 | 4.1 |
| | 干流 | 0 | 0 | 3459 | 56.4 | 1889 | 30.8 | 340 | 5.5 | 448 | 7.3 | 0 | 0 |
| | 支流 | 1571 | 6.5 | 8674 | 34.5 | 8849 | 35.2 | 2548 | 10.4 | 1449 | 6 | 1239 | 5.1 |
| 枯水期 | 全流 | 2402 | 7.9 | 10681 | 35.2 | 9093 | 30 | 4530 | 14.9 | 1797 | 5.9 | 1809 | 6 |
| | 干流 | 850 | 16.1 | 1692 | 32 | 1398 | 26.5 | 1345 | 25.4 | 0 | 0 | 0 | 0 |
| | 支流 | 1552 | 6.2 | 8989 | 35.9 | 7695 | 30.8 | 3185 | 12.7 | 1797 | 7.2 | 1809 | 7.2 |
| 丰水期 | 全流 | 1729 | 5.7 | 10001 | 33 | 11507 | 38 | 4489 | 14.8 | 1258 | 4.1 | 1328 | 4.4 |
| | 干流 | 500 | 9.5 | 1772 | 33.5 | 1668 | 31.6 | 1345 | 25.4 | 0 | 0 | 0 | 0 |
| | 支流 | 1229 | 4.9 | 8229 | 32.9 | 9839 | 39.3 | 3144 | 12.6 | 1258 | 5 | 1328 | 5.3 |
| 水文年 | 全流 | 1705 | 5.6 | 9944 | 32.8 | 10792 | 35.6 | 5037 | 16.6 | 1320 | 4.4 | 1608 | 5.3 |
| | 干流 | 500 | 9.5 | 1899 | 35.9 | 1541 | 29.1 | 1345 | 25.4 | 0 | 0 | 0 | 0 |
| | 支流 | 1205 | 4.8 | 8045 | 32.2 | 9251 | 37 | 3692 | 14.8 | 1320 | 5.3 | 1608 | 6.4 |
| 枯水期 | 全流 | 307.3 | 0.9 | 11712 | 34.3 | 12327 | 36.1 | 5122 | 15 | 2151 | 6.3 | 2527 | 7.4 |
| | 干流 | 222 | 3.7 | 1641 | 27.3 | 2158 | 35.9 | 1148 | 19.1 | 487 | 8.1 | 415 | 6.9 |
| | 支流 | 85.3 | 0.3 | 10071 | 35.8 | 10169 | 36.1 | 3974 | 14.1 | 1664 | 5.9 | 2112 | 7.5 |
| 丰水期 | 全流 | 2424 | 7.1 | 11200 | 32.8 | 12736 | 37.3 | 4678 | 13.7 | 1332 | 3.9 | 1776 | 5.2 |
| | 干流 | 36 | 0.6 | 2050 | 34.1 | 2297 | 38.2 | 848 | 14.1 | 475 | 7.9 | 307 | 5.1 |
| | 支流 | 2388 | 8.5 | 9150 | 32.5 | 10439 | 37.1 | 3830 | 13.6 | 857 | 3.1 | 1469 | 5.2 |
| 水文年 | 全流 | 2013 | 5.9 | 11289 | 33.1 | 11855 | 34.7 | 4784 | 14 | 1876 | 5.5 | 2329 | 6.8 |
| | 干流 | 138 | 2.3 | 1810 | 30.1 | 2122 | 35.3 | 1124 | 18.7 | 469 | 7.8 | 349 | 5.8 |
| | 支流 | 1875 | 6.7 | 9479 | 33.7 | 9733 | 34.6 | 3660 | 13 | 1407 | 5 | 1980 | 7 |
| 枯水期 | 全流 | 283 | 0.8 | 12633 | 35.7 | 11005 | 31.1 | 5697 | 16.1 | i026 | 2.9 | 4742 | 13.4 |
| | 干流 | 0 | 0 | 1580 | 26.4 | 2220 | 37.1 | 1221 | 20.4 | 485 | 8.1 | 473 | 7.9 |
| | 支流 | 283 | 1 | 11053 | 37.6 | 8785 | 30 | 4476 | 15.2 | 541 | 1.8 | 4269 | 14.5 |

| 时段 | 评价范围 | I 类 | | II 类 | | III 类 | | IV 类 | | V 类 | | 劣 V 类 | |
|---|---|---|---|---|---|---|---|---|---|---|---|---|---|
| | | 河长/km | 百分比/% | 河长/km | 百分比/% | 河长/km | 百分比/% | 河长/km | 百分比/% | 河长/km | 百分比/% | 河长/km | 百分比/% |
| 丰水期 | 全流 | 2300 | 6.5 | 9943 | 28.1 | 14190 | 40.1 | 4919 | 13.9 | 2194 | 6.2 | 1840 | 5.2 |
| | 干流 | 90 | 1.5 | 1669 | 27.9 | 2483 | 41.5 | 909 | 15.2 | 545 | 9.1 | 287 | 4.8 |
| | 支流 | 2210 | 7.5 | 8274 | 28.1 | 11707 | 39.8 | 4010 | 13.6 | 1649 | 5.6 | 1553 | 5.3 |
| 水文年 | 全流 | 1572 | 4.4 | 15574 | 44 | 10022 | 28.3 | 3544 | 10 | 1136 | 3.2 | 3538 | 10 |
| | 干流 | 185 | 3.1 | 2118 | 35.4 | 1813 | 30.3 | 1041 | 17.4 | 305 | 5.1 | 521 | 8.7 |
| | 支流 | 1387 | 4.7 | 13456 | 45.7 | 8209 | 27.9 | 2503 | 8.5 | 831 | 2.8 | 3017 | 10.3 |
| 枯水期 | 全流 | 5011 | 1.3 | 11169 | 29.5 | 16060 | 41.7 | 3697 | 9.6 | 1309 | 3.4 | 5584 | 14.5 |
| | 干流 | 131 | 2.1 | 1295 | 20.8 | 2503 | 40.2 | 1718 | 27.6 | 579 | 9.3 | 0 | 0 |
| | 支流 | 4880 | 5.1 | 9874 | 28.9 | 13557 | 40.3 | 1979 | 6.1 | 730 | 2.3 | 5584 | 17.3 |
| 丰水期 | 全流 | 809 | 2.1 | 10938 | 28.4 | 14288 | 37.1 | 7664 | 19.9 | 3120 | 8.1 | 1772 | 4.6 |
| | 干流 | 118 | 1.9 | 2123 | 34.1 | 2472 | 39.7 | 1108 | 17.8 | 405 | 6.5 | 0 | 0 |
| | 支流 | 691 | 2.1 | 8815 | 27.3 | 11816 | 36.6 | 6556 | 20.3 | 2715 | 8.4 | 1772 | 5.5 |
| 水文年 | 全流 | 1824 | 4.7 | 15964 | 41.5 | 12048 | 31.3 | 2458 | 6.4 | 2246 | 5.8 | 3973 | 10.3 |
| | 干流 | 500 | 8 | 1107 | 17.8 | 4236 | 68 | 94 | 1.5 | 289 | 4.6 | 0 | 0 |
| | 支流 | 1324 | 4.1 | 14857 | 46 | 7812 | 24.2 | 2364 | 7.3 | 1957 | 6.1 | 3973 | 12.3 |
| 枯水期 | 全流 | 354 | 0.9 | 10525 | 26.7 | 15843 | 40.2 | 5951 | 15.1 | 2049 | 5.2 | 4690 | 11.9 |
| | 干流 | 70 | 1.1 | 1592 | 25.1 | 2479 | 39.1 | 704 | 11.1 | 596 | 9.4 | 900 | 14.2 |
| | 支流 | 284 | 0.9 | 8933 | 27 | 13364 | 40.4 | 5247 | 15.9 | 1453 | 4.4 | 3790 | 11.4 |
| 丰水期 | 全流 | 551 | 1.4 | 10681 | 27.1 | 15607 | 39.6 | 5794 | 14.7 | 2641 | 6.7 | 4138 | 10.5 |
| | 干流 | 82 | 1.3 | 1535 | 24.2 | 2632 | 41.5 | 1033 | 16.3 | 469 | 7.4 | 590 | 9.3 |
| | 支流 | 469 | 1.4 | 9146 | 27.7 | 12975 | 39.2 | 4761 | 14.4 | 2172 | 6.6 | 3548 | 10.7 |
| 水文年 | 全流 | 473 | 1.2 | 10602 | 26.9 | 15725 | 39.9 | 5833 | 14.8 | 2325 | 5.9 | 4454 | 11.3 |
| | 干流 | 70 | 1.1 | 1636 | 25.8 | 2574 | 40.6 | 995 | 15.7 | 495 | 7.8 | 571 | 9 |
| | 支流 | 403 | 1.2 | 8966 | 27.1 | 13151 | 39.8 | 4838 | 14.6 | 1830 | 5.5 | 3883 | 11.7 |

注：1. 水文年是指在一年内所有检测数据的平均值。2. 根据统计资料，每年长江的枯水期为 1 月～4 月，丰水期为 5 月～10 月，平水期为 11 月～12 月。3. 此数据主要参考长江水利委员会编辑出版的《长江年鉴》中公布的相关资料整理

# 实验 6.2 判别分析

## 6.2.1 实验背景知识介绍

向量之间的相关性分析通常采取距离与相似系数进行，两个样品之间距离越小，则两个样品之间越接近；而两个指标之间相似系数越接近于 1，则表明两个指标之间越相似。

## 1. 向量的各种距离与范数的定义

在解决实际问题的过程中,常用向量表示各种方案(或样品)。为了对不同的方案进行综合评价(或不同的样品进行判别分析),这里介绍向量的距离、向量范数与矩阵范数以及条件数的概念。

设 $n$ 维向量 $\boldsymbol{x} = (x_1, x_2, \cdots, x_n)^{\mathrm{T}}$, $\boldsymbol{y} = (y_1, y_2, \cdots, y_n)^{\mathrm{T}}$,则

(1) 记 $d_2(\boldsymbol{x}, \boldsymbol{y}) = \sqrt{\sum_{i=1}^{n} (x_i - y_i)^2}$,称 $d_2(\boldsymbol{x}, \boldsymbol{y})$ 为 $n$ 维向量 $\boldsymbol{x}, \boldsymbol{y}$ 之间的欧几里德距离。

(2) 记 $d_1(\boldsymbol{x}, \boldsymbol{y}) = \sum_{i=1}^{n} |x_i - y_i|$,称 $d_1(\boldsymbol{x}, \boldsymbol{y})$ 为 $n$ 维向量 $\boldsymbol{x}, \boldsymbol{y}$ 之间的绝对距离。

(3) 记 $d_r(\boldsymbol{x}, \boldsymbol{y}) = \left[ \sum_{i=1}^{n} |x_i - y_i|^r \right]^{1/r}$,称 $d_r(\boldsymbol{x}, \boldsymbol{y})$ 为 $n$ 维向量 $\boldsymbol{x}, \boldsymbol{y}$ 之间的闵可夫斯基距离。显然,当 $r = 1$、$2$ 时,闵可夫斯基距离分别为绝对距离与欧几里德距离。

(4) 记 $d_{\Sigma}(x, y) = \sqrt{(\boldsymbol{x} - \boldsymbol{y}) \boldsymbol{\Sigma}^{-1} (\boldsymbol{x} - \boldsymbol{y})^{\mathrm{T}}}$,称 $d_{\Sigma}(\boldsymbol{x}, \boldsymbol{y})$ 为 $n$ 维向量 $\boldsymbol{x}, \boldsymbol{y}$ 之间的马尔科夫距离,其中 $\boldsymbol{\Sigma}$ 为总体协方差矩阵。

设 x 是取自均值向量为 $\boldsymbol{\mu}$,协方差矩阵为 $\boldsymbol{\Sigma}$ 的总体 $\boldsymbol{G}$,记

$$d(\boldsymbol{x}, \boldsymbol{G}) = \sqrt{(\boldsymbol{x} - \boldsymbol{\mu}) \boldsymbol{\Sigma}^{-1} (\boldsymbol{x} - \boldsymbol{\mu})^{\mathrm{T}}}$$

则称 $d(\boldsymbol{x}, \boldsymbol{G})$ 为 $n$ 维向量 $\boldsymbol{x}$ 与总体 $\boldsymbol{G}$ 的马尔科夫距离。

显然,当 $\boldsymbol{\Sigma}$ 为单位矩阵时马氏距离就是欧几里德距离。

(5) 记 $\| \boldsymbol{x} \|_p = \left( \sum_{i=1}^{n} |x_i|^p \right)^{1/p}$,称 $\| \boldsymbol{x} \|_p$ 为向量 $\boldsymbol{x}$ 的 $\boldsymbol{l}_p$ 范数,其中 $1 \leqslant p \leqslant +\infty$。

显然,当 $p \to +\infty$ 时,范数 $\| \boldsymbol{x} \|_{\infty} = \max_i |x_i|$。

设 $n$ 阶实数矩阵 $\boldsymbol{A} = (a_{ij})_{n \times n}$,则与向量范数 $\| \cdot \|_{\infty}$,$\| \cdot \|_1$,$\| \cdot \|_2$ 相容的矩阵范数分别为 ① 行范数 $\| \boldsymbol{A} \|_{\infty} = \max_{1 \leqslant i \leqslant n} \left\{ \sum_{j=1}^{n} |a_{ij}| \right\}$;② 列范数 $\| \boldsymbol{A} \|_1 = \max_{1 \leqslant j \leqslant n} \left\{ \sum_{i=1}^{n} |a_{ij}| \right\}$;③ 2 - 范数 $\| \boldsymbol{A} \|_2 = \sqrt{\lambda_{\max}(\boldsymbol{A}^{\mathrm{T}} \boldsymbol{A})}$,其中 $\lambda_{\max}(\boldsymbol{A}^{\mathrm{T}} \boldsymbol{A})$ 表示矩阵 $\boldsymbol{A}^{\mathrm{T}} \boldsymbol{A}$ 的最大特征值。

(6) 记 $N(\boldsymbol{A}) = \sqrt{\sum_{i,j=1}^{n} a_{ij}^2}$,称其为矩阵 $\boldsymbol{A}$ 的 Frobenius 范数。

设矩阵 $\boldsymbol{A}$ 可逆,$\| \cdot \|$ 是某种矩阵范数,则称 $\mathrm{cond}(\boldsymbol{A}) = \| \boldsymbol{A}^{-1} \| \cdot \| \boldsymbol{A} \|$ 为矩阵 $\boldsymbol{A}$ 相应于该矩阵范数的条件数。

矩阵的条件数在求解线性方程组时具有重要意义,它可以帮助你判别所得到的数值解的可信性以及模型的合理性,通常条件数大就是病态的矩阵,条件数小的矩阵是良态的。

向量范数与矩阵范数满足下列不等式:

① $\| \boldsymbol{x} \|_{\infty} \leqslant \| \boldsymbol{x} \|_1 \leqslant n \| \boldsymbol{x} \|_{\infty}$

② $\| \boldsymbol{x} \|_{\infty} \leqslant \| \boldsymbol{x} \|_2 \leqslant n \| \boldsymbol{x} \|_{\infty}$

③ $\rho(\boldsymbol{A}) \leqslant \| \boldsymbol{A} \|$,其中 $\rho(\boldsymbol{A}) = \max_i \{ |\lambda_i| \}$ 称为方阵 $\boldsymbol{A}$ 的谱半径

④ $\| \boldsymbol{A} \|_2 \leqslant N(\boldsymbol{A})$

⑤ $\|Ax\|_2 \leqslant N(A)\|x\|_2$

2. 向量的相似系数

向量之间的相似系数通常有以下几种：

（1）夹角余弦。设 $x = (x_1, x_2, \cdots, x_n)^{\mathrm{T}}, y = (y_1, y_2, \cdots, y_n)^{\mathrm{T}}$，则 $x$ 与 $y$ 之间的夹角 $\theta_{xy}$ 余弦为

$$\cos(\theta_{xy}) = \frac{\sum_{i=1}^{n} x_i y_i}{\sqrt{\sum_{i=1}^{n} x_i^2} \sqrt{\sum_{i=1}^{n} y_i^2}}$$

（2）$R$ 系数。设 $x = (x_1, x_2, \cdots, x_n)^{\mathrm{T}}, y = (y_1, y_2, \cdots, y_n)^{\mathrm{T}}$，则 $x$ 与 $y$ 之间的 $R$ 系数为

$$R_{xy} = \frac{2\sum_{i=1}^{n} x_i y_i}{\sum_{i=1}^{n} x_i^2 + \sum_{i=1}^{n} y_i^2}$$

3. 距离范数与相似系数的 MATLAB 命令

计算各种距离的 MATLAB 命令见表 6.8。

表 6.8　计算距离与范数的 MATLAB 命令

| 命令及使用格式 | 功　能 |
| --- | --- |
| dist(X,Y) | 计算 X 中的每一行向量与 Y 中的每个列向量之间的欧氏距离 |
| mandist(X,Y) | 计算 X 中的每一行向量与 Y 中的每个列向量之间的绝对距离 |
| pdist(X,′euclidean′) | 计算 X 中的每一行向量之间的欧氏距离 |
| pdist(X,′cityblock′) | 计算 X 中的每一行向量之间的绝对距离 |
| pdist(X,′minkowski′,r) | 计算 X 中的每一行向量之间的闵可夫斯基距离 |
| sqrt(mahal(X,G)) | 计算 X 中的每一行向量与总体 G 的马氏距离 |

注意：dist$(X,Y)$ 与 mandist$(X,Y)$ 中要求 $X$ 的列数等于 $Y$ 的行数；sqrt(mahal$(X,G)$) 中 $G$ 的行数必须大于 $G$ 的列数。

计算向量范数、矩阵范数、向量夹角余弦的 MATLAB 命令见表 6.9。

表 6.9　矩阵范数、向量夹角余弦的命令

| 命令及使用格式 | 功　能 |
| --- | --- |
| norm(A,1) | 矩阵 A 的 1 范数 |
| norm(A,2) | 矩阵 A 的 2 范数 |
| norm(A,inf) | 矩阵 A 的无穷范数 |
| norm(A,′fro′) | 矩阵 A 的 Frobenius 范数 |
| normr(A) | 将矩阵 A 的行向量单位化 |
| normc(A) | 将矩阵 A 的列向量单位化 |
| pdist(A,′cosine′) | 计算矩阵 A 的行向量之间的夹角余弦 |

4. 数据的判别分析

在自然科学和社会科学研究中，研究对象用某种方法已划分为若干类。当得到一个

168

新的样品数据（通常是多元的），要确定该样品属于已知类型中的哪一类,这类问题属于判别分析。例如,某医院已有 1000 个分别患有胃炎、肝炎、冠心病、糖尿病等的病人的资料,记录了他们每个人若干项症状指标数据。利用这些资料,在测得一个新病人若干项症状指标的数据时,能够判定他患的是哪种病;在经济学中,根据人均国民收入、人均工农业产值、人均消费水平等多种指标来判定一个国家的经济发展程度所属类型等。总之,在实际问题中需要判别的问题几乎随处可见。

在 MATLAB 软件中给出了线性判别、K 近邻判别、支持向量机的命令。所谓线性判别就是建立一个线性函数,将已知总体截然分开,对于 2 维总体就是找出一条直线: $ax + by + c = 0$,对于 3 维总体就是找出一个平面: $ax + by + cz + d = 0$ ,对于 $p$ 维总体就是找出一个超平面: $a_1 x_1 + a_1 x_2 + \cdots + a_n x_n + a_0 = 0$,如图 6.1 所示。

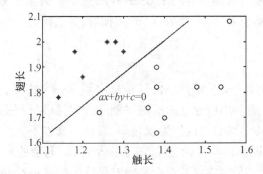

图 6.1　二维总体线性判别示意图

问题在于,如何确定参数 $a$、$b$、$c$,且使得该判别直线最佳? 下面,我们介绍 MATLAB 工具箱中的判别分析命令。

（1）classify、线性判别命令的调用格式为

$$\text{class} = \text{classify}(\text{sample}, \text{training}, \text{group}, \text{type})$$

其中:sample 是待判别的样本集合矩阵（行:样本,列:指标）;training 是训练样本,即已知类别的总体集合;group 是已知类别分类结果（与 training 有相同行数）;type 是判别函数的类型,主要有以下类型:'linear', 'quadratic', 'mahal'。输出 class 给出 sample 的分类结果。

（2）knnclassify、K 近邻判别命令的调用格式为

$$c = \text{knnclassify}(\text{sample}, \text{training}, \text{group})$$

其中:sample、training、group 同命令 classify 的参数含义,输出 c 给出 sample 的分类结果.

（3）支持向量机。生物信息工具箱中关于 svm 的命令主要有两个,用于寻找分类器命令 svmtrain（）,利用分类器进行分类命令 svmclassify（）。svmtrain 的调用格式为

$$[\text{svm\_struct}, \text{svIndex}] = \text{svmtrain}(\text{training}, \text{groupnames}, \text{varargin})$$

输出 svm_struct 记录分类器信息;svIndex 为支持向量的编号;输入变量 training 为训练样本集;groupnames 为训练样本集中每一个样本的编号;varargin 是一个可变参数量;可以任意按格式输入多个参数值和命令要求。

svmclassify 的调用格式为

$$\text{outclass} = \text{svmclassify}(\text{svmStruct}, \text{sample}, \text{varargin})$$

其中:返回变量 outclass 是利用分类器对测试样本分类的结果;输入变量 svmStruct 为由

svmtrain 函数得到的分类器；sample 为测试样本集；varargin 同上。

5. 判别分析的误差估计

判别分析的误差通常用回代误判率和交叉误判率进行估计。若属于 $G_1$ 的样品被误判为属于 $G_2$ 的个数为 $N_1$ 个，属于 $G_2$ 的样品被误判为属于 $G_1$ 的个数为 $N_2$ 个，两类总体的样品总数为 $n$，则误判率为

$$p = \frac{N_1 + N_2}{n}$$

（1）回代误判率。设 $G_1$，$G_2$ 为两个总体，$X_1, X_2, \cdots, X_m$ 和 $Y_1, Y_2, \cdots, Y_n$ 是分别来自 $G_1$，$G_2$ 的训练样本，以全体训练样本作为 $m+n$ 个新样品，逐个代入已建立的判别准则中判别其归属，这个过程称为回判。若属于 $G_1$ 的样品被误判为属于 $G_2$ 的个数为 $N_1$ 个，属于 $G_2$ 的样品被误判为属于 $G_1$ 的个数为 $N_2$ 个，则误判率估计为

$$\hat{p} = \frac{N_1 + N_2}{m + n}$$

（2）交叉误判率估计。交叉误判率估计是每次剔除一个样品，利用其余的 $m+n-1$ 个训练样本建立判别准则再用所建立的准则对删除的样品进行判别。对训练样本中每个样品都做如上分析，以其误判的比例作为误判率，具体步骤如下：

① 从总体为 $G_1$ 的训练样本开始，剔除其中一个样品，剩余的 $m-1$ 个样品与 $G_2$ 中的全部样品建立判别函数。②用建立的判别函数对剔除的样品进行判别。③重复步骤①和②，直到 $G_1$ 中的全部样品依次被删除，再次进行判别，其误判的样品个数记为 $m_{12}$。④对 $G_2$ 的样品重复步骤①、②和③，直到 $G_2$ 中的全部样品依次被删除，进行判别，其误判的样品个数记为 $n_{21}$。于是交叉误判率估计为

$$\hat{p} = \frac{m_{12} + n_{21}}{m + n}$$

## 6.2.2 实验内容

1. 蠓虫的分类

**例 6.2.1** 两种蠓虫 Af 和 Apf 已由生物学家 W. L. Grogan 和 W. W. Wirth 根据他们的触角长度和翅长加以区分。现测得 6 只 Apf 蠓虫的触长、翅长数据如表 6.10 所列。

表 6.10 Apf 蠓虫的触长、翅长数据

| 触长/mm | 1.14 | 1.18 | 1.20 | 1.26 | 1.28 | 1.30 |
|---|---|---|---|---|---|---|
| 翅长/mm | 1.78 | 1.96 | 1.86 | 2.00 | 2.00 | 1.96 |

又测得 9 只 Af 蠓虫的触长、翅长数据如表 6.11 所列。

表 6.11 Af 蠓虫的触长、翅长数据

| 触长/mm | 1.24 | 1.36 | 1.38 | 1.38 | 1.38 | 1.40 | 1.48 | 1.54 | 1.56 |
|---|---|---|---|---|---|---|---|---|---|
| 翅长/mm | 1.72 | 1.74 | 1.64 | 1.82 | 1.90 | 1.70 | 1.82 | 1.82 | 2.08 |

（1）计算两类蟓虫的各自之间的欧氏、绝对、马氏距离；（2）计算两类蟓虫到另一类蟓虫总体的马氏距离，由此可以得到什么结论？（3）对触长，翅长为(1.24,1.80)，(1.28,1.84)，(1.40,2.04)的3个样本进行识别，判定其属于哪一类。

分析：由于 Apf 和 Af 是两类不同的蟓虫，因此他们的触长，翅长应该有所区别。这种区别可用距离描述，同类蟓虫之间差别较小，两类蟓虫之间差别较大，可调用 MATLAB 命令计算各种距离，分析计算结果，给出新样品的归类判别。

解：在命令窗口中输入如下程序：

```
% 输入原始数据
Apf =[1.14,1.78;1.18,1.96;1.2,1.86;1.26,2.00;1.28,2;1.30,1.96];
Af =[1.24,1.72;1.36,1.74;1.38,1.64;1.38,1.82;1.38,1.90;1.40,1.70;1.48,1.82;
1.54,1.82;1.56,2.08];
% 计算 Apf 类蟓虫之间的欧氏距离、绝对距离、马氏距离
D1 =[pdist(Apf)',pdist(Apf,'cityblock')',pdist(Apf,'mahal')'];
% 计算 Af 类蟓虫之间的欧氏距离、绝对距离、马氏距离
D2 =[pdist(Af)',pdist(Af,'cityblock')',pdist(Af,'mahal')'];
% 计算两类蟓虫到另一类蟓虫总体的马氏距离
d11 = sqrt([mahal(Apf,Apf),mahal(Apf,Af),mahal(Af,Apf),mahal(Af,Af)]);
% 计算样品的马氏距离，进行判别
x =[1.24,1.8;1.28,1.84;1.4,2.04];
dd = sqrt([mahal(x,Apf),mahal(x,Af)])
```

程序的运行结果整理并列成表6.12～表6.14。

表 6.12　各类蟓虫之间欧氏距离、绝对距离、马氏距离

| $d_{ij}$ | Apf 蟓虫之间 | | | Af 类蟓虫之间 | | |
|---|---|---|---|---|---|---|
| | 欧氏距离 | 绝对距离 | 马氏距离 | 欧氏距离 | 绝对距离 | 马氏距离 |
| d12 | 0.1844 | 0.2200 | 2.5626 | 0.1217 | 0.1400 | 1.4423 |
| d13 | 0.1000 | 0.1400 | 0.9883 | 0.1612 | 0.2200 | 2.3963 |
| d14 | 0.2506 | 0.3400 | 2.4942 | 0.1720 | 0.2400 | 1.4225 |
| d15 | 0.2608 | 0.3600 | 2.5318 | 0.2280 | 0.3200 | 1.5517 |
| d16 | 0.2408 | 0.3400 | 2.5478 | 0.1612 | 0.1800 | 2.2078 |
| d17 | | | | 0.2600 | 0.3400 | 2.6110 |
| d18 | | | | 0.3162 | 0.4000 | 3.3635 |
| d19 | | | | 0.4817 | 0.6800 | 3.3694 |
| d23 | 0.1020 | 0.1200 | 2.2507 | 0.1020 | 0.1200 | 1.1705 |
| d24 | 0.0894 | 0.1200 | 1.5470 | 0.0825 | 0.1000 | 0.6601 |
| d25 | 0.1077 | 0.1400 | 2.0430 | 0.1612 | 0.1800 | 1.4345 |
| d26 | 0.1200 | 0.1200 | 3.0777 | 0.0566 | 0.0800 | 0.8277 |
| d27 | | | | 0.1442 | 0.2000 | 1.2266 |
| d28 | | | | 0.1970 | 0.2600 | 1.9404 |
| d29 | | | | 0.3945 | 0.5400 | 2.6612 |

| $d_{ij}$ | Apf 蟓虫之间 | | | Af 类蟓虫之间 | | |
|---|---|---|---|---|---|---|
| | 欧氏距离 | 绝对距离 | 马氏距离 | 欧氏距离 | 绝对距离 | 马氏距离 |
| d34 | 0.1523 | 0.2000 | 1.6534 | 0.1800 | 0.1800 | 1.7814 |
| d35 | 0.1612 | 0.2200 | 1.5873 | 0.2600 | 0.2600 | 2.5731 |
| d36 | 0.1414 | 0.2000 | 1.6025 | 0.0632 | 0.0800 | 0.4756 |
| d37 | | | | 0.2059 | 0.2800 | 1.3971 |
| d38 | | | | 0.2408 | 0.3400 | 1.6847 |
| d39 | | | | 0.4754 | 0.6200 | 3.4103 |
| d45 | 0.0200 | 0.0200 | 0.5129 | 0.0800 | 0.0800 | 0.7917 |
| d46 | 0.0566 | 0.0800 | 1.6616 | 0.1217 | 0.1400 | 1.3659 |
| d47 | | | | 0.1000 | 0.1000 | 1.2987 |
| d48 | | | | 0.1600 | 0.1600 | 2.0780 |
| d49 | | | | 0.3162 | 0.4400 | 2.1271 |
| d56 | 0.0447 | 0.0600 | 1.1764 | 0.2010 | 0.2200 | 2.1520 |
| d57 | | | | 0.1281 | 0.1800 | 1.8990 |
| d58 | | | | 0.1789 | 0.2400 | 2.6482 |
| d59 | | | | 0.2546 | 0.3600 | 1.8449 |
| d67 | | | | 0.1442 | 0.2000 | 0.9689 |
| d68 | | | | 0.1844 | 0.2600 | 1.4149 |
| d69 | | | | 0.4123 | 0.5400 | 2.9389 |
| d78 | | | | 0.0600 | 0.0600 | 0.7792 |
| d79 | | | | 0.2720 | 0.3400 | 2.0832 |
| d89 | | | | 0.2608 | 0.2800 | 2.4183 |
| Max{dij} | d15 = 0.2608 | d15 = 0.3600 | d12 = 2.5626 | d19 = 0.4817 | d19 = 0.6800 | d39 = 3.4103 |
| Min{dij} | d45 = 0.0200 | d45 = 0.0200 | d45 = 0.5129 | d78 = 0.0600 | d78 = 0.0600 | d24 = 0.6601 |

表 6.13 各类蟓虫分别到另一类的马氏距离

| Apf ~ Apf 类 | Apf ~ Af 类 | Af ~ Apf 类 | Af ~ Af 类 |
|---|---|---|---|
| 1.6666 | 3.4031 | 4.0472 | 1.8442 |
| 1.7162 | 4.1734 | 6.4489 | 0.5755 |
| 0.8025 | 3.1454 | 8.6685 | 1.3965 |
| 0.8536 | 3.5434 | 5.5919 | 0.5430 |
| 0.8898 | 3.3101 | 4.3249 | 1.2634 |
| 1.4535 | 2.7175 | 8.1083 | 0.9345 |
| | | 8.1149 | 0.7783 |
| | | 9.6393 | 1.5529 |
| | | 6.5871 | 2.1296 |

表 6.14　样品到各类蠓虫的马氏距离表

| 距离　＼　样品 | 1 | 2 | 3 |
|---|---|---|---|
| $d(x,\mathrm{Apf})$ | 2.5897 | 2.7874 | 3.1014 |
| $d(x,\mathrm{Af})$ | 2.2238 | 1.9719 | 2.4437 |

说明：(1) 从表 6.13 可以看出：蠓虫到自身类的马氏距离均小于到另一类的马氏距离，即 Apf 蠓虫到 Apf 类的马氏距离均小于 Apf 蠓虫到 Af 类的马氏距离；Af 蠓虫到 Af 类的马氏距离均小于 Af 蠓虫到 Apf 类的马氏距离，这表明利用马氏距离进行两类蠓虫的判别，其回代正确率为 100%。

(2) 从表 6.14 可以看出，由于 $d(x_1,\mathrm{Apf}) = 2.5897 > d(x_2,\mathrm{Af}) = 2.2238$，因此样品 1 属于 Af 类，同理样品 2 属于 Af 类，样品 3 也属于 Af 类。

(3) 关于判别分析的进一步学习内容，读者可阅读《数据分析》教材，具体书目见本书的参考文献。

**例 6.2.2**　利用 MATLAB 软件中的命令对蠓虫进行分类。

解：首先输入原始数据、待判样本以及已知类别的编号：

```
training =[1.14,1.78;1.18,1.96;1.20,1.86;1.26,2.;1.28,2;
1.30,1.96; 1.24,1.72;1.36,1.74;1.38,1.64;1.38,1.82;1.38,1.90;
1.40,1.70;1.48,1.82;1.54,1.82;1.56,2.08];
sample = [1.24,1.8;1.28,1.84;1.4,2.04];
group =[ones(6,1);2*ones(9,1)];
class1 = classify(sample,training,group,'linear')
```

输出结果：

```
class1 =1
        1
        1
```

表明三个蠓虫均为 Apf

```
% K 均值判别程序：
c = knnclassify(sample, training, group);
c'
```

软件输出如下：

```
c =1 1 1,
```

由此可知三个蠓虫均为 Apf 类

```
% 支持向量机程序：
apf =[1.14,1.78; 1.18,1.96;1.20,1.86;1.26,2.;1.28,2;1.30,1.96];
af =[1.24,1.72;1.36,1.74;1.38,1.64;1.38,1.82;1.38,1.90;1.40,1.70;1.48,1.82;1.
54,1.82;1.56,2.08];
x =[1.24,1.8;1.28,1.84;1.4,2.04];
train =[apf;af]; % 训练样本
group =[ones(1,6),2.*ones(1,9)]'; % 不同类别编号
[svmStruct svindex] = svmtrain(train,group,'showplot',true) % 训练作图
```

173

```
title('蠓虫分类线性图')
classes = svmclassify(svmStruct,x)% 用分类器对未知样本分类
```

分类结果如下：
```
classes =

        2
        2
        1
```

即前两个蠓虫为 Af；最后一个为 Apf，蠓虫分类线性图如图 6.2 所示。

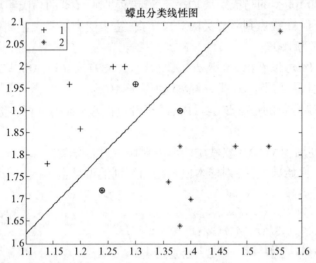

图 6.2　支持向量机分类图(带圆圈的样本就是支持向量)

**2. 向量夹角余弦的应用**

**例 6.2.3**　2002 年城镇居民家庭平均每人全年购买的主要商品数量统计数据见表 6.15，根据表中的数据计算以下问题：①计算不同年份之间数据数据向量的夹角余弦、欧氏距离、绝对距离，并比较哪两年数据差距最大；②计算不同年份之间的相关系数矩阵；③将各种商品的数量按年份从大到小排序，给出排名表，并说明每年哪几种商品的数量最多。

表 6.15　城镇居民家庭平均每人全年购买的主要商品数量

| 年份 / 项目 | 1985 | 1990 | 1995 | 1999 | 2000 | 年份 / 项目 | 1985 | 1990 | 1995 | 1999 | 2000 |
|---|---|---|---|---|---|---|---|---|---|---|---|
| 粮食/kg | 134.76 | 130.72 | 97.00 | 84.91 | 82.31 | 卷烟/盒 | 36.12 | 35.12 | 28.58 | 26.81 | 27.50 |
| 鲜菜/kg | 144.36 | 138.70 | 116.47 | 114.94 | 114.74 | 酒/kg | 7.80 | 9.25 | 9.93 | 9.61 | 10.01 |
| 食用植物油/kg | 5.76 | 6.40 | 7.11 | 7.78 | 8.16 | 棉布/m | 2.61 | 1.33 | 0.47 | 0.34 | 0.32 |
| 猪肉/kg | 16.68 | 18.46 | 17.24 | 16.91 | 16.73 | 化纤布/m | 1.47 | 1.46 | 1.04 | 0.55 | 0.37 |
| 牛羊肉/kg | 2.04 | 3.28 | 2.44 | 3.09 | 3.33 | 呢绒/m | 0.36 | 0.26 | 0.19 | 0.07 | 0.05 |
| 家禽/kg | 3.24 | 3.42 | 3.97 | 4.92 | 5.44 | 绸缎/m | 0.50 | 0.41 | 0.18 | 0.04 | 0.03 |
| 鲜蛋/kg | 6.84 | 7.25 | 9.74 | 10.92 | 11.21 | 皮鞋/双 | 0.55 | 0.61 | 0.82 | 0.79 | 0.78 |
| 水产品/kg | 7.08 | 7.69 | 9.20 | 10.34 | 9.87 | 煤炭/kg | 270.57 | 206.04 | 129.52 | 115.46 | 128.07 |
| 食糖/kg | 2.52 | 2.14 | 1.68 | 1.81 | 1.70 | | | | | | |
| 注：数据来源《2002 年统计年鉴》 | | | | | | | | | | | |

174

分析:两个向量之间的夹角余弦的大小反映了两个向量之间的相似程度,两个向量之间的夹角余弦越接近于1,表明两个向量之间越接近。

解:在命令窗口中输入如下程序。

```
% 输入原始数据(注:部分数据没有写出,中间用了省略号)
C = [134.76,130.72,97.00,84.91,82.31;…;270.57,206.04,129.52,115.46,128.07];
% 计算不同年份之间数据向量的夹角余弦、欧氏距离、绝对距离
C1 = [[1 - pdist(C','cosine')]',pdist(C')',pdist(C','cityblock')']
% 计算不同年份之间的协方差矩阵与相关系数矩阵
R = corrcoef(a);
% 各种商品的数量按年份从大到小的排序
[C2,i] = sort(C');
j = [6 - i]'
```

程序的运行结果经整理后列于表6.16和表6.17。

表6.16 不同年份之间的夹角余弦、欧氏距离与绝对距离

| 年 份 | 夹角余弦 | 绝对距离 | 欧氏距离 |
|---|---|---|---|
| 1985,1990 | 0.9930 | 83.46 | 64.98518 |
| 1985,1995 | 0.9704 | 228.6 | 148.9348 |
| 1985,1999 | 0.9605 | 262.71 | 165.9573 |
| 1985,2000 | 0.9729 | 253.72 | 155.1142 |
| 1990,1995 | 0.9914 | 149.26 | 86.84737 |
| 1990,1999 | 0.9843 | 182.73 | 104.7197 |
| 1990,2000 | 0.9902 | 173.72 | 95.33519 |
| 1995,1999 | 0.9985 | 35.73 | 18.82316 |
| 1995,2000 | 0.9980 | 26.26 | 15.14943 |
| 1999,2000 | 0.9984 | 18.93 | 12.93459 |

表6.17 各种商品的数量按年份从大到小排的排名表

| 项目 年份 | 1985 | 1990 | 1995 | 1999 | 2000 | 项目 年份 | 1985 | 1990 | 1995 | 1999 | 2000 |
|---|---|---|---|---|---|---|---|---|---|---|---|
| 粮食/kg | 1 | 2 | 3 | 4 | 5 | 卷烟/盒 | 2 | 1 | 3 | 4 | 5 |
| 鲜菜/kg | 1 | 2 | 3 | 4 | 5 | 酒/kg | 5 | 4 | 2 | 3 | 1 |
| 食用植物油/kg | 5 | 4 | 3 | 2 | 1 | 棉布/m | 1 | 2 | 3 | 4 | 5 |
| 猪肉/kg | 5 | 1 | 2 | 3 | 4 | 化纤布/m | 1 | 2 | 3 | 4 | 5 |
| 牛羊肉/kg | 5 | 3 | 2 | 4 | 1 | 呢绒/m | 1 | 2 | 3 | 4 | 5 |
| 家禽/kg | 5 | 2 | 1 | 3 | 4 | 绸缎/m | 1 | 2 | 3 | 4 | 5 |
| 鲜蛋/kg | 5 | 4 | 3 | 2 | 1 | 皮鞋/双 | 5 | 4 | 1 | 2 | 3 |
| 水产品/kg | 5 | 4 | 3 | 1 | 2 | 煤炭/kg | 2 | 1 | 3 | 4 | 5 |
| 食糖/kg | 3 | 1 | 2 | 4 | 5 | | | | | | |

不同年份之间的相关系数矩阵为

$$
\boldsymbol{R} = \begin{pmatrix}
1.000 & 0.992 & 0.964 & 0.951 & 0.968 \\
0.992 & 1.000 & 0.989 & 0.980 & 0.988 \\
0.964 & 0.989 & 1.000 & 0.998 & 0.997 \\
0.951 & 0.980 & 0.998 & 1.000 & 0.998 \\
0.968 & 0.988 & 0.997 & 0.998 & 1.000
\end{pmatrix}
$$

说明:(1)从表6.14的数据可知1985年与1999年之间数据向量的夹角余弦最小,其值为0.9605,且欧氏距离与绝对距离最大,分别为262.71与165.95,说明这两年城镇居民的商品购买差别最大。至于差别是什么原因造成的,可以进一步分析当时的社会经济情况等原因。

(2)从表6.15的结果看出,1985年食品中粮食、鲜菜位居第一,布料中棉布、化纤布、呢绒和绸缎最多;1990年猪肉、食糖、卷烟和煤炭位居第一;1995年皮鞋的销量第一;1999年水产品最多;2000年食用植物油、牛羊肉、家禽、鲜蛋和酒销售数量最大。

(3)利用距离准则与夹角余弦准则求解同一问题时,所得到的结论未必一致。

### 6.2.3  练习

1. 根据表6.18的统计资料,解决以下问题:(1)计算各行业占各年总数的百分比,每年百分比最小的是哪5个行业;(2)将各年的投资额从大到小排序,给出各产业的排名表;(3)指出投资逐年增长行业和逐年减少的行业。

表6.18  按行业分外商实际直接投资额　　　　　　（单位:万美元）

| 行业 ＼ 年份 | 1999 | 2000 | 2001 |
|---|---|---|---|
| 总计 | 4031871 | 4071481 | 4687759 |
| 农、林、牧、渔业 | 71015 | 67594 | 89873 |
| 采掘业 | 55714 | 58328 | 81102 |
| 制造业 | 2260334 | 2584417 | 3090747 |
| 电力、煤气及水的生产和供应业 | 370274 | 224212 | 227276 |
| 建筑业 | 91658 | 90542 | 80670 |
| 地质勘查业、水利管理业 | 452 | 481 | 1049 |
| 交通运输、仓储及邮电通信业 | 155114 | 101188 | 90890 |
| 批发和零售贸易餐饮业 | 96513 | 85781 | 116877 |
| 金融、保险业 | 9767 | 7629 | 3527 |
| 房地产业 | 558831 | 465751 | 513655 |
| 社会服务业 | 255066 | 218544 | 259483 |
| 卫生体育和社会福利业 | 14769 | 10588 | 11864 |
| 教育、文化艺术和广播电影电视业 | 6072 | 5446 | 3596 |
| 科学研究和综合技术服务业 | 11013 | 5703 | 12044 |
| 其他行业 | 75279 | 145277 | 105106 |

2. 根据表 6.19 中的资料解决以下实际问题:①从《中国统计年鉴》中查找 1992—1999 年各地区的工业生产总值,然后计算单位产值的污水排放比,指出该比例最大的 5 个地区;②计算各年之间的相关系数矩阵,由此可以得到什么结论;③指出工业废水排放总量逐年减少的地区;④计算华北、东北、华东、中南、西北和西南各年污水排放的平均值,然后计算这些平均值之间的欧氏距离、绝对距离和马氏距离;⑤按年份将各地区的污水排放从大到小排序,安徽省的排名向量如何?

表 6.19  各地区 1992—1999 年工业废水排放总量    (单位:t)

| 年份<br>地区 | 1992 | 1993 | 1994 | 1995 | 1996 | 1997 | 1998 | 1999 |
|---|---|---|---|---|---|---|---|---|
| 北京 | 39682 | 39173 | 37021 | 36997 | 37571 | 36478 | 34047 | 28085 |
| 天津 | 21084 | 21290 | 21988 | 21897 | 20446 | 20188 | 19328 | 14185 |
| 河北 | 90038 | 87052 | 84448 | 82825 | 80826 | 75555 | 106431 | 97420 |
| 山西 | 40578 | 40856 | 39035 | 40656 | 39549 | 42072 | 47325 | 42588 |
| 内蒙古 | 27025 | 25488 | 27051 | 28239 | 28074 | 25243 | 24005 | 22954 |
| 辽宁 | 153020 | 149081 | 147657 | 140193 | 124544 | 121775 | 121941 | 116040 |
| 吉林 | 45422 | 44221 | 41542 | 46891 | 43738 | 41017 | 38189 | 38795 |
| 黑龙江 | 77421 | 74093 | 71252 | 69389 | 68691 | 65038 | 60750 | 53736 |
| 上海 | 137032 | 128083 | 118126 | 116116 | 114057 | 96544 | 90020 | 85280 |
| 江苏 | 224874 | 211643 | 211577 | 220184 | 219677 | 175457 | 198423 | 201039 |
| 浙江 | 116626 | 105734 | 100703 | 102807 | 85481 | 81074 | 113017 | 117170 |
| 安徽 | 97318 | 87048 | 81510 | 87006 | 78942 | 73346 | 61713 | 63616 |
| 福建 | 63408 | 57316 | 60671 | 66381 | 58411 | 51490 | 52482 | 53620 |
| 江西 | 74661 | 70685 | 67119 | 66880 | 61398 | 53048 | 45716 | 42493 |
| 山东 | 86412 | 86350 | 87316 | 95343 | 101018 | 96076 | 117172 | 107975 |
| 河南 | 94979 | 92518 | 93239 | 98364 | 91218 | 91613 | 91311 | 94952 |
| 湖北 | 144625 | 141251 | 142685 | 139938 | 132330 | 116435 | 124177 | 115985 |
| 湖南 | 178391 | 155427 | 151114 | 145251 | 144946 | 129659 | 131225 | 126146 |
| 广东 | 141939 | 100708 | 131531 | 128259 | 118154 | 98513 | 117737 | 114844 |
| 广西 | 93766 | 93158 | 89887 | 96563 | 81078 | 78532 | 86887 | 87542 |
| 海南 | 10302 | 9950 | 8658 | 6985 | 6903 | 7354 | 7515 | 7114 |
| 四川 | 199002 | 158189 | 160075 | 191593 | 151281 | 38494 | 33794 | 94536 |
| 贵州 | 28926 | 25854 | 27669 | 28206 | 26162 | 107436 | 102850 | 26067 |
| 云南 | 44046 | 45149 | 45990 | 48937 | 37905 | 27031 | 31113 | 37123 |
| 西藏 | 180 | 2578 | 2711 | 2155 | 1954 | 39547 | 43317 | 2398 |
| 陕西 | 38294 | 36352 | 37160 | 40652 | 36495 | 2388 | 2392 | 31569 |
| 甘肃 | 37562 | 36298 | 36387 | 38393 | 37664 | 27812 | 34462 | 29576 |
| 青海 | 5411 | 5410 | 5390 | 5029 | 5066 | 33867 | 34026 | 4093 |
| 宁夏 | 7887 | 8118 | 7655 | 7813 | 8372 | 4544 | 4098 | 8954 |
| 新疆 | 18624 | 16794 | 17943 | 19001 | 16928 | 17376 | 19473 | 16919 |

注:数据来源《2002 年统计年鉴》

3. 根据 2002 年《中国统计年鉴》公布的数据(表 6.20)解决以下实际问题:①计算各产业项目建成投产率;②计算农、林、牧、渔业各业之间的欧氏距离、绝对距离、马氏距离;③计算不同行业(黑体)的均值向量,以及这些均值向量间的相关系数矩阵;④指出全部建成投产项目中最多的 5 个行业和最少的 10 个行业。

表 6.20　国民经济各行业基本建设施工、投产项目个数(2001 年)

(单位:亿元)

| 行业＼项目 | 施工项目/个 | 新开工 | 全部建成投产项目/个 | 行业＼项目 | 施工项目/个 | 新开工 | 全部建成投产项目/个 |
|---|---|---|---|---|---|---|---|
| 全国计 | 91316 | 58369 | 51042 | 地质勘查、水利管理业 | 4043 | 2508 | 2176 |
| 农、林、牧、渔业 | **4347** | **3226** | **2804** | 地质勘查业 | 194 | 100 | 104 |
| 农业 | 1488 | 1089 | 974 | 水利管理业 | 3849 | 2408 | 2072 |
| 林业 | 1297 | 1026 | 825 | 交通运输、仓储及邮电通信业 | 11037 | 6766 | 6060 |
| 畜牧业 | 375 | 286 | 247 | 铁路运输业 | 210 | 95 | 90 |
| 渔业 | 117 | 85 | 68 | 公路运输业 | 3749 | 2343 | 2058 |
| 农林牧渔服务业 | 1070 | 740 | 690 | 管道运输业 | 26 | 16 | 11 |
| 采掘业 | **750** | **449** | **375** | 水上运输业 | 175 | 75 | 63 |
| 煤炭采选业 | 299 | 146 | 114 | 航空运输业 | 98 | 33 | 30 |
| 石油和天然气开采业 | 88 | 59 | 41 | 交通运输辅助业 | 2315 | 1457 | 1260 |
| 黑色金属矿采选业 | 45 | 30 | 23 | 其他交通运输业 | 129 | 69 | 62 |
| 有色金属矿采选业 | 109 | 75 | 54 | 仓储业 | 1050 | 601 | 548 |
| 非金属矿采选业 | 101 | 71 | 72 | 邮电通信业 | 3285 | 2077 | 1938 |
| 其他矿采选业 | 4 | 2 | 3 | 批发和零售贸易餐饮业 | 5013 | 3437 | 3067 |
| 木材及竹材采运业 | **104** | **66** | **68** | 食品饮料烟草和家庭用品批发业 | 1493 | 962 | 880 |
| 制造业 | **8291** | **5503** | **4145** | 能源材料和机械电子设备批发业 | 730 | 544 | 465 |
| 食品加工业 | 560 | 410 | 351 | 其他批发业 | 384 | 232 | 224 |
| 食品制造业 | 344 | 240 | 202 | 零售业 | 2131 | 1520 | 1324 |
| 饮料制造业 | 282 | 195 | 169 | 商业经纪与代理业 | 33 | 20 | 19 |
| 烟草加工业 | 82 | 53 | 36 | 餐饮业 | 242 | 159 | 155 |
| 纺织业 | **457** | **330** | **282** | 金融、保险业 | 1564 | 981 | 1007 |
| 服装及纤维制品制造业 | 251 | 180 | 124 | 金融业 | 1332 | 836 | 852 |
| 皮革毛皮羽绒及其制品业 | 125 | 91 | 58 | 保险业 | 230 | 143 | 153 |
| 木材加工及竹藤棕草制品业 | 109 | 88 | 61 | 房地产业 | 1216 | 733 | 547 |

178

| 行业＼项目 | 施工项目/个 | 新开工 | 全部建成投产项目/个 | 行业＼项目 | 施工项目/个 | 新开工 | 全部建成投产项目/个 |
|---|---|---|---|---|---|---|---|
| 家具制造业 | 89 | 66 | 46 | 房地产开发与经营业 | 721 | 434 | 296 |
| 造纸及纸制品业 | 152 | 104 | 86 | 房地产管理业 | 472 | 285 | 236 |
| 印刷业、记录媒介的复制 | 191 | 113 | 95 | 房地产代理与经纪业 | 23 | 14 | 15 |
| 文教体育用品制造业 | 60 | 38 | 26 | 社会服务业 | 9552 | 6040 | 4724 |
| 石油加工及炼焦业 | 100 | 58 | 42 | 公共设施服务业 | 7291 | 4675 | 3631 |
| 化学原料及化学制品制造业 | 690 | 448 | 343 | 居民服务业 | 298 | 169 | 154 |
| 医药制造业 | 397 | 255 | 138 | 旅馆业 | 898 | 529 | 471 |
| 化学纤维制造业 | 49 | 31 | 25 | 租赁服务业 | 22 | 13 | 10 |
| 橡胶制品业 | 81 | 55 | 43 | 旅游业 | 417 | 256 | 192 |
| 塑料制品业 | 306 | 214 | 157 | 娱乐服务业 | 177 | 107 | 74 |
| 非金属矿物制品业 | 618 | 440 | 345 | 信息、咨询服务业 | 51 | 36 | 13 |
| 黑色金属冶炼及压延加工业 | 186 | 122 | 78 | 计算机应用服务业 | 65 | 32 | 12 |
| 有色金属冶炼及压延加工业 | 152 | 98 | 73 | 其他社会服务业 | 333 | 223 | 167 |
| 金属制品业 | 320 | 222 | 154 | 卫生体育和社会福利业 | 3902 | 2277 | 2159 |
| 普通机械制造业 | 461 | 285 | 254 | 卫生 | 3146 | 1881 | 1778 |
| 专用设备制造业 | 430 | 276 | 200 | 体育 | 337 | 153 | 132 |
| 交通运输设备制造业 | 552 | 313 | 253 | 社会福利保障业 | 419 | 243 | 249 |
| 电气机械及器材制造业 | 341 | 224 | 158 | 教育、文化艺术和广播电影电视业 | 14495 | 9615 | 8875 |
| 电子及通信设备制造业 | 509 | 304 | 183 | 教育 | 12848 | 8720 | 8111 |
| 机械制造业 | 127 | 76 | 46 | 文化艺术业 | 859 | 444 | 378 |
| 其他制造业 | 270 | 174 | 117 | 广播、电影、电视业 | 788 | 451 | 386 |
| 电力、煤气及水的生产和供应业 | 5559 | 2809 | 2562 | 科学研究和综合技术服务业 | 1113 | 531 | 525 |
| 电力、蒸汽、热水生产和供应业 | 4005 | 1998 | 1904 | 科学研究业 | 536 | 221 | 235 |
| 煤气的生产和供应业 | 331 | 160 | 115 | 综合技术服务业 | 577 | 310 | 290 |
| 自来水的生产和供应业 | 1223 | 651 | 543 | 国家机关、政党机关和社会团体 | 17339 | 11386 | 10256 |
| 建筑业 | 1987 | 1390 | 1199 | 国家机关 | 16439 | 10815 | 9733 |

| 行业 \ 项目 | 施工项目/个 | 新开工 | 全部建成投产项目/个 | 行业 \ 项目 | 施工项目/个 | 新开工 | 全部建成投产项目/个 |
|---|---|---|---|---|---|---|---|
| 土木工程建筑业 | 1811 | 1265 | 1096 | 政党机关 | 483 | 298 | 282 |
| 线路、管道和设备安装业 | 135 | 93 | 85 | 其他行业 | 1108 | 718 | 561 |
| 装修装饰业 | 41 | 32 | 18 | | | | |

注：数据来源《2002 年统计年鉴》

# 实验 6.3　综合评价

## 6.3.1　实验背景知识介绍

**1. 评价指标矩阵与指标的无量纲化**

评价指标通常分为效益型、成本型、固定型等，效益型指标值越大越好、成本型指标值越小越好、固定型指标值既不能太大也不能太小为好。

对方案进行综合评价，必须统一评价指标的属性，即进行指标的无量纲化处理。常见的处理方法有极差变换、线性比例变换、向量归一化、标准样本变换和等效系数法等方法。

设 $n$ 个决策方案的集合为 $A = \{A_1^T, A_2^T, \cdots, A_n^T\}$，其中 $A_i^T = (a_{i1}, a_{i2}, \cdots, a_{im})$ 是第 $i$ 个方案关于第 $m$ 项评价指标的指标值向量。记 $n$ 个方案关于 $m$ 项评价指标的指标矩阵为

$$A = \begin{pmatrix} a_{11} & a_{12} & \cdots & a_{1m} \\ a_{21} & a_{22} & \cdots & a_{2m} \\ \vdots & \vdots & & \vdots \\ a_{n1} & a_{n2} & \cdots & a_{nm} \end{pmatrix}$$

式中：$a_{ij}$ 表示第 $i$ 个方案关于第 $j$ 项评价因素的指标值。

我们用 $I_1$、$I_2$、$I_3$ 分别表示效益型、成本型和固定型指标集合，运用极差变换法可建立无量纲的效益型矩阵 $B$ 与成本型矩阵 $C$，运用线性比例变换法可建立无量纲的效益型矩阵 $D$ 与成本型矩阵 $E$。

（1）效益型矩阵，其变换公式为

$$B = (b_{ij})_{n \times m}; \quad b_{ij} = \begin{cases} \dfrac{(a_{ij} - \min\limits_j a_{ij})}{(\max\limits_j a_{ij} - \min\limits_j a_{ij})} & (a_{ij} \in I_1) \\[3ex] \dfrac{(\max\limits_j a_{ij} - a_{ij})}{(\max\limits_j a_{ij} - \min\limits_j a_{ij})} & (a_{ij} \in I_2) \\[3ex] \dfrac{(\max\limits_j |a_{ij} - \alpha_j| - |a_{ij} - \alpha_j|)}{\max\limits_j |a_{ij} - \alpha_j| - \min\limits_j |a_{ij} - \alpha_j|} & (a_{ij} \in I_3) \end{cases}$$

式中:$\alpha_j$ 为第 $j$ 项指标的适度数值。

显然指标经过极差变换后,均有 $0 \leqslant b_{ij} \leqslant 1$,且各指标下最好结果的属性值 $b_{ij}=1$,最坏结果的属性值 $b_{ij}=0$。指标变换前后的属性值成比例。

(2)成本型矩阵,其变换公式为

$$C = (c_{ij})_{n \times m} ; c_{ij} = \begin{cases} \dfrac{(\min\limits_{j} a_{ij} - a_{ij})}{(\max\limits_{j} a_{ij} - \min\limits_{j} a_{ij})} & (a_{ij} \in I_1) \\[4mm] \dfrac{(a_{ij} - \max\limits_{j} a_{ij})}{(\max\limits_{j} a_{ij} - \min\limits_{j} a_{ij})} & (a_{ij} \in I_2) \\[4mm] \dfrac{|a_{ij} - \alpha_j| - \min\limits_{j}|a_{ij} - \alpha_j|}{\max\limits_{j}|a_{ij} - \alpha_j| - \min\limits_{j}|a_{ij} - \alpha_j|} & (a_{ij} \in I_3) \end{cases}$$

式中:$\alpha_j$ 为第 $j$ 项指标的适度数值。

显然指标经过极差变换后,均有 $0 \leqslant c_{ij} \leqslant 1$,且各指标下最坏结果的属性值 $c_{ij}=1$,最好结果的属性值 $c_{ij}=0$。

(3)效益型矩阵,其变换公式为

$$D = (d_{ij})_{n \times m} ; d_{ij} = \begin{cases} \dfrac{a_{ij}}{\max\limits_{j} a_{ij}} & (a_{ij} \in I_1) \\[4mm] \dfrac{\min\limits_{j} a_{ij}}{a_{ij}} & (a_{ij} \in I_2) \\[4mm] \dfrac{\min\limits_{j}|a_{ij} - \alpha_j|}{|a_{ij} - \alpha_j|} & (a_{ij} \in I_3) \end{cases}$$

式中:$\alpha_j$ 为第 $j$ 项指标的适度数值。

(4)成本型矩阵,其变换公式为

$$E = (e_{ij})_{n \times m} ; e_{ij} = \begin{cases} \dfrac{\min\limits_{j} a_{ij}}{a_{ij}} & (a_{ij} \in I_1) \\[4mm] \dfrac{a_{ij}}{\max\limits_{j} a_{ij}} & (a_{ij} \in I_2) \\[4mm] \dfrac{|a_{ij} - \alpha_j|}{\max\limits_{j}|a_{ij} - \alpha_j|} & (a_{ij} \in I_3) \end{cases}$$

式中:$\alpha_j$ 为第 $j$ 项指标的适度数值。显然指标变换前后的属性值成比例。

2. 客观性权向量建立的方法

指标权重的合理确定是综合评价结果是否可信的一个核心问题,确定权重系数的途径有三类,一是主观赋权法,二是客观赋权法,三是主客观结合赋权法。这里主要介绍三种客观赋权法,一是变异系数法,二是夹角余弦法,三是熵值法。

(1)变异系数法。对无量纲的理想值矩阵 $H = (h_{ij})_{n \times m}$,计算各列向量的变异系数

$v_j = \dfrac{s_j}{h_j}$ $(j = 1, 2, \cdots, m)$,其中 $s_j$ 是第 $j$ 列的标准差,然后将其归一化就得到权向量。

（2）夹角余弦法。设无量纲的效益型矩阵为 $\boldsymbol{B} = (b_{ij})_{n \times m}$,则可得到各方案与理想最佳和最劣方案的相对偏差矩阵

$$\boldsymbol{U} = (u_{ij})_{n \times m}; \boldsymbol{V} = (v_{ij})_{n \times m}$$

式中:$u_{ij} = \dfrac{\max\limits_j b_{ij} - b_{ij}}{\max\limits_j b_{ij} - \min\limits_j b_{ij}}; v_{ij} = \dfrac{b_{ij} - \min\limits_j b_{ij}}{\max\limits_j b_{ij} - \min\limits_j b_{ij}}$。

再计算 $\boldsymbol{U}, \boldsymbol{V}$ 的对应列向量的夹角余弦得到初始权重,归一化后得到客观性权向量。

（3）熵值法。

① 对决策矩阵 $\boldsymbol{X} = (x_{ij})_{m \times n}$ 作标准化处理,得到标准化矩阵 $\boldsymbol{Y} = (y_{ij})_{m \times n}$,并进行归一化处理得

$$p_{ij} = \frac{y_{ij}}{\sum\limits_{i=1}^{m} y_{ij}} \qquad (1 \leq i \leq m, 1 \leq j \leq n)$$

② 计算第 $j$ 个指标的熵值

$$e_j = -k \cdot \sum_{i=1}^{m} p_{ij} \ln p_{ij} \qquad (1 \leq j \leq n)$$

式中:$k > 0$;$e_j \geq 0$。

③ 计算第 $j$ 个指标的差异系数。差异系数定义为

$$g_j = 1 - e_j (1 \leq j \leq n)$$

显然,对于第 $j$ 个指标,指标值的差异越大,对方案评价的作用越大,熵值越小;反之,差异越小,对方案评价的作用越小,熵值就越大。

④ 确定指标权重。第 $j$ 个指标的权重为

$$w_j = \frac{g_j}{\sum\limits_{j=1}^{n} g_j} (1 \leq j \leq n)$$

**3. 综合评价的步骤**

综合评价一般按以下步骤进行:①确定综合评价指标体系,这是综合评价的基础和依据。由于以下步骤的操作较为确定,因此,指标的选择往往是综合评价科学性与否的关键。②搜集数据并进行同度量处理,以消除量纲的影响。③确定指标权重。由于参评指标的重要性是不同的,所以要根据指标的重要性大小进行加权处理。④对经过处理后的指标值(变量值)进行汇总,计算综合评价指数或综合评价分值。⑤根据综合评价指数或综合评价分值对参评单位进行排序。

## 6.3.2　实验内容

**1. 湖泊的水质评价模型**

**例 6.3.1**　近年来我国淡水湖水质富营养化的污染日趋严重,正确评价湖水的水质情况,有利于今后开展对湖水的污染治理和保护工作。表 6.21 是我国 5 个湖泊的评价参

数实测数据,表6.22给出了湖泊水质评价标准,试建立模型对我国的5个湖泊的水质进行评价,以确定各湖水质等级。

表6.21　全国5个主要湖泊的实测数据

| 湖泊 \ 指标 | 总磷 /(mg/L) | 耗氧量 /(mg/L) | 透明度 /m | 总氮 /(mg/L) |
|---|---|---|---|---|
| 杭州西湖 | 130 | 10.30 | 0.35 | 2.76 |
| 武汉东湖 | 105 | 10.70 | 0.40 | 2.0 |
| 青海湖 | 20 | 1.4 | 4.5 | 0.22 |
| 巢湖 | 30 | 6.26 | 0.25 | 1.67 |
| 滇池 | 20 | 10.13 | 0.50 | 0.23 |

表6.22　湖泊水质评价标准

| 指标 \ 参数值 | 极贫营养/(mg/L) | 贫营养/(mg/L) | 中营养/(mg/L) | 富营养/(mg/L) | 极富营养/(mg/L) |
|---|---|---|---|---|---|
| 总磷 | <1 | 4 | 23 | 110 | >660 |
| 耗氧量 | <0.09 | 0.36 | 1.80 | 7.10 | >27.1 |
| 透明度 | >37 | 12 | 2.4 | 0.55 | <0.17 |
| 总氮 | <0.02 | 0.06 | 0.31 | 1.20 | >4.6 |

分析:这是一个多指标评价问题,影响水质的指标有总磷(mg/L)、耗氧量(mg/L)、透明度(m)、总氮(mg/L),其中透明度是效益型指标,其余的是成本型指标。

(1)由表6.21和表6.22,建立实测指标数据矩阵为

$$X = (x_{ij})_{5\times 4} = \begin{bmatrix} 130 & 10.3 & 0.35 & 2.76 \\ 105 & 10.7 & 0.4 & 2.0 \\ 20 & 1.4 & 4.5 & 0.22 \\ 30 & 6.26 & 0.25 & 1.67 \\ 20 & 10.13 & 0.5 & 0.23 \end{bmatrix}$$

建立等级标准矩阵为

$$Y = (y_{kt})_{4\times 5} = \begin{bmatrix} 1 & 4 & 23 & 110 & 660 \\ 0.09 & 0.36 & 1.8 & 7.10 & 27.1 \\ 37 & 12 & 2.4 & 0.55 & 0.17 \\ 0.02 & 0.06 & 0.31 & 1.20 & 4.60 \end{bmatrix}$$

运用线性比例变换法将 $X$ 无量纲化得效益型指标矩阵为

$$A = (a_{ij})_{5\times 4}$$

式中

$$a_{ij} = \begin{cases} \dfrac{x_{ij}}{\max\limits_{j} x_{ij}} & (j \neq 3) \\ \dfrac{\min\limits_{j} x_{ij}}{x_{ij}} & (j = 3) \end{cases}$$

将 $Y$ 无量纲化得效益型等级标准矩阵为

$$\boldsymbol{B} = (b_{kt})_{4 \times 5}$$

式中

$$b_{kt} = \begin{cases} \dfrac{y_{kt}}{\max\limits_{k} y_{kt}} & (k \neq 3) \\[4mm] \dfrac{\min\limits_{k} y_{kt}}{y_{kt}} & (k = 3) \end{cases}$$

（2）计算评价指标的权重。运用变异系数法由矩阵 $\boldsymbol{B}$ 来确定各指标的权重,具体过程为首先计算矩阵 $\boldsymbol{B}$ 各行向量的均值与标准差为

$$\mu_i = \frac{1}{5}\sum_{j=1}^{5} b_{ij}; s_i = \sqrt{\frac{\sum\limits_{j=1}^{5}(b_{ij} - \mu_i)^2}{4}} \quad (i = 1,2,3,4)$$

再计算变异系数

$$v_i = \frac{s_i}{\mu_i} \quad (i = 1,2,3,4)$$

最后对变异系数归一化得到各指标的权向量为

$$w = (w_1, w_2, w_3, w_4)$$

（3）建立水质的等级评价模型。利用欧氏距离和绝对值距离进行建模,计算矩阵 $\boldsymbol{A}$ 中各行向量到矩阵 $\boldsymbol{B}$ 中各列向量的欧氏距离为

$$d_{ij} = \sqrt{\sum_{k=1}^{4}(a_{ik} - b_{kj})^2} \quad (i = 1,2,3,4,5; j = 1,2,3,4,5)$$

若 $d_{ik} = \min\limits_{1 \leqslant j \leqslant 5}\{d_{ij}\}$,则第 $i$ 个湖泊属于第 $k$ 级 $(i = 1,2,3,4,5)$。

计算矩阵 $\boldsymbol{A}$ 中各行向量到矩阵 $\boldsymbol{B}$ 中各列向量的绝对值距离为

$$D_{ij} = \sum_{k=1}^{4}|a_{ik} - b_{kj}|$$

若 $D_{ik} = \min\limits_{1 \leqslant j \leqslant 5}\{D_{ij}\}$,则第 $i$ 个湖泊属于第 $k$ 级 $(i = 1,2,3,4,5)$。

解:在命令窗口中输入如下命令:

```
% 输入原始数据
X = [130,10.30,0.35,2.76;105,10.70,0.40,2.0;20,1.4,4.5,0.22;30,6.26,0.25,
1.67;20,10.13,0.50,0.23];
Y = [1,4,23,110,660;0.09,0.36,1.80,7.10,27.1;37,12,2.4,0.55,0.17;0.02,0.06,
0.31,1.20,4.6];
% 计算无量纲化的指标矩阵
A = [X(:,1)./max(X(:,1)),X(:,2)./max(X(:,2)),min(X(:,3))./X(:,1),X(:,4)./max
(X(:,4))]
A =
  1.0000  0.9626  0.0019  1.0000
```

184

```
   0.8077   1.0000   0.0024   0.7246
   0.1538   0.1308   0.0125   0.0797
   0.2308   0.5850   0.0083   0.6051
   0.1538   0.9467   0.0125   0.0833
```
% 计算无量纲化的等级矩阵
```
B=[Y(1,:)./max(Y(1,:));Y(2,:)./max(Y(2,:));min(Y(3,:))./Y(3,:);Y(4,:)./max
(Y(4,:))]
   B=
   0.0015   0.0061   0.0348   0.1667   1.0000
   0.0033   0.0133   0.0664   0.2620   1.0000
   0.0046   0.0142   0.0708   0.3091   1.0000
   0.0043   0.0130   0.0674   0.2609   1.0000
```
% 运用变异系数法由矩阵 B 来确定各指标的权重
```
b=B';
t=std(b)./mean(b);
w=t/sum(t)
   w=
   0.2767   0.2444   0.2347   0.2442
```
% 计算绝对距离
```
jd=dist(A,B)
   jd=
   1.7054   1.6922   1.6153   1.3513   0.9988
   1.4704   1.4570   1.3804   1.1246   1.0526
   0.2126   0.2003   0.1479   0.3717   1.8148
   0.8671   0.8532   0.7748   0.5634   1.3796
   0.9589   0.9477   0.8904   0.7671   1.5919
```
% 计算绝欧氏距离
```
mjd=mandist(A,B)
   mjd=
   2.9561   2.9425   2.8629   2.5803   1.0355
   2.5254   2.5117   2.4321   2.1495   1.4653
   0.3631   0.3337   0.2541   0.6217   3.6231
   1.4154   1.3943   1.3147   1.0321   2.5708
   1.1826   1.1532   1.0736   1.1717   2.8036
```

说明:(1)由权重向量 $w=(0.2767,0.2444,0.2347,0.2442)$ 知,四项指标在湖泊水质富营养化中的权重依次是总磷最大,耗氧量与总氮次之,透明度最小,换个角度可以说总磷的变化对湖泊水质富营养化作用最大。

(2)由绝对距离结果可知,杭州西湖、武汉东湖水质评为 5 级,青海湖水质评为 3 级,巢湖、滇池水质评为 4 级。由欧氏距离结果可知,杭州西湖、武汉东湖水质评为 5 级,青海湖、滇池水质评为 3 级,巢湖水质评为 4 级。两种距离的评价结果有一点差别,这说明方法还需要改进。

## 2. 经济效益综合评价模型

**例6.3.2** 设北京、上海、天津和云南4个省市的6项经济效益指标统计数据如表6.23，试建立综合评价模型，对这4个省市的经济效益进行评价。

表 6.23　经济效益统计数据

| 指标<br>地区 | 资金<br>利润率/% | 销售<br>利润率/% | 全员劳动生<br>产率/% | 综合<br>能耗 | 物耗 | 技改占固定<br>资产投资比率/% |
|---|---|---|---|---|---|---|
| 北京 | 29.09 | 24.05 | 1.94 | 4.55 | 67.40 | 67.60 |
| 上海 | 36.97 | 22.90 | 2.60 | 2.43 | 67.90 | 54.55 |
| 天津 | 29.13 | 20.40 | 1.97 | 3.60 | 68.70 | 64.00 |
| 云南 | 23.92 | 27.20 | 1.17 | 7.92 | 58.10 | 55.20 |

**分析**：在表6.23的6项指标中，综合能耗和物耗是成本型指标，其余指标是效益型指标。

（1）由表6.23建立指标矩阵 $X = (x_{ij})_{4 \times 6}$，其中 $x_{ij}$ 表示第 $i$ 个城市第 $j$ 个指标的值。用极差变换法将 $X$ 无量纲化得效益型矩阵 $B$ 与成本型矩阵 $D$；运用线性比例变换法将 $X$ 无量纲化得效益型矩阵 $C$ 与成本型矩阵 $E$。

（2）运用夹角余弦法建立客观性权重向量。首先由指标矩阵 $X$ 得到各方案与理想最佳和最劣方案的相对偏差矩阵 $R$ 与矩阵 $T$，其次求出 $R$ 与 $T$ 两矩阵的对应列向量的夹角余弦，并作为初始权重，归一化后得到客观性权向量 $w$。

（3）计算综合评价值。由矩阵 $B$ 可得第 $i$ 个城市的综合评价得分 $H_i = \sum_{j=1}^{6} b_{ij} w_j$，且 $H_i$ 值越大越好。同理由 $D$、$C$ 与 $E$ 得第 $i$ 个城市的综合评价得分分别是 $F_i = \sum_{j=1}^{6} d_{ij} w_j$、$h_i = \sum_{j=1}^{6} c_{ij} w_j$ 与 $f_i = \sum_{j=1}^{6} e_{ij} w_j (i = 1, 2, 3, 4)$。

**解**：在命令窗口中输入如下命令：

```
% 输入原始数据
A = [29.09,24.05,1.94,4.55,67.40,67.60;36.97,22.90,2.60,2.43,67.90,54.55;
29.13,20.40,1.97,3.60,68.70,64.00;23.92,27.20,1.17,7.92,58.10,55.20]
% 运用极差法建立无量纲的效益型矩阵 B
B = [(A(:,1:3) - ones(4,1)*min(A(:,1:3))),(ones(4,1)*max(A(:,4:5)) - A(:,4:
5)),
A(:,6) - min(A(:,6))]./(ones(4,1)*range(A))
% 运用线性比例变换法建立无量纲的效益型矩阵 D
D = [A(:,1:3)./(ones(4,1)*max(A(:,1:3))),(ones(4,1)*min(A(:,4:5)))./A(:,4:
5),
A(:,6)/max(A(:,6))]
% 理想最佳和最劣方案向量 U 与 V
U = [max(A(:,1:3)),min(A(:,4:5)),max(A(:,6))]
V = [min(A(:,1:3)),max(A(:,4:5)),min(A(:,6))]
```

```
% 计算相对偏差矩阵R与T
R = abs(A - ones(4,1)*U)./(ones(4,1)*range(A))
T = abs(A - ones(4,1)*V)./(ones(4,1)*range(A))
% 运用夹角余弦法建立权重向量w
r = normc(R);
t = normc(T);
w = sum((r.*t))/sum(sum(r.*t))
% 计算综合评价值
H = B*(w')
F = D*(w')
```

说明:(1)权重向量为 $W = (0.2151, 0.2148, 0.2231, 0.1774, 0.0733, 0.0962)$,从中可知物耗指标权重最小,技改占固定资产投资比率指标权重次之,全员劳动生产率权重最大。

(2)求无量纲的成本型矩阵 $C$ 与 $E$ 的程序没有写出,请读者补充,对应的综合评价值的程序也请读者补充。

(3)综合评价值结果与排序列于表 6.24 中。从表可以看出对于两类不同的效益型矩阵和成本型矩阵,综合评估的结果完全一样,表明我们的方法具有较高的可靠性。

表 6.24  综合评价值与排序

| 地区 | $H_i$ | 排序 | $F_i$ | 排序 | $h_i$ | 排序 | $f_i$ | 排序 |
|------|-------|------|-------|------|-------|------|-------|------|
| 北京 | 0.5347 | 2 | 0.7799 | 2 | 0.4652 | 2 | 0.7452 | 2 |
| 上海 | 0.7002 | 1 | 0.9369 | 1 | 0.2999 | 1 | 0.6541 | 1 |
| 天津 | 0.4199 | 3 | 0.7725 | 3 | 0.5800 | 3 | 0.7600 | 3 |
| 云南 | 0.2930 | 4 | 0.6607 | 4 | 0.7070 | 4 | 0.9338 | 4 |

### 6.3.3  练习

1. 根据我国部分省、市、自治区电力消费量的统计数据(表 6.25),解决以下实际问题:①指出哪些地区的电力消费量逐年增长;②计算自治区之间的夹角余弦与欧氏距离、绝对距离,指出哪两个自治区最接近;③将电力消费量从大到小排列,给出 2000 年各地区的排名;④将原始数据进行变换:(a)各数据减去均值再比上标准差,(b)各数据减去均值再比上极差,(c)各数据比上均值。

表 6.25  分地区电力消费量　　　　　　　(单位:亿 kW·h)

| 地区 \ 年份 | 1990 | 1995 | 1999 | 2000 | 2001 | 地区 \ 年份 | 1990 | 1995 | 1999 | 2000 | 2001 |
|------|------|------|------|------|------|------|------|------|------|------|------|
| 北京 | 174.13 | 261.74 | 344.13 | 384.43 | 399.94 | 河南 | 338.17 | 571.48 | 672.09 | 718.52 | 808.41 |
| 天津 | 124.15 | 178.99 | 211.19 | 234.05 | 247.94 | 湖北 | 281.33 | 414.99 | 487.65 | 503.02 | 526.02 |
| 河北 | 354.16 | 602.68 | 745.72 | 809.34 | 867.55 | 湖南 | 226.73 | 374.76 | 376.74 | 406.12 | 439.78 |
| 山西 | 255.47 | 399.16 | 459.34 | 501.99 | 557.58 | 广东 | 359.00 | 787.66 | 1086.24 | 1334.58 | 1458.42 |

| 年份<br>地区 | 1990 | 1995 | 1999 | 2000 | 2001 | 年份<br>地区 | 1990 | 1995 | 1999 | 2000 | 2001 |
|---|---|---|---|---|---|---|---|---|---|---|---|
| 内蒙古 | 121.82 | 186.83 | 236.77 | 254.21 | 280.89 | 广西 | 125.58 | 220.77 | 289.06 | 314.44 | 331.92 |
| 辽宁 | 462.19 | 622.81 | 756.11 | 748.89 | 764.77 | 海南 | 13.96 | 32.00 | 38.65 | 38.37 | 42.96 |
| 吉林 | 190.77 | 267.60 | 295.46 | 291.37 | 295.08 | 重庆 | | | 303.86 | 307.61 | 220.54 |
| 黑龙江 | 296.38 | 409.38 | 422.58 | 442.28 | 456.86 | 四川 | 350.23 | 582.85 | 462.26 | 521.23 | 589.57 |
| 上海 | 264.74 | 403.27 | 501.20 | 559.45 | 592.98 | 贵州 | 103.21 | 203.70 | 274.22 | 287.78 | 335.19 |
| 江苏 | 411.81 | 684.80 | 848.74 | 971.34 | 1078.44 | 云南 | 124.55 | 223.71 | 296.70 | 273.58 | 320.75 |
| 浙江 | 230.29 | 439.59 | 611.67 | 738.05 | 848.40 | 陕西 | 170.29 | 239.68 | 273.63 | 292.76 | 321.54 |
| 安徽 | 185.67 | 288.97 | 312.96 | 338.93 | 359.59 | 甘肃 | 177.84 | 241.06 | 291.58 | 295.33 | 306.09 |
| 福建 | 136.66 | 261.28 | 355.26 | 401.51 | 439.19 | 青海 | 42.21 | 69.02 | 107.24 | 109.10 | 111.90 |
| 江西 | 127.65 | 181.21 | 193.91 | 208.15 | 222.28 | 宁夏 | 55.02 | 92.38 | 115.32 | 136.17 | 151.81 |
| 山东 | 448.69 | 741.07 | 805.47 | 1000.71 | 1104.53 | 新疆 | 69.99 | 119.67 | 169.30 | 182.98 | 197.92 |

2. 根据开发高新区技术企业主要经济指标的统计数据（表6.26），解决以下问题：①计算各地区人均总产值、人均总收入和人均出口总额并与全国的平均值作比较；②总产值、人均总产值从大到小排列，指出两者排名向量的绝对距离；③以总产值、总收入、出口总额为评价指标建立综合评价模型对各开发区进行评价；④以人均总产值、人均总收入、人均出口总额为评价指标，建立综合评价模型对各开发区进行评价，并说明评价结果与③中的结果有何不同，对此你有何看法？

表6.26  开发高新区技术企业主要经济指标统计数据

| 地区\指数 | 职工人数/人 | 总产值/万元 | 总收入/万元 | 出口总额/千美元 |
|---|---|---|---|---|
| 全国 | 2761433 | 119284135 | 101167793 | 22664390 |
| 北京 | 282720 | 19864908 | 12558935 | 2928876 |
| 天津 | 113855 | 3832819 | 3227151 | 1134032 |
| 石家庄 | 41504 | 1267797 | 1053351 | 100288 |
| 保定 | 36668 | 728747 | 700186 | 61018 |
| 太原 | 57871 | 1130051 | 1025280 | 73940 |
| 包头 | 31538 | 541004 | 479834 | 100983 |
| 沈阳 | 61543 | 3201592 | 1835767 | 329158 |
| 大连 | 81519 | 2107786 | 1391670 | 423152 |
| 鞍山 | 59621 | 1045661 | 952291 | 46953 |
| 长春 | 94984 | 2769444 | 2589852 | 212564 |
| 吉林 | 83022 | 2800544 | 2850054 | 38588 |
| 哈尔滨 | 70129 | 1884145 | 1824274 | 144095 |
| 大庆 | 26223 | 817382 | 809712 | 12198 |

| 指数<br>地区 | 职工人数/人 | 总产值/万元 | 总收入/万元 | 出口总额/千美元 |
|---|---|---|---|---|
| 上海 | 73652 | 9394164 | 8378717 | 2512629 |
| 南京 | 53293 | 5104254 | 4390947 | 579174 |
| 常州 | 36063 | 1007976 | 999797 | 230445 |
| 无锡 | 49383 | 3785148 | 3101962 | 1400823 |
| 苏州 | 64551 | 3707141 | 3717248 | 2579484 |
| 杭州 | 24300 | 2342928 | 1884582 | 408727 |
| 合肥 | 42940 | 1351731 | 1069186 | 62165 |
| 福州 | 22670 | 1168191 | 1118540 | 232599 |
| 夏门 | 26200 | 1439294 | 1463737 | 723445 |
| 南昌 | 36941 | 809138 | 745018 | 29635 |
| 济南 | 42834 | 1590290 | 1348096 | 69886 |
| 青岛 | 38040 | 3736229 | 3816631 | 561789 |
| 淄博 | 55675 | 1365796 | 1401501 | 82658 |
| 潍坊 | 14491 | 728463 | 693006 | 24814 |
| 威海 | 36798 | 1066401 | 1046824 | 485620 |
| 郑州 | 36336 | 1013273 | 872032 | 101174 |
| 洛阳 | 34912 | 639437 | 472495 | 37610 |
| 武汉 | 100541 | 3335884 | 2874497 | 142184 |
| 襄樊 | 39924 | 1008385 | 667766 | 9431 |
| 长沙 | 64503 | 2468192 | 2188070 | 143626 |
| 株洲 | 37109 | 805887 | 715286 | 121503 |
| 广州 | 45167 | 2682206 | 1708097 | 310246 |
| 深圳 | 82308 | 5955125 | 6309337 | 2530961 |
| 珠海 | 30145 | 1092448 | 1071416 | 343966 |
| 惠州 | 17737 | 1427902 | 1650524 | 919177 |
| 中山 | 54398 | 1474272 | 1635215 | 1048949 |
| 佛山 | 20980 | 1953135 | 1867576 | 493531 |
| 南宁 | 24252 | 866373 | 615865 | 19829 |
| 桂林 | 36546 | 700191 | 736295 | 60636 |
| 海南 | 11430 | 411287 | 448484 | 27393 |
| 重庆 | 76396 | 2928952 | 2763023 | 101689 |
| 成都 | 101622 | 1927856 | 1521481 | 178520 |
| 绵阳 | 39204 | 1300834 | 1364297 | 116102 |
| 贵阳 | 27469 | 400164 | 441673 | 6630 |
| 昆明 | 27623 | 917726 | 729701 | 124087 |
| 西安 | 121434 | 3868631 | 2753010 | 175469 |
| 宝鸡 | 34084 | 506550 | 529598 | 27334 |
| 杨凌 | 3916 | 95821 | 55352 | 5743 |
| 兰州 | 26592 | 705030 | 538411 | 17862 |
| 乌鲁木齐 | 7777 | 209554 | 164146 | 11000 |

# 第7章 回 归 分 析

回归分析是处理变量之间的相关关系的一种数学方法,它是最常用的数理统计方法之一。如何由实验数据或历史数据来确定变量之间的相关关系和相关程度,怎样建立回归模型以及应用模型进行预测和控制等,这些是回归分析的主要内容。回归分析一般分为线性回归分析与非线性回归分析。本章节主要介绍线性回归分析的 MATLAB 实验与建模。

## 实验7.1　一元回归模型

### 7.1.1　实验背景知识介绍

1. 一元线性回归模型

设两个相关的变量 $x$、$Y$,称由

$$\begin{cases} Y = \beta_0 + \beta_1 x + \varepsilon \\ E(\varepsilon) = 0, D(\varepsilon) = \sigma^2 \end{cases} \tag{7.1}$$

确定的模型为一元线性回归模型,其中 $\beta_0$、$\beta_1$ 是固定的未知参数,也称为回归系数;自变量 $x$ 是非随机可精确观测的;$\varepsilon$ 是均值为 0、方差为 $\sigma^2$ 的随机变量,在模型中它代表其他随机因素对 $Y$ 产生的影响。

记 $y = E(Y)$,则 $y = \beta_0 + \beta_1 x$,称为 $Y$ 对 $x$ 的回归(直线)方程。

在模型(7.1)中,对于 $x$ 的第 $i$ 个观察值 $x_i$,$Y$ 的观察值 $y_i$ 可看成是样本

$$Y_i = \beta_0 + \beta_1 x_i + \varepsilon_i \quad (i = 1, 2, \cdots, n)$$

的实验值(样本值),且 $\varepsilon_1, \varepsilon_2, \cdots, \varepsilon_n$ 相互独立。

一元线性回归分析的主要任务是用样本值对模型(7.1)中的参数 $\beta_0$、$\beta_1$、$\sigma$ 作点估计;对 $\beta_0$、$\beta_1$ 作假设检验;在 $x = x_0$ 处对 $y$ 作预测,并对 $y$ 作区间估计。

2. 模型参数的估计

(1) $\beta_0$、$\beta_1$ 的最小二乘估计。回归模型中的参数 $\beta_0$、$\beta_1$ 在一般情况下都是未知数,必须根据样本数据来估计。设样本的独立观测值为 $(x_i, y_i)$　$(i = 1, 2, \cdots, n)$,记

$$Q = Q(\beta_0, \beta_1) = \sum_{i=1}^{n} \varepsilon_i^2 = \sum_{i=1}^{n} (y_i - \beta_0 - \beta_1 x_i)^2$$

若 $\hat{\beta}_0$ 与 $\hat{\beta}_1$ 满足

$$Q(\hat{\beta}_0, \hat{\beta}_1) = \min_{\beta_0, \beta_1} Q(\beta_0, \beta_1)$$

则称 $\hat{\beta}_0$、$\hat{\beta}_1$ 为参数 $\beta_0$ 和 $\beta_1$ 的最小二乘估计。

显然,根据微积分学的求极值原理,可解得

$$\hat{\beta}_0 = \bar{y} - \hat{\beta}_1\bar{x}; \hat{\beta}_1 = \frac{\sum\limits_{i=1}^{n}(x_i - \bar{x})(y_i - \bar{y})}{\sum\limits_{i=1}^{n}(x_i - \bar{x})^2} \tag{7.2}$$

式中:$\bar{x} = \dfrac{1}{n}\sum\limits_{i=1}^{n}x_i; \bar{y} = \dfrac{1}{n}\sum\limits_{i=1}^{n}y_i$。

这样,$Y$ 关于 $x$ 的回归方程为

$$\hat{y} = \hat{\beta}_0 + \hat{\beta}_1 x = \bar{y} + \hat{\beta}_1(x - \bar{x})$$

(2) $\sigma^2$ 的无偏估计。记 $Q_e = Q(\hat{\beta}_0, \hat{\beta}_1) = \sum\limits_{i=1}^{n}(y_i - \hat{\beta}_0 - \hat{\beta}_1 x_i)^2 = \sum\limits_{i=1}^{n}(y_i - \hat{y}_i)^2$,称 $Q_e$ 为残差平方和,则 $\sigma^2$ 的无偏估计为

$$\hat{\sigma}_e^2 = \frac{Q_e}{n-2} = \frac{1}{n-2}\sum\limits_{i=1}^{n}(y_i - \hat{y}_i)^2$$

且 $\hat{\sigma}_e^2$ 分别与 $\hat{\beta}_0$、$\hat{\beta}_1$ 独立。其中:$\hat{\sigma}_e^2$ 称为剩余方差;$\hat{\sigma}_e$ 称为剩余标准差。

3. 检验、预测与控制

(1) 回归方程的显著性检验。对方程 $Y = \beta_0 + \beta_1 x$ 的显著性检验,归结为对 $\beta_1$ 是否为 0 的检验,即

$$\text{原假设 } H_0:\beta_1 = 0; \text{备择假设 } H_1:\beta_1 \neq 0$$

若假设 $H_0$ 被拒绝,则回归方程显著,即认为 $Y$ 与 $x$ 存在线性关系,且所求的线性回归方程有意义;若没有拒绝假设 $H_0$,则回归方程不显著,即 $Y$ 与 $x$ 的关系不能用一元线性回归模型来描述,所得的回归方程也无统计意义。

① F 检验法。当 $H_0$ 成立时,统计量为

$$F = \frac{U}{Q_e/(n-2)} \sim F(1, n-2)$$

式中:$U = \sum\limits_{i=1}^{n}(\hat{y}_i - \bar{y})^2$ 称为回归平方和。当 $F > F_{1-\alpha}(1, n-2)$ 时拒绝 $H_0$,否则接受 $H_0$。

② T 检验法。当 $H_0$ 成立时,统计量为

$$T = \frac{\sqrt{\sum\limits_{i=1}^{n}(x_i - \bar{x})^2}}{Q_e/(n-2)}\hat{\beta}_1 \sim t(n-2)$$

故当 $|T| > t_{1-\frac{\alpha}{2}}$ 时拒绝 $H_0$,否则就接受 $H_0$。

③ R 检验法。当 $H_0$ 成立时,记

$$R = \frac{\sum\limits_{i=1}^{n}(x_i - \bar{x})(y_i - \bar{y})}{\sqrt{\sum\limits_{i=1}^{n}(x_i - \bar{x})^2 \sum\limits_{i=1}^{n}(y_i - \bar{y})^2}}$$

则当 $|R| > r_{1-\alpha}$ 时拒绝 $H_0$，否则就接受 $H_0$。其中: $r_{1-\alpha} = \sqrt{\dfrac{1}{1 + \dfrac{(n-2)}{F_{1-\alpha}(1,n-2)}}}$。

（2）回归系数的置信区间。参数 $\beta_0$ 的置信水平为 $1-\alpha$ 的置信区间为

$$\left[\hat{\beta}_0 - t_{1-\frac{\alpha}{2}}(n-2)\hat{\sigma}_e\sqrt{\frac{1}{n} + \frac{\bar{x}^2}{L_{xx}}}, \hat{\beta}_0 + t_{1-\frac{\alpha}{2}}(n-2)\hat{\sigma}_e\sqrt{\frac{1}{n} + \frac{\bar{x}^2}{L_{xx}}}\right]$$

参数 $\beta_1$ 的置信水平为 $1-\alpha$ 的置信区间为

$$\left[\hat{\beta}_1 - t_{1-\frac{\alpha}{2}}(n-2)\hat{\sigma}_e \Big/ \sqrt{L_{xx}}, \hat{\beta}_1 + t_{1-\frac{\alpha}{2}}(n-2)\hat{\sigma}_e \Big/ \sqrt{L_{xx}}\right]$$

式中: $L_{xx} = \displaystyle\sum_{i=1}^{n}(x_i - \bar{x})^2 = \sum_{i=1}^{n} x_i^2 - n(\bar{x})^2$。

参数 $\sigma^2$ 的置信水平为 $1-\alpha$ 的置信区间为

$$\left[\frac{Q_e}{\chi^2_{1-\frac{\alpha}{2}}(n-2)}, \frac{Q_e}{\chi^2_{\frac{\alpha}{2}}(n-2)}\right]$$

（3）预测。用 $y_0$ 的回归值 $\hat{y}_0 = \hat{\beta}_0 + \hat{\beta}_1 x_0$ 作为 $y_0$ 的预测值，同时 $y_0$ 的置信水平为 $1-\alpha$ 的预测区间为

$$\left[\hat{y}_0 - \delta(x_0), \hat{y}_0 + \delta(x_0)\right]$$

式中: $\delta(x_0) = \hat{\sigma}_e t_{1-\frac{\alpha}{2}}(n-2)\sqrt{1 + \dfrac{1}{n} + \dfrac{(x_0 - \bar{x})^2}{L_{xx}}}$。

特别地，当 $n$ 很大且 $x_0$ 在 $\bar{x}$ 附近取值时，$y$ 的置信水平为 $1-\alpha$ 的预测区间近似为

$$\left[\hat{y} - \hat{\sigma}_e u_{1-\frac{\alpha}{2}}, \hat{y} + \hat{\sigma}_e u_{1-\frac{\alpha}{2}}\right]$$

**4. 可线性化的一元非线性回归（曲线回归）**

设变量 $x$ 和 $y$ 的 $n$ 次试验观察数据点为 $(x_i, y_i)(i=1,2,\cdots,n)$，在坐标系中画出散点图，由散点图所呈现出的形状，与常见的已知函数图形作比较，选择一条曲线拟合这 $n$ 个点，就叫做曲线回归。通常选择的六类曲线如下列图形所示，这些曲线的方程可以通过变量代换而化成线性回归方程。在化成线性回归方程之后，就可按线性回归方法估计其参数，从而得到原曲线方程中的参数估计。

（1）双曲线 $\dfrac{1}{y} = a + \dfrac{b}{x}$（图 7.1）。如果作变换 $y' = \dfrac{1}{y}, x' = \dfrac{1}{x}$，则有 $y' = a + bx'$。

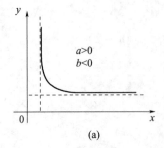

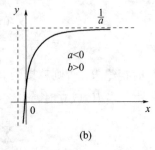

图 7.1　双曲线

（2）幂函数曲线 $y = ax^b$，其中 $x > 0, a > 0$（图 7.2）。若作变换 $y' = \ln y, x' = \ln x, a' = \ln a$，则有 $y' = a + b'x'$。

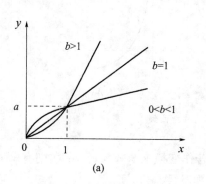

(a)

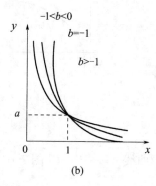

(b)

图 7.2　幂函数曲线

（3）指数曲线 $y = ae^{bx}$，其中参数 $a > 0$（图 7.3）。若作变换 $y' = \ln y, \alpha' = \ln a$，则有 $y' = a' + bx$。

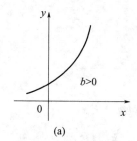

(a)

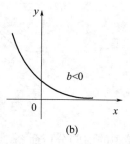

(b)

图 7.3　指数曲线

（4）倒指数曲线 $y = ae^{b/x}$，其中 $a > 0$（图 7.4）。若作变换 $y' = \ln y, x' = \dfrac{1}{x}, a' = \ln a$，则有 $y' = a' + b'x'$。

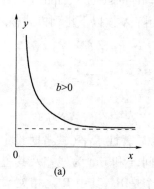

(a)

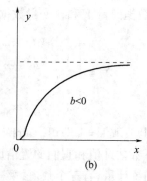

(b)

图 7.4　倒指数曲线

（5）对数曲线 $y = a + b\ln x$（图7.5）。若作变换 $x' = \ln x$，则有 $y = a + bx'$。

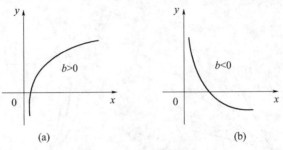

图 7.5　对数曲线

（6）S 形曲线 $y = \dfrac{1}{a + be^{-x}}$（图7.6）。若作变换 $y' = y^{-1}$，$x' = e^{-x}$，则有 $y' = a + bx'$。

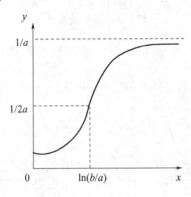

图 7.6　S 形曲线

**5. 统计工具箱中的回归分析命令**

（1）多元线性回归命令。在 MATLAB 统计工具箱中使用命令 regress( ) 实现多元线性回归，调用格式有以下两种：

① 确定回归系数的点估计值，使用命令 b = regress( Y, X )。

② 求回归系数的点估计和区间估计、并检验回归模型，使用命令

$$[b,\ bint, r, rint, stats] = regress(Y, X, alpha)$$

其中，因变量数据向量 $\boldsymbol{Y}$ 和自变量数据矩阵 $\boldsymbol{X}$ 按以下排列方式输入

$$\boldsymbol{X} = \begin{pmatrix} 1 & x_{11} & x_{12} & \cdots & x_{1k} \\ 1 & x_{21} & x_{22} & \cdots & x_{2k} \\ \vdots & \vdots & \vdots & & \vdots \\ 1 & x_{n1} & x_{n2} & \cdots & x_{nk} \end{pmatrix}; \boldsymbol{Y} = \begin{pmatrix} y_1 \\ y_2 \\ \vdots \\ y_n \end{pmatrix}$$

对一元线性回归，取 k = 1 即可。alpha 为显著性水平（缺省时设定为 0.05），输出向量 b,bint 为回归系数估计值和它们的置信区间，r 和 rint 为残差及其置信区间，stats 是用于检验回归模型的统计量，有三个数值，第一个是 $R^2$，其中 R 是相关系数，第二个是 F 统计量值，第三个是与统计量 F 对应的概率 P，当 $P < \alpha$ 时拒绝 $H_0$，回归模型成立。

当要画出残差及其置信区间时，使用命令 rcoplot( r,rint )。

194

（2）非线性回归。非线性回归是指因变量 $y$ 对回归系数 $\beta_0, \beta_1, \cdots, \beta_m$（而不是自变量）是非线性的，MATLAB 统计工具箱中实现非线性回归的命令有 nlinfit、nlparci、lpredci 和 nlintool。如命令 nlinfit 的调用格式为

$$[\text{beta}, r, j] = \text{nlinfit}(x, y, '\text{model}', \text{beta0})。$$

其中：输入数据 x、y 分别为 n×m 矩阵和 n 维列向量，对一元非线性回归，x 为 n 维列向量；model 是事先用 M 文件定义的非线性函数；beta0 是回归系数的初值；beta 是估计出的回归系数；r 是残差；j 是 Jacobian 矩阵；它们是估计预测误差需要的数据。

（3）一元多项式式回归。实现一元多项式式回归可使用命令 polyfit、polyval 和 polyconf。调用格式有以下两种：

① 确定多项式系数，使用命令 $[p, S] = \text{polyfit}(x, y, m)$。

② 预测和预测误差估计，使用命令 $Y = \text{polyval}(p, x)$ 或者

$$[Y, \text{Delta}] = \text{polyconf}(p, x, S, \text{alpha})$$

求 polyfit 所得的回归多项式在 x 处的预测值 Y 及预测值的显著性为 1 - alpha 的置信区间 Y ± Delta；alpha 缺省时为 0.05。

（4）多项式曲线拟合及预测的 GUI 界面命令。在统计工具箱中，有个调用多项式回归的 GUI 界面命令 polytool，其调用格式为

$$\text{polytool}(x, y, n, \text{alpha})$$

其中：输入 x、y 分别为自变量与因变量的样本观测数据向量；n 是多项式的阶数；置信度为 (1 - alpha)%；alpha 缺省时为 0.05。

该命令可以绘出总体拟合图形以及 (1 - alpha) 上、下置信区间的直线（屏幕上显示为红色）。此外，用鼠标拖动图中纵向虚线，就可以显示出对于不同的自变量数值所对应的预测状况，与此同时图形左端数值框中会随着自变量的变化而得到的预报数值以及 (1 - alpha) 置信区间长度 1/2 的数值。

## 7.1.2　实验内容

1. 一元线性回归

**例 7.1.1**　某种合金强度与碳含量有关，研究人员在生产实验中收集了该合金的强度 $y$ 与碳含量 $x$ 的数据（表 7.1）。试建立 $y$ 与 $x$ 的函数关系模型，并检验模型的可信度，检查数据中有无异常点。

表 7.1　合金的强度与碳含量数据表

| $x$ | 0.10 | 0.11 | 0.12 | 0.13 | 0.14 | 0.15 | 0.16 | 0.17 | 0.18 | 0.20 | 0.21 | 0.23 |
|---|---|---|---|---|---|---|---|---|---|---|---|---|
| $y$ | 42.0 | 41.5 | 45.0 | 45.5 | 45.0 | 47.5 | 49.0 | 55.0 | 50.0 | 55.0 | 55.5 | 60.5 |

分析：本问题是确定合金强度与碳含量之间的相关关系，已经给出一组统计观测数据，通过作数据的散点图，观察散点图的形状，可建立一元线性回归模型，设回归模型为 $y = \beta_0 + \beta_1 x$，调用多元回归命令 regress 求解。模型的可信度可用可决系数的大小表示，因此计算出可决系数 $r^2$ 即可。

解：根据分析，设计程序并保存为 M 文件"exp7_1"，程序如下：

```
% 输入数据
x1 = 0.1:0.01:0.18;
x2 = [x1 0.2 0.21 0.23]';
y = [42.0 41.5 45.0 45.5 45.0 47.5 49.0 55.0 50.0 55.0 55.5 60.5]';
x = [ones(12,1) x2];
% 作数据的散点图
plot(x2,y,'*')
% 回归分析
[b,bint,r,rint,stats] = regress(y,x);
b,bint,stats,
% 作残差分析图
rcoplot(r,rint)
% 预测及作回归线图
z = b(1) + b(2) * x2;
plot(x2,y,'*',x2,z,'r')
```

程序运行结果如下：

```
b =
  27.0269
 140.6194
bint =
  22.3226   31.7313
 111.7842  169.4546
stats =
0.9219  118.0670  0.0000
```

残差图如图 7.7 所示,散点图及回归线图如图 7.8 所示。

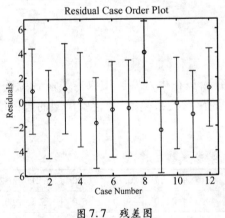

图 7.7 残差图

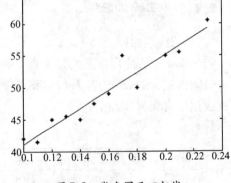

图 7.8 散点图及回归线

说明:结果表明,参数的估计值 $\hat{\beta}_0 = 27.0269$, $\hat{\beta}_1 = 140.6194$; $\hat{\beta}_0$ 的置信区间为 $[22.3226, 31.7313]$, $\hat{\beta}_1$ 的置信区间为 $[111.7842, 169.4546]$;可决系数 $r^2 = 0.9219$ 接近于常数 1,且 $F = 118.0670$, $p = 0.000 < 0.05$,故回归模型

$$y = 27.0269 + 140.6194x$$

成立。

又从残差图 7.7 可看出,除第 8 个数据外,其余数据的残差离零点都较近,且残差的置信区间均包含零点,这说明回归模型

$$y = 27.0269 + 140.6194x$$

能较好的拟合数据,而第 8 个数据可视为异常点。从图 7.8 也可看出,回归线能较好的表示散点图的形状,只有第 8 个数据点离回归线较远。出现异常点时要对实验过程进行分析,进一步查明原因。

2. 非线性回归

**例 7.1.2** 测定某雌性鱼体长和体重的结果见表 7.2,试对鱼体重与体长进行回归分析。

表 7.2 鱼体长与体重数据表

| 序号 | 1 | 2 | 3 | 4 | 5 | 6 | 7 | 8 |
|---|---|---|---|---|---|---|---|---|
| 体长 $x$/cm | 70.70 | 98.25 | 112.57 | 122.48 | 138.46 | 148.00 | 152.00 | 162.00 |
| 体重 $y$/kg | 1.00 | 4.85 | 6.59 | 9.01 | 12.34 | 15.50 | 21.25 | 22.11 |

分析:根据实际观测值在笛卡儿坐标系中作散点图,选定曲线类型,从散点图(图 7.3)实测点的分布趋势看出它比较接近幂函数曲线图形,因而选用 $y = ax^b$ 来进行拟合。由于这是非线性回归,所以可用两种方法求出参数 $a$、$b$。一种是用 M 文件定义的非线性函数 $y = ax^b$,然后在主程序中使用非线性回归命令 nlinfit 求解。另一种是线性化,将非线性模型化成线性模型,只要对 $y = ax^b$ 取对数得 $\ln y = \ln a + b\ln x$,令 $y_1 = \ln y$,$a_1 = \ln a$,$x_1 = \ln x$,则得线性模型 $y_1 = a_1 + bx_1$,从而调用回归命令 regress( ) 求解。

解:(第一种方法)首先定义非线性函数,并保存为 M 文件"yut.m",程序如下:

```
function y = yut(beta,x)
y = beta(1) * x.^beta(2);
```

其次设计主程序,并保存为 M 文件"exp7_2.m",程序如下:

```
% 输入数据
x = [70.70,98.25,112.57,122.48,138.46,148.00,152.00,162.00];
y = [1.00,4.85,6.59,9.01,12.34,15.50,21.25,22.11];
beta0 = [0.1 3]';
[beta,r,J] = nlinfit(x',y','yut',beta0);        % 求回归系数
beta
[YY,delta] = nlpredci('yut',x',beta,r ,J);      % 预测及作图
plot(x,y,'k +',x,YY,'r')
```

程序运行结果如下:

```
beta = 7.5816e-007
   3.3851
```

说明:结果表明,参数的估计值 $\hat{a} = 7.58 \times 10^{-7}$,$\hat{b} = 3.3851$,故回归模型为

$$y = 7.58 \times 10^{-7} x^{3.3851}$$

数据的散点图与回归线图如图 7.9 所示,从图 7.9 可看出,回归线能较好的表示散点

图的形状,因此,回归模型成立。

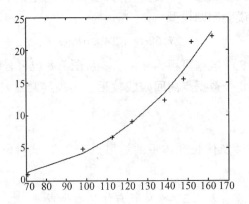

图 7.9　散点图与回归线(一)

　　解:(第二种方法)设计程序并保存为 M 文件"exp7_3.m",程序如下:

```
% 输入数据
x=[70.70,98.25,112.57,122.48,138.46,148.00,152.00,162.00];
y=[1.00,　4.85,6.59,9.01,12.34,15.50,21.25,22.11 ];
% 对数据作对数变换
x1=log(x);y1=log(y);
% 求线性回归系数
x2=[ones(8,1) x1'];
[b,bint,r,rint,stats]=regress(y1',x2);
b
a1=exp(b(1))
% 预测及作图
z=b(1)+b(2)*x1;
yc=exp(z);% 体重的预测值
plot(x,y,'k+',x,yc,'r')
```

　程序运行结果如下。
```
b =
   -15.3913
    3.6494
a =
  2.0684e-007
```

　　说明:结果表明,参数的估计值 $\hat{a}=2.068\times10^{-7}$,$\hat{b}=3.6491$,故回归模型为

$$y=2.068\times10^{-7}x^{3.6491}$$

数据的散点图与回归线图如图 7.10 所示。

　　说明:比较两种方法,建立的回归模型有一定的差异,这是为什么呢? 可以计算两种方法的残差平方和,第一种方法的残差平方和为 s1=sum(r.^2)=12.1084,第二种方法的残差平方和为 s2=sum((y-yc).^2)=14.0245,s2 大于 s1,一个合理的解释是由于调用了不同的 MATLAB 命令,产生了计算误差,特别是第二种方法对数据进行对数化变换可能造成更大的误差。

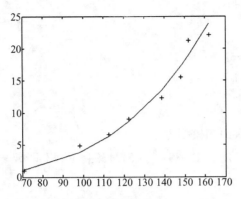

图 7.10　散点图与回归线图（二）

### 3. 多项式回归

**例 7.1.3**　为了分析 X 射线的杀菌作用，用 200kV 的 X 射线来照射细菌，每次照射 6min，照射次数记为 $t$，照射后的细菌数 $y$ 见表 7.3。

表 7.3　X 射线照射次数与残留细菌数

| $t$ | 1 | 2 | 3 | 4 | 5 | 6 | 7 | 8 | 9 | 10 | 11 | 12 | 13 | 14 | 15 |
|---|---|---|---|---|---|---|---|---|---|---|---|---|---|---|---|
| $y$ | 352 | 211 | 197 | 160 | 142 | 106 | 104 | 60 | 56 | 38 | 36 | 32 | 21 | 19 | 15 |

试求：(1)给出 $y$ 与 $t$ 的二次函数与三次函数关系；(2)在同一坐标系内作出原始数据与拟合结果的散点图；(3)建立评价标准判断二次函数与三次函数的拟合效果；(4)根据问题的实际意义你认为选择多项式函数是否合适？

分析：首先根据数据的散点图，选定曲线类型，当发现散点图的形状为曲线时，一般都可用多项式函数来拟合。难于选择的是选用几次多项式合适，本题将给出对这一问题的思考过程。

解：设计程序并保存为 M 文件"exp7_4.m"，程序如下：

```
% 输入数据并作散点图
t =1:15;
y =[352, 211, 197 ,160 ,142, 106, 104, 60, 56, 38, 36, 32, 21, 19, 15];
plot(t,y,'-o')
% 作二次与三次多项式回归
[p1,S1] =polyfit(t,y,2)
[p2,S2] =polyfit(t,y,3)
% 预测及作图
y1 = polyconf(p1,t,S1)
y2 = polyconf(p2,t,S2)
plot(t,y,'*',t,y1,'o',t,y2,'+'),
legend('原始数据','二次函数','三次函数')
```

程序运行结果如下：

p1 = 1.9897　－51.1394　347.8967

```
S1 = R: [3x3 double]
     df: 12
   normr: 77.1278
p2 = -0.1777  6.2557  -79.3303  391.4095
S2 = R: [4x4 double]
     df: 11
   normr: 64.3340
```

说明:结果表明,二次回归模型为

$$y_1 = 1.9897t^2 - 51.1394t + 347.8967$$

三次回归模型为

$$y_3 = -0.1777t^3 + 6.2557t^2 - 79.3303t + 391.4095$$

数据的散点图与回归线图如图 7.11 所示。

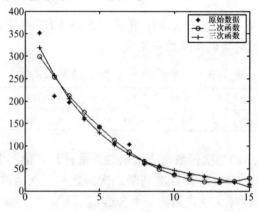

图 7.11  散点图与回归线

为了比较二次回归模型与三次回归模型的优劣,分别计算二次与三次回归模型的可决系数,在 MATLAB 命令窗口中输入以下语句:

```
R1 = 1 - sum((y - y1).^2)/sum((y - mean(y)).^2)
R2 = 1 - sum((y - y2).^2)/sum((y - mean(y)).^2)
```

可得 R1 = 0.9530,R2 = 0.9673,因为 R3 = 0.9673 > 0.9530 = R2,所以三次函数拟合效果优于二次函数,从图 7.12 中也能直观看出同样结果。

从问题的实际意义可知,随着照射次数的增加残留的细菌数减少,且开始时减少幅度较大,但随着照射次数增加,减少的速度变得缓慢。而多项式函数随着自变量的增加,函数值趋向于无穷大,因此如果在有限的照射次数内用多项式拟合是可以的,如果照射次数超过 15 次,则拟合效果开始变差,如若 $t = 16$,用二次函数计算出细菌残留数为 39.0396,显然与实际不相符合。

调用多项式回归的 GUI 界面命令 polytool 如图 7.12 所示。

根据实际问题的意义可知:尽管二次多项式拟合效果较好,但是用于预测并不理想。因此如何根据原始数据散点图的规律,选择适当的回归曲线是非常重要的,因此研究非线性回归很有必要。

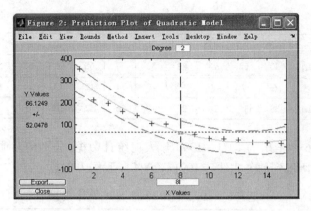

图 7.12　GUI 界面

### 7.1.3　练习

1. 零售商为了解每周的广告费 $X$ 与销售额 $Y$ 之间的关系,记录了如下统计资料。

| $X$/万元 | 40 | 20 | 25 | 20 | 30 | 50 | 40 | 20 | 50 | 40 | 25 | 50 |
|---|---|---|---|---|---|---|---|---|---|---|---|---|
| $Y$/百万元 | 385 | 400 | 395 | 365 | 475 | 440 | 490 | 420 | 560 | 525 | 480 | 510 |

画出散点图,在 $Y$ 对 $X$ 回归为线性的假定下,用最小二乘法求出回归方程。

2. 炼钢厂出钢时所用盛钢水的钢包由于钢水对耐火材料的侵蚀,容积不断增大,现有实验数据见表7.4,试建立增大容积与使用次数之间的回归模型。

表7.4　钢包使用次数与增大容积

| 使用次数 | 2 | 3 | 4 | 5 | 6 | 7 | 8 | 9 |
|---|---|---|---|---|---|---|---|---|
| 增大容积/m$^3$ | 6.42 | 8.2 | 9.58 | 9.5 | 9.7 | 10 | 9.93 | 9.99 |
| 使用次数 | 10 | 11 | 12 | 13 | 14 | 15 | 16 | |
| 增大容积/m$^3$ | 10.49 | 10.59 | 10.6 | 10.8 | 10.6 | 10.9 | 10.76 | |

① 分别选择函数 $y = \dfrac{x}{ax+b}$、$y = ae^{\frac{b}{x}}$、$y = ax^2 + bx + c$ 拟合钢包容积与使用次数的关系,在同一坐标系内作出函数图形;②计算三种拟合曲线的均方差,并以此作为判别标准确定最佳拟合曲线;③二次多项式拟合的效果如何? 分析内在原因。

3. 体重约70kg的某人在短时间内喝下2瓶啤酒后,隔一定时间测量他的血液中酒精含量,得到数据见表7.5。①依据数据作出人体血液中酒精含量与酒后时间的散点图,从图形上看能否选择多项式函数进行拟合? 为什么? ②建立人体血液中酒精含量与酒后时间的函数关系;③对照《车辆驾驶人员血液、呼气酒精含量阈值与检验》国家标准,车辆驾驶人员血液中的酒精含量大于或等于20mg/100mL,小于80mg/100mL 为饮酒驾车;血液中的酒精含量大于或等于80mg/100mL 为醉酒驾车,那么此人在短时间内喝下1瓶啤酒后,隔多长时间开车是安全的?

表 7.5　血液中酒精含量

| 时间/h | 0.25 | 0.5 | 0.75 | 1 | 1.5 | 2 | 2.5 | 3 | 3.5 | 4 | 4.5 | 5 |
|---|---|---|---|---|---|---|---|---|---|---|---|---|
| 酒精含量/（mg/100mL） | 30 | 68 | 75 | 82 | 82 | 77 | 68 | 68 | 58 | 51 | 50 | 41 |
| 时间/h | 6 | 7 | 8 | 9 | 10 | 11 | 12 | 13 | 14 | 15 | 16 | |
| 酒精含量/（mg/100mL） | 38 | 35 | 28 | 25 | 18 | 15 | 12 | 10 | 7 | 7 | 4 | |

4. 根据表 7.6 中给出的 1971—1990 年人口统计数据,分别用多项式和指数函数进行拟合,并利用你所得到的公式估计 1991—2004 年我国人口数。

表 7.6　1971—1990 年人口统计数据

| 年份 | 人口/亿 | 年份 | 人口/亿 | 年份 | 人口/亿 | 年份 | 人口/亿 |
|---|---|---|---|---|---|---|---|
| 1971 | 8.5229 | 1976 | 9.3717 | 1981 | 10.0072 | 1986 | 10.7507 |
| 1972 | 8.7177 | 1977 | 9.4974 | 1982 | 10.1654 | 1987 | 10.9300 |
| 1973 | 8.9221 | 1978 | 9.6259 | 1983 | 10.3008 | 1988 | 11.1026 |
| 1974 | 9.0859 | 1979 | 9.7542 | 1984 | 10.4357 | 1989 | 11.2704 |
| 1975 | 9.2420 | 1980 | 9.8705 | 1985 | 10.5851 | 1990 | 11.4333 |

# 实验 7.2　多元线性回归模型

## 7.2.1　实验背景知识介绍

1. 多元线性回归的数学模型

有多个自变量的线性回归模型称为多元线性回归模型。假定 $y$ 是一个可观测的随机变量,$x_1, x_2, \cdots, x_k$ 为 $k$ 个自变量,且有

$$y = \beta_0 + \beta_1 x_1 + \beta_2 x_2 + \cdots + \beta_k x_k + \varepsilon \qquad (7.3)$$

式中:$\beta_0, \beta_1, \cdots, \beta_k$ 是未知参数;$\varepsilon$ 为随机误差,且 $\varepsilon \sim N(0, \sigma^2)$。

称式(7.3)为 $k$ 元线性回归模型,自变量 $x_1, x_2, \cdots, x_k$ 也称为解释变量,因变量 $Y$ 也称为内生变量。现假定对于变量 $Y$ 与自变量 $x_1, x_2, \cdots, x_k$ 已得到 $n$ 组观测数据见表 7.7。

表 7.7　$Y$ 与 $x_i$ 的观测值表

| 序号 ＼ 变量 | $y$ | $x_1$ | $x_2$ | $\cdots$ | $x_k$ |
|---|---|---|---|---|---|
| 1 | $y_1$ | $x_{11}$ | $x_{21}$ | $\cdots$ | $x_{k1}$ |
| 2 | $y_2$ | $x_{12}$ | $x_{22}$ | $\cdots$ | $x_{k2}$ |
| $\vdots$ | $\vdots$ | $\vdots$ | $\vdots$ | $\cdots$ | $\vdots$ |
| $n$ | $y_n$ | $x_{1n}$ | $x_{2n}$ | $\cdots$ | $x_{kn}$ |

在理论模型式(7.3)下,可以认为表中的数据满足

$$y_j = \beta_0 + \beta_1 x_{1j} + \beta_2 x_{2j} + \ldots + \beta_p x_{pj} + \varepsilon_j (j = 1, 2, \cdots, n) \qquad (7.4)$$

式中：$\varepsilon_j$ 为相互独立且都服从 $N(0,\sigma^2)$ 的随机变量。若记

$$Y = \begin{bmatrix} y_1 \\ y_2 \\ \vdots \\ y_n \end{bmatrix}; X = \begin{bmatrix} 1 & x_{11} & x_{21} & \cdots & x_{k1} \\ 1 & x_{12} & x_{22} & \cdots & x_{k2} \\ \vdots & \vdots & \vdots & & \vdots \\ 1 & x_{1n} & x_{2n} & \cdots & x_{kn} \end{bmatrix}; \boldsymbol{\beta} = \begin{bmatrix} \beta_0 \\ \beta_1 \\ \vdots \\ \beta_k \end{bmatrix}; \boldsymbol{\varepsilon} = \begin{bmatrix} \varepsilon_1 \\ \varepsilon_2 \\ \vdots \\ \varepsilon_n \end{bmatrix}$$

则式(7.4)可用矩阵表示为

$$\begin{cases} Y = X\boldsymbol{\beta} + \boldsymbol{\varepsilon} \\ E(\boldsymbol{\varepsilon}) = 0, COV(\boldsymbol{\varepsilon},\boldsymbol{\varepsilon}) = \sigma^2 I_n \end{cases} \tag{7.5}$$

模型式(7.5)简记为 $(Y,X\boldsymbol{\beta},\sigma^2 I_n)$。

线性模型 $(Y,X\boldsymbol{\beta},\sigma^2 I_n)$ 主要考虑以下两个问题。①用试验值(样本值)对未知参数 $\boldsymbol{\beta}$ 和 $\sigma^2$ 作点估计和假设检验，从而建立 $y$ 与 $x_1,x_2,\cdots,x_k$ 之间的数量关系；②在 $x_1 = x_{01}$，$x_2 = x_{02},\cdots,x_k = x_{0k}$ 处对 $y$ 的值作预测与控制，即对 $y$ 作区间估计。

2. 未知参数的估计

同简单回归模型的情况相同，模型式(7.4)中的线性系数 $\beta_0,\beta_1,\cdots,\beta_k$ 的常用估计方法仍然为最小二乘法，记

$$Q(\beta_0,\beta_1,\cdots,\beta_k) = \sum_{i=1}^{n} (y_i - \beta_0 - \beta_1 x_{1i} - \beta_2 x_{2i} - \cdots - \beta_k x_{ki})^2$$

求它的最小值点 $(\hat{\beta}_0,\hat{\beta}_1,\cdots,\hat{\beta}_k)$，即

$$Q(\hat{\beta}_0,\hat{\beta}_1,\cdots,\hat{\beta}_k) = \min_{\beta_0,\beta_1,\cdots,\beta_k} Q(\beta_0,\beta_1,\cdots,\beta_k)$$

则 $\hat{\beta}_0,\hat{\beta}_1,\cdots,\hat{\beta}_k$ 就是 $\beta_0,\beta_1,\cdots,\beta_k$ 的最小二乘估计。

由微分法求极值的必要条件得 $\hat{\beta}_0,\hat{\beta}_1,\cdots,\hat{\beta}_k$ 是线性方程组，即

$$\frac{\partial}{\partial \beta_j} \sum_{i=1}^{n} (y_i - \beta_0 - \beta_1 x_{1i} - \beta_2 x_{2i} - \cdots - \beta_k x_{ki})^2 = 0 \quad (j = 0,1,\cdots,k)$$

的解。解此方程并用矩阵表示得

$$\hat{\boldsymbol{\beta}} = (X^{\mathrm{T}}X)^{-1}X^{\mathrm{T}}Y \tag{7.6}$$

式中：$\hat{\boldsymbol{\beta}} = (\hat{\beta}_0,\hat{\beta}_1,\cdots,\hat{\beta}_k)^{\mathrm{T}}$，且要求 $X^{\mathrm{T}}X$ 可逆。这样，得经验回归(平面)方程为

$$\hat{y} = \hat{\beta}_0 + \hat{\beta}_1 x_1 + \cdots + \hat{\beta}_k x_k \tag{7.7}$$

同一元回归模型相同，也要对方差 $\sigma^2$ 作估计，记

$$\sum_{i=1}^{n} (y_i - \hat{y}_i)^2 = Q_e(\hat{\beta}_0,\hat{\beta}_1,\cdots,\hat{\beta}_k)$$

故 $\sigma^2$ 的无偏估计

$$\hat{\sigma}^2 = \frac{Q_e(\hat{\beta}_0,\hat{\beta}_1,\cdots,\hat{\beta}_k)}{n-k-1} = \frac{\sum_{i=1}^{n} (y_i - \hat{y}_i)^2}{n-k-1} \tag{7.8}$$

3. 回归方程的显著性检验

与一元的情形一样，所求的经验方程(7.7)是否有显著意义，还需对 $y$ 与诸 $x_i$ 间是否

存在线性关系作显著性假设检验。与一元类似，原假设 $H_0: \beta_0 = 0, \beta_1 = 0, \cdots, \beta_k = 0$，备择假设 $H_1: \beta_i \neq 0$，对某个 $i$。

（1）F 检验法。当 $H_0$ 成立时，统计量

$$F = \frac{U/k}{Q_e/(n-k-1)} \sim F(k, n-k-1) \tag{7.9}$$

式中：$U = \sum_{i=1}^{n} (\hat{y}_i - \bar{y})^2$ 称为回归平方和；$Q_e = \sum_{i=1}^{n} (y_i - \hat{y}_i)^2$ 称为残差平方和。

对给定的显著性水平 $\alpha$，查 $F(k, n-k-1)$ 分布表可得满足 $P(F \geq F_\alpha) = \alpha$ 的临界值 $F_\alpha$，由样本观测值代入式(7.9)算出统计量 $F$ 的观测值，若 $F \geq F_\alpha$，则不能接受 $H_0$，认为所建的回归方程有显著意义。

（2）R 检验法。衡量经验回归方程与观测值之间拟合好坏的常用统计量有复相关系数 $R$ 及拟合优度系数 $R^2$，其中

$$R = \sqrt{\frac{U}{U+Q_e}}; R^2 = \frac{U}{U+Q_e}$$

且 $F$ 与 $R$ 的关系为

$$F = \frac{(n-k-1)R^2}{k(1-R^2)}; R^2 = \frac{[k/(n-k-1)]F}{1 + [k/(n-k-1)]F}$$

因此 $F$ 与 $R^2$ 相互唯一确定，且互为单调函数，在这个意义上，两个统计量在度量模型的有效性方面是等价的。

4. 预测

（1）点预测。求出回归方程 $\hat{y} = \hat{\beta}_0 + \hat{\beta}_1 x_1 + \cdots + \hat{\beta}_k x_k$，对于给定自变量的值 $x_1^*, \cdots, x_k^*$，用

$$\hat{y}^* = \hat{\beta}_0 + \hat{\beta}_1 x_1^* + \cdots + \hat{\beta}_k x_k^*$$

来预测 $\hat{y} = \beta_0 + \beta_1 x_1^* + \cdots + \beta_k x_k^* + \varepsilon$，称 $\hat{y}^*$ 为 $y^*$ 的点预测。

（2）区间预测。$y$ 的 $1-\alpha$ 的预测区间为 $[\hat{y}_1, \hat{y}_2]$，其中 $\boldsymbol{C} = (c_{ij}) = (\boldsymbol{X}^{\mathrm{T}}\boldsymbol{X})^{-1}$，则

$$\begin{cases} \hat{y}_1 = \hat{y} - \hat{\sigma}_e \sqrt{1 + \sum_{i=0}^{k} \sum_{j=0}^{k} c_{ij} x_i x_j} \, t_{1-\alpha/2} & (n-k-1) \\ \hat{y}_2 = \hat{y} + \hat{\sigma}_e \sqrt{1 + \sum_{i=0}^{k} \sum_{j=0}^{k} c_{ij} x_i x_j} \, t_{1-\alpha/2} & (n-k-1) \end{cases}$$

5. 建立多元回归模型的步骤

（1）对问题进行直观分析，选择因变量与解释变量，作出与因变量与各解释变量的散点图，初步设定多元线性回归模型的参数个数。

（2）输入因变量与自变量的观测数据 $(y, X)$，调用命令

$$[\mathrm{b}, \mathrm{bint}, \mathrm{r}, \mathrm{rint}, \mathrm{s}] = \mathrm{regress}(\mathrm{y}, \mathrm{X}, \mathrm{alpha}),$$

计算参数的估计。

（3）调用命令 rcoplot(r, rint)，分析数据的异常点情况。

（4）作显著性检验，若通过，则对模型作预测。

（5）对模型进一步研究：如残差的正态性检验，残差的异方差检验，残差进行自相关性的检验等。

### 7.2.2 实验内容

1. 多元线性回归模型

**例 7.2.1** 某厂生产的一种商品的销售量 $y$ 与竞争对手的价格 $x_1$ 和本厂的价格 $x_2$ 有关，其销售记录见表 7.8。试根据这些数据建立 $y$ 与 $x_1$ 和 $x_2$ 的关系式，对得到的模型和系数进行检验。

表 7.8　销售量与价格统计表

| 序号 | 1 | 2 | 3 | 4 | 5 | 6 | 7 | 8 | 9 | 10 |
|---|---|---|---|---|---|---|---|---|---|---|
| $x_1/$(元/件) | 120 | 140 | 190 | 130 | 155 | 175 | 125 | 145 | 180 | 150 |
| $x_2/$(元/件) | 100 | 110 | 90 | 150 | 210 | 150 | 250 | 270 | 300 | 250 |
| $y/$件 | 102 | 100 | 120 | 77 | 46 | 93 | 26 | 69 | 65 | 85 |

分析：为了确定一种商品的销售量与价格之间的关系，分别作出 $y$ 与 $x_1$ 及 $y$ 与 $x_2$ 的散点图，散点图显示它们之间近似线性关系，因此可设定 $y$ 与 $x_1$ 和 $x_2$ 的关系为二元线性回归模型 $y = \beta_0 + \beta_1 x_1 + \beta_2 x_2$，调用命令

[b,bint,r,rint,s] = regress(y,X,alpha),

可计算出参数的估计。

解：设计程序并保存为 M 文件"exp7_1_1.m"，程序如下：

```
% 输入数据并作散点图(图 7.13)
x1 = [120 140 190 130 155 175 125 145 180 150]';
x2 = [100 110 90 150 210 150 250 270 300 250]';
y = [102 100 120 77 46 93 26 69 65 85]';
plot(x1,y,'o',x2,y,'*r')
% 作二元线性回归
x = [ones(10,1) x1 x2];
[b,bint,r,rint,stats] = regress(y,x);
b,bint,stats,
% 作残差分析图(图 7.14)
rcoplot(r,rint)
```

程序运行结果：

```
b =
    66.5176
     0.4139
    -0.2698
bint =
    -32.5060  165.5411
     -0.2018    1.0296
```

```
      -0.4611  -0.0785
  stats =
      0.6527  6.5786  0.0247
```

说明:结果表明,线性回归方程为$\hat{y}=66.5176+0.4139x_1-0.2698x_2$,可决系数$R^2=0.6527,p=0.0247<0.05$,故回归模型成立。

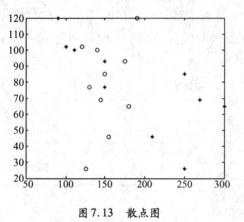

图 7.13　散点图

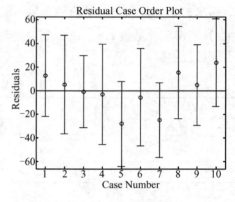

图 7.14　残差分析图

**例 7.2.2**　某销售公司将其连续 18 个月的库存占用资金情况、广告投入的费用、员工薪酬以及销售额等方面的数据作了汇总(表 7.9)。该公司的管理人员试图根据这些数据找到销售额与其他三个变量之间的关系,以便进行销售额预测并为未来的工作决策提供参考依据。(1)试建立销售额的回归模型;(2)如果未来某月库存资金额为 150 万元,广告投入预算为 45 万元,员工薪酬总额为 27 万元,试根据建立的回归模型预测该月的销售额。

表 7.9　占用资金、广告投入、员工薪酬、销售额　　　　　　　(单位:万元)

| 月份 | 库存资金额 $x_1$ | 广告投入 $x_2$ | 员工薪酬总额 $x_3$ | 销售额 $y$ |
|---|---|---|---|---|
| 1 | 75.2 | 30.6 | 21.1 | 1090.4 |
| 2 | 77.6 | 31.3 | 21.4 | 1133 |
| 3 | 80.7 | 33.9 | 22.9 | 1242.1 |
| 4 | 76 | 29.6 | 21.4 | 1003.2 |
| 5 | 79.5 | 32.5 | 21.5 | 1283.2 |
| 6 | 81.8 | 27.9 | 21.7 | 1012.2 |
| 7 | 98.3 | 24.8 | 21.5 | 1098.8 |
| 8 | 67.7 | 23.6 | 21 | 826.3 |
| 9 | 74 | 33.9 | 22.4 | 1003.3 |
| 10 | 151 | 27.7 | 24.7 | 1554.6 |
| 11 | 90.8 | 45.5 | 23.2 | 1199 |
| 12 | 102.3 | 42.6 | 24.3 | 1483.1 |
| 13 | 115.6 | 40 | 23.1 | 1407.1 |

| 月份 | 库存资金额 $x_1$ | 广告投入 $x_2$ | 员工薪酬总额 $x_3$ | 销售额 $y$ |
|------|------|------|------|------|
| 14 | 125 | 45.8 | 29.1 | 1551.3 |
| 15 | 137.8 | 51.7 | 24.6 | 1601.2 |
| 16 | 175.6 | 67.2 | 27.5 | 2311.7 |
| 17 | 155.2 | 65 | 26.5 | 2126.7 |
| 18 | 174.3 | 65.4 | 26.8 | 2256.5 |

分析：为了确定销售额 $y$ 与库存资金额 $x_1$、广告投入 $x_2$、员工薪酬总额 $x_3$ 之间的关系，分别作出 $y$ 与 $x_1$，$y$ 与 $x_2$，$y$ 与 $x_3$ 的散点图，散点图显示它们之间呈近似线性关系，因此可设定 $y$ 与 $x_1, x_2, x_3$ 的关系为三元线性回归模型

$$y = \beta_0 + \beta_1 x_1 + \beta_2 x_2 + \beta_3 x_3$$

调用命令

$$[b, bint, r, rint, s] = regress(y, X, alpha)$$

可计算出参数的估计。

解：设计程序并保存为 M 文件"exp7_2_2.m"，程序如下：

```
% 输入数据并作散点图
A = [75.2 30.6 21.1 1090.4;77.6 31.3 21.4 1133;80.7 33.9 22.9 1242.1;
76 29.6 21.4 1003.2;79.5 32.5 21.5 1283.2;81.8 27.9 21.7 1012.2;98.3
24.8 21.5 1098.8;67.7 23.6 21 826.3;74 33.9 22.4 1003.3;151 27.7 24.7
1554.6;90.8 45.5 23.2 1199;102.3 42.6 24.3 1483.1;115.6 40 23.1 1407.1;
125 45.8 29.1 1551.3;137.8 51.7 24.6 1601.2;175.6 67.2 27.5 2311.7;
155.2 65 26.5 2126.7;174.3 65.4 26.8 2256.5]
subplot(2,2,1);plot(A(:,1),A(:,4),'*'),title('销售额与库存资金额')
subplot(2,2,2);plot(A(:,2),A(:,4),'o'),title('销售额与广告投入')
subplot(2,1,2);plot(A(:,3),A(:,4),'+'),title('销售额与员工薪酬总额')
% 作多元回归
x = [ones(18,1) A(:,1:3)];
[b,bint,r,rint,stats] = regress(A(:,4),x);
b,bint,stats,
% 预测
x1 = [1 150 45 27];
y1 = x1 * b
% 作残差分析图
figure(2)
rcoplot(r,rint)
```

程序运行结果如下：

```
b = 162.0632
   7.2739
  13.9575
  -4.3996
```

```
bint = -580.3603   904.4867
        4.3734     10.1743
        7.1649     20.7501
      -46.7796     37.9805
stats = 0.9575   105.0867   0.0000
y1 = 1.7624e +003
```

说明:结果表明,系数 $\beta_0 = 162.0632$, $\beta_1 = 7.2739$,$\beta_2 = 13.9575$,$\beta_3 = -4.3996$,且 $\beta_0$,$\beta_1$,$\beta_2$,$\beta_3$ 在置信水平 95% 下的置信区间分别为 [ -580.3603, 904.4867 ]、[4.3734, 10.1743]、[7.1649, 20.7501] 和 [ -46.7796, 37.9805 ],可决系数 $R^2 = 0.9575$,$p = 0.0000 < 0.05$,故回归模型

$$\hat{y} = 162.0632 + 7.2739x_1 + 13.9575x_2 - 4.3996x_3$$

成立。当未来某月库存资金额为 150 万元,广告投入预算为 45 万元,员工薪酬总额为 27 万元时,由模型预测该月的销售额为 1.7624e +003 万元。

数据的散点图及回归模型的残差分析图如图 7.15、图 7.16 所示。

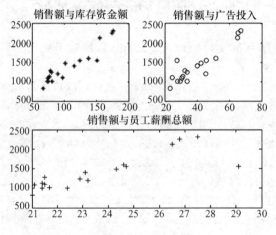

图 7.15　散点图

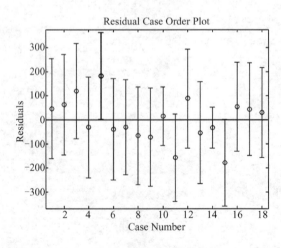

图 7.16　残差分析图

208

例 **7.2.3** 表 7.10 是血压与年龄、体重指数、吸烟习惯的统计数据,其中吸烟习惯用数"0"表示不吸烟,数"1"表示吸烟;体重指数 = 体重(kg)/身高(m)的平方。试建立回归分析模型,分析血压与年龄、体重指数、吸烟习惯的关系。

表 7.10　血压与年龄、体重指数、吸烟习惯数据

| 序号 | 血压/mmHg | 年龄/岁 | 体重指数 | 吸烟习惯 | 序号 | 血压/mmHg | 年龄/岁 | 体重指数 | 吸烟习惯 |
|---|---|---|---|---|---|---|---|---|---|
| 1 | 144 | 39 | 24.2 | 0 | 16 | 130 | 48 | 22.2 | 1 |
| 2 | 215 | 47 | 31.1 | 1 | 17 | 135 | 45 | 27.4 | 0 |
| 3 | 138 | 45 | 22.6 | 0 | 18 | 114 | 18 | 18.8 | 0 |
| 4 | 145 | 47 | 24.0 | 1 | 19 | 116 | 20 | 22.6 | 0 |
| 5 | 162 | 65 | 25.9 | 1 | 20 | 124 | 19 | 21.5 | 0 |
| 6 | 142 | 46 | 25.1 | 0 | 21 | 136 | 36 | 25.0 | 0 |
| 7 | 170 | 67 | 29.5 | 1 | 22 | 142 | 50 | 26.2 | 1 |
| 8 | 124 | 42 | 19.7 | 0 | 23 | 120 | 39 | 23.5 | 0 |
| 9 | 158 | 67 | 27.2 | 1 | 24 | 120 | 21 | 20.3 | 0 |
| 10 | 154 | 56 | 19.3 | 0 | 25 | 160 | 44 | 27.1 | 1 |
| 11 | 162 | 64 | 28.0 | 1 | 26 | 158 | 53 | 28.6 | 1 |
| 12 | 150 | 56 | 25.8 | 0 | 27 | 144 | 63 | 28.3 | 0 |
| 13 | 140 | 59 | 27.3 | 0 | 28 | 130 | 29 | 22 | 1 |
| 14 | 110 | 34 | 20.1 | 0 | 29 | 125 | 25 | 25.3 | 0 |
| 15 | 128 | 42 | 21.7 | 0 | 30 | 175 | 69 | 27.4 | 1 |

分析:为了确定血压与上述三个指标之间存在何种关系,首先作出散点图,血压与年龄的散点图如图 7.17 所示,血压与体重指数之间的散点图如图 7.18 所示。

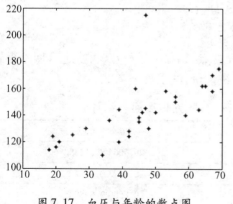

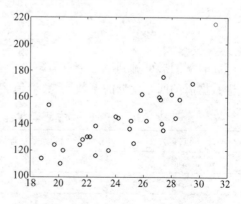

图 7.17　血压与年龄的散点图　　　　图 7.18　血压与体重指数的散点图

从图中可以看出以下几点:①随着年龄的增长血压有增高的趋势,随着体重指数的增长血压也有增高的趋势;②总体上看血压与年龄、血压与体重指数存在一定的线性相关性,所以建立多元线性回归模型

$$y = \beta_0 + \beta_1 x_1 + \beta_2 x_2 + \beta_3 x_3 + \varepsilon$$

回归系数 $\beta_0, \beta_1, \beta_2, \beta_3$ 由数据估计，$\varepsilon$ 是随机误差。

其次，求出回归系数 $\beta_0, \beta_1, \beta_2, \beta_3$ 的估计与置信区间，以及求出相应的统计量，得到表7.11。

表 7.11    回归模型的系数、系数置信区间与统计量

| 回归系数 | 回归系数估计值 | 回归系数置信区间 |
|---|---|---|
| $\beta_0$ | 45.3636 | $[3.5537, 87.1736]$ |
| $\beta_1$ | 0.3604 | $[-0.0758, 0.7965]$ |
| $\beta_2$ | 3.0906 | $[1.0530, 5.1281]$ |
| $\beta_3$ | 11.8246 | $[-0.1482, 23.7973]$ |
| $R^2 = 0.6855, F = 18.8906, p < 0.0001, s^2 = 169.7917$ | | |

从表7.11可知，由于 $\beta_1, \beta_3$ 的置信区间包含零点，因此模型需要改进，为此作出残差与残差置信区间的图形（图7.19）。

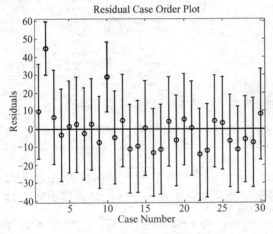

图 7.19    残差置信区间的图

此时从图形可见到第二个点与第十个点是异常点，剔除上述两点，再次进行回归得到改进数据后的回归模型的系数、系数置信区间与统计量，结果见表7.12。

表 7.12    改进后的回归模型的系数、系数置信区间与统计量

| 回归系数 | 回归系数估计值 | 回归系数置信区间 |
|---|---|---|
| $\beta_0$ | 58.5101 | $[29.9064\ 87.1138]$ |
| $\beta_1$ | 0.4303 | $[0.1273\ 0.7332]$ |
| $\beta_2$ | 2.3449 | $[0.8509\ 3.8389]$ |
| $\beta_3$ | 10.3065 | $[3.3878\ 17.2253]$ |
| $R^2 = 0.8462, F = 44.0087, p < 0.0001, s^2 = 53.6604$ | | |

从表中可知，这时所有参数的置信区间均不包含零点，$F$ 统计量增大，可决系数从

0.6855增大到0.8462,得到回归模型为

$$\hat{y} = 58.5101 + 0.4303x_1 + 2.3449x_2 + 10.3065x_3$$

最后,对模型进行检验,说明模型的合理性。

(1)残差的正态检验。由 jbtest 检验,$h = 0$ 表明残差服从正态分布,进而由 $t$ 检验可知 $h1 = 0, p1 = 1$,故残差服从均值为零的正态分布。

(2)残差的异方差检验。进行戈德菲尔德—匡特(Goldfeld—Quant)检验,将28个数据从小到大排列,去掉中间的6个数据,得到 $F$ 统计量的观测值为 $f = 1.6604$,由 $F(7,7) = 3.79$,可知 $f = 1.6604 < 3.79$,故不存在异方差。

(3)残差的自相关性检验。进行 D－W 检验,通过计算 $DW = \dfrac{\sum_{t=2}^{n}(e_t - e_{t-1})^2}{\sum_{t=1}^{n} e_t^2}$ 得到

$DW = 1.4330$,查表后得到 $dl = 0.97, du = 1.41$,由于 $1.41 = du < DW = 1.433 < 4 - du = 2.59$ 可知残差不存在自相关性。

解:在命令窗口中输入以下命令:

```
% 输入数据,建立矩阵A
A = [144 ,39 ,24.2 ,0;215 ,47 ,31.1 ,1 ;138 ,45 ,22.6 ,0;145 ,47 ,24.0 ,1 ;162 ,65 ,
25.9 ,1 ;142 ,46 ,25.1 ,0;170 ,67 ,29.5 ,1 ;124 ,42 ,19.7 ,0;158 ,67 ,27.2 ,1 ;154 ,56 ,
19.3 ,0;162 ,64 ,28.0 ,1 ;150 ,56 ,25.8 ,0;140 ,59 ,27.3 ,0;110 ,34 ,20.1 ,0;128 ,42 ,
21.7 ,0;130 ,48 ,22.2 ,1 ;135 ,45 ,27.4 ,0;114 ,18 ,18.8 ,0;116 ,20 ,22.6 ,0;124 ,19 ,
21.5 ,0;136 ,36 ,25.0 ,0;142 ,50 ,26.2 ,1 ;120 ,39 ,23.5 ,0;120 ,21 ,20.3 ,0;160 ,44 ,
27.1 ,1 ;158 ,53 ,28.6,1 ;144 ,63 ,28.3 ,0;130 ,29 ,22 ,1 ;125 ,25 ,25.3 ,0;175 ,69 ,
27.4 ,1];
% 求多元回归的参数估计
[b,bint,r,rint,s] = regress(A(:,1),[ones(30,1),A(:,2:4)]);
s2 = sum(r.^2)/(30 - 3 - 1)                    % 计算残差平方和
b,bint,s                                        % 显示结果
rcoplot(r,rint)                                 % 作残差与残差置信区间的图形
% 剔除异常点并进行回归的程序
A1 = A([1,3:9,11:30],:);                        % 剔除异常点
[b2,bint2,r2,rint2,s1] = regress(A1(:,1),[ones(28,1),A1(:,2:4)])
% 残差检验程序
[h,p] = jbtest(r2)                              % 正态性检验
[h1,p1] = ttest(r2,0)                           % t 检验
% 异方差检验
[c,i] = sort(A1(:,1));                          % 将样本值按被解释变量的从小到大排序
A2 = A1(i,2:4);
[b10,bint10,r10,rint10,s10] = regress(c(1:11),[ones(11,1),A2(1:11,:)]);% 在
所有样本点中删去中间的6个点,将余下的点分为两组,取前11个点作回归
[b1h,bint1h,r1h,rint1h,s1h] = regress(c(18:28),[ones(11,1),A2(18:28,:)]);
% 取后11个点作回归
yf1 = sum(r1h.^2)/sum(r10.^2)                   % 计算F检验统计量值
```

```
% 自相关性检验
dw = sum(diff(r2).^2)/sum(r2.^2)          % 计算 D - W 统计量
```

说明:(1)回归模型的基本假定:利用样本数据估计回归模型中的参数时,为了选择适当的参数估计方法,提高估计的精度,通常需要对模型的随机误差项和解释变量的特性事先做些假设。

假设 1:解释变量是非随机的或固定的,且各 $X$ 之间互不相关(无多重共线性)。

假设 2:随机误差项具有零均值、同方差以及序列不相关性,即

$$E(\varepsilon_i) = 0, \mathrm{Var}(\varepsilon_i) = E(\varepsilon_i^2) = \sigma^2; \mathrm{Cov}(\varepsilon_i, \varepsilon_j) = 0 (i \neq j; i, j = 1, 2, \cdots, n)$$

假设 3:解释变量与随机项不相关 $\mathrm{Cov}(X_j, \varepsilon_j) = 0$。

假设 4:随机误差项满足正态分布 $\varepsilon_i \sim N(0, \sigma^2)$。

将满足这些假定的回归模型称为古典回归模型。直观地看,这些假定的作用是便于分离回归模型中每个因素的单独影响,在回归分析的参数估计和统计检验理论中,许多结论都以这些假定作为基础。换句话说,这些假设的成立与否将直接影响回归分析中统计推断的结论。

(2)对于实际问题,在建立的模型时应注意以下问题:①模型中是否应该具有常数项取决于该常数的实际意义是什么;②对于涉及到有关专业的问题,必须请教有关专家决定自变量的取舍。对于此题的结果医学专家认为模型中的常数无法给出合理的解释,此外吸烟与血压的高低没有关系。因此可以考虑建立血压与年龄、体重指数之间的二元回归模型。

### 7.2.3  练习

1. 对于例题 7.15 分别作出血压与年龄,血压与体重指数的一元线性回归模型,以及血压与年龄、体重指数之间的二元回归模型,并讨论是否应该有常数项。

2. 表 7.13 是中国 1950—1998 年的进口 $im_t$、出口($ex_t$)统计数据,要求:①对上述两个变量取自然对数,得到 $\ln im_t$ 和 $\ln ex_t$,在同一坐标系内分别绘出年进出口原始数据的散点图,以及 $\ln im_t$ 和 $\ln ex_t$ 的散点图,并比较二者之间的区别;②建立 $\ln im_t$ 和 $\ln ex_t$ 的之间的线性模型,进而得到年进口($im_t$)、出口($ex_t$)之间的非线性模型;③在同一坐标系内绘出原始数据与拟合曲线图形。

表 7.13    中国的年进口($im_t$)、出口($ex_t$)数据          (单位:亿美元)

| 年份 | $im_t$ | $ex_t$ | 年份 | $im_t$ | $ex_t$ | 年份 | $im_t$ | $ex_t$ | 年份 | $im_t$ | $ex_t$ |
|---|---|---|---|---|---|---|---|---|---|---|---|
| 1950 | 5.8 | 5.5 | 1963 | 12.7 | 16.5 | 1976 | 65.8 | 68.5 | 1989 | 591.4 | 525.4 |
| 1951 | 12 | 7.6 | 1964 | 15.5 | 19.2 | 1977 | 72.1 | 75.9 | 1990 | 533.5 | 620.9 |
| 1952 | 11.2 | 8.2 | 1965 | 20.2 | 22.3 | 1978 | 108.9 | 97.5 | 1991 | 637.9 | 718.4 |
| 1953 | 13.5 | 10.2 | 1966 | 22.5 | 23.7 | 1979 | 156.7 | 136.6 | 1992 | 805.9 | 849.4 |
| 1954 | 12.9 | 11.5 | 1967 | 20.2 | 21.4 | 1980 | 200.2 | 181.2 | 1993 | 1039.6 | 917.4 |
| 1955 | 17.3 | 14.1 | 1968 | 19.5 | 21 | 1981 | 220.2 | 220.1 | 1994 | 1156.1 | 1210.1 |
| 1956 | 15.6 | 16.5 | 1969 | 18.3 | 22 | 1982 | 192.9 | 223.2 | 1995 | 1320.8 | 1487.8 |
| 1957 | 15 | 16 | 1970 | 23.3 | 22.6 | 1983 | 213.9 | 222.3 | 1996 | 1388.3 | 1510.5 |

| 年份 | $im_t$ | $ex_t$ | 年份 | $im_t$ | $ex_t$ | 年份 | $im_t$ | $ex_t$ | 年份 | $im_t$ | $ex_t$ |
|------|--------|--------|------|--------|--------|------|--------|--------|------|--------|--------|
| 1958 | 18.9 | 19.8 | 1971 | 22 | 26.4 | 1984 | 274.1 | 261.4 | 1997 | 1423.7 | 1827.9 |
| 1959 | 21.2 | 22.6 | 1972 | 28.6 | 34.4 | 1985 | 422.5 | 273.5 | 1998 | 1401.7 | 1837.6 |
| 1960 | 19.5 | 18.6 | 1973 | 51.6 | 58.2 | 1986 | 429.1 | 309.4 | | | |
| 1961 | 14.5 | 14.9 | 1974 | 76.2 | 69.5 | 1987 | 432.1 | 394.4 | | | |
| 1962 | 11.7 | 14.9 | 1975 | 74.9 | 72.6 | 1988 | 552.7 | 475.2 | | | |

# 第 8 章 优 化 方 法

最优化方法是运用数学方法研究各种系统的优化途径及方案,为决策者提供科学决策的依据的。它的目的在于针对所研究的系统,求得一个合理运用人力、物力和财力的最佳方案,发挥和提高系统的效能及效益,最终达到系统的最优目标。一般用数学建模方法建立数学规划模型求解最优化问题。本章主要介绍线性规划问题、非线性规划问题以及动态规划问题的模型建立与求解。

## 实验 8.1 线性规划问题的求解

### 8.1.1 实验目的

(1)学习线性规划的基本理论与建模方法。
(2)学习 MATLAB 软件中线性规划问题的求解方法。

### 8.1.2 实验背景知识介绍

1. 线性规划模型的一般表示及其解的基本概念

规划问题研究的对象大体可分为两大类:一类是在现有的人的力、财力、物力等资源的条件下,研究如何合理地计划、安排,可使得某一目标达到最大,例如产量、利润目标等;另一类是在任务确定后,如何计划、安排,使用最低限度的人力、财力等资源实现该任务,如何使生产成本、费用最小等。这两类问题从本质上说是相同的,即都在一组约束条件下,去实现某一个目标的最优(最大或最小),线性规划研究的问题要求目标与约束条件函数均是线性的,且目标函数只能是一个。在经济管理问题中,大量的问题是线性的,有的可以转化为线性的,从而使线性规划有极大的应用价值.线性规划模型包括以下三个要素。

(1)决策变量。问题中需要求解的那些未知量,一般用 $n$ 维向量 $\boldsymbol{x} = (x_1, x_2, \cdots, x_n)^{\mathrm{T}}$ 表示。

(2)目标函数。通常是问题中需要优化的那个目标的数学表达式,它是决策变量 $x$ 的线性函数。

(3)约束条件。对决策变量的限制条件,即 $x$ 的允许取值范围,它通常是 $x$ 的一组线性不等式或线性等式。

线性规划问题的数学模型的一般可表示为如下形式:

目标函数:

$$\min(\max)z = \sum_{j=1}^{n} c_j x_j \tag{8.1}$$

214

约束条件

$$\begin{cases} \sum_{j=1}^{n} a_{ij}x_j \leqslant b_i & (i = 1,2,\cdots,m) \\ x_j \geqslant 0 & (j = 1,2,\cdots,n) \end{cases} \tag{8.2}$$

式中:$z$ 称为目标变量,$a_{ij}$,$c_j$,$b_i$($i = 1,2,\cdots,m$;$j = 1,2,\cdots,n$)是常数,式(8.1)称为目标函数,式(8.2)称为约束条件,简记为 s.t.。

称满足约束条件式(8.2)的解 $\boldsymbol{x} = (x_1,x_2,\cdots,x_n)^T$ 为线性规划问题的可行解,而使目标函数式(8.1)达到最小值的可行解叫最优解。

运用矩阵知识,式(8.1)与式(8.2)可用矩阵与向量的形式表示为

$$\min z = \boldsymbol{C}^T \boldsymbol{x} \tag{8.3}$$

$$\text{s. t.} \begin{cases} \boldsymbol{Ax} \leqslant \boldsymbol{b} \\ \boldsymbol{x} \geqslant 0 \end{cases} \tag{8.4}$$

通常 $\boldsymbol{A} = (a_{ij})_{m \times n}$ 称为技术系数矩阵,$\boldsymbol{b} = (b_1,b_2,\cdots,b_m)^T$ 称为资源系数向量,$\boldsymbol{C} = (c_1,c_2,\cdots,c_n)^T$ 称为价值系数向量,$\boldsymbol{x} = (x_1,x_2,\cdots,x_n)^T$ 称为决策向量。

2. 求解线性规划的 MATLAB 命令

在 MATLAB 的优化工具箱中,线性规划的问题一般形式如下:

$$\min z = \boldsymbol{C}^T x$$

$$\text{s. t.} \begin{cases} \boldsymbol{Ax} \leqslant \boldsymbol{b} \\ \text{Aeq} \cdot \boldsymbol{x} = \text{beq} \\ \text{lb} \leqslant \boldsymbol{x} \leqslant \text{ub} \end{cases} \tag{8.5}$$

用于求解上述问题的命令是 linprog( ),根据规划问题的条件,其主要运用格式有以下几种:

① x = linprog(c,A,b)      % 求 min c'*x 在约束条件 $A \cdot x \leqslant b$ 下线性规划的最优解

② x = linprog(c,A,b,Aeq,beq)    % 等式约束 Aeq·x=beq,若没有不等式约束 A·x≤b,则置 A=[ ],b=[ ]。

③ x = linprog(c,A,b,Aeq,beq,lb,ub)   % 指定 x 的范围 lb≤x≤ub,若没有等式约束 Aeq·x=beq,则置 Aeq=[ ],beq=[ ]

④ x = linprog(c,A,b,Aeq,beq,lb,ub,x0)   % 设置初值 x0

⑤ x = linprog(c,A,b,Aeq,beq,lb,ub,x0,options)   % options 为指定的优化参数

⑥ [x,fval] = linprog(···)     % 返回目标函数最优值,即 fval = c'*x

⑦ [x,lambda,exitflag] = linprog(···)   % lambda 为解 x 的 Lagrange 乘子

⑧ [x, lambda,fval,exitflag] = linprog(···)   % exitflag 为终止迭代的错误条件

⑨ [x,fval, lambda,exitflag,output] = linprog(···)   % output 为关于优化的一些信息

说明:若 exitflag > 0 表示函数收敛于解 x,exitflag = 0 表示超过函数估值或迭代的最大数字,exitflag < 0 表示函数不收敛于解 x;若 lambda = lower 表示下界 lb,lambda = upper 表示上界 ub,lambda = ineqlin 表示不等式约束,lambda = eqlin 表示等式约束,lambda 中的非零元素表示对应的约束是有效约束;output = iterations 表示迭代次数,output = algorithm 表示使用的运算规则,output = cgiterations 表示 PCG 迭代次数。

3. MATLAB 的优化工具箱

MATLAB 的优化工具箱由一些对普通非线性函数求解最小化或最大化(求极值)的函数组成,另外还包括一些解决诸如线性规划等标准矩阵问题的函数。所有的优化函数都是用 MATLAB 语言编写的 M 文件,可以通过在命令窗口里输入 type function_name 来查看这些函数。优化工具箱的主要功能如下:

(1)求解线性规划问题和二次规划问题。

(2)求解无约束条件下的非线性极小值。

(3)求解约束条件下的非线性极小值,包括目标逼近问题、极大(极小)问题等。

(4)非线性最小二乘逼近和曲线拟合。

(5)非线性系统方程的求解。

(6)求约束条件下的线性最小二乘优化。

(7)求解复杂结构的大规模优化问题。

工具箱中求非线性函数极小值的指令函数见表 8.1。

表 8.1 求非线性函数极小值的指令函数

| 问题类型 | 指令函数简单用法 | 数 学 模 型 |
|---|---|---|
| 线性规划 | $[x, fval] = linprog(c, A, b)$ | $\min z = C^T x$ <br> s. t. $Ax \leq b$ |
| 一元函数极小 | $[x, fval] = fminbnd(fun, x1, x2)$ | $\min f(x)$ <br> s. t. $x_1 < x < x_2$ |
| 多元函数极小 | $[x, fval] = fminunc(fun, x0)$ 或 <br> $[x, fval] = fminsearch(fun, x0)$ | $\min_x f(x)$,$x$ 为标量或矩阵 |
| 非线性规划 | $[x, fval] = fmincon('fg', x0)$ | $\min f(x)$ <br> s. t. $g(x) \leq 0$ |
| 二次规划 | $[x, fval] = quadprog(H, f, A, b)$ | $\min \frac{1}{2} x'Hx + f'x$ <br> s. t. $Ax \leq b$ |
| 多目标规划 | $x = fgoalattain(fun, x0, goal, w)$ | $\min[f_1(x), f_2(x), \cdots f_m(x)]$ <br> s. t. $g_j(x) \leq 0 (j = 1, 2, \cdots, p)$ |
| 最小最大极值 | $x = fminimax(fun, x0)$ | $\min_x \max_{\{F_i\}} \{F_i(x)\}$ |
| 约束线性最小二乘 | $x = lsqlin(C, d, A, b)$ | $\min_x \frac{1}{2} \| Cx - d \|_2^2$ <br> s. t. $Ax \leq b$ |

读者可以查看 MATLAB 提供的优化演示示例。在命令窗口中输入 optdemo，按回车键，命令窗口中即出现对话框，选择一个选项，根据给出的说明和解释一步一步的操作，就会体会到优化工具箱的简单易学和巨大的功能。

### 8.1.3 实验内容

1. 标准线性规划问题

**例 8.1.1** 求解线性规划问题

$$\min z = -2x_1 - x_2 + x_3$$

$$\text{s. t.} \begin{cases} x_1 + x_2 + 2x_3 = 6 \\ x_1 + 4x_2 - x_3 \leqslant 4 \\ 2x_1 - 2x_2 + x_3 \leqslant 12 \\ x_1 \geqslant 0, x_2 \geqslant 0, x_3 \leqslant 5 \end{cases}$$

分析：这是一个线性规划问题，考察上述模型发现完全符合 linprog 函数的要求，因而，无须对其形式进行变换即可直接求解。选用命令函数 linprog 时，关键是确定各输入参数 $C$、$A$、$b$ 等。本例各输入参数为

$$C = [-2, -1, 1]; Aeq = [1, 1, 2]; beq = 6$$

$$\text{lb} = [0, 0, -\inf]', \text{ub} = [\inf, \inf, 5]'; A = \begin{pmatrix} 1 & 4 & -1 \\ 2 & -2 & 1 \end{pmatrix}, b = \begin{pmatrix} 4 \\ 12 \end{pmatrix}$$

解：在命令窗口中输入如下程序：

```
C = [-2, -1, 1]; A = [1, 4, -1; 2, -2, 1]; b = [4; 12]; a1 = [1, 1, 2]; b1 = 6;
lb = [0; 0; -inf]; ub = [inf; inf; 5];
[x, z] = linprog(C, A, b, a1, b1, lb, ub)
```

运行后得到如下结果：

```
> >Optimization terminated successfully.
> >x =
4.6667
0.0000
0.6667
> >z =
-8.6667
```

说明：结果表示决策变量 $x = (x_1, x_2, x_3) = (4.6667, 0.0000, 0.6667)$ 是规划问题的最优解，此时目标函数的最小值是 $z = -8.6667$。

2. 线性规划问题的实例

**例 8.1.2** 某工厂计划生产甲、乙两种产品，主要材料有钢材 3600kg、铜材 2000kg、专用设备能力 3000 台时。材料与设备能力的消耗定额以及单位产品所获利润见表 8.2，问如何安排生产，才能使该厂所获利润最大？

表 8.2　材料与设备能力的消耗定额以及单位产品所获利润

| 单位　　　　　　产品<br>产品消耗定额<br>材料与设备 | 甲/件 | 乙/件 | 现有材料与备设备能力 |
|---|---|---|---|
| 钢材/kg | 9 | 4 | 3600 |
| 铜材/kg | 4 | 5 | 2000 |
| 设备能力/(台·时) | 3 | 10 | 3000 |
| 单位产品的利润/元 | 70 | 120 | |

分析:这属于生产组织与计划的线性规划问题,首先建立模型,再编程求解。设甲、乙两种产品计划生产量分别为 $x_1$,$x_2$(件),总的利润为 $z$(元)。求变量 $x_1$,$x_2$ 的值为多少时,才能使总利润 $z = 70x_1 + 120x_2$ 最大? 依题意可建立数学模型如下:

$$\max z = 70x_1 + 120x_2$$

$$\mathrm{s.\,t.} \begin{cases} 9x_1 + 4x_2 \leqslant 3600 \\ 4x_1 + 5x_2 \leqslant 2000 \\ 3x_1 + 10x_2 \leqslant 3000 \\ x_1, x_2 \geqslant 0 \end{cases}$$

对上述模型,调用命令函数 linprog 求解。

解:在命令窗口中输入如下程序:

```
C = [ -70, -120]; A = [9,4;4,5;3,10]; b = [3600,2000,3000];
lb = [0;0]; ub = [inf; inf];
[x, z] = linprog(C,A,b,[],[],lb,ub)
```

运行后得到结果如下:

```
> > x =
 200.0000
 240.0000
> > z = -4.2800e +004
```

说明:

(1) 由于模型的目标函数是求极大值,而命令函数 linprog 是求极小值,注意到 $\max z = 70x_1 + 120x_2$ 与 $\min z = -70x_1 - 120x_2$ 等价,因此在输入变量时取 $C = [ -70, -120]$.

(2) 结果表明,当决策变量 $x = (x_1, x_2) = (200,240)$ 时,规划问题有最优解,此时目标函数的最小值是 $z = -42800$,即当甲、乙两种产品计划生产量分别为 200 件、240 件时,该厂可获最大利润是 42800 元。

**例 8.1.3** (组合投资选择问题)某投资者有 50 万元资金可用于长期投资,可供选择的投资品种包括购买国库券、公司债券、股票、银行储蓄与投资房地产。各种投资方式的投资期限,年收益率,风险系数,增长潜力的具体参数见表 8.3。若投资者希望投资组合的平均年限不超过 5 年,平均的期望收益率不低于 13%,风险系数不超过 4,收益的增长潜力不低于 10%。问在满足上述要求的条件下,投资者该如何进行组合投资选择使平均年收益率最高?

218

表 8.3　各种投资方式的投资期限、年收益率、风险系数、增长潜力

| 序号 | 投资方式 | 投资期限/年 | 年收益率/% | 风险系数 | 增长潜力/% |
|---|---|---|---|---|---|
| 1 | 国库券 | 3 | 11 | 1 | 0 |
| 2 | 公司债券 | 10 | 15 | 3 | 15 |
| 3 | 房地产 | 6 | 25 | 8 | 30 |
| 4 | 股票 | 2 | 20 | 6 | 20 |
| 5 | 短期储蓄 | 1 | 10 | 1 | 5 |
| 6 | 长期储蓄 | 5 | 12 | 2 | 10 |

分析:首先,建立目标函数。设决策变量为 $x_1,x_2,x_3,x_4,x_5,x_6$,其中 $x_i$ 为第 $i$ 种投资方式在总投资中占的比例,由于决策的目标是使投资组合的平均年收益率最高,因此目标函数为

$$\max z = 11x_1 + 15x_2 + 25x_3 + 20x_4 + 10x_5 + 12x_6$$

其次,根据题意建立约束条件。例如,由投资者希望投资组合的平均年限不超过 5 年可得约束条件 $3x_1 + 10x_2 + 6x_3 + 2x_4 + x_5 + 5x_6 \leqslant 5$,等,这样就可建立起规划模型。最后运用软件求解模型。

解:设 $x_i$ 为第 $i$ 种投资方式在总投资中占的比例,依题意可建立数学模型为

$$\max z = 11x_1 + 15x_2 + 25x_3 + 20x_4 + 10x_5 + 12x_6$$

$$\text{s. t.} \begin{cases} 3x_1 + 10x_2 + 6x_3 + 2x_4 + x_5 + 5x_6 \leqslant 5 \\ 11x_1 + 15x_2 + 25x_3 + 20x_4 + 10x_5 + 12x_6 \geqslant 13 \\ x_1 + 3x_2 + 8x_3 + 6x_4 + x_5 + 2x_6 \leqslant 4 \\ 15x_2 + 30x_3 + 20x_4 + 5x_5 + 10x_6 \geqslant 10 \\ x_1 + x_2 + x_3 + x_4 + x_5 + x_6 = 1 \\ x_j \geqslant 0 \quad (j = 1,2,\cdots,6) \end{cases}$$

再将数学模型改写成适合命令 linprog 求解的情形,得

$$\min z' = -11x_1 - 15x_2 - 25x_3 - 20x_4 - 10x_5 - 12x_6$$

$$\text{s. t.} \begin{cases} 3x_1 + 10x_2 + 6x_3 + 2x_4 + x_5 + 5x_6 \leqslant 5 \\ -11x_1 - 15x_2 - 25x_3 - 20x_4 - 10x_5 - 12x_6 \leqslant -13 \\ x_1 + 3x_2 + 8x_3 + 6x_4 + x_5 + 2x_6 \leqslant 4 \\ -15x_2 - 30x_3 - 20x_4 - 5x_5 - 10x_6 \leqslant -10 \\ x_1 + x_2 + x_3 + x_4 + x_5 + x_6 = 1 \\ x_j \geqslant 0 \quad (j = 1,2,\cdots,6) \end{cases}$$

因此,各输入参数变量为

$$\boldsymbol{c} = \begin{bmatrix} -11 & -15 & -25 & -20 & -10 & -12 \end{bmatrix}$$

$$\boldsymbol{A} = \begin{bmatrix} 3 & 10 & 6 & 2 & 1 & 5 \\ -11 & -15 & -25 & -20 & -10 & -12 \\ 1 & 3 & 8 & 6 & 1 & 2 \\ 0 & -15 & -30 & -20 & -5 & -10 \end{bmatrix}; \boldsymbol{b} = \begin{bmatrix} 5 \\ -13 \\ 4 \\ -10 \end{bmatrix}$$

$$lb = [0\ 0\ 0\ 0\ 0\ 0]';Aeq = [1\ 1\ 1\ 1\ 1\ 1],beq = 1$$

在命令窗口中输入如下程序：

```
% exam32.m
clear all
c = [ -11 -15 -25 -20 -10 -12];
A = [3 10 6 2 1 5; -11 -15 -25 -20 -10 - 12;1 3 8 6 1 2;0 -15 -30 -20 -5 -10];
b = [5 -13 4 -10]';
lb = zeros(6,1);
Aeq = ones(1,6);
beq = 1;
[x,fval] = linprog(c,A,b,Aeq,beq,lb)
```

运行后得到结果如下：

```
x =
    0.5603
    0.0156
    0.4241
    0.0000
    0.0000
    0.0000
fval =
   -17.0000
```

说明：

（1）由于建立的规划模型和命令函数 linprog 需要的形式不一致,因此要将建立的模型改写成符合 MATLAB 的优化工具箱中线性规划的一般形式,这样才能确定命令函数 linprog 的输入参数。

（2）程序运行的结果表明,投资组合选择的决策是国库券投资占投资总额的 56.03%,公司债券投资占投资总额的 1.563%,房地产投资占投资总额的 42.41%。

3. 投资收益和风险问题

**例8.1.4** 市场上有 $n$ 种资产(股票、债券等) $S_i(i = 1,\cdots,n)$ 供投资者选择,某公司有数额为 $M$ 的相当大的一笔资金可用作这一时期的投资。公司财务分析人员对 $S_i$ 种资产进行评估,估算在这一时期内购买 $S_i$ 有平均收益率为 $r_i$ ,并预测出购买 $S_i$ 的损失率为 $q_i$ 。考虑到投资越分散,总的风险就越小,公司已确定当用这笔资金购买若干种资产时,总体风险可用所投资的 $S_i$ 中的最大一个风险来度量。购买 $S_i$ 要付交易费,费率为 $p_i$ ,并且当购买额不超过给定值 $u_i$ 时,交易费按购买 $u_i$ 计算(不买当然无须付费)。另外,假定同期银行存款利率是 $r_0$ ,且既无交易费又无风险( $r_0 = 5\%$ )。已知 $n = 4$ 时的相关数据见表8.4。

表8.4　不同资产的收益率、损失率、交易费率与限额

| $S_i$ | $r_i/\%$ | $q_i/\%$ | $P_i/\%$ | $u_i$ |
|-------|----------|----------|----------|-------|
| $S_1$ | 28 | 2.5 | 1 | 103 |
| $S_2$ | 21 | 1.5 | 2 | 198 |
| $S_3$ | 23 | 5.5 | 4.5 | 52 |
| $S_4$ | 25 | 2.6 | 6.5 | 40 |

试给该公司设计一种投资组合方案,即用给定的资金 $M$,有选择地购买若干种资产或存银行生息,使净收益尽可能大,而总体风险尽可能小。

分析:本题可建立一个确定投资比例向量模型,使资产组合的净收益尽可能大,而总体风险尽可能小。

设 $x_1,x_2,x_3,x_4$ 分别是投资于资产 $s_1,s_2,s_3,s_4$ 的投资比例系数,$x_0$ 是银行存款的比例系数。由于银行存款既无交易费又没有风险,故 $p_0=0,q_0=0$。总体风险用所投资的 $s_i$ 中最大的一个风险来度量,于是投资组合总体风险为

$$F = \max_{0 \le i \le 4} \{x_i q_i\}$$

由于题设给出 $M$ 为相当大的一笔资金,为了简化模型,可认为该公司购买每一项资产都超过给定的定值 $u_i$,于是资产组合的平均收益率为

$$R = \sum_{i=0}^{4} x_i (r_i - p_i)$$

为了使得平均收益率尽可能大,而总体风险尽可能小,我们采取固定总体风险的一个上界 $q$ 使得总体收益取得最大,为此建立如下的线性规划模型

$$\max R = \sum_{i=0}^{4} x_i (r_i - p_i)$$

$$\text{s.t.} \begin{cases} x_0 + x_1 + x_2 + x_3 + x_4 = 1 \\ x_i q_i \le q \quad (i = 0,1,2,3,4) \\ x_0, x_1, x_2, x_3, x_4 \ge 0 \end{cases}$$

解:对总体风险的上界从 $[0,3]$,取步长为 $0.01$,计算 301 种不同风险时的总体收益的最大值及相应的投资比例系数。并给出投资方案的净收益率与风险损失率的关系图。

在 **M** 文件编辑窗口中,编写如下程序:

```
c = [ -27, -19, -18.5, -18.5, -5];
a = [2.5,0,0,0,0;0,1.5,0,0,0;0,0,5.5,0,0;0,0,0,2.6,0;0,0,0,0,0];
a1 = [1,1,1,1,1];
b1 = 1;
LB = [0;0;0;0;0];
t = 0:0.01:3;
B = t(ones(5,1),:);
for k = 1:301;
[x(:,k),Y(k)] = linprog(c,a,B(:,k),a1,b1,LB);
end
plot(t, -Y);                    % 绘出投资方案的净收益率与风险损失率的关系图
h1 = polyfit(t(1:62), -Y(1:62),1); % 拟合净收益率与风险损失率的关系
h2 = polyfit(t(62:251), -Y(62:251),1)
h3 = polyfit(t(251:301), -Y(251:301),1)
tz = [t(1:10:251)' [x(:,1:10:251)' -Y(1:10:251)']]    % 输出 26 种风险时的各种资
                                                       产的投
                                                % 资比例系数与收益矩阵
```

以文件名为 fxytz.m 存盘,然后在命令窗口中输入文件名 fxytz,程序运行结果如下:
……

```
h1 = 25.7802 5.0000
h2 = 3.2441 18.9156
h3 = 0.0000 27.0000
tz =(见表 8.5)
```
……

投资方案的净收益与风险损失率的拟合方程如下:

$$R = \begin{cases} 25.7802q + 5.00 & (0 \leq q \leq 0.62) \\ 3.2441q + 18.9156 & (0.62 \leq q \leq 2.5) \\ 27 & (q \geq 2.5) \end{cases}$$

其拟合图形如图 8.1 所示。

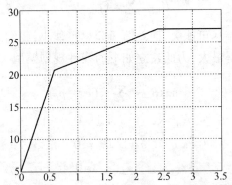

图 8.1　净收益与风险损失率拟合图形

从图中可见,投资方案的净收益率与风险损失率关系呈 3 段折线,显然,在风险损失率增长的初期净收益增长得很快,但是当风险达到一定的时候其增长趋缓,当风险达到 2.5 时投资方案就只有一个,即只购买风险最大且收益也最大的一种资产。此时投资收益与风险之间的关系为一条水平直线。风险为 $0.1, 0.2, \cdots, 2.5$ 时的投资比例系数与收益列于表 8.5。

表 8.5　26 种风险时的各种资产的投资比例系数与收益

| 风险 | $S_1$ | $S_2$ | $S_3$ | $S_4$ | $S_0$ | 收益/% |
|---|---|---|---|---|---|---|
| 0 | 0 | 0 | 0 | 0 | 1 | 5.000 |
| 0.1 | 0.0400 | 0.0667 | 0.0182 | 0.0385 | 0.8367 | 7.5780 |
| 0.2 | 0.0800 | 0.1333 | 0.0364 | 0.0769 | 0.6734 | 10.1560 |
| 0.3 | 0.1200 | 0.2000 | 0.0545 | 0.1154 | 0.5101 | 12.7341 |
| 0.4 | 0.1600 | 0.2667 | 0.0727 | 0.1538 | 0.3468 | 15.3121 |
| 0.5 | 0.2000 | 0.3333 | 0.0909 | 0.1923 | 0.1834 | 17.8901 |
| 0.6 | 0.2400 | 0.4000 | 0.1091 | 0.2308 | 0.0201 | 20.4681 |
| 0.7 | 0.2800 | 0.4667 | 0.1222 | 0.1312 | 0.0000 | 21.1133 |
| 0.8 | 0.3200 | 0.5333 | 0.0752 | 0.0714 | 0.0000 | 21.4867 |

| 风险 | $S_1$ | $S_2$ | $S_3$ | $S_4$ | $S_0$ | 收益/% |
|---|---|---|---|---|---|---|
| 0.9 | 0.3600 | 0.6000 | 0.0120 | 0.0280 | 0.0000 | 21.8600 |
| 1.0 | 0.4000 | 0.6000 | 0.0000 | 0.0000 | 0.0000 | 22.2000 |
| 1.1 | 0.4400 | 0.5600 | 0.0000 | 0.0000 | 0.0000 | 22.5200 |
| 1.2 | 0.4800 | 0.5200 | 0.0000 | 0.0000 | 0.0000 | 22.8400 |
| 1.3 | 0.5200 | 0.4800 | 0.0000 | 0.0000 | 0.0000 | 23.1600 |
| 1.4 | 0.5600 | 0.4400 | 0.0000 | 0.0000 | 0.0000 | 23.4800 |
| 1.5 | 0.6000 | 0.4000 | 0.0000 | 0.0000 | 0.0000 | 23.8000 |
| 1.6 | 0.6400 | 0.3600 | 0.0000 | 0.0000 | 0.0000 | 24.1200 |
| 1.7 | 0.6800 | 0.3200 | 0.0000 | 0.0000 | 0.0000 | 24.4400 |
| 1.8 | 0.7200 | 0.2800 | 0.0000 | 0.0000 | 0.0000 | 24.7600 |
| 1.9 | 0.7600 | 0.2400 | 0.0000 | 0.0000 | 0.0000 | 25.0800 |
| 2.0 | 0.8000 | 0.2000 | 0.0000 | 0.0000 | 0.0000 | 25.4000 |
| 2.1 | 0.8400 | 0.1600 | 0.0000 | 0.0000 | 0.0000 | 25.7200 |
| 2.2 | 0.8800 | 0.1200 | 0.0000 | 0.0000 | 0.0000 | 26.0400 |
| 2.3 | 0.9200 | 0.0800 | 0.0000 | 0.0000 | 0.0000 | 26.3600 |
| 2.4 | 0.9600 | 0.0400 | 0.0000 | 0.0000 | 0.0000 | 26.6800 |
| 2.5 | 1.0000 | 0.0000 | 0.0000 | 0.0000 | 0.0000 | 27.0000 |

### 8.1.4 练习

1. 某机床厂生产甲、乙两种机床,每台销售后的利润分别为4000元与3000元。生产甲机床需用A、B机器加工,加工时间分别为每台2h和1h;生产乙机床需用A、B、C三种机器加工,加工时间为每台各1h。若每天可用于加工的机器时数分别为A机器10h、B机器8h和C机器7h,如何安排生产,即该厂应生产甲、乙机床各几台,才能使总利润最大?

2. 有两种液体产品A和B,需要在两个车间加工处理。每件产品A在第一车间的处理时间为1h,在第二车间处理时间为1.25h;每件产品B在第一车间的处理时间为1h,在第二车间的处理时间为0.75h。每个车间每月有200h的时间可以利用,而且B产品的市场需求量最大为150件,假定A产品和B产品的利润每件分别为4元和5元,现在需要求出使生产商的利润最大时A产品和B产品的生产量。

3. 现要截取2.9m、2.1m和1.5m的圆钢各100根,已知原材料的长度是7.4m,问应如何下料,才能使所消耗的原材料最省。

4. (配棉问题)配棉问题即根据棉纱的质量指标,采用各种价格不同的棉花,按一定比例配制成纱,使其既达到质量指标,又使总成本最低。棉纱的质量指标一般由棉结和品质指标来决定,棉结粒数越小越好,品质指标越大越好。一年纺纱能力为15000锭的小厂在采用最优化方法配棉前,某一种产品32D纯棉纱的棉花配比、质量指标及单价见表8.6。有关部门对32D纯棉纱规定的质量指标为棉结不多于70粒,品质指标不小于

2900。问应该如何选择棉花配比,才能使混棉单价最小?

表 8.6　32D 纯棉纱的棉花配比、质量指标及单价

| 原料品名 | 单价/(元/t) | 混合比/% | 棉结/粒 | 品质指标 | 混棉单价/(元/t) |
|---|---|---|---|---|---|
| 国棉 131 | 8400 | 25 | 60 | 3800 | 2100 |
| 国棉 229 | 7500 | 35 | 65 | 3500 | 2625 |
| 国棉 327 | 6700 | 40 | 80 | 2500 | 2680 |
| 平均合计 | | 100 | 70 | 3175 | 7405 |

# 实验 8.2　非线性规划问题

## 8.2.1　实验背景知识介绍

**1. 非线性规划问题的数学模型**

在数学规划问题中,若目标函数或约束条件中至少有一个是非线性函数,这类问题称之为非线性规划问题,简记为(NP)。同线性规划问题的数学模型一样,非线性规划问题的数学模型可以具有不同的形式,但不同形式之间往往可以转换,因此非线性规划问题一般形式可以表示如下:

$$\min f(x), x \in E^n$$
$$\begin{cases} h_i(x) = 0 & (i = 1,2,\cdots,m) \\ g_j(x) \geqslant 0 & (j = 1,2,\cdots,l) \end{cases} \tag{8.6}$$

式中:$x = (x_1, x_2, \cdots, x_n)^T$ 称为模型(NP)的决策变量;$f$ 称为目标函数;$h_i(i = 1,\cdots,m)$ 和 $g_j(j = 1,\cdots,l)$ 称为约束函数,$h_i(x) = 0(i = 1,\cdots,m)$ 称为等式约束,$g_j(x) \leqslant 0(j = 1,\cdots,l)$ 称为不等式约束。

把一个实际问题归结成非线性规划问题时,一般要注意如下:

(1) 确定供选方案。首先要收集与问题有关的资料和数据,在全面熟悉问题的基础上,确认什么是问题的可供选择的方案,并用一组变量来表示它们。

(2) 提出追求的目标。经过资料分析,根据实际需要和可能,提出要追求极小化或极大化的目标。并且,运用各种科学和技术原理,把它表示成数学关系式。

(3) 给出价值标准。在提出要追求的目标之后,要确立所考虑目标的"好"或"坏"的价值标准,并用某种数量形式来描述它。

(4) 寻求限制条件。由于所追求的目标一般都要在一定的条件下取得极小化或极大化效果,因此还需要寻找出问题的所有限制条件,这些条件通常用变量之间的一些不等式或等式来表示。

**2. 非线性规划的 MATLAB 解法**

在 MATLAB 的优化工具箱中,非线性规划问题表示成

$$\min f(x)$$

$$\text{s.t.} \begin{cases} Ax \leqslant b & \text{(线性不等式约束)} \\ Aeq \cdot x = beq & \text{(线性等式约束)} \\ C(x) \leqslant 0 & \text{(非线性不等式约束)} \\ Ceq(x) = 0 & \text{(非线性等式约束)} \\ lb \leqslant x \leqslant ub & \text{(有界约束)} \end{cases} \qquad (8.7)$$

求解(8.7)式的 MATLAB 命令函数是 fmincon,根据规划问题的条件不同,其主要运用格式有以下几种。

(1) x = fmincon(fun,x0,A,b)

(2) x = fmincon(fun,x0,A,b,Aeq,beq)

(3) x = fmincon(fun,x0,A,b,Aeq,beq,lb,ub)

(4) x = fmincon(fun,x0,A,b,Aeq,beq,lb,ub,nonlcon)

(5) x = fmincon(fun,x0,A,b,Aeq,beq,lb,ub,nonlcon,options)

(6) [x,fval] = fmincon(…)

(7) [x,fval,exitflag] = fmincon(…)

(8) [x,fval,exitflag,output] = fmincon(…)

(9) [x,fval,exitflag,output,lambda] = fmincon(…)

(10) [x,fval,exitflag,output,lambda,grad] = fmincon(…)

说明:fun 为目标函数,x0 为初始值,A、b 满足线性不等式约束 $Ax \leqslant b$,若没有不等式约束,则取 A = [ ],b = [ ];Aeq、beq 满足等式约束 Aeq$x$ = beq,若没有,则取 Aeq = [ ],beq = [ ];lb、ub 满足 lb$\leqslant x \leqslant$ub,若没有界,可设 lb = [ ],ub = [ ];lambda 是 Lagrange 乘子,它体现哪一个约束有效;output 输出优化信息;grad 表示目标函数在 x 处的梯度。

其中参数 nonlcon 的作用是通过接受的向量 x 来计算非线性不等约束 C(x)≤0 和等式约束 Ceq(x) =0 在 x 处的估计 C 和 Ceq,通过指定函数柄来使用,例如:

> >x = fmincon(@ myfun,x0,A,b,Aeq,beq,lb,ub,@ mycon),

先建立非线性约束函数,并保存为 mycon. m:function [C,Ceq] = mycon(x)

C = … %计算 x 处的非线性不等约束的函数值。

Ceq = … %计算 x 处的非线性等式约束的函数值。

3. 二次规划问题

二次规划是特殊的一类非线性规划,其目标函数是二次函数,约束条件仍是线性的,其数学模型的一般形式如下:

$$\min \frac{1}{2} x^{\mathrm{T}} \boldsymbol{H} x + cx$$

$$\text{s.t.} \begin{cases} Ax \leqslant b \\ Aeq x = beq \\ lb \leqslant x \leqslant ub \end{cases} \qquad (8.8)$$

式中:$\boldsymbol{H}$ 为对称矩阵,约束条件与线性规划相同。在 MATLAB 的优化工具箱中有一个求解二次规划问题的命令 quadprog,其主要格式如下。

[x, fval, exitflag, output, lambda] = quadprog(H, c, A, b, Aeq, beq , lb, ub, x0, options）

其中参数的主要用法及说明同线性规划，这里不再赘述。

## 8.2.2 实验内容

1. 非线性规划问题

**例8.2.1** 求解非线性规划问题

$$\min f(x) = e^{x_1}(4x_1^2 + 2x_2^2 + 4x_1x_2 + 2x_2 + 1)$$

$$\text{s. t.} \begin{cases} x_1 - x_2 \leqslant 1 \\ x_1 + x_2 = 0 \\ 1.5 + x_1x_2 - x_1 - x_2 \leqslant 0 \\ x_1x_2 - 10 \leqslant 0 \end{cases}$$

解：建立目标函数的 M 文件。

```
function y = nline(x)
y = exp(x(1))*(4*x(1)^2 + 2*x(2)^2 + 4*x(1)*x(2) + 2*x(2) + 1);
```

建立非线性约束条件的 M 文件：

```
function [c1,c2] = nyueshu(x)
c1 = [1.5 + x(1)*x(2) - x(1) - x(2); -x(1)*x(2) -10];
c2 = 0;
```

在命令窗口中办输入以下命令：

```
x0 = [-1,1];a = [1, -1];b = 1;Aeq = [1,1];beq = 0;
[x, f] = fmincon('nline', x0, a, b, Aeq, beq, [ ], [ ], 'nyueshu')
```

运行后得到结果如下：

```
>> x = -1.2247    1.2247
>> f = 1.8951
```

计算结果表明：当 $x_1 = -1.2247, x_2 = 1.2247$ 时，目标函数的极小值为 1.8951。

**例8.2.2** 求解如下二次规划问题

$$\min f(x) = x_1^2 + x_2^2 - 8x_1 - 10x_2$$

$$\text{s. t.} \begin{cases} 3x_1 + 2x_2 \leqslant 6 \\ x_1, x_2 \geqslant 0 \end{cases}$$

解：将目标函数化为标准形式

$$f(x) = \frac{1}{2}(x_1, x_2)\begin{pmatrix} 2 & 0 \\ 0 & 2 \end{pmatrix}\begin{pmatrix} x_1 \\ x_2 \end{pmatrix} + (-8, -10)\begin{pmatrix} x_1 \\ x_2 \end{pmatrix}$$

在命令窗口中输入如下命令：

```
H = [2,0;0,2];c = [-8, -10];a = [3,2];b = 6;lb = [0,0];x0 = [1,1];
[x,f] = quadprog(H, c, a, b, [ ], [ ], lb, [ ], x0)
```

运行后得到如下结果：

```
>> x =
 0.3077
 2.5385
```

```
>>f =
 -21.3077
```
计算结果表明,当 $x_1 = 0.3077$,$x_2 = 2.5385$ 时,目标函数的极小值为 $-21.3077$。

2. 非线性规划问题的实例

**例 8.2.3** (资金最优使用方案)设有 400 万元资金,要求在 4 年内使用完,若在一年内使用资金 $x$ 万元,则可获得效益 $\sqrt{x}$ 万元(设效益不再投资),当年不用的资金可存入银行,年利率为 10%,试制定出这笔资金的使用方案,以使 4 年的经济效益总和为最大。

分析:针对现有资金 400 万元,对于不同的使用方案,4 年内所获得的效益的总和是不相同的。比如第一年就把 400 万元全部用完,这获得的效益总和为 $\sqrt{400} = 20.0$ 万元;若前 3 年均不用这笔资金,而把它存入银行,则第 4 年时的本息为 $400 \times 1.1^3 = 532.4$ 万元,再把它全部用完,则效益总和为 23.07 万元,比第一种方案效益多 3 万多元。所以用最优化方法可以制定出一种最优的使用方案,以使 4 年的经济效益总和为最大。

设 $x_i$ 表示第 $i$ 年所使用的资金数,$T$ 表示 4 年的效益总和,则目标函数为

$$\max T = \sqrt{x_1} + \sqrt{x_2} + \sqrt{x_3} + \sqrt{x_4}$$

决策变量的约束条件:每一年所使用资金数既不能为负数,也不能超过当年所拥有的资金数,即第一年使用的资金数 $x_1$,满足

$$0 \leqslant x_1 \leqslant 400$$

第 2 年资金数 $x_2$,满足

$$0 \leqslant x_2 \leqslant (400 - x_1) \times 1.1$$

即第一年未使用资金存入银行一年后的本利之和;

第 3 年资金数 $x_3$,满足

$$0 \leqslant x_3 \leqslant [(400 - x_1) \times 1.1 - x_2] \times 1.1$$

第 4 年资金数 $x_4$,满足

$$0 \leqslant x_4 \leqslant \{[(400 - x_1) \times 1.1 - x_2] \times 1.1 - x_3\} \times 1.1$$

这样,资金使用问题的数学模型如下:

$$\max T = \sqrt{x_1} + \sqrt{x_2} + \sqrt{x_3} + \sqrt{x_4}$$

$$\text{s.t.} \begin{cases} x_1 \leqslant 400 \\ 1.1x_1 + x_2 \leqslant 440 \\ 1.21x_1 + 1.1x_2 + x_3 \leqslant 484 \\ 1.331x_1 + 1.21x_2 + 1.1x_3 + x_4 \leqslant 532.4 \\ x_1, x_2, x_3, x_4 \geqslant 0 \end{cases}$$

解:这是非线性规划模型的求解问题,可选用函数

```
[x,fval] = fmincon(fun,x0,a,b,aeq,beq,lb,ub)
```

对问题进行求解。首先,用极小化的形式将目标函数改写为

$$\min T = -\sqrt{x_1} - \sqrt{x_2} - \sqrt{x_3} - \sqrt{x_4}$$

其次,将约束条件表示为 $\begin{cases} Ax \leqslant b \\ lb \leqslant x \leqslant ub \end{cases}$ 中各输入参数如下:

$$X = [x_1, x_2, x_3, x_4]'; lb = [0, 0, 0, 0]'; ub = [400, 1000, 1000, 1000]'$$

$$A = \begin{bmatrix} 1.1 & 1 & 0 & 0 \\ 1.21 & 1.1 & 1 & 0 \\ 1.331 & 1.21 & 1.1 & 1 \end{bmatrix}; b = \begin{bmatrix} 440 \\ 484 \\ 532.4 \end{bmatrix}$$

首先编写目标函数的 M 文件,并将其保存为 totle. m。

```
function y = totle(x)
y = - sqrt(x(1)) - sqrt(x(2)) - sqrt(x(3)) - sqrt(x(4));
```

其次编写主程序并保存为文件 exam523. m,程序如下:

```
clear all
A = [1.1,1,0,0;1.21,1.1,1,0;1.331,1.21,1.1,1];
b = [440,484,532.4]';
lb = [0,0,0,0]';
ub = [400,1000,1000,1000]';
x0 = [100,100,100,100]';
[x,fval] = fmincon('totle',x0,A,b,[],[],lb,ub)
```

运行"exam523. m"结果如下:

```
x = (84.2440 107.6353 128.9031 148.2391)
fval = -43.0821
```

运行结果见表 8.7。

表 8.7　资金最优使用方案　　　　　　　　　（单位:万元）

| 资金＼年份 | 第 1 年 | 第 2 年 | 第 3 年 | 第 4 年 |
|---|---|---|---|---|
| 现有资金 | 400 | 347.4 | 263.8 | 148.2 |
| 使用金额 | 84.2 | 107.6 | 128.9 | 148.2 |

　　4 年效益总和最大值为 $T = 43.08$ 万元,这是第一年用完全部资金效益 20.0 万元的 2 倍多,这也反映出进行定量的优化计算的作用。所以,一些业内人士称最优化方法为"不需要增加投入就能增加产出的手段"。

　　**例 8.2.4**　某公司欲以每件 2 元的价格购进一批商品。一般来说随着商品售价的提高,预期销售量将减少,并对此进行了估算,结果见表 8.8 的 1、2 行。为了尽快收回资金并获得较多的赢利,公司打算做广告,投入一定的广告费后,销售量将有一个增长,可由销售增长因子来表示。据统计,广告费与销售增长因子关系见表 8.8 的 3、4 行。问公司采取怎样的营销决策能使预期的利润最大?

表 8.8　售价与预期销售量、广告费与销售增长因子

| 售价/元 | 2.00 | 2.50 | 3.00 | 3.50 | 4.00 | 4.50 | 5.00 | 5.50 | 6.00 |
|---|---|---|---|---|---|---|---|---|---|
| 预期销售量/万件 | 4.1 | 3.8 | 3.4 | 3.2 | 2.9 | 2.8 | 2.5 | 2.2 | 2.0 |
| 广告费/万元 | 0 | 1 | 2 | 3 | 4 | 5 | 6 | 7 | |
| 销售增长因子 | 1.00 | 1.40 | 1.70 | 1.85 | 1.95 | 2.00 | 1.95 | 1.80 | |

解:设 $x$ 表示售价(单位:元), $y$ 表示预期销售量(单位:万件), $z$ 表示广告费(单位:万元), $k$ 表示销售增长因子。投入广告费后,实际销售量记为 $s$(单位:万件),获得的利润记为 $P$(单位:万元)。由表1可见预期销售量 $y$ 随着售价 $x$ 的增加而单调下降,而销售增长因子 $k$ 在开始时随着广告费 $z$ 的增加而增加,在广告费 $z$ 等于5万元时达到最大值,然后在广告费增加时反而有所回落,为此先画出散点图。

编写程序如下:

```
clear
x =[ 2.0,2.5,3.0,3.5,4.0,4.5,5.0,5.5,6.0];
s =[4.1,3.8,3.4,3.2,2.9,2.8,2.5,2.2,2.0];
plot(x',s','-*')         % 售价与预期销售量散点图如图8.2所示
z =[0,1,2,3,4,5,6,7];
k =[1.00,1.40,1.70,1.85,1.95,2.00,1.95,1.80];
plot(z,k,'-*')           % 广告费与销售增长因子散点图如图8.3所示
```

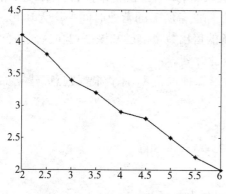
图8.2　售价与预期销售量散点图

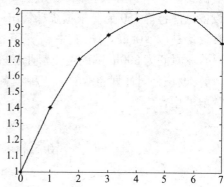
图8.3　广告费与销售增长因子散点图

从图8.2和图8.3可见,售价 $x$ 与预期销售量 $y$ 近似于一条直线,广告费 $z$ 与销售增长因子 $k$ 近似于一条二次曲线,为此建立拟合函数模型,令

$$\begin{cases} y = ax + b \\ k = c + dz + ez^2 \end{cases}$$

式中:系数 $a,b,c,d,e$ 是待定参数。

再建立优化模型

$$\max_{x,z} P = (c + dz + ez^2)(a + bx)(x - 2) - z$$

$$\text{s.t. } x > 0, z > 0$$

解:先求拟合函数的系数 $a,b,c,d,e$,并画出散点图和拟合曲线,程序命令如下(接上面的程序):

```
a1 =polyfit(x,s,1)
a2 =polyfit(z,k,2)
```

运行结果如下:

```
a1 = -0.5133  5.0422
a2 = -0.0426  0.4092  1.0188
```

即拟合函数的系数 $a = -0.5133, b = 5.0422, c = 1.0188, d = 0.4092, e = -0.0426$。

其次求解优化模型,因 MATLAB 中仅能求极小值,所以程序命令如下:

```
function y = nline(x)          % 建立目标函数的 M 文件,并保存为 nline.m
    y = x(2) - (-0.5133 * x(1) + 5.0422) * (-0.0426 * x(2)^2 + 0.4092 * x(2) + 1.0188)
    * (x(1) - 2);
```

在命令窗口中输入

```
[x,fval] = fmincon('nline',[5;3.3],[],[],[],[],[0;0],[])     % 求解规划问题
```

输出结果如下:

```
x = 5.9115   3.3083
fval = -11.6631
```

即当销售价格为 $x = 5.9115$ 百元,广告费 $z = 3.083$ 万元时,公司的预期的利润最大 $11.6631$ 万元。

**例 8.2.5** (经营安排问题)某公司经营两种设备,第一种设备每件售价 30 元,第二种设备每件售价 450 元。根据统计售出一件第一种设备所需的营业时间平均为 $0.5h$,第二种设备是 $(2 + 0.25x_2)h$,其中 $x_2$ 是第二种设备的售出数量。已知该公司在这段时间内的总营业时间为 $800h$,试确定使营业额最大的营业计划。

**解**:设该公司计划经营的第一种设备 $x_1$ 件,第二种设备 $x_2$ 件。根据题意,建立如下的数学模型:

$$\max f(x) = 30x_1 + 450x_2$$
$$\text{s. t.} \begin{cases} 0.5x_1 + (2 + 0.25x_2)x_2 = 800 \\ x_1, x_2 \geqslant 0 \end{cases}$$

首先,编写 M 文件来定义目标函数,并将其保存为 exp525.m。

```
function f = exp525(x)
    f = -30 * x(1) - 450 * x(2);
```

其次,由于约束条件是非线性不等式约束,因此,需要编写一个约束条件的 M 文件,将其保存为 exp525_1.m

```
% exp525_1.m
function [c,ceq] = exp525_1 (x)
    c = 0.5 * x(1) + 2 * x(2) + 0.25 * x(2) * x(2) - 800;
    ceq = [];
```

最后,编制主程序并存为 exp525_2.m。

```
clear all
lb = [0,0]';
x0 = [0,0];
[x,w] = fmincon('exp525',x0,[],[],[],[],lb,[],'exp525_1')
```

运行 exp525_2.m,即得到结果如下:

```
x = [1495.5 11]
w = -49815
```

即该公司经营第一种设备 1496 件、经营第二种设备 11 件时,可使总营业额最大为 49815 元。

230

### 8.2.3 练习

1. 求解下面的二次规划问题。

$$\max z = -x_1^2 - x_2^2 + 8x_1 + 10x_2$$

$$\text{s. t.} \begin{cases} 3x_1 + 2x_2 \leqslant 6 \\ x_1, x_2 \geqslant 0 \end{cases}$$

2. 利用 fmincon 函数求曲面 $S_1$ 和平面 $S_2$ 之间的最短距离。

$$S_1 : 4z = 3x^2 - 2xy + 3y^2; \quad S_2 : x + y - 4z = 1$$

3. 2002 年 5 月 1 日,横渡长江竞赛在武汉举行。假设在竞渡区域两岸为平行直线,它们之间的垂直距离 $H = 1160\text{m}$,从武昌汉阳门的正对岸到汉阳南岸咀的距离 $L = 1000\text{m}$,江水的平均流速为 $1.89\text{m/s}$。

(1) 试为一个速度能保持在 $1.5\text{m/s}$ 的人选择游泳方向,并估计他的成绩;

(2) 若流速沿离岸边距离的分布为(设从武昌汉阳门垂直向上为 $y$ 轴正向)

$$v(y) = \begin{cases} 1.47\text{m/s} & (0\text{m} \leqslant y \leqslant 200\text{m}) \\ 2.11\text{m/s} & (200\text{m} < y < 960\text{m}) \\ 1.47\text{m/s} & (960\text{m} \leqslant y \leqslant 1160\text{m}) \end{cases}$$

且游泳者的速度大小($1.5\text{m/s}$)仍全程保持不变,试为他选择游泳方向和路线,估计他的成绩。

(3) 若流速沿离岸边距离为连续分布,例如:

$$v(y) = \begin{cases} \dfrac{2.28}{200}y & (0 \leqslant y \leqslant 200) \\ 2.28 & (200 < y < 960) \\ \dfrac{2.28}{200}(1160 - y) & (960 \leqslant y \leqslant 1160) \end{cases}$$

你又如何处理这个问题?

## 实验 8.3 动态规划

### 8.3.1 实验背景知识介绍

1. 动态规划的基本理论

动态规划(Dynamic Programming)是运筹学的一个分支,是求解多阶段决策问题的最优化方法。20 世纪 50 年代初 R. E. Bellman 等人在研究多阶段决策过程(Multistep Decision Process)的优化问题时,提出了著名的最优性原理(Principle of Optimality),把多阶段过程转化为一系列单阶段问题,逐个求解,创立了解决这类过程优化问题的新方法—动态规划。

1) 引例(最短路线问题)

图 8.4 是一个线路网,连线上的数字表示两点之间的距离(或费用)。试寻求一条由

A 到 E 距离最短(或费用最省)的路线。

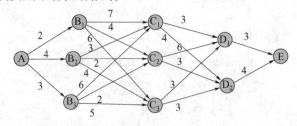

图 8.4　线路网

解:将该问题划分为 4 个阶段的决策问题,即第一阶段为从 A 到 $B_j(j=1,2,3)$,有三种决策方案可供选择;第二阶段为从 $B_j$ 到 $C_j(j=1,2,3)$,也有三种方案可供选择;第三阶段为 $C_j$ 到 $D_k(k=1,2)$,有两种方案可供选择;第四阶段为从 $D_k$ 到 E,只有一种方案选择。如果用完全枚举法,则可供选择的路线有 $3\times3\times2\times1=18$(条),将其一一比较才可找出最短路线

$$A \rightarrow B_1 \rightarrow C_2 \rightarrow D_3 \rightarrow E$$

其长度为 12。

显然,这种方法是不经济的,特别是当阶段数很多,各阶段可供的选择也很多时,这种解法甚至在计算机上完成也是不现实的。

由于我们考虑的是从全局上解决求 A 到 E 的最短路问题,而不是就某一阶段解决最短路线,因此可考虑从最后一阶段开始计算,由后向前逐步推至 A 点。

第 4 阶段,由 $D_k$ 到 E 只有一条路线,其长度 $f_4(D_1)=3$,同理 $f_4(D_2)=4$。

第 3 阶段,由 $C_j$ 到 $D_k$ 分别均有两种选择如下:

$f_3(C_1)=\min\{C_1D_1+f_4(D_1),C_1D_2+f_4(D_2)\}=\min\{3+3,4+4\}=6$,决策点为 $D_1$。

$f_3(C_2)=\min\{C_2D_1+f_4(D_1),C_2D_2+f_4(D_2)\}=\min\{6+3,3+4\}=7$,决策点为 $D_2$。

$f_3(C_3)=\min\{C_3D_1+f_4(D_1),C_3D_2+f_4(D_2)\}=\min\{3+3,3+4\}=6$,决策点为 $D_1$。

第 2 阶段,由 $B_j$ 到 $C_j$ 分别均有三种选择如下:

$f_2(B_1)=\min\{B_1C_1+f_3(C_1),B_1C_2+f_3(C_2),B_1C_3+f_3(C_3)\}=\min\{7+6,4+7,6+6\}=11$,决策点为 $C_2$。

$f_2(B_2)=\min\{B_2C_1+f_3(C_1),B_2C_2+f_3(C_2),B_2C_3+f_3(C_3)\}=\min\{3+6,2+7,4+6\}=9$,决策点为 $C_1$ 或 $C_2$。

$f_2(B_3)=\min\{B_3C_1+f_3(C_1),B_3C_2+f_3(C_2),B_3C_3+f_3(C_3)\}=\min\{6+6,2+7,5+6\}=9$,决策点为 $C_2$。

第 1 阶段,由 A 到 $B_j$,有三种选择如下。

$f_1(A)=\min\{AB_1+f_2(B_1),AB_2+f_2(B_2),AB_3+f_2(B_3)\}=\min\{2+11,4+9,3+9\}=12$,决策点为 $B_3$。

$f_1(A)=12$ 说明从 A 到 E 的最短距离为 12,最短路线的确定可按计算顺序反推而得,即

$$A \rightarrow B_1 \rightarrow C_2 \rightarrow D_3 \rightarrow E$$

从引例的求解过程可以得到以下启示。

（1）对一个问题是否用上述方法求解，其关键在于能否将问题转化为相互联系的决策过程相同的多个阶段决策问题。所谓多阶段决策问题就是，把一个问题看作是一个前后关联具有链状结构的多阶段过程，也称为序贯决策过程。如图 8.5 所示。

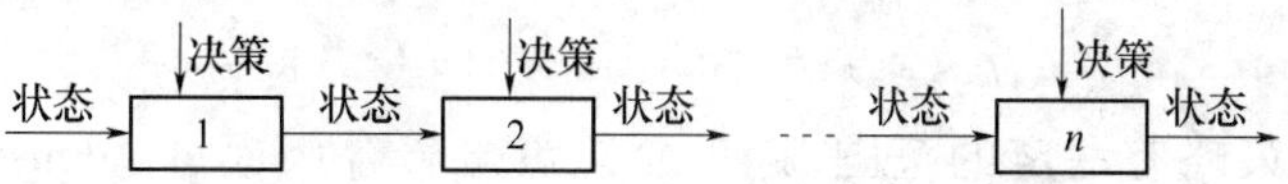

图 8.5　多阶段决策

（2）在处理各阶段决策的选取上，不仅只依赖于当前面临的状态，而且还要注意对以后的发展。即是从全局考虑解决局部（阶段）的问题。

（3）各阶段选取的决策，一般与"时序"有关，决策依赖于当前的状态，又随即引起状态的转移，整个决策序列就是在变化的状态中产生出来的，故有"动态"含义。因此，把这种方法称为动态规划方法。

（4）决策过程是与阶段发展过程逆向而行。

2）动态规划的基本概念和基本方程

一个多阶段决策过程最优化问题的动态规划模型通常包含以下要素。

（1）阶段：阶段是对整个过程的自然划分。一般根据时序和空间的自然特征来划分阶段，但要便于把问题的过程能转化为阶段决策的过程。描述阶段的变量称为阶段变量，常用自然数 $k$ 表示。如引例可划分为 4 个阶段求解，$k = 1, 2, 3, 4$。其中由 A 出发为 $k = 1$，由 $B_i (i = 1, 2, 3)$ 出发为 $k = 2$，等。

（2）状态：状态表示每个阶段开始时过程所处的自然状况。它应能描述过程的特征并且无后效性，即当某阶段的状态变量给定时，这个阶段以后过程的演变与该阶段以前各阶段的状态无关。通常还要求状态是直接或间接可以观测的。

描述过程状态的变量称为状态变量（State Variable），变量允许取值的范围称为允许状态集合（Set of Admissible States）。它可用一个数、一组数或一向量（多维情形）来描述，常用 $x_k$ 表示第 $k$ 阶段的状态变量，用 $X_k$ 表示第 $k$ 阶段的允许状态集合。$n$ 个阶段的决策过程有 $n + 1$ 个状态变量，$x_{n+1}$ 表示 $x_n$ 演变的结果。通常一个阶段有若干个状态。第 $k$ 阶段的状态就是该阶段所有始点的集合。如引例中 $X_1 = \{x_1 = A\}$，$X_2 = \{x_2 = B_i, i = 1, 2, 3\}$，$X_3 = \{x_3 = C_j, j = 1, 2, 3\}$，$X_4 = \{x_4 = D_k, k = 1, 2\}$。

（3）决策：当一个阶段的状态确定后，可以作出各种选择从而演变到下一阶段的某个状态，这种选择手段称为决策（Decision），在最优控制问题中也称为控制（Control）。

描述决策的变量称决策变量（Decision Variable），变量允许取值的范围称允许决策集合（Set of Admissible Decisions）。用 $u_k(x_k)$ 表示第 $k$ 阶段处于状态 $x_k$ 时的决策变量，它是 $x_k$ 的函数，用 $U_k(x_k)$ 表示 $x_k$ 的允许决策集合。显然 $u_k(x_k) \in U_k(x_k)$。

例如在引例的第二阶段中，若从 $B_1$ 出发，$U_2(B_1) = \{B_1 C_1, B_1 C_2, B_1 C_3\}$，如果决定选取 $B_1 C_2$，则 $u_2(B_1) = B_1 C_2$。

（4）策略：决策组成的序列称为策略（Policy）。当 $k = 1$ 时，由初始状态 $x_1$ 开始的全过程的策略记为 $p_{1n}(x_1)$，即

$$p_{1n}(x_1) = \{u_1(x_1), u_2(x_2), \cdots, u_n(x_n)\}$$

由第 $k$ 阶段的状态 $x_k$ 开始到终止状态的后部子过程的策略记为 $p_{kn}(x_k)$，即

$$p_{kn}(x_k) = \{u_k(x_k), \cdots, u_n(x_n)\} \qquad (k = 1, 2, \cdots, n-1)$$

类似地，由第 $k$ 到第 $j$ 阶段的子过程的策略记为

$$p_{kj}(x_k) = \{u_k(x_k), \cdots, u_j(x_j)\}$$

可供选择的策略有一定的范围，称为允许策略集合（Set of Admissible Policies），用 $P_{1n}(x_1), P_{kn}(x_k), P_{kj}(x_k)$ 表示。动态规划方法就是要从允许策略集 $P_{1n}$ 中找出最优策略 $P_{1n}^*$。

（5）状态转移方程：在确定性过程中，一旦某阶段的状态和决策为已知，下阶段的状态便完全确定。用状态转移方程（Equation of State Transition）表示这种演变规律，记为

$$x_{k+1} = T_k(x_k, u_k) \qquad (k = 1, 2, \cdots, n) \tag{8.9}$$

该方程描述了由第 $k$ 阶段到第 $k+1$ 阶段的状态转移规律。因此又称其为状态转移函数。

（6）阶段指标、指标函数和最优值函数：衡量某阶段决策效益优劣的数量指标，称为阶段指标，用 $v_k(x_k, u_k)$ 表示第 $k$ 阶段的阶段指标。在不同的问题中，其含义不同。它可以是距离、利润、成本等。指标函数（Objective Function）是衡量过程优劣的数量指标，它是定义在全过程和所有后部子过程上的数量函数，用 $V_{kn}(x_k, u_k, x_{k+1}, \cdots, x_{n+1})$，从（$k = 1, 2, \cdots, n$）表示指标函数应具有可分离性，并满足递推关系，即 $V_{kn}$ 可表为 $x_k, u_k, V_{k+1n}$ 的函数，记为

$$V_{kn}(x_k, u_k, x_{k+1}, \cdots, x_{n+1}) = \varphi_k(x_k, u_k, V_{k+1n}(x_{k+1}, u_{k+1}, x_{k+2} \cdots, x_{n+1}))$$

并且函数 $\varphi_k$ 对于变量 $V_{k+1n}$ 是严格单调的。

常见的指标函数形式有阶段指标之和、阶段指标之积与阶段指标之极大（或极小）。

阶段指标之和为

$$V_{kn}(x_k, u_k, x_{k+1}, \cdots, x_{n+1}) = \sum_{j=k}^{n} v_j(x_j, u_j)$$

阶段指标之积为

$$V_{kn}(x_k, u_k, x_{k+1}, \cdots, x_{n+1}) = \prod_{j=k}^{n} v_j(x_j, u_j)$$

阶段指标之极大（或极小）为

$$V_{kn}(x_k, u_k, x_{k+1}, \cdots, x_{n+1}) = \max_{k \leqslant j \leqslant n}(\min) v_j(x_j, u_j)$$

从第 $k$ 阶段的状态 $x_k$ 开始采用最优子策略 $P_{kn}^*$，到第 $n$ 阶段终止时所得到的指标函数值称为最优值函数，记为 $f_k(x_k)$，即

$$f_k(x_k) = \underset{p_{kn} \in P_{kn}(x_k)}{\text{opt}} V_{kn}(x_k, p_{kn}),\text{其中 opt 可根据具体情况取 max 或 min}$$

在引例中，指标函数 $V_{k,n}$ 表示在第 k 阶段由点 $S_k$ 至终点 E 的距离。$f_k(x_k)$ 表示第 $k$ 阶段点 $x_k$ 到终点 E 的最短距离。$f_2(B_1) = 11$ 表示从第 2 阶段中的点 $B_1$ 到点 E 的最短距离。

（7）最优策略和最优轨线：使指标函数 $V_{kn}$ 达到最优值的策略是从 $k$ 开始的后部子过

程的最优策略,记作 $p_{kn}^{*} = \{u_{k}^{*}, \cdots, u_{n}^{*}\}$。$p_{1n}^{*}$ 是全过程的最优策略,简称最优策略(Optimal Policy)。从初始状态 $x_{1}(=x_{1}^{*})$ 出发,过程按照 $p_{1n}^{*}$ 和状态转移方程演变所经历的状态序列 $\{x_{1}^{*}, x_{2}^{*}, \cdots, x_{n+1}^{*}\}$ 称最优轨线(Optimal Trajectory)。

(8)归方程:如下方程称为递归方程:

$$\begin{cases} f_{n+1}(x_{n+1}) = 0 \\ f_{k}(x_{k}) = \operatorname*{opt}_{u_{k} \in U_{k}(x_{k})} \{v_{k}(x_{k}, u_{k}) + f_{k+1}(x_{k+1})\} \qquad (k = n, \cdots, 1) \end{cases} \tag{8.10}$$

动态规划递归方程是动态规划的最优性原理的基础,即最优策略的子策略构成最优子策略。用状态转移方程式(8.9)和递归方程式(8.10)求解动态规划的过程是由 $k = n + 1$ 逆推至 $k = 1$,故这种解法称为逆序解法。

3)动态规划的基本思想与最优化原理基本思想

动态规划方法的关键在于正确地写出基本方程,因此首先必须将问题的过程划分为多个相互联系的多阶段决策过程,恰当地选取状态变量和决策变量及定义最优指标函数,从而把问题化成一组同类型的子问题。然后从边界条件开始,逆过程行进方向,逐段递推寻优。在每个子问题求解时,均利用它前面已求出的子问题的最优化结果依次进行,最后一个子问题所得的最优解,就是整个问题的最优解。

在多阶段决策过程中,动态规划方法是既把当前的一段和未来的各段分开,又把当前效益和未来效益结合起来考虑的一种最优化方法。因此,每阶段决策的选取是从全局来考虑,与该段的最优选择一般是不同的。

动态规划方法的基本思想体现了多阶段性、无后效性、递归性、总体优化性。

最优化原理:动态规划方法基于 R. Bellman 等人提出的最优化原理"作为整个过程的最优策略具有这样的性质,即无论过去的状态和决策如何,对于先前的决策所形成的状态而言,余下的诸决策必须构成最优策略。"简言之,"一个最优策略的子策略总是最优的"。

2. 动态规划逆序算法的 MATLAB 的程序

1)逆序算法的基本方程

由方程式(8.9)与式(8.10)可得动态规划逆序求解的基本方程:

$$\begin{cases} f_{n+1}(x_{n+1}) = 0 \\ x_{k+1} = T_{k}(x_{k}, u_{k}) \\ f_{k}(x_{k}) = \operatorname*{opt}_{u_{k} \in U_{k}(x_{k})} \{v_{k}(x_{k}, u_{k}) + f_{k+1}(x_{k+1})\} \\ k = n, \cdots, 1 \end{cases} \tag{8.11}$$

基本方程在动态规划逆序求解中起本质作用,称为动态规划的数学模型。

如果一个问题能用动态规划方法求解,那么可以按下列步骤进行。首先建立起动态规划的数学模型:①将过程划分成恰当的阶段;②正确选择状态变量 $x_{k}$,使它既能描述过程的状态,又满足无后效性,同时确定允许状态集合 $X_{k}$;③选择决策变量 $u_{k}$,确定允许决策集合 $U_{k}(x_{k})$;④写出状态转移方程;⑤确定阶段指标 $v_{k}(x_{k}, u_{k})$ 及指标函数 $V_{kn}$ 的形式(阶段指标之和,阶段指标之积,阶段指标之极大或极小等);⑥写出基本方程即最优值函数满足的递归方程以及端点条件。

2）逆序算法的 MATLAB 的程序

自由始端和终端的动态规划，求指标函数最小值的逆序算法递归计算程序如下：

```matlab
% 函数 dynprog.m
function [p_opt, fval] = dynprog(x, DecisFun, ObjFun, TransFun)
% input x 状态变量组成的矩阵，其第 k 列是阶段 k 的状态 xk 的取值
% DecisFun(k, xk) 由阶段 k 的状态变量 xk 求出相应的允许决策变量的函数
% ObjFun(k, sk, uk) 阶段指标函数 vk = (sk, uk)
% TranFun(k, sk, uk) 状态转移方程 Tk(sk, uk)
% Output p_opt = [阶段数 k, 状态 xk, 决策 uk, 指标函数值 fk(sk)] 4 个列向量
%  fval 最优函数值
k = length(x(1,:));  % k 为阶段总数
x_isnan = ~isnan(x);
t_vub = inf;
f_opt = nan * ones(size(x));
d_opt = f_opt;
t_vubm = inf * ones(size(x));
% 以下计算最后阶段的相关值
tmp1 = find(x_isnan(:,k));
tmp2 = length(tmp1);
for i = 1:tmp2
    u = feval(DecisFun, k, x(i,k));
    tmp3 = length(u);
    for j = 1:tmp3
        tmp = feval(ObjFun,k,x(tmp1(i),k),u(j));
        if tmp < = t_vub,
            f_opt(i,k) = tmp;
            d_opt(i,k) = u(j);
            t_vub = tmp;
end;end;end
% 以下逆序计算各阶段的递归调用程序
for ii = k-1: -1:1
    tmp10 = find(x_isnan(:,ii));
    tmp20 = length(tmp10);
    for i = 1:tmp20
        u = feval(DecisFun, ii, x(i,ii));
        tmp30 = length(u);
        for j = 1:tmp30
            tmp00 = feval(ObjFun, ii, x(tmp10(i),ii),u(j));
            tmp40 = feval(TransFun, ii,x(tmp10(i),ii),u(j));
            tmp50 = x(:,ii +1) - tmp40;
            tmp60 = find(tmp50 = =0);
            if ~isempty(tmp60)
                tmp00 = tmp00 + f_opt(tmp60(1),ii +1);
```

236

```
            if tmp00 < =t_vubm(i,ii)
                  f_opt(i,ii) = tmp00;
                  d_opt(i,ii) = u(j);
                  t_vubm(i,ii) = tmp00;
end;end;end;end;end
% 以下记录最优决策、最优轨线和相应指标函数值
p_opt = [];
tmpx = [];
tmpd = [];
tmpf = [];
tmp0 = find(x_isnan(:,1));
fval = f_opt(tmp0,1);
tmp01 = length(tmp0);
for i =1:tmp01
    tmpd(i) = d_opt(tmp0(i),1);
    tmpx(i) = x(tmp0(i),1);
    tmpf(i) = feval(ObjFun,1,tmpx(i),tmpd(i));
    p_opt(k * (i -1) +1,[1,2,3,4]) =[1,tmpx(i),tmpd(i),tmpf(i)];
  for ii  =2:k
        tmpx(i) = feval(TransFun, ii -1,tmpx(i),tmpd(i));
        tmp1 = x(:,ii) - tmpx(i);
        tmp2 = find(tmp1 = =0);
        if  ~isempty(tmp2)
             tmpd(i) = d_opt(tmp2(1),ii);
        end;
        tmpf(i) = feval(ObjFun,ii,tmpx(i),tmpd(i));
        p_opt(k * (i -1) +ii,[1,2,3,4]) =[ii,tmpx(i),tmpd(i),tmpf(i)];
end;end
```

### 8.3.2  实验内容

1. 生产计划问题

**例 8.3.1**  工厂生产某种产品,每单位(千件)的成本为 1000 元,每次开工的固定成本为 3000 元,工厂每季度的最大生产能力为 6000 件。经调查,市场对该产品的需求量第一、二、三、四季度分别为 2,3,2,4(千件)。如果工厂在第一、二季度将全年的需求都生产出来,自然可以降低成本(少付固定成本费),但是对于第三、四季度才能上市的产品需付存储费,每季度每千件的存储费为 500 元。还规定年初和年末这种产品均无库存。试制定一个生产计划,即安排每个季度的产量,使一年的总费用(生产成本和存储费)最少。

解:先考虑构成动态规划模型的条件:

(1)阶段:把生产的 4 个时期作为 4 个阶段,$k = 1$, 2, 3, 4。

(2)状态变量 $x_k$ 表示第 $k$ 时期初的库存量。由题意 $x_1 = 0$。

(3)决策变量 $u_k$ 表示第 $k$ 时期的生产量。则 $0 \leqslant u_k \leqslant \min\{x_{k+1} + d_k, 6\}$,其中 $d_k$ 为

第 $k$ 时期的需求量。

（4）状态转移方程 $x_{k+1} = x_k + u_k - d_k$。

（5）阶段指标 $V_k(x_k, u_k)$ 表示第 $k$ 时期的生产成本 $C_k(u_k)$ 与库存量的存储费 $h_k(x_k)$ 之和，即

$$V_k(x_k, u_k) = C_k(u_k) + h_k(S_k)$$

其中 $h_k(x_k) = 0.5x_k$

$$C_k(u_k) = \begin{cases} 0 & (u_k = 0) \\ 3 + 1 \cdot x_k & (u_k = 1, 2, \cdots, 6) \end{cases}$$

于是指标函数 $v_{1k} = \sum_{j=1}^{k} v_j(x_j)$，表示从第 1 时期到第 $k$ 时期的总成本。

因此，基本方程为

$$\begin{cases} f_k(x_k) = \min\{v_k(x_k, u_k) + f_{k+1}(x_{k+1})\} \\ f_4(x_4) = 0 \qquad (k = 3, 2, 1) \end{cases}$$

依据以上分析与建立的模型，写出下面的三个 M 函数，并在主程序中调用参考程序 dynprog. m 进行计算。

```
% M 函数 DecisF2_1
% 求在阶段 k 由状态变量 x 的值求出相应的决策变量的所有取值的函数
function u = DecisF2_1(k,x)
q = [2,3,2,4];
if q(k) - x < 0,              % 决策变量不能取为负值
u = 0:6;
else,
u = q(k) - x:6;               % 产量满足需求且不超过 6
end;
u = u(:);


% M 函数 ObjF2_1
% 阶段 k 的指标函数
function v = ObjF2_1(k,x,u)
if u = = 0
    v = 0.5 * x;
else
    v = 3 + u + 0.5 * x;
end;


% M 函数 TransF2_1
% 状态转移函数
function y = TransF2_1(k,x,u)
q = [2,3,2,4];
y = x + u - q(k);
```

```
% 调用 dynprog.m 的主程序
clear;
x = nan * ones(5,4);  % 取 x 为 10 的倍数,x = 0:10:70 所以取 8 行
x(1,1) = 0;  % 1 月初存储量为 0
x(1:5,2) = (0:4)';  % 2 月初存储量为 0 ~ 4
x(1:5,3) = (0:4)';  % 3 月初存储量为 0 ~ 4
x(1:5,4) = (0:4)';  % 4 月初存储量为 0 ~ 4
[p,f] = dynprog(x,'DecisF2_1','ObjF2_1','TransF2_1')
```

运行结果如下。

```
P =   1.0000         0    5.0000    8.0000
      2.0000    3.0000         0    1.5000
      3.0000         0    6.0000    9.0000
      4.0000    4.0000         0    2.0000

f = 20.5000
```

**2. 资源优化配置问题**

**例 8.3.2** 某公司新购置了某种设备 6 台,欲分配给下属的 4 个企业,已知各企业获得这种设备后年创利润见表 8.9。问应如何分配这些设备能使年创总利润最大,最大利润是多少?

表 8.9　各企业获得设备的年创利润数　　（单位:1000 万元）

| 企业＼设备/台 | 0 | 1 | 2 | 3 | 4 | 5 | 6 |
|:---:|:---:|:---:|:---:|:---:|:---:|:---:|:---:|
| 甲 | 0 | 4 | 6 | 7 | 7 | 7 | 7 |
| 乙 | 0 | 2 | 4 | 6 | 8 | 9 | 10 |
| 丙 | 0 | 3 | 5 | 7 | 8 | 8 | 8 |
| 丁 | 0 | 4 | 5 | 6 | 6 | 6 | 6 |

解:先考虑构成动态规划模型的条件。

(1) 阶段 $k$:将问题按企业分为 4 个阶段,甲、乙、丙、丁 4 个企业分别编号为 1,2,3,4。

(2) 状态变量 $x_k$:表示第 $k$ 段可用于剩余的 $n-k+1$ 个企业的设备台数,显然 $x_1 = 6$, $x_{n+1} = 0$。

(3) 决策变量 $u_k$:表示分配给第 $k$ 个企业的设备台数。

(4) 决策允许集合:$0 \leqslant u_k \leqslant x_k$。

(5) 状态转移方程:$x_{k+1} = x_k - u_k$。

(6) 阶段指标:$v_k(x_k, u_k)$ 表示 $u_k$ 台设备分配给第 $k$ 个企业所获得的利润,$f_k(x_k)$ 表示当可分配的设备为 $x_k$ 时,分配给剩余的 $n-k+1$ 个企业所获得的的最大利润,则基本方程为

$$\begin{cases} f_k(x_k) = \max\{v_k(x_k, u_k) + f_{k+1}(x_{k+1}) \mid u_k\} \\ f_5(x_5) = 0 \quad (k = 4,3,2,1) \end{cases}$$

依据以上分析与建立的模型,写出下面的三个 M 函数,并在主程序中调用参考程序

**dynprog. m 进行计算：**

```
% M 函数 DecisF4_1
% 求在阶段 k 由状态变量 x 的值求出相应的决策变量的所有取值的函数
function u = DecisF4_1(k,x)
if k = = 4,u = x;
else,
    u = 0:x;
end


% M 函数 ObjF4_1
% 阶段 k 的指标函数
function v = ObjF4_1(k,x,u)
w = [0,0,0,0;4,2,3,4;6,4,5,5;7,6,7,6;7,8,8,6;7,9,8,6;7,10,8,6];
w = -w;
v = ([0,1,2,3,4,5,6] = = u) * w(:,k);
% M 函数 TransF4_1
% 状态转移函数
function y = TransF4_1(k,x,u)
y = x - u;
% 调用 dynprog.m 的主程序
clear;
x = [0;1;2;3;4;5;6];x = [x,x,x,x];
[p,f] = dynprog(x,'DecisF4_1','ObjF4_1','TransF4_1')
```

运行结果如下：

```
P =

    1    0    0    0
    2    0    0    0
    3    0    0    0
    4    0    0    0
    1    1    0    0
    2    1    0    0
    3    1    0    0
    4    1    1   -4
    1    2    1   -4
    2    1    0    0
    3    1    0    0
    4    1    1   -4
    1    3    1   -4
    2    2    0    0
    3    2    1   -3
    4    1    1   -4
    1    4    1   -4
    2    3    0    0
```

```
    3    3    2    -5
    4    1    1    -4
    1    5    1    -4
    2    4    0     0
    3    4    3    -7
    4    1    1    -4
    1    6    1    -4
    2    5    1    -2
    3    4    3    -7
    4    1    1    -4
f =
     0
    -4
    -8
   -11
   -13
   -15
   -17
```

由 p 和 f 可见,在有 6 台设备时,可分配给甲、乙、丙和丁各 1 台、1 台、3 台、1 台,获最大利润 17000 万元;若有 5 台设备时,可分配给甲、乙、丙和丁 1 台、0 台、3 台、1 台,获最大利润 15000 万元;如此可知有 4 台、3 台、2 台、1 台、0 台设备时的最优分配方案。

### 3. 最短路线问题

**例 8.3.3**　调用 dynprog. m 计算引例中的最短路线。

解:为了方便,将路径的顶点编号,A 编 1 号,B1、B2、B3 分别编为 2、3、4 号,C1、C2、C3 分别编为 5、6、7 号,D1、D2 分别编为 8、9 号,E 编 10 号。依引例建立的模型,写出下面的三个 M 函数,并在主程序中调用参考程序 dynprog. m 进行计算。

```
% M 函数 DecisF5_1
% 求在阶段 k 由状态变量 x 的值求出相应的决策变量的所有取值的函数
function u = DecisF5_1(k,x)
if x = =1, u =[2,3,4];
  elseif (x = =2)|( x = =3)|( x = =4),u =[5,6,7];
    elseif (x = =5)|( x = =6)|( x = =7),u =[8,9];
      elseif (x = =8)|( x = =9),u =10;
        elseif x = =10,u =10;
end
% M 函数 ObjF5_1
% 阶段 k 的指标函数
function v = ObjF5_1(k,x,u)
tt =[2;4;3;7;4;6;3;2;4;6;2;5;3;4;6;3;3;3;3;4];
tmp =[x = =1&u = =2, x = =1&u = =3, x = =1&u = =4, x = =2&u = =5, x = =2&u = =6,
x = =2&u = =7, x = =3&u = =5, x = =3&u = =6, x = =3&u = =7, x = =4&u = =5, x = =4&
```

u ==6, x ==4&u ==7, x ==5&u ==8, x ==5&u ==9, x ==6&u ==8, x ==6&u ==9,
x ==7&u ==8, x ==7&u ==9, x ==8&u ==10, x ==9&u ==10];
v = tmp*tt;

```
% M 函数 TransF5_1
% 状态转移函数
function y = TransF5_1(k,x,u)
y = u;
```

```
% 调用 dynprog.m 的主程序
clear;
x = nan * ones(3,5);
x(1,1) = 1;
x(1:3,2) = [2;3;4];
x(1:3,3) = [5;6;7];
x(1:2,4) = [8;9];
x(1,5) = 10;
[p,f] = dynprog1(x,'DecisF5_1','ObjF5_1','TransF5_1')
```

运行结果如下：
```
P =
     1    1    4    3
     2    4    6    2
     3    6    9    3
     4    9   10    4
     5   10   10    0
f =
    12
```

可见从 A～E 的最短距离为 12，最短线路按顶点序号为 $1\rightarrow4\rightarrow6\rightarrow9\rightarrow10$ 即 $A\rightarrow B_3\rightarrow C_2\rightarrow D_2\rightarrow E$。

### 8.3.3  练习

1. 某工厂向用户提供发动机，按合同规定，其交货数量和日期是：第一季度末交 40 台，第二季末交 60 台，第三季末交 80 台。工厂的最大生产能力为每季 100 台，每季的生产费用是 $f(x) = 50x + 0.2x^2(元)$，此处 $x$ 为该季生产发动机的台数。若工厂生产的多，多余的发动机可移到下季向用户交货，这样，工厂就需支付存储费，每台发动机每季的存储费为 4 元。问该厂每季应生产多少台发动机，才能既满足交货合同，又使工厂所花费的费用最少（假定第一季度开始时发动机无存货）。

2. 某企业的某型号机床年效益值 $r(k)$ 与维修费 $a(k)$ 见表 8.10，购买一台同型号的新机床的价格为 5000 万元，出售旧机床的价格见表 8.11。该企业现有一台新机床，试为该企业制定一个为期 5 年的这种机床的最优更新策略，并求出最优经济效益值。

242

表 8.10　机床的年效益与维修费用表

| 役龄/年 | 0 | 1 | 2 | 3 | 4 | 5 |
|---|---|---|---|---|---|---|
| $r(k)$/万元 | 5 | 4.5 | 4 | 3.75 | 3 | 2.5 |
| $a(k)$/万元 | 0.5 | 1 | 1.5 | 2 | 2.5 | 3 |

表 8.11　旧机床的售价表

| 役龄/年 | 0 | 1 | 2 | 3 | 4 | 5 |
|---|---|---|---|---|---|---|
| 价格/万元 | 4.5 | 4 | 3.5 | 3 | 2.5 | 2 |

提示:状态转移方程为

$$x(k+1) = \begin{cases} x(k) + 1 & (u(k) = 1) \\ 1 & (u(k) = 0) \end{cases}$$

阶段指标为

$$d(x(k), u(k)) = \begin{cases} r(x(k)) - a(x(k)) & (u(k) = 1) \\ r(0) - a(0) - c(x(k)) & (u(k) = 0) \end{cases}$$

目标函数为

$$I = \sum_{k=1}^{N} d(x(k), u(k))$$

# 第9章  建模实例

本章主要介绍2个建模的实例,以便读者了解实际建模的过程与方法。

## 9.1  饮酒驾车的数学模型

### 9.1.1  问题重述

驾驶员在喝过一定量的酒后,酒精在体内被吸收,血液中酒精含量上升,影响司机驾车,所以司机饮酒后需经过一段时间后才能安全驾车,国家标准规定,车辆驾驶人员血液中的酒精含量大于或等于20mg/100mL,小于80mg/100mL为饮酒驾车,血液中酒精含量大于或等于80mg/100mL为醉酒驾车。司机大李在中午12点喝下一瓶啤酒,6h后检查符合新标准,晚饭他又喝了一瓶啤酒,他到凌晨2点驾车,被检查时定为饮酒驾车,为什么喝相同量的酒,两次结果不一样?讨论问题:(1)对大李碰到的情况做出合理解释;(2)在喝3瓶啤酒或半斤白酒后多长时间内驾车会违反标准,喝酒时间长短不同情况会怎样;(3)分析当司机喝酒后何时血液中的酒精含量最高;(4)如果该司机想天天喝酒还能否开车;(5)结合模型和国家新标准写一篇关于司机如何驾车的忠告。

参考数据如下:

(1)人的体液占人的体重的65%~70%,其中血液只占体重的7%左右;而药物(包括酒精)在血液中的含量与在体液中的含量大体是一样的。

(2)体重约70kg的某人在短时间内喝下2瓶啤酒后,隔一定时间测量他的血液中酒精含量,得到数据见表9.1。

表9.1  血液中酒精含量

| 时间/h | 0.25 | 0.5 | 0.75 | 1 | 1.5 | 2 | 2.5 | 3 | 3.5 | 4 | 4.5 | 5 |
|---|---|---|---|---|---|---|---|---|---|---|---|---|
| 酒精含量/(mg/100mL) | 30 | 68 | 75 | 82 | 82 | 77 | 68 | 68 | 58 | 51 | 50 | 41 |
| 时间/h | 6 | 7 | 8 | 9 | 10 | 11 | 12 | 13 | 14 | 15 | 16 | |
| 酒精含量/(mg/100mL) | 38 | 35 | 28 | 25 | 18 | 15 | 12 | 10 | 7 | 7 | 4 | |

### 9.1.2  模型假设

(1)酒精从胃转移到体液的速率与胃中的酒精浓度成正比。
(2)酒精从体液转移到体外的速率与体液中的酒精浓度成正比。
(3)酒精从胃转移到体液的过程中没有损失。
(4)测量设备完善,不考虑不同因素所造成的误差。
(5)酒精在体液与血液中都是均匀分布的,且酒精在血液中的含量与在体液中的含量大体是一样的。

### 9.1.3 符号说明

$k_0$:酒精从体外进入胃的速率;

$g_1(t)$:酒精从胃转移到体液的速率;

$g_2(t)$:酒精从体液转移到体外的速率;

$x(t)$:胃里的酒精含量;

$y(t)$:体液中酒精含量;

$v_0$:体液的容积;

$k_1$:酒精从胃转移到体液的转移速率系数;

$k_2$:酒精从体液转移到体外的转移速率系数;

$c(t)$:体液中的酒精浓度;

$D_0$:短时间喝酒情况下进入胃中的初始酒精量;

$T$:较长时间喝酒所用的时间或达到浓度最大值所需时间。

### 9.1.4 模型的分析与建立

1. 模型分析

假设酒精先以速率 $k_0$ 进入胃中,然后以速率 $g_1(t)$ 从胃进入体液,再以速率 $g_2(t)$ 从体液中排到体外。根据假设可以建立如图 9.1 所示的带有吸收室的单房室系统,其中胃为吸收室,体液为中心室。

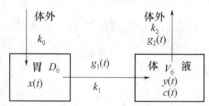

图 9.1 带有吸收室的单房室系统

2. 模型建立

用 $x(t)$ 与 $y(t)$ 分别表示在胃、体液中的酒精量;$c(t)$ 表示酒精在体液中的浓度。根据酒精从胃进入体液的速度 $g_1(t)$ 与胃中的酒精量成正比,设速率系数为 $k_1$;酒精从血液中排出的速率 $g_2(t)$ 与血液中的酒精量 $y(t)$ 成正比,速率系数为 $k_2$,可以建立方程如下:

$$g_1(t) = k_1 x(t) \tag{9.1}$$

$$g_2(t) = k_2 y(t) \tag{9.2}$$

$$\frac{\mathrm{d}x(t)}{\mathrm{d}t} = k_0 - g_1(t) \tag{9.3}$$

将式(9.1)代入式(9.3)可得

$$\frac{\mathrm{d}x(t)}{\mathrm{d}t} = k_0 - k_1 x(t) \tag{9.4}$$

通过移项,式(9.4)可以转化为

$$\frac{\mathrm{d}x(t)}{\mathrm{d}t} + k_1 x(t) = k_0 \tag{9.5}$$

式(9.5)是一阶线性常微分方程,求解得到胃中的酒精量 $x(t)$ 满足

$$\begin{cases} x(t) = c_1 \mathrm{e}^{-k_1 t} + A_1 \\ A_1 = \dfrac{k_0}{k_1} \\ c_1 + A_1 = x(0) = x_0 \end{cases} \tag{9.6}$$

将式(9.6)代入式(9.1),得酒精从胃进入体液的速度 $g_1(t)$ 满足

$$\begin{aligned} g_1(t) &= k_1 c_1 \mathrm{e}^{-k_1 t} + k_1 A_1 = k_1 c_1 \mathrm{e}^{-k_1 t} + k_0 \\ &= (k_1 x_0 - k_0) \mathrm{e}^{-k_1 t} + k_0 \end{aligned} \tag{9.7}$$

同理,对体液可建立方程如下:

$$\begin{cases} \dfrac{\mathrm{d}y(t)}{\mathrm{d}t} = g_1(t) - g_2(t) \\ y(0) = y_0 \end{cases} \tag{9.8}$$

将式(9.2)代入式(9.8)可得

$$\frac{\mathrm{d}y(t)}{\mathrm{d}t} = g_1(t) - k_2 y(t)$$

将上式转化为

$$\frac{\mathrm{d}y(t)}{\mathrm{d}t} + k_2 y(t) = g_1(t)$$

将式(9.7)代入上式可得到血液中的酒精量 $y(t)$ 满足方程

$$\frac{\mathrm{d}y(t)}{\mathrm{d}t} + k_2 y(t) = (k_1 x_0 - k_0) \mathrm{e}^{-k_1 t} + k_0 \tag{9.9}$$

求解方程式(9.9)可得

$$\begin{aligned} y(t) &= c_2 \mathrm{e}^{-k_2 t} + \frac{k_0}{k_2} + \frac{k_1 x_0 - k_0}{k_2 - k_1} \mathrm{e}^{-k_1 t} \\ &= c_2 \mathrm{e}^{-k_2 t} + A_2 + B_2 \mathrm{e}^{-k_1 t} \end{aligned} \tag{9.10}$$

式中

$$A_2 = \frac{k_0}{k_2}; B_2 = \frac{k_1 x_0 - k_0}{k_2 - k_1}; A_2 + B_2 + c_2 = y(0) = y_0$$

又酒精浓度为酒精量与体液容积之比,即 $c(t) = \dfrac{y(t)}{v_0}$,所以由式(9.10)得

$$c(t) = c_3 \mathrm{e}^{-k_2 t} + A_3 + B_3 \mathrm{e}^{-k_1 t} \tag{9.11}$$

式中

$$c_3 = \frac{c_2}{v_0}; A_3 = \frac{k_0}{k_2 v_0}; B_3 = \frac{k_1 x_0 - k_0}{(k_2 - k_1) v_0}; A_3 + B_3 + C_3 = c(0) = c_0$$

3. 模型的讨论

(1)当酒是在较短时间内喝时,此时有

$$x(0) = D_0 = x_0; k_0 = 0; c_0 = 0$$

代入式(9.11)可以得到酒在较短时间内喝下去时,体液中的酒精浓度与时间的函数关系式如下:

$$c(t) = -B_3 e^{-k_2 t} + B_3 e^{-k_1 t} = -B_3 (e^{-k_2 t} - e^{-k_1 t})$$
$$= A(e^{-k_2 t} - e^{-k_1 t}) \tag{9.12}$$

式中

$$A = -B_3 = \frac{k_1 D_0}{(k_1 - k_2) v_0}$$

当 $t$ 比较大时(比如 $t > 1.5$),显然 $k_1 \gg k_2$,因此由式(9.12)可得

$$c(t) \approx A e^{-k_2 t}$$

取对数得

$$\ln c(t) = \ln A - k_2 t$$

利用表 9.1 的数据,取时间 $t = 1.5$ 小时以后的数据对上式进行曲线拟合,在 MAT-LAB 命令窗口中输入如下程序:

```
>> t = [1.5 2 2.5 3 3.5 4 4.5 5 6 7 8 9 10 11 12 13 14 15 16];
>> y1 = [82 77 68 68 58 51 50 41 38 35 28 25 18 15 12 10 7 7 4];
>> y2 = log(y1);
>> a = polyfit(t,y2,1)
a =
    -0.1940   4.7753
>> A = exp(a(2))
A = 118.5474
```

拟合结果为 $A = 118.5459$,$k_2 = 0.1940$。

根据查阅资料可知:一瓶啤酒的酒精量一般为 640mL,密度为 810mg/mL 酒精浓度为 4.5%,所以两瓶啤酒的酒精总量 $D_0 = 2 \times 640 \times 810 \times 4.5\% = 46656$mg,由于体液为 70kg 体重的 65% 左右,体液密度为 1.05mg/mL,所以可得体液的总体积为

$$v_0 = \frac{70 \times 65\% \times 10^3}{1.05 \times 100} = 433.33 \quad (100\text{mL})$$

由 $A = \frac{k_1 D_0}{(k_1 - k_2) v_0}$ 及 $k_2 = 0.1940$ 可求得 $k_1 = 2.114$。

这样,短时间内喝下两瓶啤酒时血液中的酒精含量与时间的关系式如下:

$$c(t) = 118.5459 [e^{-0.1940t} - e^{-2.114t}] \tag{9.13}$$

用 MATLAB 软件画出式(9.13)的图形如图 9.2 所示。

从图形上看,原始数据点与拟合曲线很相近。

(2)当酒是在较长时间内喝时,我们可将其进行分段讨论。

① 当 $t \in (0, T]$ 时,同样可以得到

$$\begin{cases} \dfrac{dx(t)}{dt} = k_0 - k_1 x(t) \\ \dfrac{dy(t)}{dt} = g_2(t) - k_2 y(t) \end{cases} \tag{9.14}$$

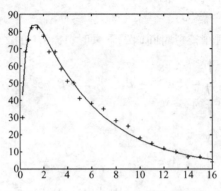

图9.2  原始数据点与拟合曲线

但此时 $k_0 = \dfrac{D_0}{T}, x(0) = 0, y(0) = 0,$ 可得

$$y(t) = c_2 e^{-k_2 t} + A_2 + B_2 e^{-k_1 t}$$

式中

$$A_2 = \frac{k_0}{k_2}; B_2 = \frac{k_1 x_0 - k_0}{k_2 - k_1}; A_2 + B_2 + C_2 = y(0) = y_0$$

根据上式可得

$$c(t) = c_3 e^{-k_2 t} + A_3 + B_3 e^{-k_1 t}$$

式中

$$c_3 = \frac{c_2}{x_0}; A_3 = \frac{k_0}{k_2 y_0}; B_3 = \frac{k_1 x_0 - k_0}{(k_2 - k_1) v_0}$$

即

$$
\begin{aligned}
c(t) &= -(A_3 + B_3) e^{-k_2 t} + A_3 + B_3 e^{-k_1 t} \\
&= A_3(1 - e^{-k_2 t}) - B_3(e^{-k_2 t} - e^{-k_1 t})
\end{aligned}
$$

可以求得

$$A_3 = \frac{k_0}{k_2 v_0} = \frac{D_0}{T k_2 v_0} = \frac{46656}{2 \times 0.1940 \times 433.32} = 277.5026$$

$$B_3 = \frac{-k_0}{(k_2 - k_1) v_0} = \frac{-D_0}{T(k_2 - k_1) v_0} = \frac{-46656}{2(0.1940 - 2.114) \times 433.33} = 28.0387$$

所以得

$$
\begin{aligned}
c(T) &= A_3(1 - e^{-k_2 t}) - B_3(e^{-k_2 T} - e^{-k_1 T}) \\
&= B[e^{-k_2 T} - e^{-k_1 T}] = B e^{-k_2 T} \tag{9.15}
\end{aligned}
$$

② 当 $t > T$ 时,此时血液中的浓度与时间关系式如下:

$$c(t) = \frac{k_1 x(T)}{(k_1 - k_2) v_0} \times [e^{-k_2(t-T)} - e^{-k_1(t-T)}] + C(T) e^{-k_2(t-T)} \tag{9.16}$$

式中

$$x(T) = \frac{k_1 x_0 - k_0}{k_1} e^{-k_1 T} + \frac{k_0}{k_1} = \frac{k_0}{k_1}[1 - e^{-k_1 T}]$$

248

$$c(T) = \frac{k_0}{k_2 y_0}\left[1 - e^{-k_2 T}\right] + \frac{k_0}{k_1 - k_2}\left[e^{-k_1 T} - e^{-k_2 T}\right]$$

综上所述,可得,当 $t \geqslant T$ 时,有

$$
\begin{cases}
c(t) = \dfrac{k_1 x(T)}{(k_1 - k_2) v_0} \times \left[e^{-k_2(t-T)} - e^{-k_1(t-T)}\right] + C(T) e^{-k_2(t-T)} \\[2mm]
x(T) = \dfrac{k_0}{k_1}\left[1 - e^{-k_1 T}\right] \\[2mm]
c(T) = \dfrac{k_0}{k_2 y_0}\left[1 - e^{-k_2 t}\right] + \dfrac{k_0}{k_1 - k_2}\left[e^{-k_1 T} - e^{-k_2 T}\right]
\end{cases}
\tag{9.17}
$$

### 9.1.5 问题的解答

1. 问题一

假设大李第一次喝酒是在短时间内喝的,根据所建立的模型式(9.12)可知,人体中血液中的酒精含量与时间的函数关系式如下:

$$c(t) = \frac{k_1 D_0}{(k_1 - k_2) v_0}\left[e^{-k_2 t} - e^{-k_1 t}\right]$$

根据式(9.13)求解可得

$$k_1 = 2.114; k_2 = 0.1940; D_0 = 23328 mg; v_0 = 433.33$$

所以可得大李第一次喝酒一瓶时,体内血液中的酒精含量与时间的函数关系式为

$$c(t) = 59.27295\left[e^{-0.1940 t} - e^{-2.114 t}\right]$$

当 $t = 6$ 时,代入上式得

$c(6) = 18.2778(\mathrm{mg/100mL})$,小于国家规定的标准 20mg/100mL,所以第一次遭遇检查时没有被认定为是饮酒驾驶,如图 9.3 所示。

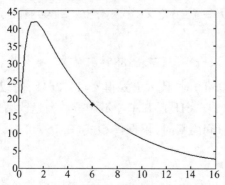

图 9.3 大李第一次检查时血液中的酒精含量

接着,大李在吃晚饭时又喝了一瓶啤酒,此时大李体内还留有第一次喝后残留酒精,所以第二次体内的酒精含量应该是两次喝酒后体内酒精的叠加,此时可以认为大李是在较长时间内喝的,根据所建模型式(9.12),有

$$c(t) = A\left[e^{-k_2 t} - e^{-k_1 t}\right] + A\left[e^{-k_2(t-T)} - e^{-k_1(t-T)}\right]$$

已知 $A = 59.27295$，$k_2 = 0.1940$，$k_1 = 2.114$，$T = 6$，当 $t = 14$ 时，代入上式得 $C(14) = 20.3618(\text{mg}/100\text{mL})$，大于国家所示规定的标准 $20\text{mg}/100\text{mL}$，所以第二次虽然迟了 $2\text{h}$，但检查出来时，酒精还是超标的，如图 9.4 所示。

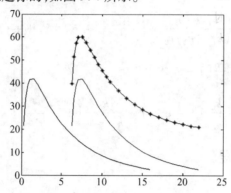

图 9.4　第二次检查时血液中的酒精含量

　　所以从以上分析可知，虽然大李是喝相同量的酒，且第二次检查时离喝酒时间比第一次延长了 $2\text{h}$，但由于第一次喝后体内还留有第一次剩余的酒精，并且第二次是较长时间内喝的比第一次短时间内喝的达到标准所需时间要长，所以第二次会被认定是饮酒驾车，由大李的这种遭遇我们可知，一个人体内血液中的酒精含量不仅与所喝的酒量有关，而且还与喝酒所用的时间快慢及体内血液中原来的酒精含量有关。

　　2. 问题二

　　（1）当酒是在较短时间内喝时，根据已建立的基本模型式（9.12），人体血液中的酒精含量与时间的函数关系式为

$$c(t) = \frac{k_1 D_0}{(k_1 - k_2)v_0}\left[\mathrm{e}^{-k_2 t} - \mathrm{e}^{-k_1 t}\right] \tag{9.18}$$

喝了 3 瓶啤酒，则有 $D_0 = 3 \times 640 \times 810 \times 4.5\% = 69984\text{mg}$，$v_0 = 433.33 \times 100\text{mL}$，$k_2 = 0.1940$，$k_1 = 2.114$，所以

$$c(t) = 177.81885\left[\mathrm{e}^{-0.1940 t} - \mathrm{e}^{-2.114 t}\right]$$

当 $c(t) = 20(\text{mg}/100\text{mL})$ 时，代入上式得 $t = 11.261\text{h}$，所以当驾驶员在较短时间内喝下三瓶啤酒时，必须经过 $11.261\text{h}$ 后开车才不会被认为是饮酒驾车。

　　（2）当酒是在较长时间内喝时，根据模型式（9.15）可知，人体中血液内酒精的含量与时间的关系式为

$$c(t) = c\mathrm{e}^{-k_2 t} + \frac{k_0}{(k_1 - k_2)v_0}\mathrm{e}^{-k_1 t} + \frac{k_0}{k_2 v_0}$$

且此时 $x(0) = 0$，$k_0 = \dfrac{D_0}{T}$，$c(0) = 0$，所以上式可转化为

$$c(t) = \frac{D_0}{k_2 v_0 T}(1 - \mathrm{e}^{-k_2 t}) + \frac{D_0}{(k_1 - k_2)v_0 T}\left[\mathrm{e}^{-k_1 t} - \mathrm{e}^{-k_2 t}\right]$$

　　因为已知 $D_0 = 69980\text{mg}$，$k_1 = 2.114$，$k_2 = 0.1940$，$v_0 = 433.33 \times 100\text{mL}$，所以当 $c(t) =$

20（mg/100mL）时，可以求出 $t = 13.407h$，所以当驾驶员在较长时间（如2h）喝下三瓶啤酒后，必须经过13.407h后开车才不被认为是饮酒驾车。

3．问题三

（1）短时间内喝酒时，根据所建立模型可知

$$c(t) = \frac{k_1 D_0}{(k_1 - k_2) v_0} \left[ e^{-k_2 t} - e^{-k_1 t} \right]$$

当 $c'(t) = 0$ 时，可解得

$$T = \frac{\ln k_1 - \ln k_2}{k_1 - k_2} = 1.23$$

所以当

$$t = T = \frac{\ln k_1 - \ln k_2}{k_1 - k_2} = 1.23$$

时，$c(t)$ 取得最大值。

因为 $T$ 只与 $k_1, k_2$ 有关，从表达式可知当在较短时间内喝酒时浓度达到最大值的时间与喝酒量无关。

（2）当酒是在较长时间内喝时，当 $0 < t < T$ 时，

$$c(t) = \frac{k_0}{k_2 v_0} (1 - e^{-k_2 t}) + \frac{k_0}{(k_1 - k_2) v_0} \left[ e^{-k_1 t} - e^{-k_2 t} \right]$$

求导得

$$c'(t) = \frac{k_0 k_2}{k_2 v_0} e^{-k_2 t} + \frac{k_0}{(k_1 - k_2) v_0} \left[ - k_1 e^{-k_1 t} + k_2 e^{-k_2 t} \right]$$

$$= \frac{k_0 k_1}{(k_1 - k_2) v_0} \left[ e^{-k_2 t} - e^{-k_1 t} \right]$$

由 $k_1$ 大于 $k_2$ 知，$c'(t) > 0$，体液中酒精浓度不可能在 $(0, T)$ 内达到最大值。

当 $t > T$ 时，

$$c(t) = \frac{k_1 x(T)}{(k_1 - k_2) v_0} \left[ e^{-k2(t-T)} - e^{-k1(t-T)} \right] + c(T) e^{-k2(t-T)}$$

式中

$$x(T) = \frac{k_1 x_0 - k_0}{k_1} e^{-k_1 T} + \frac{k_0}{k_1} = \frac{k_0}{k_1} \left[ 1 - e^{-k_2 T} \right]$$

当 $T$ 比较大时，$X(T)$ 趋向于 $\frac{k_0}{k_1}$；$c(T)$ 趋向于 $\frac{k_0}{k_2 v_0}$，则

$$c(t) = \frac{k_1 x(T)}{(k_1 - k_2) v_0} \left[ e^{-k_2(t-T)} - e^{-k_1(t-T)} \right] + c(T) e^{-k_2(t-T)}$$

对 $c(t)$ 求导，得

$$c(t) = \frac{k_0 k_1}{(k_1 - k_2) k_2 v_0} e^{-k_2(t-T)} - \frac{k_0}{(k_1 - k_2) v_0} e^{-k_2(t-T)}$$

可以由上式推出

$$c'(t) = -\frac{k_0 k_1}{(k_1 - k_2)v_0}e^{-k_2(t-T)} + \frac{k_0 k_1}{(k_1 - k_2)v_0}e^{-k_1(t-T)}$$

$$= \frac{k_0 k_1}{(k_1 - k_2)v_0}\left[e^{-k_1(t-T)} - e^{-k_2(t-T)}\right]$$

由 $k_1$ 大于 $k_2$ 知，$c'(t) < 0$，体液中酒精浓度不可能在 $t > T$ 时达到最大值。综上所述，长时间喝酒时，血液中的酒精含量当喝酒结束时达到最大值。所以若喝酒时间是 2 小时，在第二小时血液中的酒精含量最高。

4. 问题四

假设天天喝酒，每次喝酒的量为均匀的，每隔 $T$ 时间喝一次酒。当喝酒 $n$ 次后，则时间 $t = nT$，$T > 1.23\mathrm{h}$。所以根据所建的模型，可以进行 $n$ 次模型叠加，即表示为

$$c(nT) = Ae^{-k_2 T} + Ae^{-2k_2 T} + \cdots + Ae^{-nk_2 T}$$

$$= A\left[e^{-k_2 T} + (e^{-k_2 T})^2 + \cdots + (e^{-k_2 T})^n\right]$$

$$= A\frac{e^{-k_2 T}(1 - e^{k_2 nT})}{1 - e^{-k_2 nT}}$$

当 $n \to \infty$ 时，上式可近似为 $c(nT) = A\dfrac{e^{-k_2 T}}{1 - e^{-k_2 T}}$。

如果要使驾驶员，天天喝酒还能开车不被认定为是引饮酒驾车，则必 $c(nT) \leqslant 20$，将之代入上式，得

$$A = \frac{k_1 D_0}{(k_1 - k_2)v_0} \times \frac{B}{1 - B} \leqslant 20$$

所以

$$D_0 = \frac{20(1 - B)}{B} \times \frac{(k_1 - k_2)}{k_1} = \frac{20(1 - B)}{B} \times 433.33$$

所以可设啤酒瓶数为

$$n \leqslant \frac{40}{23.124683} = 1.7297297 \approx 1.7(瓶)$$

综上所述，如果驾驶员想天天喝酒，天天开车的话，那么必需每天饮酒数量不超过 1.7 瓶。

# 9.2　彩票中的数学

## 9.2.1　问题重述

近年来"彩票飓风"席卷中华大地，巨额诱惑使越来越多的人加入到"彩民"的行列，目前流行的彩票主要有"传统型"和"乐透型"两种类型。

"传统型"采用"10 选 6 + 1"方案：先从 6 组 0～9 号球中摇出 6 个基本号码，每组摇出一个，然后从 0～4 号球中摇出一个特别号码，构成中奖号码。投注者从 0～9 十个号码中任选 6 个基本号码（可重复），从 0～4 中选一个特别号码，构成一注，根据单注号码与中奖号码相符的个数多少及顺序确定中奖等级。以中奖号码"abcdef + g"为例说明中奖

等级,见表9.2(X表示未选中的号码)。

表9.2 "传统型"彩票中奖等级说明

| 中奖等级 | 10 选 6 +1(6 +1/10) | | |
|---|---|---|---|
| | 基本号码 | 特别号码 | 说明 |
| 一等奖 | abcdef | g | 选7中(6 +1) |
| 二等奖 | abcdef | | 选7中(6) |
| 三等奖 | abcdeX　　Xbcdef | | 选7中(5) |
| 四等奖 | abcdXX　　XbcdeX　　XXcdef | | 选7中(4) |
| 五等奖 | abcXX　　XbcdXX　　XXcdeX　　XXXdef | | 选7中(3) |
| 六等奖 | abXXXX　　XbcXXX　　XXcdXX　　XXXdeX　　XXXXef | | 选7中(2) |

"乐透型"有多种不同的形式,比如"33选7"的方案:先从1～33个号码球中一个一个地摇出7个基本号,再从剩余的26个号码球中摇出一个特别号码。投注者从1～33个号码中任选7个组成一注(不可重复),根据单注号码与中奖号码相符的个数多少确定相应的中奖等级,不考虑号码顺序。又如"36选6 +1"的方案,先从1～36个号码球中一个一个地摇出6个基本号,再从剩下的30个号码球中摇出一个特别号码。从1～36个号码中任选7个组成一注(不可重复),根据单注号码与中奖号码相符的个数多少确定相应的中奖等级,不考虑号码顺序。这两种方案的中奖等级见表9.3。

表9.3 "乐透型"彩票中奖等级说明

| 中奖等级 | 33 选 7(7/33) | | | 36 选 6 +1(6 +1/36) | | |
|---|---|---|---|---|---|---|
| | 基本号码 特别号码 | 说明 | | 基本号码 特别号码 | 说明 | |
| 一等奖 | ●●●●●●● | 选7中(7) | | ●●●●●● ★ | 选7中(6 +1) | |
| 二等奖 | ●●●●●●○ ★ | 选7中(6 +1) | | ●●●●●● | 选7中(6) | |
| 三等奖 | ●●●●●●○ | 选7中(6) | | ●●●●●○ ★ | 选7中(5 +1) | |
| 四等奖 | ●●●●●○○ ★ | 选7中(5 +1) | | ●●●●●○ | 选7中(5) | |
| 五等奖 | ●●●●●○○ | 选7中(5) | | ●●●●○○ ★ | 选7中(4 +1) | |
| 六等奖 | ●●●●○○○ ★ | 选7中(4 +1) | | ●●●●○○ | 选7中(4) | |
| 七等奖 | ●●●●○○○ | 选7中(4) | | ●●●○○○ ★ | 选7中(3 +1) | |
| 注:●为选中的基本号码;★为选中的特别号码;○为未选中的号码 | | | | | | |

以上两种类型的总奖金比例一般为销售总额的50%,投注者单注金额为2元,单注若已得到高级别的奖就不再兼得低级别的奖项。现在常见的销售规则及相应的奖金设置方案见表9.3,其中一、二、三等奖为高项奖,后面的为低项奖。低项奖数额固定,高项奖按比例分配,但一等奖单注保底金额60万元,封顶金额500万元,各高项奖额的计算方法为

$$[(当期销售总额 × 总奖金比例) - 低项奖总额] × 单项奖比例$$

根据这些方案的具体情况,综合分析各种奖项出现的可能性、奖项和奖金额的设置以及对彩民的吸引力等因素评价各方案的合理性。

## 9.2.2　符号说明

$p_i$：中 $i$ 等奖的概率；

$r_{ik}$：第 $i$ 个方案中 $k$ 等奖的奖金额；

$p_{ik}$：第 $i$ 个方案中 $k$ 等奖的中奖概率；

$y_{ik}$：第 $i$ 个方案中 $k$ 等奖的中奖次数；

$\lambda_{ij}$：第 $i$ 个方案中 $j$ 等高项奖的单项比例。

## 9.2.3　问题的分析与模型的建立

**1. 问题的分析**

1）计算"传统型"与"乐透型"彩票的获奖概率

要了解各种奖项出现的可能性,就要计算中奖的概率。根据概率论的知识,可以计算出"传统型"与"乐透型"彩票的获奖概率,设 $p_i$ 表示中 $i$ 等奖的概率,则分析如下。

"传统型"10 选 6 + 1 玩法：

$$p_{k+2} = 0.1^{6-k} \times 0.9^k \times C_{k+1}^1 \quad (k = 1,2,3,4)$$

"乐透型" $n$ 选 7 玩法：

$$p_k = \frac{C_7^{7-k} C_{n-8}^k}{C_n^7} \times C_{n-7}^{[(-1)^{k+1}+1]/2} \quad (k = 1,2,3,4,5,6,7)$$

"乐透型" $n$ 选 6 + 1 玩法：

$$p_{2k+1} = \frac{C_6^{6-k} C_1^1}{C_n^7} \times C_{n-7}^k \quad (k = 0,1,2,3)$$

$$p_{2j} = \frac{C_6^{6-j} C_1^0}{C_n^7} \times C_{n-7}^{j+1} \quad (j = 0,1,2)$$

2）计算高项奖的奖金

每注金额为 2 元,如果一次共销售 $x$ 注彩票,则销售总额为 $2x$ 元。由于总奖金比例为销售总额的 50%,所以总奖金为 $x$ 元。

设 $r_{ik}$ 为第 $i$ 个方案中 $k$ 等奖的奖金额, $p_{ik}$ 为第 $i$ 个方案中 $k$ 等奖的中奖概率, $y_{ik}$ 为第 $i$ 个方案中 $k$ 等奖的中奖次数, $\lambda_{ij}$ 表示第 $i$ 个方案中 $j$ 等高项奖的单项比例( $i = 1,2,\cdots,29$ ; $k = 1,2,\cdots,n$ ; $j = 1,2,3$ ),于是有如下分析。

各低项奖获奖总额为

$$\sum_{k=4}^n r_{ik} y_{ik}$$

各高项奖单注获奖金额为

$$r_{ij} = \lambda_{ij}(x - \sum_{k=4}^n r_{ik} y_{ik})/y_{ik}$$

注意到 $p_{ik} \approx y_{ik}/x$ ,代入上式得到计算各种彩票获奖的奖金金额为

$$r_{ij} \approx \lambda_{ij}(x - \sum_{k=4}^n r_{ik} p_{ik} x)/p_{ik} x \approx \lambda_{ij}(1 - \sum_{k=4}^n r_{ik} p_{ik})/p_{ik}$$

2. 建立综合评价模型

1）建立评价指标矩阵

为了综合分析各种奖项出现的可能性、奖项和奖金额的设置以及对彩民的吸引力等因素，评价各方案的合理性，我们选择以下几个评价指标。

$x_1$ 表示彩票对彩民的吸引力；$x_2$ 为一等奖奖金；$x_3$ 为二等奖奖金；$x_4 = \sum\limits_{k=1}^{3} r_{ik}p_{ik}$ 表示各彩票的中高项奖的期望值。其中 $x_1$ 通过层次分析法计算，具体方法如下：

从网上调查的结果可以得知彩民在选择不同的彩票时最关注的是头奖奖金额、头奖的中奖可能性和整个中奖面，通过两两比较重要性程度，得到比较判断矩阵

$$A_1 = \begin{pmatrix} 1 & 6 & 4 \\ 1/6 & 1 & 1/2 \\ 1/4 & 2 & 1 \end{pmatrix}$$

由 $A_1$ 计算出归一化向量 $w_1 = (0.7 \quad 0.107 \quad 0.193)$。

再由 $A_1 w_1^{\mathrm{T}} = \begin{pmatrix} 2.114 \\ 0.320 \\ 0.582 \end{pmatrix}$ 得到最大特征值 $\lambda = 3.009$，因此，一致性指标为

$$CI = (\lambda - 3)/(3 - 1) = 0.0045$$

一致性比例为

$$CR = CI/RI = 0.0078 < 0.1$$

故 $A_1$ 为一致性判断矩阵。于是对彩民的吸引力的计算公式为

$$f_i = \left( r_{i1}, \sum_{k=1}^{n} p_{ik}, p_{i1} \right) \cdot w_1^{\mathrm{T}} \qquad (i = 1, 2, \cdots, 29)$$

根据以上四项评价指标，我们可得如下评价指标矩阵：

$$A_2 = (a_{ij})_{29 \times 4}$$

其具体数据参见下面程序。

2）用变异系数法计算客观性权重

利用 MATLAB 软件，计算权向量程序如下：

```
format long
A2 =[1.5,1.49,1.57,1.66,1.47,1.39,1.33,1.36,1.41,1.14,1.47,1.35,1.42,1.48,
1.57,1.62,1.81,1.82,2.28,1.91,1.83,2.38,2.82,2.26,2.49,2.57,2.53,1.87,1.7;
2469625,2114265,290454,2466643,755658,689268,761458,820032.5,945350,795285,
1703513,1772846,1909219,2045592,2461234,2390286,3141850,3039339,4287112,
3376447,3220721,4387996,4281870,4205835,4778064,4865826,5000000,2992688,
2922127;246962.5,176188.75,132141.56,132141.56,35983.71,9988.91,25103.04,
19292.86,20678.86,28403.04,32447.86,58445.49,38963.66,38963.66,50229.26,
45529.26,103577.49,76621.99,131238.11,68907.07,61347.07,78357.07,2000,19335.1,
20595.1,99302.57,167547.26,60827,194808.48;0.99,0.7,0.71,0.71,0.8,0.7,0.58,
0.66,0.71,0.51,0.85,0.81,0.81,0.81,0.82,0.74,0.89,0.83,0.92,0.71,0.64,0.81,0.72,
0.67,0.71,0.83,0.71,0.96,0.9];
```

```
A = A2′;
v = std(A)./mean(A);              % 计算变异系数
w = v/sum(v);                     % 归一化得到权向量
```

计算客观性权重为

$$w = (0.1421, 0.3097, 0.4672, 0.0810)$$

3）建立相对偏差矩阵。首先，建立理想方案

$$u = (u_1^0, u_2^0, u_3^0, u_4^0)$$

式中：当 $a_{ij}$ 为效益型指标时，$u_i^0 = \max\{a_{ij}\}$，当 $a_{ij}$ 为成本型指标时，$u_i^0 = \min\{a_{ij}\}$。

然后，建立相对偏差矩阵 $\boldsymbol{R}$，即

$$\boldsymbol{R} = (r_{ij})_{29 \times 4}$$

式中

$$r_{ij} = \frac{|a_{ij} - u_i^0|}{\max\{a_{ij}\} - \min\{a_{ij}\}} \qquad (i = 1,2,3,4; j = 1,2,\cdots,29)$$

4）计算综合评价值

$$F = \boldsymbol{R}w'$$

由于相对偏差矩阵为成本型矩阵，所以评价准则如下。

若 $F_i < F_j$，则第 $i$ 个方案优于第 $j$ 个方案。据此可将各方案进行排序（表9.4）。

计算程序如下（接前面的程序）：

```
u = max(A);                                        % 建立理想方案
R = [ones(29,1)*u-A]./[ones(29,1)*range(A)];       % 建立相对偏差矩阵
F = R*w';                                          % 计算综合评价值
F1 = sort(F);                                      % 以下排序
[F1,i] = sort(F);
F2 = sort(i);
[F2,j] = sort(i)                                   % 输出的 j 即各彩票的排名
```

表 9.4  各方案综合评价值及排序

| 序号 | 方案 | 综合评价值 $F$ | 排序 |
| --- | --- | --- | --- |
| 1 | 6 + 1/10 | 0.28 | 2 |
| 2 | 6 + 1/10 | 0.49 | 7 |
| 3 | 6 + 1/10 | 0.68 | 18 |
| 4 | 6 + 1/10 | 0.53 | 10 |
| 5 | 7/29 | 0.83 | 24 |
| 6 | 6 + 1/29 | 0.91 | 28 |
| 7 | 7/30 | 0.90 | 27 |
| 8 | 7/30 | 0.89 | 26 |
| 9 | 7/30 | 0.86 | 25 |
| 10 | 7/31 | 0.92 | 29 |

| 序号 | 方案 | 综合评价值 F | 排序 |
|------|------|-------------|------|
| 11 | 7/31 | 0.76 | 23 |
| 12 | 7/32 | 0.73 | 20 |
| 13 | 7/32 | 0.75 | 22 |
| 14 | 7/32 | 0.73 | 21 |
| 15 | 7/33 | 0.68 | 17 |
| 16 | 7/33 | 0.70 | 19 |
| 17 | 7/34 | 0.50 | 8 |
| 18 | 7/34 | 0.57 | 12 |
| 19 | 7/35 | 0.33 | 3 |
| 20 | 7/35 | 0.57 | 13 |
| 21 | 7/35 | 0.61 | 16 |
| 22 | 7/35 | 0.43 | 6 |
| 23 | 7/35 | 0.56 | 11 |
| 24 | 6+1/36 | 0.59 | 15 |
| 25 | 6+1/36 | 0.52 | 9 |
| 26 | 7/36 | 0.34 | 4 |
| 27 | 7/37 | 0.22 | 1 |
| 28 | 6/40 | 0.57 | 14 |
| 29 | 5/60 | 0.35 | 5 |

从表中可得到如下结果：

排名前 5 位的是 7/37,6 +1/10,7/35,7/36,5/60

排名后 5 位的是 7/31(10),6 +1/29,7/30(7),7/30(8),7/30(9)

总体而言,30 选 7 玩法的彩票设置比较差,排名均靠后,"传统型" 10 选 6 +1 彩票位居第二,表明该彩票设置比较合理,能长期占领彩票市场一席之地。

# 参 考 文 献

［1］胡守信,李柏年.基于 MATLAB 的数学试验[M].北京:科学出版社,2004.

［2］宋来忠,王志明.数学建模与实验[M].北京:科学出版社,2005.

［3］赵静,但琦.数学建模与数学实验[M].第 2 版.北京:高等教育出版社,2003.

［4］杨桂元.经济数学基础[M].成都:电子科技大学出版社,2002.

［5］吴礼斌.经济数学基础[M].北京:高等教育出版社,2005.

［6］范金城,梅长林.数据分析[M].北京:科学出版社,2006.

［7］石博强,滕贵法,等.MATLAB 数学计算范例教程[M].北京:中国铁道出版社,2004.

［8］曹卫华,郭正.最优化技术方法及 MATLAB 的实现[M].北京:化学工业出版社,2005.

［9］赵海滨,等,MATLAB 应用大全[M].北京:清华大学出版社,2012.